高等学校经管类专业应用型本科系列教材

商务谈判

顾　问　文　鹏

主　编　罗丽琼　李　莹

副主编　王桂红　李宇啸　郝璐璐

Business
Negotiation

WUHAN UNIVERSITY PRESS
武汉大学出版社

图书在版编目(CIP)数据

商务谈判/罗丽琼,李莹主编.—武汉:武汉大学出版社,2022.8
高等学校经管类专业应用型本科系列教材
ISBN 978-7-307-23057-6

Ⅰ.商…　Ⅱ.①罗…　②李…　Ⅲ.商务谈判—高等学校—教材
Ⅳ.F715.4

中国版本图书馆 CIP 数据核字(2022)第 071592 号

责任编辑:沈继侠　　　责任校对:李孟潇　　　版式设计:马　佳

出版发行:**武汉大学出版社**　　(430072　武昌　珞珈山)
(电子邮箱:cbs22@ whu.edu.cn 网址:www.wdp.com.cn)
印刷:武汉图物印刷有限公司
开本:787×1092　1/16　印张:24.25　字数:575 千字　插页:1
版次:2022 年 8 月第 1 版　　2022 年 8 月第 1 次印刷
ISBN 978-7-307-23057-6　　定价:58.00 元

前　言

随着我国市场经济的快速发展，商务谈判在各类商务活动，尤其是对外贸易活动中的作用日益增强。商务谈判作为一门实践性较强的专业课，在全国高等院校管理类、经济类专业普遍开设。商务谈判的教学任务强调理论联系实际，除了掌握理论知识之外，还要通过案例分析、商务谈判实训模拟等实践操作来加强学生对商务谈判相关知识的理解和应用。

基于此，本书在内容编写上突出"理论+实践"的特色，紧密结合当前国内外的贸易发展态势，配合最新的谈判理论和经典谈判案例，便于阅读和理解。本书既适合自学，也适合高等院校的教学安排。

本书的理论部分系统阐述了谈判产生的起源、作用，商务谈判的类型、原则、评价标准，商务谈判策略以及不同国家商务谈判人员的谈判风格；实践部分主要包括商务谈判的准备、开局阶段、价格、讨价还价、让步、僵局处理、签约以及商务谈判礼仪。

本书具有以下几个特点：

第一，理论融合实践。本书将理论、案例和谈判模拟融于一体，每章都有与理论配套的实际案例，供读者分析和思考。此外，每章的课后实训主要引导学生对理论知识的理解和综合应用情况，使学生能系统地掌握商务谈判的相关理论知识。

第二，注重能力导向。本教材不仅有许多丰富的教学案例，每章还配套有思考题、案例分析题和实训题，引导学生进行实践训练，有利于拓宽学生的思维和视野，提高学生谈判业务的实际动手能力。

第三，突出任务导向。本教材结构紧凑，重点突出，目标清晰，在编写过程中，为适应本课程的需要，突出了商务谈判模拟实训和案例分析，强化学生谈判能力的培养。因此，本教材非常适合经济类、管理类专业商务谈判课程的教学和自学。

全书分为十二章，具体编写分工如下：第一章、第五章、第六章、第七章、第八章、第十章由罗丽琼编写；第二章、第十一章由李莹编写；第三章由李宇啸编写，第四章由李宇啸、王桂红编写；第九章由郝璐璐编写，第十二章由郝璐璐、王桂红编写。百胜中国项目总经理汪悦对实践部分提出了指导，罗丽琼负责对全书进行修改、统稿。最后由华中师范大学博士生导师文鹏教授在百忙中进行了审阅，并提出了宝贵意见。

本书在撰写过程中参考和借鉴了国内外同行的大量文献资料及教材，引用了一些学者的思想、观点和案例，由于篇幅有限，未能一一列出，在此深表感谢和歉意。由于编者水平有限，书中难免有疏漏和不妥之处，恳请广大读者批评指正。

编　者

2022 年 2 月

目　　录

第一章 导 论

◇ 学习目标

◆ 知识目标

1. 了解谈判的起源。
2. 理解谈判的概念。
3. 理解谈判的特点。
4. 掌握谈判的作用。

◆ 技能目标

1. 梳理谈判无处不在的观点。
2. 能够通过谈判，实现一定的商品买卖目标。

☑ 核心概念

谈判（negotiation，bargain，discussing）；互惠互利（reciprocity and mutual benefit）；
双赢（win-win）。

▦ 案例导入

诸葛亮舌战群儒

为了劝说孙权与刘备联合抗曹，诸葛亮不避斧钺，只身前往东吴游说。见到孙权之前，诸葛亮首先遭到张昭、顾雍等二十多个文武官员的围攻诘难。诸葛亮羽扇纶巾，丰神飘洒，从容不迫，对答如流，或借古讽今，或对比反话，或引经据典，或严厉斥责……嬉笑怒骂，皆成文章，令"峨冠博带"的群儒"尽皆失色"。这场舌战，充分展示了诸葛亮高超的谈判艺术。

在这场谈判中，诸葛亮一是坚持了"汉贼不两立"的政治原则，这是争取孙权联合抗曹的政治基础，如果放弃了这一原则，"联合抗曹"就失去了政治意义与政治感召力。所以当薛综说"汉传世至今，天数将尽。今曾公已有天下三分之二，人皆归心"时，诸葛亮义正词严地怒斥之："真无父无君之人也！"二是坚持了"君子之儒"的思想道德原则。程德枢嘲笑孔明，"恐适为儒者笑耳"，诸葛亮针锋相对地回答："儒有君子小人之别，君子之儒，忠君爱国，守正恶邪，务使泽及当时，名流后世。若夫小人之儒，惟务雕虫，专工翰墨，青春作赋，皓首穷经，虽日赋万言，亦何取哉！"问得程德枢张口结舌。

当严畯诘问诸葛亮"治何经典"时，孔明回答说："寻章摘句，世之腐儒也，何能兴邦立事?"并进一步阐述道，古代的伊尹、姜尚、张良、陈平、邓禹等人都有匡扶宇宙的才能，却没有听说过他们平生治何经典。言外之意，只要有治国平天下的本领，又何必拘泥于什么"经典"呢?

案例来源：宋莉萍. 商务谈判理论、策略与技巧［M］. 上海：上海财经大学出版社，2012.

启示：

当人们需要相互交往、改善人际关系、协商问题、谋求利益时，就要进行谈判。谈判是一项涉及人类生活、政治、经济、军事、外交及日常生活领域各个方面的一项协调活动。

第一节　谈判的起源及其历史发展

一、现代生活与谈判

谈判有着悠久的历史，凡是有人群活动的地方，有矛盾冲突、利益协调，就有谈判的存在。正如世界谈判大师赫伯·寇恩所说："人生就是一张大谈判桌，不管喜不喜欢，你已经置身其中了。"可以说谈判无处不在，无时不有，在生活中，每个人几乎每天都在进行着各种各样的谈判。夫妻通过谈判决定去哪个地区旅游；朋友通过谈判决定去哪里吃饭；孩子们通过谈判决定看哪个电视节目；律师通过谈判争取仲裁还是法律诉讼；企业通过谈判决定采购哪种原材料；国家通过谈判解决边境领土争端的重大问题。谈判不仅是技术高超的国家外交官员、企业销售人员和工会组织者所进行的活动，它对于我们每个人都有极其重要的意义：你事业的如愿、理想的实现、家庭关系和社会关系的和谐等，都与谈判密切相关。可以说"人生就是谈判，谈判构成了人生的重要部分"。上至国家首脑间关于军事外交、贸易往来、领土纷争的国家大事，下至百姓的柴米油盐酱醋茶等生活小事，无不有谈判的活动行为。随着时代的发展，谈判作为一种有效的协调手段，被越来越广泛地运用到社会生活的各个领域。

二、谈判赖以产生的历史根源

(一) 解决冲突的需要

自从有了人类，谈判就应运而生了。人类在相互交往中，为了解决利益冲突、改变相互关系，为了改造自然和社会而相互联合，或者为了进行物质、能力和信息交换而进行观点沟通，从而取得一致，并妥善达成协议，就产生了谈判这种新的社交活动。

在原始社会，人类主要通过获取自然物，如渔猎、采集之类维持生存，到中后期才开始有了原始的农业和畜牧业。由于当时生产力水平十分低下，征服自然和改造自然的能力有限，物质财富严重不足，你争我夺，冲突不断发生。争执中对方当然要陈述自己的理由，这就是谈判的雏形。双方争执一般有两种结果：一是矛盾得到解决，财物归有理者或平分；二是口头争夺不能使矛盾得到解决，反而使矛盾激化，于是采用兵戎相见的武力解决。我国的《战国策》也认为，处理争端，应该"式于政，不式于武"。先秦典籍记载，在春秋时期，就出现三次重大的"停战谈判"性质的"弥兵会议"，其中，规模最大的是公元前651年齐桓公主持的"葵丘会盟"。

（二）力量均衡的产物

在原始社会，当氏族、部落和部落联盟之间为争夺领土、财富或为争霸一方而进行战争时，双方不分胜负，势均力敌，旗鼓相当时，用战争的办法可能对双方都不利，可能会造成两败俱伤，于是谈判便被人们用作解决矛盾的一种手段。

如果没有双方的平等地位和关系，在双方力量非常悬殊的情况下，力量强大的一方就不会同意进行谈判，力量弱小的一方也失去了与对方谈判的优势。如在奴隶社会，人们把工具分为三种：一是哑巴工具——农具；二是会叫唤的工具——牲畜；三是会说话的工具——奴隶。在有强权统治的地方，不可能有完全平等的谈判。只有在物质力量、人格、地位等方面都获得了相对独立或对等的资格时，双方才能构成谈判关系，否则强势的一方就有可能采取非谈判方式。

（三）利益互惠的媒介

谈判活动不仅在解决人们利益冲突时呼之即出，而且在使人们的利益达到互惠时应运而生。这有历史的经济方面的原因：从历史的发展方面来看，在原始社会后期随着生产的发展，先后发生了畜牧业、农业和工业的分工，出现了以交换为目的的商品生产。哪里有商品生产，哪里就有商品交换，有商品交换就有商务谈判，随着商品经济的进步发展，交换日益频繁，出现了市场，也就是商品交换的场所。《易经·系辞》对市场就有这样的描述："日中为市，致天下之民，聚天下之货，交易而退，各得其所。"交易的过程离不开讨价还价，讨价还价的过程就是谈判。

谈判往往是在不同的利益集团或个人之间进行的，谈判双方的利益是有一定界限的，任何谈判者都不能只追求自己的需要，无限制地满足己方利益，而无视或忽视对方的最低需要，并逼迫对方让步、妥协，否则，当对方的利益不复存在，他就会退出谈判，致使谈判破裂。因此，谈判者既要保障己方的利益，通过交换观点与对方进行磋商，又要在可能的范围内同时满足对方的利益，寻找双方都能接受的方案，并追求双方利益的最大化。

正如杰勒德·尼尔伦伯格所说的那样："谈判不是一场比赛，不要求决出胜负，谈判也不是一场战争，谈判恰恰是一项互惠互利的合作事业。"

三、谈判学的产生与发展

1. 谈判学产生的背景

1929年10月21日，美国华尔街股票崩盘，美国经济陷入严重危机之中，随之波及欧洲及全世界，引发了世界历史上最大的经济危机。处于危机中的各国为了求得生存纷纷使出浑身解数，其中最大的法宝就是筑起关税壁垒。

1930年5月19日，美国颁布了《霍利—斯穆特关税法》，约有925种工业品和75种农业品提高了关税率，这一行动对德、英、法、日、意等国的出口商品形成威胁。有的国家对美国采取了报复性措施，并在世界范围内引发了大规模的关税大战，各国之间为了各自的礼仪，以报复对报复，致使贸易摩擦不断升级。在这期间，各国在谈判领域中的代表人物，都坚持"利益瓜分"和损人利己的立场，甚至在谈判中采取强权手段。

德、意、日由于在经济竞争中处于不利地位，希特勒开始叫嚣："要用箭来解决德国的生存问题。"墨索里尼公开宣称唯有争才能拯救意大利。日本也认为只有以军事力量才能确保东洋市场。第二次世界大战终于爆发，人类不但没有得到解决经济困境的灵丹，反而陷入更深重的灾难之中。

1946 年 2 月，联合国接受美国建议，就建立国际贸易组织的问题成立筹备委员会。由于历史的原因，更主要是由于美、英等经济大国从自身经济利益出发，国际贸易组织成立的构想最终流产了。但经过多数国家的努力，世界经济秩序最终从无序走向有序。"与人方便，与己方便""利益共享，协同发展"的思想正从实践中得到确立，并给各国经济发展的指导方针和政策注入新的概念和活力。东西方的有识之士从合作中尝到了甜头。谈判人才的奇缺和谈判理论的匮乏，使各国政府意识到了国家在谈判人才培养上和谈判理论研究方面还存在巨大的空白。

美、英等国在 20 世纪 50 年代初便开始着手建立高水平的谈判专家队伍。到了 60 年代初期，许多具有实用性的谈判理论已经形成，在西方激励的竞争中产生的谈判理论、原则和方法日趋完善和系统化。

1968 年美国谈判学会主席、著名律师尼尔伦伯格，首次提出将谈判学作为一门新兴学科的建议，这个建议迅速得到各国理论界的响应。谈判学在西方现代管理教育中越来越受到人民的重视。

2. 谈判学的发展现状

谈判学的历史上有一些重要贡献者和著作，是谈判学领域里程碑式的存在。劳伦斯·萨斯坎德（Lawrence Susskind）在谈判学领域贡献卓著，他是发明共赢概念和方法的学者、哈佛大学谈判课程的创始人之一。其著作《打破罗伯特规则》（*Breaking Robert's Rule*），具体讲述了美国国庆日当天，美国某市政厅如何处理一场涉及利益相关者的谈判对话，被西方谈判学界奉为经典。这个谈判对话影响了法国、巴西、意大利、中国等国的政府谈判服务，产生了世界性的影响力。

谈判学界另一本重要著作《解决冲突的障碍》（*Barriers to Conflict Resolution*）秉持"全球一家"的理念，由来自哈佛大学、麻省理工学院、斯坦福大学的著名教授，法国、巴西、中国的谈判专家共同创作。该书提出谈判的目的并非不惜一切代价让对方同意你的看法，消灭他人意志，强加意志给对方。己所不欲，勿施于人。另一位对谈判学作出重大贡献的学者是萨拉克斯。他认为，谈判就是一个沟通和认知的过程，谈判双方希望通过共同行动获取共赢。

世界各大学也在开发自己的谈判学模式，因为不可能简单概括出一种放之四海而皆准的谈判方法。另外，如今是数字经济、跨境电商、人工智能、大数据、区块链的时代，谈判在很大程度上是基于全球化背景，我们必须用与时俱进的方法处理不同的文化及个体需求，具体问题具体分析，并充分结合应用心理学、经济学、管理学、谈判学的相关知识，法律和道德，以解决冲突，实现共赢。

第二节　谈判的内涵

一、谈判的概念及特点

（一）谈判的概念

谈判，实际上包含"谈"和"判"两个紧密联系的环节。"谈"是"讲话或彼此对话"，就是当事人明确阐述自己的意愿和所要追求的目标，充分发表关于各方应当承担和享有的责、权、利等看法；"判"则可解释为"评断"，即分辨和评定，它是当事各方努力寻求关于各项权利和义务的共同一致的意见，以期通过相应的协议正式予以确认。因此，谈判是注重表达对"分歧的评断"。谈判包括狭义的谈判和广义的谈判两种。狭义的谈判指正式场合下的谈判，是两个或两个以上有关的组织或个人对涉及有关权益的或有待解决的问题进行充分交换意见和反复磋商，以寻求解决的途径，最后达成协议的过程。广义的谈判泛指一切为寻求意见统一和协调而进行的思想、意见的交流磋商，换句话来说，谈判就是为了达到己方的利益目标，而与对方彼此交换意见的说服过程。

纵览有关谈判的文献，关于谈判的定义多种多样，比较有代表性的如下：

谈判，法语解释为："Art, action de mener a bonne fin les grands affaires, les affaires publipues"，即使大的生意和公共事务获得良好结果的行动和艺术（《小拉鲁斯词典》（*Petit Larousse*），巴黎，法国拉鲁斯出版公司，1960）。

谈判，英语解释为："An act or the action of negotiation"，即谈判的行为和过程；对negotiation 的解释是："to talk with another person or group in order to settle a question or disagreement; try to come to an agreement." 即为了解决一个问题或分歧，并试图达成一个协议，而与某人或集体进行谈话的行为或过程。此定义虽然泛泛，但却给出了谈判的核心：达成一个协议。

美国谈判协会会长、著名律师、著名谈判专家杰勒德·I. 尼尔伦伯格（Gerard I. Nierenberg）于 1968 年在其出版的《谈判的艺术》（*The Art of Negotiation*）一书中提出：谈判是"人们为了改变相互关系而交换意见，为了取得一致而相互磋商的一种行为"，是直接"影响各种人际关系，对参与各方产生持久利益的"一种过程。

美国谈判专家荷伯·科恩在他的著作《人生与谈判》一书中提出：谈判是"利用信息和权力去影响紧张网的行为"。

英国学者 P. D. V. 马什（P. D. V. Marsh）1971 年在《合同谈判手册》（*Contract Negotiation Handbook*）一书中对谈判下的定义是："所谓谈判是指有关各方为了自身的目的，在一项涉及各方利益的事务中进行磋商，并通过调整各自提出的条件，最终达成一项各方较为满意的协议这样一个不断协调的过程。"

美国著名谈判咨询顾问 C. 威恩·巴罗（C. Wayne Barlow）和格莱恩·P. 艾森（Glenn P. Eisen）在合著的《谈判技巧》一书中指出："谈判是一种双方致力于说服对方

接受其要求时所运用的一种交换意见的技能。其最终目的就是要达成一项对双方都有利的协议。"

法国谈判学家克里斯托弗·杜邦（Christophe Dupont）全面研究了欧美许多谈判专家的著述后，在其所著的《谈判的行为、理论与应用》（*La Negotiation Conduite*, *Theorie*, *Applications*）中对谈判下的定义为："谈判是使两个或数个角色处于面对面位置上的一项活动。各个角色因持有分歧而相互对立，但他们彼此又相互依存。他们选择谋求达成协议的实际态度，以便终止分歧，并在他们之间创造、维持并发展某种关系（即便是暂时的）。"

我国也有许多学者为谈判下了定义，例如：

我国台湾谈判专家刘必荣博士指出：谈判是解决冲突、维持关系或建立合作架构的一种方式，是一种技巧，也是一种思考方式。谈判是赤裸裸的权利游戏，强者有强者的办法，弱者有弱者的方式。

我国学者丁建忠教授认为：谈判是为妥善解决某个问题或分歧，并力争达成协议而彼此对话的行为或过程。

综合上述定义，我们认为谈判的定义可以概括为：人们为了协调彼此之间的关系，满足各自的需求，通过协商而争取达到意见一致的行为和过程。简而言之，谈判是一种人们为了改变相互关系而交换意见，为了取得一致而相互磋商的行为和过程。

虽然中外学者对谈判概念的文字表述不尽相同，但其内涵却包含着一些相近或相通的基本点，我们可以从以下几个方面来理解和把握。

1. 谈判是建立在人们需要的基础上

美国著名谈判专家杰勒德·I. 尼尔伦伯格指出：当人们想交换意见、改变关系或寻求同意时，人们开始谈判。这里，改变相互关系、交换观点、寻求一致都是人们的需要。谈判的直接原因是谈判双方都有自己的需求，这也是谈判的内在动力，无论什么样的谈判，都是建立在需要的基础上的。当某种需要无法通过自身而需要他人的合作才能满足时，就要借助于谈判的方式来实现，而且，需要越强烈，谈判的要求就越迫切。

案例导读

> 20 世纪 70 年代的一天，一位老艺术家在偏僻乡村的集市上，意外地发现一把 17 世纪的名贵的意大利小提琴。地摊卖主索价 10 元，老艺术家爽快地答应了。卖主却心里嘀咕："卖了几年也没人要的旧琴，他眼睛都不眨就买了……"于是试着把价格提高一倍，老艺术家也答应了。不想由此引起了一连串的提价，一直升到在当时当地算得上是天文数字的 200 元——过了几天，老艺术家凑足了钱去拿琴。几天工夫，小提琴被漆得白白地挂在墙上——地摊主怎么也想不出那破玩意那么值钱，不惜工本给漆了一遍，算是再添上附加值吧——可是这样一来小提琴却一文不值了。老艺术家没有与地摊主讨论价格问题，因而引起了地摊主的怀疑，产生了心理不信任。
>
> 案例来源：张弘，蒋三庚. 商务谈判［M］. 北京：高等教育出版社，2018.

在谈判中要了解对手，不仅要从谈判中所获知的数据中了解，更要了解对方是怎样的人，他真正关心的是什么。了解这些之后，你才会明白对手的真正需求。只有满足对方的内心需求后，谈判才会得以顺利进行。

2. 谈判是两个或两个以上的参与者之间的交际活动

要谈判，就要有谈判对象，只有一方则无法进行谈判活动。例如，企业采购员与推销员一对一的谈判，联合国的多边谈判等，都说明谈判至少要有两方以上的参与者。谈判双方或多方之间有一定的联系和直接的关系，只有一方不可能进行谈判，至少有两个或两个以上的参与者是进行谈判的先决条件。既然有两方以上的人员参加，这种活动就是一种交际活动，就需要运用交际手段、交际策略实现交易的目的。

3. 谈判是寻求建立和改善人们社会关系的行为

谈判是通过相互合作实现各自目标的有效手段，人们的一切活动都是以一定的社会关系为前提的。就商品交换活动来看，从形式上来说是买方与卖方的商品交换行为，但实质上是人与人之间的关系，是商品所有者和货币持有者之间的关系。谈判的目的是满足某种利益，人们要实现所追求的利益，就需要建立新的社会关系或巩固已有的社会关系，而这种关系的建立和巩固需要通过谈判来实现。但是，并非所有的谈判都能起到积极的效果，失败的谈判可能会破坏良好的社会关系，并且可能会激起人们改善社会关系的愿望，从而产生新一轮的谈判。

4. 谈判是一种协调行为的过程

由于双方都希望能在对己最有利的条件下满足自身的需要，或实现最大的满意，那么如何协调这样的矛盾和冲突呢？这就需要谈判。所以，从本质上说，谈判是双方在观点、利益和行为方式等方面，出现了既相互联系、相互依赖，又相互冲突的需要，双方又都期望从对方那里获得某种或几种需要的最大限度的满足。为此，客观上，要求双方静下来进行意见交换，协调彼此满足需要的期望值，达成双方都能接受的良好结局。任何谈判协议的达成，都是互相协调平衡达到的。谈判的整个过程就是提出问题，磋商，然后又出现矛盾，再进一步协商的过程。这个过程可能会重复多次，直到谈判终结。

5. 谈判具有约束性

谈判具有约束性，表现在谈判内容和结果受外部环境条件的制约。政治、法律、经济、社会文化、时间和地点等环境对谈判的影响很大。所以，谈判人员不仅要掌握谈判的基础理论知识、谈判的材料与技巧，而且，还要掌握国家政策、法律、经济与社会文化等方面的知识，这样才能控制复杂的谈判局势，实现谈判目标。

(二) 谈判的特点

1. 谈判是一个不断调整各自需求的过程

谈判是通过不断调整各自的需求，最终使谈判双方的需求相互得以调和，互相接近，从而达成一致意见的过程。比如对商品买卖的谈判，买方与卖方经过多次的讨价还价后，最终得到一个双方都认可的成交价格，这个最终成交价格就是买卖双方通过不断调整各自的报价而使价格相互接近，最后达成利益的平衡。需要指出的是，利益上的平衡不等于利益上的平均，而是双方各自在内心所能承受的平衡，任何单方面的"让步"或"索取"都不能被看作谈判。

2. 谈判具有"合作"与"冲突"的二重性，是"合作"与"冲突"的对立统一

谈判是确立共同利益，减少分歧，达成一项协议的过程。谈判的合作性表现在，通过谈判而达成的协议对双方都有利，各方利益的获得是互为前提的。而谈判的冲突性则表现在，谈判各方希望自己在谈判中获得尽可能多的利益，为此要进行积极的讨价还价。为了很好地解决谈判中的这对矛盾，首先必须对此有深刻的认识。其次在制定谈判的战略方针、选择与运用谈判策略和战术时，必须注意既要不损害双方的合作关系，又要尽可能为本方谋取最大的利益，即在这二者之间找到一个平衡点。

在实际谈判过程中，这个平衡点不是所有参与谈判的人员都能找到的。实践中我们常常会看到有些谈判人员只注意谈判存在的合作性的一面，而忽视谈判的冲突性，十分害怕与对方发生冲突，当谈判因存在冲突而陷入僵局时便茫然不知所措。因而，为了避免冲突一再退让，不敢据理力争和反驳，不敢积极地争取自己的正当利益。如果遇到那些善于制造冲突、乐于通过战而取胜的强势谈判对手，则常常会吃亏受损。与此相反，有的谈判人员只注意谈判冲突性的一面，而忽视合作性的一面，视谈判为一场你死我活的战斗，只讲究一味地进攻，甚至最终将对手逼出谈判场外，回过头来看自己也是劳而无获。对于谈判人员来讲，应该提倡在合作的前提下达到利益最大化，即在使对方通过谈判有所收获的同时，使自己获得更多的收获。此所谓"合作的利己主义"做法。

3. 谈判有一定的利益界限

对此，美国谈判学会会长杰勒德·I. 尼尔伦伯格有这样一段精彩的论述：谈判人员的目光不能只盯着"再多要一些"，当接近临界点的时候，必须清醒警觉，毅然决断，当止即止。参与谈判的每一方都是有某些需要要得到满足，如果把其中任何一方置于死地，那么最终大家都将一无所得。这段话意在告诉人们，参与谈判的人员应该注意把握彼此的利益关系，明确利益界限。有关这一特征我们可十分形象地用图 1-1 来表示。

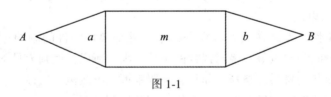

图 1-1

在这里，A、B 为谈判双方，整个图形内区域即 a+m+b 代表谈判的总利益。a 代表 A 方谈判者必须在此次谈判中得到的最低利益，b 代表 B 方谈判者必须在此次谈判中得到的最低利益，m 代表 A、B 双方经过磋商、积极争取得到的利益。对 A 方来说，很显然，其利益界限是 a≤A≤a+m，如果谈判的结果不在此范围内成交（如 A<a），则 A 方必然难以承受，只好退出谈判而使谈判破裂；若 A>a+m，这时 B 方又会感到不利而退出谈判。同样，对 B 方来讲，他在谈判中的利益界限应是 b≤B≤b+m，如果谈判的结果不在此范围内达成协议，比如 B<b 或 B>b+m，都会使 B 方或 A 方退出谈判而使谈判破裂。

因此，了解和把握谈判的利益界限问题是非常重要的。在谈判中必须满足谈判各方的最低需求，不能一味地要对方让步，否则最终会因对方退出而使自己可能到手的利益丧失

掉。当然，自己也不能无止境地退步，这就是人们常说的在谈判中要把握进攻的"度"。把握成交的时机是非常关键的，对"度"的恰当把握，是衡量谈判者在谈判中作用大小的重要指标。

4. 谈判具有多变性和随机性

谈判的多变性和随机性是谈判中最常见、最富有挑战性的现象。各个利益团体都是运行于激烈竞争且瞬息万变的市场经济环境中，作为经济活动中最重要的商务谈判，它的进展和变化与谈判主体的思维和行为方式有密切的关系，它不仅比一般经济活动变化更快、更丰富，而且也难以预料。由于谈判中的议题情况、格局、环境和策略的多变性，谈判会表现出各种各样的变化形式。多变性促使偶发因素的出现，带来了随机性。谈判中，随机性越大，变量越多，可控性就越小，给谈判双方带来了更大的挑战，对谈判者提出了更高的要求。

5. 谈判的结果是一种妥协

谈判是双方在寻求一个共识、寻找双方利益平衡点的过程，要达到这个结果，需要很多艰苦细致的工作，而不是一味地依靠强硬就可以的。当然，由于谈判各方拥有的地位、实力与技巧的差别，各方取得的利益也不会完全相同。在谈判过程中，即便在高压之下，达成了一个你赢对方输的协议，这个协议也不会长久。对于任何谈判的结果而言，只要谈判双方都能够接受，那么该谈判就是"公平的"。所以，一场成功的谈判的标志是实现"双赢"。双赢是一种互相妥协与合作的理念，谈判者不仅看到了眼前利益，还看到了长远利益；不仅看到了自己的利益，还充分考虑了他人的利益。要真正达成一个能够实施的协议，达到双赢，就必须妥协，只有相互让步才能"互利共赢"。

随着经济协作趋势的不断加强，双赢观念已经在现代商务谈判中日益凸显。任何一家企业都需要与各种各样的利益集团打交道，针对各方利益集团的要求，有时甚至是相互对立的要求，企业必须进行某种妥协和协调，这样企业才能获得切实长远的利益。如果企业不采取积极的妥协战略，可能会失去更多。因此，为了获得谈判成功，参加谈判的每一方都必须正确处理自身利益与对方需求之间的关系，都需要做出妥协，否则就无法实现在与对方合作共赢基础之上的长远利益。

6. 谈判是科学与艺术的有机整体

首先，谈判是人们协调彼此之间的利益关系、满足各自的需求并达成一致意见的一种行为和过程。谈判人员必须以理性的思维对所涉及的问题进行系统的分析和研究，根据一定的规律、规则来制订方案和对策，这就充分地体现了谈判的科学性的一面。其次，谈判是人们的一种直接交流活动，谈判人员的素质、能力、经验、心理状态以及思维的运用，都会直接影响谈判的结果，具有难以预测性。同样的谈判内容、条件和环境，不同的人去谈判，其最终结果往往会不同。这就是谈判的艺术性的体现。对于一个谈判者来讲，在谈判中既要讲究科学，又要讲究艺术。也就是说，在涉及对谈判双方实力的认定、对谈判环境因素的分析、对谈判方案的制订以及对交易条件的确定等问题时，更多地体现出谈判科学性的一面。而在具体的谈判策略与战术的运用上，则比较多地体现了谈判的艺术性的一面。"科学"告诉我们在谈判中如何做，而"艺术"则帮助我们把谈判做得更佳。

📅 **趣味阅读**

陈毅巧请齐仰之

国民党原上海代理市长齐仰之是著名化学家，因被国民党搞得心灰意冷，闭门谢客，并规定了"闲谈不得超过三分钟"的禁令。身为共产党新任市长的陈毅为打开他的心扉，动员这位试图与世隔绝的老化学家参加新中国的建设，下了很大的决心并费了不少周折才敲开齐仰之的家门。下面是陈毅市长说服齐仰之的一段对话：

陈毅："齐仰之先生虽是海内闻名的化学家，可是有一门化学，先生也许一窍不通！"

对于精心研究化学的齐仰之来说，他所关心的莫过于化学了，现在听说还有一门化学自己一窍不通，便要问个明白，他自己先解除了禁令。

齐仰之："今日可以破此一例，请陈市长尽情尽意言之。"

陈毅向他说明了共产党的"化学"。

齐仰之："这种化学，与我何干，不知亦不为耻！"

陈毅："先生之言差矣！孟子说：'大儿化谓之圣。'社会若不起革命变化，实验室里也无法进行化学变化。齐先生自己也说嘛，致力于化学40余年，而建树不多，啥子道理哟？齐先生从海外学成归国，雄心勃勃，一心想振兴中国的医药工业，可是国民党政府腐败无能，毫不重视。齐先生奔走呼吁，尽遭冷遇，以致心灰意冷，躲进书斋，闭门研究学问以自娱，从此不再过问世事。齐先生之所以英雄无用武之地，岂不是当时腐败的社会造成的吗？"

齐仰之："是啊，归国之后，看到偌大的一个中国，举目皆是外商所开设的药厂、药店，所有药品几乎全靠进口……这真叫我痛心疾首。我也曾找宋子文谈过兴办中国医药工业之事，可他竟说外国药用也用不完，再搞中国药岂不是多此一举？我几乎气昏了……"

陈毅："可如今不一样……如今建国伊始，百废待兴，这不正是齐先生实现多年的梦想，大有作为之时吗？"

齐仰之："你们真的要办药厂？"

陈毅："人民非常需要！"

齐仰之："希望我……"

陈毅："否则我怎么会深夜来访？"

此时齐仰之才如梦初醒，承认自己一是"对共产党的革命化学毫无所知"，二是"自己身上还有不少酸性"。

陈毅："我的身上倒有不少碱性，你我碰到一起，不就中和了？"

齐仰之："妙，妙！陈市长真不愧是共产党人的化学家，没想到你的光临使我这个多年不问政治、不问世事的老朽也起了化学变化！"

陈毅："我哪里是什么化学家呀！我只是一个剂，催化剂！"

就这样，陈毅终于请出了齐仰之。

案例来源：宋莉萍. 商务谈判理论、策略与技巧［M］. 上海：上海财经大学出版社，2012.

启示：

陈毅说服齐仰之的这一段精彩对话，充分说明了创造性地运用谈判的策略与技巧，对"难谈的人"谈同样的内容，能取得双赢的结果，这本身就体现了艺术性。因此，我们必须掌握谈判的原理、策略和技巧，创造性地运用谈判技巧，在谈判桌前挥洒自如，指点河山，以成功者的姿态笑迎后来者。

二、谈判的动因

（一）追求利益

谈判是一种具有明确的目的性的行为，其最基本的目的就是追求自身的利益。人们的利益需要是多种多样的。马斯洛需求层次论指出，人们的需要有生理需要、安全需要、社交需要、尊重需要、自我实现需要，层层递进。人们的种种利益需要，有些是可以依靠自身及其努力来满足的，但是更多则必须与他人进行交换来满足。在利益交换过程中，双方或各方都是为了追求自身的利益目标。就己方而言，当然是追求自身利益最大化，但是己方的利益最大化如果侵害到对方的最低利益，对方势必会退出，利益交换就不能实现。因此，在利益交换中，谈判双方追求并维护自身的利益需要，是谈判的首要动因。

（二）谋求合作

在现实生活中，由于社会分工、发展水平、资源条件等因素制约，人们形成了各种各样的相互依赖关系。而这种社会依赖关系的存在，不仅为相互间的互补合作提供了可能性，同时也是一种必要。当前，随着科学技术的发展和社会的进步，出现了两种平行的趋势：一是社会分工日益明显，生产和劳动的专业化程度日益提高；二是社会协作日益紧密，人们之间的相互依赖性日益增强。在这种社会生活相互依赖关系不断增强的客观趋势下，人们的某种利益目标实现的程度，不仅取决于自身的努力，还取决于与自身利益目标相关方面的态度和行为，取决于彼此之间的互补合作。人们相互之间的依赖程度越强，就越需要加强相互的合作。可见，社会依赖关系的存在，不仅为人们相互间的互补合作提供了可能性，同时也是一种必要。正是这种在相互依赖的可能中谋求合作的必要，成为谈判的又一重要动因。

（三）寻求共识

暴力并非处理矛盾的理想方式，应摒弃对抗、谋求互利合作。谈判的特征是平等协商，即在相互依赖的社会关系中有关各方的地位相对平等，并在此基础上通过彼此商讨和相互沟通来寻求互利合作中各方都能认可和自愿接受的交换条件与实施程序。伴随社会的进步以及社会生活的依法有序，利益主体维护自身权益的意识自觉增强并日益受到社会的尊重与保护。在这种社会环境下，只有通过谈判来寻求相互合作的共同利益并达成共识、形成协议，才能使互助互惠成为客观现实。因此，寻求共识进而实现互利合作同样是谈判的动因之一。

综上所述，追求利益、谋求合作、寻求共识是谈判的主要动因，其中，追求利益是谈判的必要；谋求合作及其所依据的相互依赖关系既是谈判的必要，又使谈判成为可能；寻求共识则是谈判中能够使追求利益和谋求合作的必要与可能最终成为现实的有效途径。

三、谈判的作用

人类为什么要谈判？从本质上说，谈判是基于谈判的各方有自己的需要，一方需要的满足可能会涉及和影响另一方需要的满足。随着商品经济的发展和市场竞争的加剧，在现代经济社会中的作用显得越来越重要，成为经济生活中不可或缺的部分。其作用主要体现在以下几方面：

1. 说服对方接受自己的观点，维护己方利益

人们在认识世界和改造世界的过程中，与外界的事物及他人发生接触，在这些接触中产生自己的观点。人们总希望用自己的观点去影响别人，让别人接受自己的观点，除了强迫手段（不能心悦诚服，只能是屈服）以外，唯一的方式就是通过谈判的形式，向别人说明你的观点，使别人在了解和理解的基础上接受自己的观点，维护自己的利益，谈判的作用更是渗透到社会生活的方方面面：一场智斗，能免除刀兵之祸；一段利辞，可获得亿万财富；几句呼喊，可使群激奋；一席谈话，可使庸人立志，浪子回头。

📖 趣味阅读

《新序·杂事篇》中有这样一个故事：秦国和魏国结成军事同盟，当齐楚联军侵犯魏国的时候，魏王深感寡不敌众，屡次向秦王求救。可是，秦王老是按兵不动，魏王急得像热锅上的蚂蚁。在魏国官兵束手无策的危急关头，魏国有个年过九旬、须发银白、名叫唐雎的老人，自告奋勇地对魏王说："老朽请求前去说服秦王，让他在我回国之前就出兵。"魏王喜出望外，立即派车马送他出使秦国。

唐雎拜见秦王，秦王说："老人家竟然糊涂到了这种地步！何苦白跑一趟呢？魏王多次请求救兵，我已经知道贵国危在旦夕！"

唐雎说："大王既然知道魏国有燃眉之急，却不肯出兵相救，这不是秦王的过错，而是您手下谋臣的失策！"

秦王不禁为之一震，忙问："万全之策，何错之有？"唐雎说："在实力上，魏国拥有万辆战车；在地理上，魏国是秦国的天然屏障；在军事上，跟秦国结成军事同盟；在礼仪上，两国定期互访，魏国和秦国已经情同手足了。现在齐楚联军兵临城下，大王的援兵却没有到，魏王急不可耐了，只好割地求和，跟齐楚订立城下之盟。到那时，秦国虽然想救魏国，也来不及了。这样秦国就失去了万辆战车的盟友，而增强了齐楚劲敌的实力。这难道不是大王的谋臣们的失策吗？"

秦王听了恍然大悟，立刻发兵救魏，齐楚联军得到情报后，撤兵而去。

唐雎的一席话，收到了一箭三雕的功效：一是奠定了秦国出兵救魏的基础，二是吓退了齐楚联军的进犯，三是解除了魏国兵临城下的危难。短短一席话，字字珠玑，

层层递进，真是"三寸不烂之舌，胜过雄师百万"。

案例来源：张国良. 商务谈判与沟通［M］. 北京：机械工业出版社，2016.

2. 有利于市场经济的发展，实现产品的价值，提高企业的经济效益

马克思说，"商品价值的实现是惊险的跳跃"，而谈判是实现跳跃的关键。谈判是商品流通的前奏曲，它最先吹奏起流通的号角；谈判是商品流通的桥梁，它是商品流通的必由之路；谈判是"助跳器"，它决定着商品跳跃成绩的高低优劣；谈判是导航船，只有经过它的疏通引导，商海中商品的滚滚洪流才得以畅通无阻。

任何成功的商品交换必然以成功的谈判为前提，没有成功的谈判为前提，商品交换便不能顺利完成，只有通过谈判越过荒野，才能到达希望之乡。

3. 有利于加强企业之间的联系与合作，获得更多的市场信息

随着经济的发展，社会分工越来越细，专业化程度越来越高，企业与企业之间的联合与合作越来越紧密。这样，企业之间就更需要各种有效的沟通手段。因此，谈判理所当然地成为企业之间经济联系的桥梁和纽带。谈判，特别是商务谈判，大多数是在企业与企业之间进行的，只有相互沟通、加强联系、寻求新的贸易伙伴，才能开拓市场，提高市场的占有率。

企业在市场经济条件下是独立的商品生产者，具有独立的法人资格。企业之间的交往与联系必须遵循市场经济的客观规律，在自愿互利的基础上，实行等价交换，公平交易就离不开谈判，在谈判中准确全面地掌握市场信息，达到知己知彼，百战不殆。

4. 有利于促进我国对外贸易的发展

发展对外贸易，参与国际竞争，开拓国际市场，必须学会进行外贸谈判，只有这样在谈判中才能运筹帷幄，决胜千里。因此，企业要发展对外贸易，参与国际竞争，开拓国际市场，就必须学习国际贸易谈判，了解和掌握国际商务活动的规律和准则，了解各国的风俗习惯、法律法规及国际惯例等，熟练掌握商务谈判的策略和技巧，并加以灵活运用。

知识拓展

谈判的八种力量

谈判实力是能力、经济力量、产品的质和量、社会影响、权力等的综合反映。谈判双方实力的强弱差异决定了谈判结果的差别。对于谈判中的每一方来说，谈判实力都来源于八个方面。

就是 NOTRICKS，即：

N 代表需求（Need）。

O 代表选择（Options）。

T 代表时间（Time）。

R 代表关系（Relationships）。

I 代表投资（Investment）。

C 代表可信性（Credibility）。

K 代表知识（Knowledge）。

S 代表技能（Skills）。

总之，在商务谈判中，谈判者应该善于利用"NOTRICKS"中的每种力量。

本 章 小 结

谈判是一项涉及人类生活、政治、经济、军事、外交及日常生活领域各个方面的一项协调活动。谈判赖以产生的历史根源在于解决冲突的需要、力量均衡的产物和利益互惠的媒介。正如杰勒德·尼尔伦伯格所说的那样："谈判不是一场弃赛，不要求决出胜负，谈判也不是一场战争，谈判恰恰是一项互惠互利的合作事业。"

谈判的产生是为了满足需要。从本质上说，谈判是双方在观点、利益和行为方式等方面，出现了既相互联系、相互依赖，又相互冲突的需要，双方又都期望从对方那里获得某种或几种需要的最大限度的满足。

国内外许多学者对谈判下了各种各样的定义，最有代表性的是美国谈判协会会长、著名律师、著名谈判专家杰勒德·尼尔伦伯格于 1968 年在其出版的《谈判的艺术》一书中提出：谈判是"人们为了改变相互关系而交换意见，为了取得一致而相互磋商的一种行为"，是直接"影响各种人际关系，对参与各方产生持久利益的"一种过程。综合来看，我们认为谈判的定义可以概括为：人们为了协调彼此之间的关系，满足各自的需求，通过协商而争取达到意见一致的行为和过程。虽然中外学者对谈判概念的文字表述不尽相同，但其内涵却包含着一些相近或相通的基本点。这些基本点大致有：满足需要的目的性、对象的相互性、协调的平衡性。追求利益、谋求合作、寻求共识是谈判的主要动因，其中，追求利益是谈判的必要；谋求合作及其所依据的相互依赖关系既是谈判的必要，又使谈判成为可能；寻求共识则是谈判中能够使追求利益和谋求合作的必要与可能最终成为现实的有效途径。

随着商品经济的发展和市场竞争的加剧，在现代经济社会中的作用显得越来越重要，成为经济生活中不可或缺的部分。其作用主要体现在：对方接受自己的观点，维护己方利益；有利于市场经济的发展，实现产品的价值，提高企业的经济效益；有利于加强企业之间的联系与合作，获得更多的市场信息；有利于促进我国对外贸易的发展四个方面。

◎ **思考题**

1. 如何理解人人都是谈判者？

2. 如何理解"谈判就是比赛，目的就是获胜"的观点？

3. 谈判的本质是什么？

4. 简述谈判的内涵。

◎ **课后案例**

家庭游泳池方案

有一年，美国谈判专家史蒂芬斯决定建一个家庭游泳池。该游泳池的建筑设计要求非常简单：长 30 英尺（1 英尺 = 0.3048 米），宽 15 英尺，有温水过滤设备。该游泳池工程定于当年的 6 月 1 日前竣工。

隔行如隔山。虽然谈判专家史蒂芬斯在游泳池的造价及建筑质量方面是个彻头彻尾的外行，但是这并没有难倒他。史蒂芬斯首先在报纸上刊登了建造游泳池的招商广告，具体写明了建造要求。很快有 A、B、C 三位承包商前来投标，各自报上了承包的详细标单，附有各项工程的费用及总费用。史蒂芬斯仔细地看了这三张标单，发现所提供的抽水设备、温水设备、过滤网标准和付款条件等都不一样，总费用也有不小的差距。

于是，史蒂芬斯约请这三位承包商于 4 月 15 日到自己家里商谈。三位承包商如约准时到来，但史蒂芬斯客气地说自己有件急事要处理，一会儿再与他们商谈。三位承包商只在客厅里一边彼此交谈，一边耐心地等候。过了半个小时，史蒂芬斯出来请第一位承包先生进到书房去商谈。A 先生一进门就介绍自己干的游泳池工程一向是最好的，建史蒂芬斯的家庭游泳池实在是小菜一碟。同时，还顺便告诉史蒂芬斯，B 先生通常使用陈旧网；C 先生曾经丢下许多未完的工程，现在正处于破产的边缘。

接着，史蒂芬斯出来请第二位承包商 B 先生进行商谈。史蒂芬斯从 B 先生那里又了解到，其他人所提供的水管都是塑胶管，只有 B 先生所提供的才是真正的铜管。

后来，史蒂芬斯请第三位承包商 C 先生进行商谈。C 先生告诉史蒂芬斯，其他人所使用的过滤网都是品质低劣的产品，并且往往拿到钱之后就不认真负责了，而自己则绝对能做到保质、保量、保工期。

不怕不识货，就怕货比货，有比较就好鉴别。史蒂芬斯通过耐心地倾听和旁敲侧击的提问，基本上弄清楚了游泳池的建筑设计要求，特别是掌握了三位承包商的基本情况：A 先生要的价最高，B 先生的建筑设计质量最好，C 先生的价格最低。经过权衡利弊，史蒂芬斯最后选中 B 先生来建造游泳池，但只给其 C 先生的报价。经过一番讨价还价之后，谈判终于达成了共识。就这样，三位精明的承包商都没能斗过一个谈判专家。史蒂芬斯在极短的时间内，不仅使自己从外行变成了内行，而且还找到了质量好、价格便宜的建造者。

案例来源：毕思勇，赵帆. 商务谈判 [M]. 北京：高等教育出版社，2018.

思考题：

1. 通过本案例，如何理解谈判既是一门科学也是一门艺术？
2. 史蒂芬斯的谈判给你什么启示？

◎ **谈判实训**

实训目的：通过本次实训使学生具备基本的谈判能力，并不断培养和提高谈判的素质。

实训内容：分析生活或工作中遇到的谈判事例。

实训要求：

1. 教师发布主题。

2. 学生在课后完成主题的构思和讨论。

实训步骤：

1. 建立立学习小组（5~6 人为宜），并选出小组组长，由组长带领其他同学共同完成课外作业。

2. 根据要求，以小组为单位，写出书面报告及制作 PPT。

3. 各小组依次推选出发言人就本小组收集的资料和讨论情况在班级进行陈述。同事鼓励其他小组成员进行提问，并做出回答。

成果评价：

谈判的起因、经过和结果。

第二章　商务谈判概述

学习目标

◆ 知识目标

1. 了解商务谈判的概念、特征和要素。
2. 熟悉商务谈判的类型、原则和模式。
3. 掌握商务谈判的评价标准。

◆ 技能目标

综合运用评价商务谈判成败的标准，以提高开展商务谈判的能力。

核心概念

商务谈判（business negotiation）；商务谈判的特征（features of business negotiation）；商务谈判的类型（type of business negotiation）；商务谈判的原则（principle of business negotiation）。

案例导入

衬衣里的蚂蚁从何而来

AB制衣厂通过日本某商社出口了一批衬衫。3个月后，制衣厂突然收到了日本商社的退货函，理由是出口的衬衫里有蚂蚁，导致顾客争相退货，给商社造成了很大的损失。日本商社要求制衣厂退货并赔偿损失，随函还附了两份蚂蚁样品。

收到退货函后，制衣厂立即对全厂的各个车间和办公室进行全面、仔细的检查。最后得出结论，蚂蚁不是从制衣厂内进入衬衫的。为了澄清事实，维护工厂的品牌，该厂派人到我国某著名农业大学，请有关专家协助查找蚂蚁的来源。专家鉴定表明，日方送来的蚂蚁样品是伊氏臭蚁，这种蚂蚁的分布地区在日本，而在我国根本没有这种蚂蚁。为了进一步证实农业大学专家的鉴定结果，制衣厂派人沿着衬衫的运输路线逐站搜集蚂蚁样品。他们奔波行程数千里，充分证实了专家的鉴定结果。

制衣厂在充分掌握了证据以后便与日本商社代表进行谈判。在谈判中，中方代表指出，衬衫中的蚂蚁是在货到日本后的运输和存放过程中侵入衬衫的。日本商社代表在事实面前只好承认错误并道歉。"蚂蚁事件"得以圆满解决。后来日方又向该厂增订了100万件衬衫。

案例来源：根据网络资料整理。

启示：

商务谈判是现代谈判活动数量最多、范围最广的一种谈判形式。在商务活动中，发生争执和冲突是很正常的事情，发生争议并不可怕，关键是要冷静地分析原因，采取合适的谈判方式进行协商。

第一节　商务谈判的概念、特征和要素

一、商务谈判的概念

（一）商务的概念

按照《辞海》的解释，"商务"应理解为商业活动，即贸易或交易，指商品的买卖行为。按照《现代汉语词典》的解释，商务是指商业上的事务。比如，商务往来。

按照《英国朗曼现代英语字典》的解释，commerce 意为 "the buying and selling of goods, between different countries"，即在不同国家间采购和销售货物。而对 trade 的解释为 "selling or exchanging goods, within a country or between countries"，即在国内或国家间采购、销售或交换货物的交易。

按照法国《小拉鲁斯词典》的解释，commerce 为 "achat et vente de marchandises, dentees ou despeces"，即商品、食品、货币的买卖。

从上述词典的定义来看，有关商务的意思趋同，即国内或国家间货物或商品的买卖行为称为商务。

（二）商务活动

美国谈判协会首席谈判专家、世界第一谈判大师罗杰·道森认为："全世界最快的赚钱方式就是谈判，谈判省下来的钱都是实实在在的纯利润。"商务谈判是谈判中的一种主要类型。它既有一般谈判的质的规定性，又具有商务的特性。商务即交易的事务，是指经济组织或企业之间发生的一切有形与无形的产品、服务或资产的交换活动与买卖及合作活动事宜。从商品经济的本质来看，商品经济就是一种交换经济，而交换成功与否必然涉及买卖各方的利益协调问题。因此，商务谈判是商品经济中普遍存在的一种活动，是在商品经济条件下发展起来的，已经成为现代经济社会生活中必不可少的组成部分。

商务活动是指以实现经济利益为目的，进行的一切有形资产与无形资产交易活动。这里涉及的商务行为通常包括以下几种类别：

（1）以有形商品为交易对象的交易活动，又称为"第一商务""买卖商务"。

（2）为有形商品交易活动提供直接服务的一系列商业活动，又称为"第二商务""辅助商务"。

（3）间接为商业活动提供服务的商业活动，又称为"第三商务""媒介商务"。

（4）服务贸易活动，又称为"第四商务""润滑商务"。

如果商务活动跨越国界，就成为国际商务。国际商务主要包括商品贸易、服务贸易、技术贸易、经济合作和国际投资等跨国经营活动。

(三) 商务谈判

商务谈判指不同利益主体之间以经济利益为目的，为实现某种商品或劳务的交易，就多种交易条件而进行的洽谈协商过程。

商务谈判中的"商务"一词是指商务活动，即不同利益主体从事的商品或劳务的商务活动，有别于政治活动、军事行为及外交事务；同时，商务谈判是以"经济利益"为目的，区别于政治谈判、军事谈判和外交谈判的目的等。重要的是，商务谈判是谈判双方就"多种交易条件"进行的协商、洽谈，不能把商务谈判理解为仅仅就"价格"进行"讨价还价"，除非这里的价格是指广义的价格。

综上所述，商务谈判是指在经济领域中买、卖双方为了协调、改善彼此的经济关系，满足交易或合作的需求，彼此通过信息交流、磋商协议以达到交易或合作目的的行为过程。理解商务谈判这一特殊的谈判活动，应着重把握以下内涵：

(1) 商务谈判的主体是相互独立的利益主体。

(2) 谈判的目的是为了获得经济利益。

(3) 谈判的核心议题是价格。

(4) 商务谈判的主要评价指标是经济利益。

二、商务谈判的特征

商务谈判是一项十分复杂的综合性工作，是企业经营管理工作的一个组成部分，但它不同于一般的生产经营管理活动，涉及的知识领域也十分广泛，如政治、经济、管理、法律、心理等多个学科，具有自身的特征，主要体现在以下几方面：

1. 以获得经济利益为基本目的

不同的谈判类型，其谈判的目的是不同的，例如，国家之间的外交谈判，目的是以协调国家间的利益关系；军事组织间的军事谈判，其目的主要是通过协调武装冲突中的各方关系、武装力量等问题来维护双方的安全利益。军事谈判往往与政治谈判结合进行。虽然这些谈判有时都不可避免地涉及经济利益，但是一定是为其基本利益而进行的，经济利益不是重点而是附带的。与其他谈判相比，商务谈判更加注重谈判的经济效益。

在商务谈判过程中，谈判双方常常也追求各种非经济利益。但谈判者以获取经济利益为主要目的，在满足经济利益的前提下才涉及其他非经济利益，商务谈判的最终目的仍是经济利益。在商务谈判中，谈判者都比较注意谈判所涉及的成本和效益。所以，人们通常以获取经济效益的好坏来评价一项商务谈判的成功与否。

2. 谈判对象具有广泛性和不确定性

商品可以在国内市场和国际市场上流通。作为卖方，其商品可以出售给任何一个人，销售范围十分广泛。同样，作为买方，也可以选择购买任意卖主的商品，其选择范围也具有广泛性。因此，无论是卖方还是买方，其谈判交易对象遍布全国甚至全世界。此外，为了使交易更有利，交易者也需要广泛接触交易对象。但是交易者总是同具体的交易对象成交，不可能同广泛的对象谈判成交，而具体的交易对象在各种竞争存在的情况下是不确定的。这不仅是由交易对象方面的要求和变化决定，也是由自身方面的要求和变化决定。交易对象具有广泛性和不确定性这一特征，要求谈判者不仅充分了解市场行情，及时掌握价值规律和供求关系的变动趋势，而且要选择适当的广告媒体宣传自己的企业和产品，选择适当的交易对象，并树立良好的企业形象，经常与社会各界保持良好的关系。此外，还要通过各种方式、方法发展新顾客，并维系好老顾客。

3. 谈判双方具有合作性和竞争性

谈判是确立共同利益，减少分歧，最终达成协议的博弈过程。协议至少能最低限度地被谈判双方所接受，因而对双方来说都是有利的。双方为了取得利益，必须共同解决他们所面临的问题，以便最终达成某项对双方都有利的协议，这是谈判合作性的一面。与此同时，双方又都希望在谈判中获得尽可能多的利益，因此，谈判的过程就是谈判主体选择和使用谈判策略的过程，是谈判双方的策略选择、谈判技巧、谈判人员素质等因素共同博弈的结果。这是谈判竞争性的一面。

4. 以价值为核心

商务谈判涉及的因素很多，谈判者的需求和利益体现在许多方面，但是商务谈判中的价值最直接反映了谈判双方的经济利益大小或高低。因此，围绕价值进行磋商是所有商务谈判的核心内容。价格反映价值。商务谈判双方在利益上的得与失，在很多情况下通过价格的涨幅而得到体现。而商务活动中的标的、质量、履行期限、方式、保险等与价格有密切联系。因此，在商务谈判过程中，我们一方面要坚持立场，以价值、价格来守住自己的经济利益，另一方面又不能仅仅局限于价格，应该拓宽思路，设法"以价格让步换取其他因素上的赢"。因为，谈判者往往都比较关注价格高低，容易忽视其他因素上的利益，使对方在不知不觉中在其他利益因素上让步，从而弥补己方价格让步丧失的利益，这是商务谈判中坚持与妥协的有效策略。

5. 注重合同条款的严密性与准确性

商务谈判的结果是通过双方协商一致的协议或合同来体现的。合同条款实质上反映了谈判各方的权利和义务，合同条款的严密性与准确性，是最终切实保障双方已经商谈稳妥了的各种利益的重要前提。

有些谈判者在谈判桌上花了很大力气，好不容易与对方达成了一致，争取到了满意的结果，并与对方完成了合同签约。但是，在后续的履约中，懊恼地发现在拟订文字合同条款时，掉以轻心，不注意合同条款的完整性、严密性、准确性及合法性，落实在合同条款上的措辞用语或表述技巧上存在漏洞、不严谨或掉进陷阱，这种结局通常是不仅把到手的利益丧失殆尽，还要为此付出惨重的代价，这样的教训在商务活动中屡见不鲜。因此，在商务谈判中，谈判者不仅要重视口头上的承诺，更要重视合同条款的准确性和严密性。

三、商务谈判的要素

谈判的要素是指构成谈判活动的必要因素。无论哪种商务谈判，通常由商务谈判主体、商务谈判客体和商务谈判目标三个要素构成。

(一) 商务谈判主体

商务谈判的主体是指"谁来谈"的问题，这是商务谈判活动的主要因素。商务谈判的主体是指参与商务谈判的当事人。作为商务谈判的主题，可以是一个人，也可以是一个组织，但并不是什么人都是商务谈判主题。商务谈判主体应具有商务谈判的科学知识和能力，拥有相应的权力。

一般来说，商务谈判主体由行为主体和关系主体构成。

行为主体是实际参加谈判的人，如谈判组长、主谈判人、谈判成员。关系主体是在商务谈判中有权参加谈判并承担谈判后果的自然人、社会组织及其他能够在谈判或履约中享有权利、承担义务的各种实体，如领导、公司等。

在商务谈判中，关系主体和行为主体两者之间既有联系又有区别。

谈判的关系主体和行为主体的区别主要表现在以下两个方面：

(1) 谈判的关系主体是谈判结果的直接承担者，而行为主体不一定承担谈判后果。只有在两者一致的情况下，即当谈判的行为主体同时又是谈判的关系主体时，行为主体才承担谈判结果。

(2) 谈判的行为主体必须是有意识、有行为的自然人，而关系主体则不然，它既可以是自然人，又可以是国家、组织或其他社会实体。

谈判的关系主体和行为主体的联系主要表现在以下三个方面：

(1) 谈判的关系主体的意志和行为都要借助行为主体来表示或进行，没有任何一个谈判可以仅有关系主体而没有行为主体。例如，某两个公司就一笔商品的进出口贸易业务进行谈判，谈判的关系主体是两个公司，而行为主体则是两个公司派出的具体参与谈判的人或小组。

(2) 当自然人与自然人或自然人与组织之间进行谈判时，如果自然人不委托他人代表自己谈判，此时谈判的关系主体同时也是行为主体，即谈判结果的承担是通过谈判者自己的具体行为来完成的。

(3) 当谈判的关系主体与行为主体不一致时，谈判的行为主体只有正确反映谈判关系主体的意志，并在关系主体授权范围内所发生的谈判行为才是有效的，否则，谈判关系主体不可能承担谈判结果。

(二) 商务谈判客体

商务谈判的客体是指"谈什么"的问题，是谈判的议题和各种物质要素结合而成的内容，通常指谈判所指向的交易与买卖的内容。有形的如货币、有价证券，无形的如智力成果。总之，商务谈判的谈判议题几乎没有限制，任何涉及当事方利益且共同关心的内容都可以成为谈判议题。谈判议题的最大特点在于它不是凭空拟定或根据单方面的意愿提出的，而应有着双方认识的一致性，即谈判双方通过协商对谈判议题达成一致意见。如果不具有这一特点，就无法作为谈判议题构成商务谈判客体。在商务谈判中，谈判议题的解决一般有以下三种情况：

第一，谈判双方就谈判议题达成了一致，谈判取得了成功；第二，谈判双方对谈判议题的看法不一致，存在分歧，谈判暂时中止或陷入僵局；第三，谈判双方都固执己见，不肯做出妥协和让步，致使双方退出谈判，谈判破裂。

第一种情况当然是最理想的；在第二种情况下，双方依然存在继续协商的可能性，双方一旦找到谈判的突破口，谈判就可能会绝处逢生；第三种情况是大家最不愿意看到的，也是最糟糕的。

（三）商务谈判目标

商务谈判的目标是指谈判的最终结果"是什么"，即要达成协议，签订合同。商务谈判的直接目标就是达成协议。商务谈判是人们的一种目标很明确的行为，谈判双方各自的具体目标往往是不同的，但都统一于商务谈判活动的总目标。没有目标的谈判，只能称之为双方有所接触，或称为无目的的闲谈，而不是真正意义上的谈判。商务谈判目标与商务谈判相伴而生，它是谈判活动的有机组成部分，是商务谈判的基本要素之一。

第二节 商务谈判的类型

对商务谈判进行分类有助于我们更好地掌握商务谈判的内容和特点，提高商务谈判人员分析问题的能力，从而争取谈判的主动权。依据不同的标准，可以将商务谈判划分为不同的类型。

一、按谈判参与方的数量分

按谈判参与方的数量，商务谈判可以分为双方谈判和多方谈判。双方谈判，是指谈判只有两个当事方参与的谈判。例如，一个卖方和一个买方参与的货物交易谈判 或者只有两个当事方参与的合资谈判均为双方谈判。在国家或地区之间进行的双方谈判，也叫双边谈判。多方谈判，是指有三个及三个以上的当事方参与的谈判。例如，甲乙丙三方合资创办企业的谈判。在国家或地区之间进行的多方谈判，也叫多边谈判。

双边谈判和多边谈判，由于参与方数量的差别而有不同的特点。双方谈判，一般来说，涉及的责、权、利划分较为简单明确，因而谈判也比较容易把握；多方谈判，参与方的数量越多，谈判条件就越复杂，需要顾及的方面就越多，也难以在多方的利益关系中加以协调，从而会增加谈判的难度。

二、按谈判议题的规模及各方参加谈判的人员数量分

（一）按谈判议题的规模，分为大型谈判、中型谈判和小型谈判

谈判规模取决于谈判议题及其相应的谈判人员的数量。谈判议题结构越复杂，涉及的项目内容越多，各方参与谈判的人员数量也会越多。这样，谈判自然就有大型、中型和小型之分。通常，在划分谈判规模时，以各方参与实际谈判的人员数量为依据，谈判人员在12人以上的为大型谈判、4~12人为中型谈判，4人以下为小型谈判。

一般情况下，大、中型谈判由于谈判项目内容以及涉及的谈判背景等较为复杂，谈判

持续的时间也较长，因而需要充分做好谈判的各方面准备工作。例如，组建谈判团队、分析相关的谈判背景和各方的实力、制订全面的谈判计划、选择有效的谈判策略、做好谈判的物质准备等。小型谈判由于其规模较小，也应做好准备、认真对待，但谈判内容、涉及背景、策略运用等均相对简单。

（二）按各方参加谈判的人员数量，分为小组谈判和单人谈判

按照谈判各方参与人员的数量，谈判还可分为小组谈判和单人谈判。小组谈判指各方出席谈判的人员在 2 人以上并组成小组进行的谈判。谈判小组人员较多或职级较高，也称为谈判代表团。单人谈判也称单兵谈判，即各方出席谈判的人员只有 1 人，为"一对一"的谈判。小组谈判与单人谈判其规模通常也由谈判议题决定。规模大的谈判，有时根据需要也可在席代表之间安排"一对一"的单人谈判，以磋商某些关键或棘手的问题，另外，由于单人谈判属于独立作战，因而对谈判人员有较高的要求。

三、按谈判所在地分

（一）主场谈判

主场谈判，也称主座谈判，是指在己方所在地，包括本国、本地或己方的办公场所所在地等进行的谈判。主场谈判占有"地利"，会给己方带来许多便利，有利于己方谈判的各项工作准备。主场谈判对己方来说通常相对轻松自如、底气十足。但是，作为东道主，己方必须做好对可放的接待工作，包括宴请、迎送、组织场外娱乐活动等。

（二）客场谈判

客场谈判也称客座谈判，是指在谈判对手所在地进行的谈判，包括在外国、外地或者对方的办公场所等进行的谈判。在实际谈判中，客场谈判会受到多种条件的限制，如客居异地生活不习惯、远离驻地不方便、资料收集不便利等。

在谈判中，有时为了平衡主、客场谈判的利弊，如果谈判需要进行多轮，通常安排主、客场轮换。在这种情况下，谈判人员也应善于抓住机会，使其对整个谈判过程产生有利的影响。

（三）第三地谈判

第三地谈判是指在谈判双方（或各方）以外的地点安排的谈判。由于第三地谈判不存在倾向性，双方均无东道主地域优势，谈判条件相当。在谈判中，使用第三地谈判的情形有：谈判双方对谈判地点的重要性都有较为充分的认识；因双方冲突性较大、关系微妙，在主场、客场谈判均不合适时；谈判双方相互关系不融洽，信任度不高，等等。但是，选择在第三地谈判会增加谈判成本，如地点确定比较复杂，双方首先要为谈判地点的选择和确定而进行磋商。

四、按谈判内容的性质分

按谈判内容的性质，分为经济谈判和非经济谈判。经济谈判是指以某种经济利益关系为谈判议题、内容和目标的谈判。比如：货物买卖、融资、租赁等。经济谈判的主要形式为商务谈判。非经济谈判，是指以非直接的经济利益关系为谈判议题、内容和目标的谈判。比如：外交事务、军事问题、文化交流等。经济谈判和非经济谈判有时互相交织，但由于谈判内容的性质不同，所以其遵循的原则、使用的策略以及对谈判人员的要求等均有不同。

五、按交易地位分

（一）买方谈判

买方谈判是指以购买者身份（比如购买商品、服务、技术、不动产等）参与的商务谈判。买方谈判主要有以下几个特征：

（1）重视谈判信息的搜集。如果是采购谈判，买方首先会收集大量有关信息，如技术标准、价格水平等，以确定自己的谈判目标。这种收集信息的工作贯穿于整个谈判过程，尤其是在谈判的准备阶段和开始阶段。

（2）极力压价。没有买方在谈判中不极力打压对方价格的。即使是老客户，买方也总是以种种理由来争取更优惠的价格。

（3）以势压人。顾客就是上帝，买方往往会产生卖方有求于我的优越感，甚至会盛气凌人，因而在谈判过程中往往会对标的物评头论足、吹毛求疵，特别是当市场上有多个供货商时，这种情况表现得更为明显。

（二）卖方谈判

卖方谈判是指以供应商身份（比如提供商品、服务、技术、不动产等）参与的谈判。卖方谈判主要有以下几个特征：

（1）主动性强。由于卖方会比较关注公司和个人利益，以及市场占有率、收益、投资回报等问题，因而谈判的主动性较强。

（2）虚实结合。在谈判时，卖方的表现往往是态度诚恳，交易心切，软中带硬，待价而沽，亦真亦假。当己方为卖方时，也应注意识别其虚实。

（3）紧疏结合。卖方谈判常表现为时而紧锣密鼓，急于求成；时而鸣金收兵，观察对方动静，采用这种形式有利于克服来自买方的压力和加强己方的地位。

（三）代理谈判

代理谈判是指受当事方委托参与的谈判。代理包括全权代理谈判和无签约权代理谈判。代理谈判主要有以下几个特征：

（1）谈判人员的权限观念强，一般都在授权范围内谨慎和准确地行事。

（2）由于谈判人员不是交易的所有者，会更加客观和超脱。

（3）由于谈判人员是受人之托，为表现其能力和取得佣金，其态度一般都比较积极、主动。

六、按谈判的态度分

（一）软式谈判

软式谈判也称为让步型谈判或关系型谈判，是指谈判者偏重于维护双方的合作关系，以争取达成协议为其行为准则的谈判。采取这种谈判方式的人更看重的是双方之间关系的建立与维持，而较少关注自身获得利益的多少。软式谈判的一般做法是提出建议—让步—达成协议—维系关系。

当然，如果双方都能以关系为重，以宽容、理解的态度，互相体谅，友好合作，可以减少谈判的时间和成本，提高谈判效率。然而，由于一方谈判者的出发点、价值观等不同，遇到问题时会采取强硬态度，此时若另一方一味地退让，只会更容易失去利益，最终达成不平等甚至是不合理的协议。因此，一般来说，软式谈判并不多见，只是一种善意的愿望或理想化的境界。只有合作关系非常好并有长期业务往来的双方，或者在合作高于局部近期利益，今天的"失"是为了明天更好的"得"的情况下，软式谈判的运用才有意义。

（二）硬式谈判

硬式谈判又称为立场谈判，是指参与者只关心自己的利益，注重维护己方的立场，不轻易向对方做出让步的谈判。这种谈判将对方看作劲敌，强调谈判立场的坚定性、针锋相对，认为谈判是一场意志力的竞赛，只有按照己方的立场达成的协议才是谈判的胜利。在硬式谈判中，双方都把注意力集中到维护自己的立场和否定对方的立场上，忽略对方的谈判要求和条件，不注意寻求双方利益的共同点，会导致双方关系紧张，往往容易使谈判陷入僵局，因而，难以达成协议。但是，在谈判中，事关己方的根本利益而无退让的余地、竞争性商务关系、一次性交往而不考虑今后合作、对方思维天真并缺乏洞察利弊得失之能力等场合，运用硬式谈判是有必要的。

（三）原则式谈判

原则式谈判也称为价值型谈判或实质性谈判，是指参与者既注重维护合作关系，又重视争取合理利益的谈判。这种谈判最早由美国哈佛大学谈判研究中心提出，故又称为哈佛谈判术，主要具有以下特征：

（1）谈判中对人温和、对事强硬，把人与事分开。

（2）主张按照共同接受的具有客观公正性的原则和公平价值来达成协议，而不是简单地依靠具体问题来讨价还价。

（3）谈判中开诚布公而不施诡计，追求利益而不失风度。

（4）努力寻找共同点、消除分歧，争取共同满意的谈判结果。

原则式谈判是一种既理性又富有人情味的谈判方式，是非常理想的谈判类型，但实践起来不容易。这种谈判的要求有：当事各方从大局着眼，相互尊重，平等协商；处理问题坚持公正的客观标准，提出相互受益的谈判方案；以诚相待，采取建设性态度，立足于解决问题；求同存异，互谅互让，争取双赢。这种谈判态度与方法，同现代谈判强调的实现互惠合作的宗旨相符，越发受到社会各界的推崇。

软式谈判、硬式谈判和原则式谈判各有特点，如表 2-1 所示。在实际谈判中，要根据实际需要与这三种谈判方式的特点灵活选用。

表 2-1　　　　　　　　　　软式谈判、硬式谈判、原则式谈判的特点比较

软式谈判	硬式谈判	原则式谈判
谈判的对方是朋友	对手是敌人	双方是问题的解决者
目标是达成协议	目标是取得胜利	获得有效率的结果
通过让步来搞好与对方的关系	把对方让步作为保持关系的条件	把人和问题分开
对人对事采取软的态度	对人对事采取硬的态度	对人软、对事硬
轻易改变自己的立场	坚持自己的立场	着眼于利益而非立场
同意以己方的损失来促成协议	坚持己方片面得利	提出互利选择
坚持达成协议	坚持自己的立场	坚持客观标准
屈服于压力	施加压力	服从原则而非压力

七、按谈判的沟通方式

（一）口头谈判

口头谈判是指谈判人员面对面直接用口头语言来交流信息和协商条件，或者在异地通过电话进行商谈，口头谈判是谈判活动的主要方式。口头谈判优点：可以广泛选择谈判对象和谈判内容，有利于缩短谈判时间和摸清对方底细；灵活性较强，信息反馈快，还可以利用沟通中的情感因素，促进谈判的成功。但是口头谈判也有其缺点：比如，主要依靠谈判者的主观意志来判断和解决问题，主观性较强，有时也容易偏离主题；如果没有书面文件辅助，难于把一些复杂要点表达清楚；容易发生谈判之后的纠纷；谈判的成本比较高。

（二）书面谈判

书面谈判是指谈判人员利用文字或者图表等书面语言来进行交流和协商。通常作为口头谈判的辅助方式。书面谈判的优点是可以促使谈判双方事先做好准备，导向明确，提高谈判效率；可以将己方愿意承担的义务表达得更清楚，也可以对一些复杂的内容作仔细说明；谈判者省去了迎来送往的社交事务，可以集中精力；谈判的费用远低于口头谈判。

但是，书面谈判也有其缺点，如交流中缺乏情感因素，比较"生硬"；对已形成的书面文件，缺乏灵活的可调性；当文不达意时，有可能出现理解上的误会和纠纷；由于要通

过电信、邮政、交通或计算机网络进行交流，一旦这些部门的工作或谈判双方的操作发生意外，亦会发生谈判延误或破裂的结果。

八、按谈判参与方的国域界限分

(一) 国内谈判

国内谈判是指谈判参与方均在一个国家内部，即我国公民、企事业单位、经济团体等在我国境内以满足各自需要为前提，就其关心的经济利益、经济关系和其他问题进行的各种形式的磋商。

(二) 国际谈判

国际谈判是指国际商务活动中不同的利益主体为了达成某笔交易而就交易的各项条件进行协商的过程，谈判中利益主体的一方通常是外国的政府、企业或公民，另一方是中国的政府、企业或公民。也就是说，谈判参与方分属两个及两个以上的国家或地区。

国内谈判和国际谈判的明显区别在于，谈判背景存在较大的差异。对于国际谈判，谈判人员首先必须认真研究对方国家或地区相关的政治、法律、经济、文化等社会环境背景，同时也要认真研究对方国家或地区谈判者的个人阅历、谈判风格等人员背景。此外，国际谈判对谈判人员的外语水平、外事或外贸知识与法律等方面，也有相应的要求。

📄 案例实践

中国入世谈判：中美之间的较量

中国入世谈判是多边贸易体制史上最艰难的一次较量，在世界谈判史上也极为罕见。1999 年 11 月 15 日，中美谈判进入最后阶段。经过多年谈判，好解决的都已经解决，沉淀下来的是双方互不让步的几个难题，所以谈起来格外艰难。双方此时的分歧已经非常清晰：美方要求在保险和电信行业拥有持股 51% 的权利、取消化肥的专营贸易、拥有 15 年的反倾销条款和特殊保障条款以及音像制品的出版和发行权利。这天上午 10 点，朱镕基总理来到谈判现场亲自谈判。

朱镕基总理："在前天的会见中，我对我们之间有重大分歧的问题作了明确的表态，只能到这个程度了，我们能做的让步就那么多……昨天中国的最高层领导人召开会议，作出了让步，现在不可能再作让步了……如果今天因为这些小问题达不成协议，就是放弃了一个历史性的机会，今后不可能再有了。如果能接受我们的条件，就可以达成历史性的协议，实现双赢，其他问题本着互谅互让的原则解决。能不能签字，希望明确表态，这不是最后通牒。我与斯珀林先生相比，平常脾气要大得多，但我没有对你们发火，可江主席也没有这个耐心了。"

经过随后几轮的磋商，最终朱镕基亲自拍板了日后备受争议的"特殊保障条款"15 年的期限。这一条款，换来了美方不再要求对电信和保险行业持股超过 51% 的妥协。在音像方面，中国承诺日后每年进口 20 部美国电影，但驳回了美方在中国出版、制作、发行音像以及对电影院控股的要求……经过六天六夜的艰苦谈判，中美终于签署了中国入世双边协定。

案例来源：田晖．商务谈判与礼仪［M］．北京：清华大学出版社，2021.

第三节　商务谈判的原则

案例导入

周恩来谈判原则的使用

周恩来总理是伟大的无产阶级革命家、政治家、军事家、外交家，同时，他还是一位古今罕见的谈判天才。与各路不同的谈判对手交锋言辞柔中带刚、话语绵里藏针，他的论理、气度和分寸感令人折服。周总理善于以适当的让步和通融打破僵局，争取主动，但如果要他放弃原则，他会毫不犹豫地离开谈判桌。作为共产党的首席谈判代表，周恩来曾数次参加国共之间的重要谈判，前后十年无一败绩。

谈判中，周恩来始终以不损害中共根本利益为原则。1937 年 1 月 24 日，他致电毛泽东和张闻天，提出了同国民党谈判的界线，即"可以服从三民主义，但放弃共产主义信仰绝无谈判余地"，"承认国民党在全国领导，但取消共产党绝不可能"。有了上述界线，便可以"不争名位与形式"。陕甘宁边区政府可以改成中华民国特区政府，共产党的军队可以编入国民革命军序列，采用国民党军队的番号等。蒋介石虽然不满意这些让步，但迫于形势，他也不得不在此基础上发表《国共合作宣言》，实行共同抗日。

蒋介石"收编"中共军队的目的未能达到，但他并不死心，整个抗战时期，他都想用政治解决方式搞垮共产党，为此他耍了各种各样的花招，如提出共产党合并于国民党，要求在共产党军队中派遣军政人员，邀请共产党到政府去做官等。但是蒋介石的这些要求均被周恩来总理拒绝。

案例来源：樊建廷，干勤等．商务谈判（第五版）［M］．大连：东北财经大学出版社，2020.

商务谈判的原则，是指商务谈判中谈判各方应当遵循的指导思想和基本准则，是商务谈判活动内在、必然的行为规范，是商务谈判的实践总结和制胜规律。

一、利益为本原则

在商务谈判中，既要重视利益，也要节约谈判成本。商务谈判要重视谈判自身的利益。因为谈判也是一种投资，需要花费时间、精力和人力的费用，所以，应尽快地、以最短的时间、最少的人力和资金投入达到预期的谈判目标，谈判才能达到高效率。另外，商务谈判还要考虑项目对社会的影响，重视社会责任和谈判主体的社会角色。在不损害对方的利益基础上，使谈判双方利益最大化。例如，在涉外谈判时，我们进行资产重组，必须要本着利益为本的原则进行磋商，因为外商都是为了谋求利润前来谈判，需要给他们一定的利益，但是不能无端地牺牲自己的利益。

二、互惠互利原则

互惠互利原则是指谈判双方在讨价还价、激烈争辩中，重视双方的共同利益，提出互利性的选择。事实上，人们在同一事物上存在着利益分歧不一定就是矛盾的，也可能是此消彼长的关系。人们很可能有不同的利益，在利益的选择上有多种途径，并不会导致利益获得的矛盾。

📖 趣味阅读

分橙子

有一个妈妈把一个橙子给了邻居的两个孩子。这两个孩子便讨论起来如何分这个橙子。两个人吵来吵去，最终达成了一致意见，有一个孩子负责切橙子，而另一个孩子选橙子。结果，这两个孩子按照商定的办法各自取得了一半橙子，高高兴兴地拿回家去了。

第一个孩子把半个橙子拿到家，把皮剥掉扔进了垃圾桶，把果肉放到果汁机上打果汁喝。另一个孩子回到家把果肉挖掉扔进了垃圾桶，把橙子皮留下来磨碎了，混在面粉里烤蛋糕吃。

我们可以看出，虽然两个孩子各自拿到了看似公平的一半，然而，他们各自得到的东西却未物尽其用。这说明，他们在事先并未做好沟通，也就是两个孩子并没有申明各自利益所在。没有事先申明价值导致了双方盲目追求形式上和立场上的公平。结果，双方各自的利益并未在谈判中达到最大化。

案例来源：冯光明，冯靖雯，余峰．商务谈判——理论、实务与技巧［M］．北京：清华大学出版社，2019.

互惠互利原则在于使所有参与谈判的主体都能获利，获得双赢、共赢和多赢。现代商务谈判观点认为，谈判中每一方都有各自的利益，但每一方利益的焦点不同也不完全对立。例如：在国际贸易谈判中，买方也许关心的是产品质量的好坏，而卖方关心的是是否可以货到付款。因此，商务谈判的一个重要原则是协调双方的利益，提出互利性的选择。基于此，尼尔伦伯格把谈判称为："合作的利己主义"，他认为合作是互利的前提，没有合作，互利就不能实现。谈判各方只有在追求自身利益的同时也尊重对方的利益追求，立足于互补合作，才能互谅互让，争取互惠互利，才能实现各自的利益目标，从而取得谈判的成功。遵循互惠互利原则应从以下三个方面着眼：

（一）提出新的选择

商务谈判不是竞技比赛，更不是零和博弈，不能是一方胜利、一方失败，一方盈利、一方亏本。因为如果谈判只利于一方，不利方就会退出谈判，这样自然会导致谈判破裂，谈判的胜方也就不复存在；同时，谈判中所耗费的劳动也就会成为无效劳动，谈判各方都会成为失败者。实际上，在多数情况下，可以设计出兼顾各方利益的分配方案，如同前面分橙子的案例，可以在谈判各方充分沟通的基础上提出多种方案，以便谈判各方进行选择。商务谈判的目的是要实现共赢。当谈判面临僵局时，要进行创造性的思维活动，要打破传统的思维方式，集思广益。

（二）寻找共同利益

在谈判中，提出满足共同利益的方案对双方都有好处，有助于达成协议，因此，谈判人员应认识到双方的利益是共同补充的，对潜在的共同利益，谈判者应去挖掘、发现，最好能用明确的语言和文字表达出来，以便谈判双方了解和掌握。但在谈判中，谈判双方都是为各自的利益讨价还价，往往会忽视双方的共同利益；即使意识到了谈判的成功将实现共同利益，也往往会忽略谈判破裂带来的共同损失。如果谈判双方都能从共同利益出发，认识到双方的利益是相互补充的，就会形成共同做大"蛋糕"的良性局面。

（三）协调分歧

一般情况下，我们认为分歧会导致问题产生，但在实际中，分歧往往是解决问题的根本所在。这一点在股票市场上体现得淋漓尽致，由于信息的不对称，股票出售者看跌，而股票购买者看涨。于是，前者抛售股票，后者买入股票。正式出售者和购买者对未来行情判断的分歧促成了交易的实现。

谈判中，利益、观念、时间上的分歧，其实都可以成为协调分歧的基础。例如，一方主要关心问题具体解决的形式，名望与声誉、近期的影响；另一方则主要关心问题解决的实质、结果和长期的影响。此时，很容易找到可以兼顾双方利益的方案，促使谈判进行下去。

三、立场服从利益原则

利益第一、立场第二，这是谈判桌上亘古不变的原则。不论双方的力量如何，在谈判中都应平等相待，谈判的结果应符合双方的利益。应树立"双方都是赢家"的思想，在制定谈判目标、计划、策略时，应从双方的需要考虑问题，将谈判成功的希望奠基于双方需要的满足上。

📖 趣味阅读

开窗户的争执

有两个人在图书馆里发生了争执，一个要开窗户，一个要关窗户。他们斤斤计较：窗户到底要开多大：一条缝、一半还是四分之一。没有一个办法使他们都满意。这时，图书管理人员走进来，他问其中的一个人为什么要开窗户，"吸一些新鲜空气"。他问另一个人为什么要关窗户，"不让纸被吹乱了"。图书管理人员考虑了一分钟，把旁边的窗户打开，让空气流通又不吹乱纸。

图书管理人员如果只是注意双方陈述的立场——开窗或关窗，他就不能想出这种解决办法；他注意到了双方"空气流通"和"避免吹纸"这两项潜在的利益，很好地解决了问题。

案例来源：冯光明，冯靖雯，余峰. 商务谈判——理论、实务与技巧［M］. 北京：清华大学出版社，2019.

在谈判中，以利益服从立场为原则进行商务谈判，其后果往往是消极的：首先，在立场上的讨价还价，违背了谈判的基本原则，使双方无法达成一个明智、有效而又最佳的协议。利益是谈判的目标，立场是由利益派生出来的，是为利益服务的，因而立场应服从利益。其次，立场上的讨价还价会破坏谈判的和谐气氛，使谈判成为一场意志的较量，严重阻碍谈判协议的达成。最后，立场上的讨价还价会导致不明智的协议。当谈判者在立场上讨价还价时，往往为了达到利益目标，所采取的行动和对策都是为了捍卫己方的要求或立场，很少考虑对方的诉求，甚至会因坚持自己的立场而导致偏离自己本来的利益目标。因此，成功的谈判者不但要强硬，更要灵活。

四、诚信原则

诚信体现出社会道德伦理问题。道德是调整人们相互关系的行为规范，为一般人的行为提供标准和方向。伦理是处理人们关系的规范、规则、模式、礼仪等方面的总称。商务谈判的道德伦理观吸收了社会道德伦理的成分，并且具有自身的特点，特别是诚信已作为商务谈判原则被大家所遵循。因此，诚信是决定商务谈判进程及其结果的首要因素，在谈判中谈判双方要建立起彼此间相互尊重、相互信赖的关系。

在商界中，商务人员聚集在一起时常常以诚信作为衡量"圈内"朋友或谈判对方的一个重要标准。诚信作为经济范畴，是一种稀缺资源。诚信中的"诚"，就是真诚、诚实，不虚假；"信"就是恪守承诺、讲信用，信用最基本的意义是指人能够履行与他人约定的事情而取得信任。诚信简单讲就是守信誉、践承诺、无欺诈。在谈判中坚持诚信原则，要抓住以下三个重点：

一是以诚信为本。诚信是职业道德，也是谈判双方交往的感情基础。讲求诚信能给人以安全感，使他人愿意同你洽谈生意。它还有利于消除疑虑，促进谈判成交，进而建立较长期的商务关系。

二是信守承诺。在谈判中，要求谈判者遵守承诺，不出尔反尔、言而无信。谈判者在谈判过程中切忌轻易许诺，这是守信用的重要前提。只有守信用，才能取得对方的信任，才能营造诚挚和谐的谈判气氛，进而促使谈判成功。

📅 趣味阅读

风衣的闹剧

一天，陈女士携带朋友到一家刚开业不久的百货大楼购物。在一排做工精致、用料考究的女式风衣前，陈女士发现一件成衣的标签上赫然印着 60 元的标价。这是一起明显的标价错误，因为这排风衣的统一标价是 160 元。售货员小姐非常友好地向陈女士致歉，并告之小标签上的价格是因为电脑的差错，"60"元前面的"1"没有标清楚。但陈女士认为，既然小标签上印着"60元"，这就意味着商家对顾客的一种承诺，因此，她坚持要以"60元"的价格买走该风衣。售货员不敢作主，她让陈女士留下联系地址，告之次日将给她一个满意的答复。百货大楼的负责人连夜开会紧急磋商，最后决定以"60元"的售价将该风衣卖给陈女士。这件商业纠纷引起了新闻媒体的关注，当地各大报刊纷纷报道了这则消息，并展开了一场讨论：陈女士该不该以60元的价钱买走这件风衣？大部分读者都支持百货大楼，纷纷谴责陈女士的行为是出于一种"占便宜"的动机。而这家刚开业不久的百货大楼由于严守信用、言出必行而赢得了非常好的口碑，从而提高了知名度，一时之间，该百货大楼门庭若市、生意火爆。

　　在这则案例中，百货大楼诚实守信，赢得了声誉和美誉度，取得了谈判的成功。

　　案例来源：根据网络资料整理。

　　三是掌握技巧。谈判是一种竞争，要竞争就离不开竞争的手段，为此需要运用各种谈判策略、手段。但是，谈判策略的应用应以诚信为基础，这犹如体育运动的比赛规则，它仅是制定出比赛所应遵循的法则而已，但绝不会阻止运动员发挥各自的能力和技巧进行竞技。同理，讲究诚信也不会阻碍谈判人员运用业务优势或技巧进行谈判，获得良好的谈判结果。

　　在商务谈判中，坚守诚信并不意味着把自己的谈判底线毫无保留地告诉对方，有些属于商业机密的数据是不能让对方知道的。明智的谈判者总是努力做到保持一贯的诚实态度，使对方对自己保持信任。比如，在刚开始谈判时，如果出价非常高，而且态度强硬，给人没有回旋的印象，但后来却大幅度价格让步，这样不仅立场减弱，还会给人不诚实的感觉。另外，在商务谈判实践中，要言而有信。在谈判过程中的口头承诺要使对方放心。在执行合同过程中信守条教，这样才能取信于人。遵循诚信原则，就是遵循谈判的伦理约束，不提倡通过不诚实或欺骗来达到自己目的的谈判行为，但也不反对在谈判中运用有效的策略和方法。

五、合作原则

　　合作原则是指谈判双方在换位思考的基础上互相配合进行谈判，力争达成双赢的谈判协议。

　　谈判中的双方应当明确认识到，参与谈判的各方都是合作者，而非竞争者，谈判是为了满足双方的需要，建立和改善双方的关系，是一个协调行为的过程。双方通过谈判，共同寻求一种方案，使得双方结束谈判时，都感到比开始谈判时的情况要好。这样做的目的是寻求一个双赢的结果，这就要求参与谈判的双方进行合作和配合。如果没有双方的提议、妥协与让步，就不可能达成协议，双方的需要都无法得到满足，合作关系也无法建立。

　　如果把谈判纯粹看成一场比赛或一场战斗，非要论个输赢，那么双方就会站在各自的立场上把对方看成对手或敌人，千方百计地想打压对方，击败对方，以达到自己的目的。这样做的最终结果往往是两败俱伤，导致谈判破裂。即使双方签订了协议，也会因为这一协议缺乏牢固的基础而难以切实执行，或自认为失败的一方会寻找各种理由和机会延缓协议的履行，以挽回自己的损失，因此，最终的结果必然是两败俱伤。

谈判是一种合作。在谈判中，最重要的是应当明确双方不是对手或敌人，而是合作的伙伴。只有明确并遵守这一指导思想，谈判者才能本着合作的态度消除达成协议的各种障碍并认真履约。坚持合作原则，并不排斥谈判策略和技巧的运用，合作体现的是解决问题的态度，策略和技巧则是解决问题的方法和手段，两者并不矛盾。

六、合法原则

任何商务谈判都是在一定的法律环境下进行的，法律规范制约着商务谈判的内容和方法。因此，在进行商务谈判时要注意符合有关的法律规定。在国际商务谈判中，还应注意按国际惯例办事。在谈判及合同签订过程中，要遵守国家的法律、法规和政策。遵守法律原则主要体现为以下三个方面：第一，谈判主题合法，即参与谈判的企业、组织、机构或谈判人员具有合法资格。第二，谈判议题或标的合法，即谈判的内容、交易的项目具有合法性，与法律、政策有抵触的，即使出于参与谈判各方自愿达成协议，也是无效的，是不允许的。第三，谈判手段合法，即应通过合理的手段达到谈判的目的，而不能采取行贿受贿、欺骗、暴力胁迫等不正当的方式。在谈判中遵循合法原则，要把握以下三个环节：

首先，分析不同的法律环境。不同的国家、地区的法律环境有比较大的差异，在谈判中要对谈判对方所在地的法律环境有比较充分的了解。在国内商务谈判中，除了解国家的一般法律、法规外，还要特别了解谈判对方所在地的地方法规、政策。在国际商务谈判中，除了解国际有关法规、惯例外，还要重点研究当地国的法律，这样在谈判中才不会陷入被动。

其次，要在法律允许范围内进行谈判。除谈判内容要符合有关法律和相关政策外，谈判所形成的协议文书结果要法律化、规范化。一切语言、文字应具有双方一致承认的明确的合法内涵。

最后，对方违约给己方造成损害时，要积极寻求法律保护。如果谈判对方无视协议规定，采取其他不正当手段给己方造成损失，己方应善于利用法律手段维护自己的合法权益。

第四节　商务谈判的程序、模式和评价标准

一、商务谈判的程序

商务谈判相对于其他活动更加复杂，容易受各种主、客观因素的影响，因此谈判桌上往往风云变幻、跌宕起伏。同时，各种商务谈判的具体谈判内容不同，当事各方的谈判目标、实力、风格、策略等也不尽相同，所以各种商务谈判千差万别、多姿多彩。但是，不

管是何种商务谈判类型，都有其固有的逻辑流程与程序，只有遵循商务谈判活动的程序和步骤，才能通过谈判达到预期的谈判目标。商务谈判的程序包括三个阶段。

（一）准备阶段

商务谈判直接影响组织的交易活动目标的实现，并关系到组织的经济利益和生存与发展。而谈判前的准备阶段的工作做得如何，对谈判能否顺利进行和取得成功至关重要。商务谈判前的准备阶段，应当包括以下各项工作：

1. 选择谈判对象

选择谈判对象即选择谈判的对手。当己方决定争取实现某项交易目标而须进行商务谈判时，首先要做的准备工作就是选择谈判对象。选择谈判对象要根据交易目标和相互间的商务依赖关系，通过直接的或间接的先期探询，即相互寻找、了解交易对象的活动，在若干候选对象中进行分析、比较，并研究谈判的可行性，找到己方目标与对象条件的最佳结合点，以实现优化选择。对谈判对手了解得越具体、越深入，判断得越准确，准备得越充分，也就越有利于掌握谈判的主动权。

2. 谈判背景资料调查

任何合作项目，对于双方来说都是在一定背景下进行的。在确定谈判对象的基础上，应以"知己知彼"为原则，对谈判背景进行认真的调查研究。背景调查不仅包括对己方的背景调查，更要做好对谈判对象的背景调查。调查的内容应包括环境背景、组织背景和人员背景等方面。背景调查实际上是谈判准备阶段的信息准备，要注重从多种渠道获取信息，建立谈判对象档案，并以动态的观点分析问题。

3. 组建谈判队伍

商务谈判是一个艰难的过程，需要全体谈判人员的共同协作与配合。谈判队伍组建不合理往往会给谈判带来负面的影响。所以，组建商务谈判队伍是谈判前最重要的准备工作。一般来说，要取得谈判的成功，主要有三个方面：一是谈判人员个体素质优化，即按照一定的职业道德、知识能力等识、学、才要求，做好遴选工作。二是谈判队伍规模结构适当，如果谈判小组人数太多，容易增加协调的难度；谈判小组人数过少，某些情景下又会缺乏配合、疲于应付，对谈判不利。谈判班子应该有多少人组成没有统一的模式，一般是根据谈判项目的性质、对象、内容和目标等因素加以确定。三是实现队伍的有效管理，即通过谈判班子负责人的挑选和分配，通过确定谈判方针和高层领导适当干预，实现对谈判队伍间接或直接的有效管理。

4. 制订谈判计划

谈判计划是指人们为了实现谈判目标，在谈判开始前对谈判进行的安排。它既是谈判前各项主要准备的提纲要领，又是正式谈判阶段的行动指南。谈判计划是谈判的重要文件，应注意它的保密性，最好限于主管领导和谈判班子成员参阅。谈判计划的制订要符合简明扼要、明确具体、灵活多变的原则。其主要内容包括谈判目标、谈判策略、谈判议程，以及谈判人员的分工职责、谈判地点等。

5. 模拟谈判

模拟谈判是正式谈判前的预演，是谈判准备工作的最后一项内容。模拟谈判是指从己方人员中选出某些人扮演谈判对手的角色，提出各种假设和臆测，从对手的谈判立场、观点、风格等出发，同己方主谈人员进行谈判的想象练习和实际表演。模拟谈判可以帮助己方谈判人员从中发现问题，对既定的谈判计划进行修改和完善，使谈判计划更为实用和有效，同时，能使谈判人员获得谈判经验，锻炼谈判能力，从而提高谈判的成功率。模拟谈判的原则是：一要善于假设，提出各种可能出现的问题；二要尽量提高仿真程度，"假戏真做"；三要把促使对方作出己方希望的决定作为模拟谈判目标；四要认真总结经验，进行必要的反思。通过模拟谈判，己方对于将要谈判的各个问题，都能明确考虑可接受的解决方案和妥协方案。另外，模拟谈判可以锻炼谈判者的应变能力，培养和提高谈判者的素质。

(二) 谈判阶段

谈判双方在经过全面准备、初步接触之后，可以依据谈判计划的时间、地点开始正式的谈判。谈判是就双方合作的具体内容进行磋商的过程。这是谈判全过程中的重点，也是谈判中的高潮。

谈判阶段依照活动过程可以分为若干相互联结的环节或步骤。为了简明，这里划分为以下三个环节：

1. 开局阶段

🗨 谈判实践

公元 1074 年，宋辽发生了边境争端。双方派代表在代州边界土黄平谈判。但由于辽方一再地设置障碍，致使谈判不欢而散。第二年，辽方派使臣肖禧到宋朝的京城，声称："不解决问题，誓不返辽。"宋朝经常与肖禧通宵达旦地进行谈判，但都因辽方的无理纠缠，谈判始终毫无进展。

宋神宗为此忧心忡忡，他既不想与辽军交战，又不愿意割让领土求和，最后决定派遣沈括与辽使谈判。

沈括早年对宋、辽边界做过仔细的研究，这次接到出使辽国的命令后，又查阅了档案，并向有关官员进行了解，弄清辽方两次所提边界前后不一，其中有争议的黄嵬山，与第一次所提地域相差 30 里。于是，他连夜写好奏章，上呈神宗。神宗看了奏章，向群臣说："以往主持谈判的大臣不究本末，贻误国事。沈括精神如是，朕无忧矣。"神宗还按沈括所提供的资料，亲自绘制了一张地图。

第二天，沈括携带地图和文书资料到官舍拜会辽使肖禧。沈括说："下官受皇上委派，奉陪阁下，贵国有何要求，请向我提出。"肖禧以十分傲慢的口气说："宋朝违背条约，侵犯我大辽边界。我们早有照会，要求重定边界。大辽皇帝派我来贵国，此事不解决，我无法回朝复命。"

沈括听了面带微笑："本人对边界情况略知一二，贵国在照会中所提有争议地界，较原协议向前推进了 30 里。不知阁下这次来东京，是为解决边界争议，还是索取领土的呢？"

肖禧毫无思想准备，故作镇静道："大辽只要求按原协议重定边界，对宋朝绝无领土要求。"

　　沈括从袖中取出地图，从口袋拿出文书资料，说："阁下声称并无领土要求，实属辽国大度。此图乃御笔亲绘，请阁下过目。""贵国所提黄嵬山为分水岭的问题，文书中有记载，请阁下过目。"

　　肖禧看过地图，只见山川河流无不详细，文书中明文记载："黄嵬山以大山脚为界。"一时无言以对，只好委婉地说："既然如此，我只好及早回国向大辽皇帝报告。"

　　案例来源：冯光明，冯靖雯，余锋. 商务谈判——理论、实务与技巧［M］. 北京：清华大学出版社，2019.

　　开局是指谈判当事人各方从见面开始，到进入交易条件的正式磋商之前的程序。开局的主要工作有三项。

　　（1）营造良好的谈判气氛，即通过相互致意、寒暄、交谈等，营造一种和谐、融洽、合作的谈判气氛，使谈判有一个良好的开端。

　　（2）确定谈判议程，即对此次谈判事项的程序性安排，谈判何时开始、何时结束、谈判议题、先谈什么或后谈什么的预先约定，也称为谈判的日程。

　　（3）开场陈述，即分别简介各自对谈判议题的原则性态度、看法和各方的共同利益。各方陈述后，有时需要做出一种能把各方引向寻求共同利益的进一步陈述，这就是倡议。同时，通过对方陈述的分析，也可大体了解对方对谈判的需要、诚意和意向，这就是探测。开场陈述之后，谈判即进入实质性的磋商环节。

　　2. 磋商阶段

　　磋商即按照已达成的一致的谈判通则，就实现交易目标的各项交易条件进行具体协商、讨价还价。这是谈判阶段最为核心的步骤。具体过程包括以下几个方面：

　　（1）报价。报价不是单独一方随心所欲的行为。应以影响价格的各种因素、所涉及的各种价格关系、价格谈判的合理范围为基础。

　　（2）交锋。交锋即谈判各方在已掌握的各种谈判信息的基础上，为了实现各自的谈判目标和利益，展开的针锋相对、据理力争、反驳论辩、说服对方这样一个沟通交流的过程。交锋常常是一个充满挑战的艰辛过程。交锋中，谈判人员一方面要坚定信念、勇往直前；另一方面又要以科学的态度、客观的事实、严密的逻辑，倾听对方的意见并回答对方的质询。

　　（3）妥协与让步。妥协，就是经过激烈的交锋，为了突破谈判僵局，防止谈判破裂和实现谈判目标所做出的让步。实际上，商务谈判不能"一口价"，磋商中各方也不可能一直无休止地争论和坚持己见。为了寻求都可以接受的条件和共同利益，适时、适当的妥协是完全必要的。妥协的原则应是有所施、有所受、有所失、有所得。在商务谈到中，成功的谈判应当使各方都是赢家。而这种"双赢"的结果，应从共同利益的大局着眼，求同存异、互谅互让。从这个意义上可以说，善于做出妥协，恰恰是谈判人员成熟的表现。

　　3. 协议阶段

　　协议即协商议定，就是谈判各方经过磋商，特别是经过交锋和妥协，达到了谈判双方共同的利益和预期目标，从而拟订协议书并签字生效。协议标志着谈判的结束，之前谈判中唇枪舌剑的对手，顿时亲密无间、互致祝贺。

（三）履约阶段

达成协议意味着谈判阶段基本完成，谈判工作一旦结束，通常给人的感觉是轻松、自然的，原先在谈判桌上针锋相对的谈判对手一下子就成为亲密的朋友。但是达成协议又只是交易合作的开始，许多合同内容如交货、支付等都只能是后续工作，因此，从实现交易目标的角度来说，达成协议绝不是大功告成。完整的商务谈判程序包括履约阶段。

履约阶段的主要工作是检查协议的履行情况，做好沟通并认真总结。其中，如对方违约，应按照协议索赔；如出现争议，需按照协议仲裁。只有在整个合同期协议的全部条款得到落实，谈判各方的交易目标及交易合作才真正实现，谈判才画上圆满的句号。

完整的商务谈判程序如图 2-1 所示。

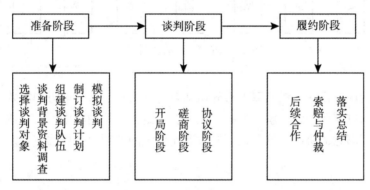

图 2-1　商务谈判的程序

二、商务谈判的模式

由于谈判各方追求的目标、谈判议题、背景条件等千差万别，所以商务谈判很难有固定、单一的模式。但是，总结商务谈判的实践和分析影响其模式的基本因素，可以将商务谈判的模式划分为以下几种类型。在实际谈判过程中，研究商务谈判的模式及其特点，将有助于把握商务谈判的实务和艺术。

（一）传统的谈判模式

传统的商务谈判中，谈判者一般所实行的谈判模式如图 2-2 所示。

谈判双方首先各自坚持立场，然后一方面维护自己的立场，另一方面设法令对方做出让步，最后则在妥协的方式下达成协议，但若是协议不成，则谈判随之破裂。

（二）现代互惠的谈判模式

互惠谈判模式是近年来谈判者普遍采用的谈判模式，如图 2-3 所示。

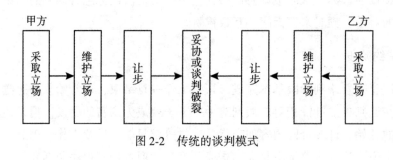

图 2-2 传统的谈判模式

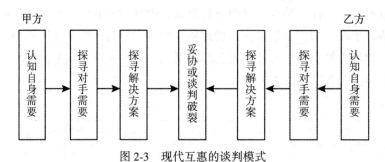

图 2-3 现代互惠的谈判模式

根据互惠的谈判模式，谈判双方首先认知自身的需要及探寻对方的需要，其次与对方共同探寻满足双方需要的各个解决方案。最后，决定是否接纳其中的一个或几个方案，从而达成令双方都满意的协议。这种谈判模式要比传统的谈判模式更加有效。

谈判实践

我国某冶金公司要向美国购买一套先进的组合炉，派一位高级工程师与美商谈判，为了不负使命，这位高工作了充分的准备工作，它查找了大量有关冶炼组合炉的资料，花了很大的精力对国际市场上组合炉的行情及美国这家公司的历史和现状、经营情况等了解得一清二楚。谈判开始，美商一开口要价 150 万美元。中方工程师列举了各国成交价格，使美商目瞪口呆，终于双方以 80 万美元达成协议。当谈判购买冶炼自动设备时，美商报价 230 万美元，经过讨价还价，美商将价格压到 130 万美元，中方仍然不同意，坚持出价 100 万美元。美商表示不愿继续谈下去了，把合同往中方工程师面前一扔，说："我们已经作了这么大的让步，贵公司仍不能合作，看来你们没有诚意，这笔生意就算了，明天我们回国了。"中方工程师闻言轻轻一笑，把手一伸，做了一个优雅的请的动作。美商真的走了，冶金公司的其他人有些着急，甚至觉得工程师不该抠得这么紧。工程师说："放心吧，他们会回来的。同样的设备，去年他们卖给法国只有 95 万美元，国际市场上这种设备的价格为 100 万美元是正常的。"果然不出所料，一个星期后，美商又回来继续谈判了。工程师向美商点明了他们与法国的成交价格，美商又愣住了，没有想到眼前这位中国商人如此精明，于是不敢再报虚价，只得说："现在物价上涨得厉害，比不了去年。"工程师说："每年物价上涨指数没有超过 6%。你们算算，该涨多少？"美商被问得哑口无言，在事实面前，不得不让步，最终以 101 万美元达成了这笔交易。

案例来源：张弘．蒋三庚．商务谈判［M］．北京：高等教育出版社，2018.

传统的谈判模式与现代互惠的谈判模式意味着谈判者具有不同的特点，如表 2-2 所示。

表 2-2　　　　　　　　　　不同谈判模式下的谈判者特点的比较

传统谈判模式下的谈判者	现代互惠的谈判模式下的谈判者
视谈判对手为敌人	视谈判对手为问题解决者
追求的目标：获得谈判胜利	追求的目标：在顾及效率及人际关系的前提下满足需要
不信任谈判对手	对对手提供的资料采取谨慎的态度
借底牌以误导谈判对手	不掀底牌
对谈判对手施加压力	讲理但不屈服于压力
坚持立场	眼光放在利益上，而非立场上
以自身受益作为达成协议的条件	探寻共同利益
对谈判对手及谈判主题均持强硬态度	对对手温和，但对谈判主题持强硬态度

三、商务谈判的评价标准

商务谈判的评价标准可以帮助谈判者对谈判过程和结果进行总结和评价。在确定谈判标准之前，应当先明确商务谈判的层次，确定商务谈判的层次可以让谈判人员更好地把握谈判的要点，提升驾驭谈判的能力，从而提高谈判的效率。

（一）商务谈判的层次

根据商务谈判结果的不同，商务谈判可以分为三个层次，即竞争型谈判、合作型谈判和双赢型谈判。

1. 竞争型谈判

大部分谈判都属于竞争型谈判。现代社会的竞争越来越激烈，企业之间的竞争、同类产品之间的竞争、人才之间的竞争已经达到白热化的程度，如果不竞争或者竞争能力不强，就会被市场淘汰，这种非此即彼的情况在谈判中就是竞争型谈判。在日常生活中，人们面临着越来越多的竞争型谈判。竞争型谈判有时也被称为非赢即输的谈判，多见于处于冲突状态的双方，每一方都将打败对方作为自己的目标。因此，在竞争型谈判中，谈判者对对方的最初方案做出明显的反应是极为重要的，即使谈判者对对方提出的方案非常满意，也必须明确对这一方案表示反对，声明完全不合适，让对方觉得其方案是令人讨厌、不能接受的。对处于积极状态的谈判双方来说，竞争型谈判往往会引发消极策略的运用，更易促使双方形成对抗而难以取得一个令人满意的结果。因此，我们应尽量避免采用竞争型的谈判。

2. 合作型谈判

在现代社会，越来越多的谈判者逐渐意识到谈判双方不是你死我活的关系，而是为了一个共同的目标对相应的解决方案进行探讨。虽然，谈判中有各种各样的矛盾和冲突，但谈判双方还是存在合作与交流的空间。如果对方的报价有利于己方，己方又希望同对方保持良好的业务关系或迅速结束谈判，做出合作型反应则是恰当的。合作型反应一般是赞许性的。承认和欣赏对方实事求是地对待谈判的态度，但还必须强调进一步谈判的必要性。这种对进一步谈判必要性的强调，能够避免对方错误地以为己方低估了谈判现状，从而转入防御性交锋的可能性。在激烈的交锋中，维护自身的利益和需要是进一步合作的基础，但交锋也是有限度的，需要防止关系破裂。

3. 双赢型谈判

双赢型谈判把谈判当作一个合作的过程，谈判双方均着眼于协议的达成，从而致力于共同去找到满足双方需要的方案，使谈判费用更合理、谈判风险更小。双赢型谈判强调的是，通过谈判，不仅要找到最好的方法去满足双方的需要，而且要解决责任和任务的分配，如成本、风险和利润的分配等。双赢型谈判的结果是：你赢了，但我也没有输。从倡导和发展趋势的角度来说，双赢型谈判无疑是有巨大的发展空间的。但在实际谈判过程中，双赢型谈判的实施有着一定的障碍，对谈判者的谈判方法和技巧有着较高的要求。

（二）商务谈判的评价标准

谈判是人们有目的的商务交易活动，因而确立若干谈判得失的评估标准是非常重要的。评价标准可以指导谈判人员的实际谈判工作，并对自己的谈判结果进行评价。有的人把在商务谈判中获得利益的多少作为谈判是否成功的评价标准，这种观点是片面的甚至是有害的，是"谈判近视症"的一种表现。持这种观点的谈判者往往只获得了谈判桌上看得见的眼前利益，而忽视了双方真诚合作可能产生的潜在利益和长远利益。尼尔伦伯格认为，谈判不是一场棋赛，不要求决出胜负；谈判也不是一场战争，要将对方消灭或置于死地。谈判是一项平等互利的合作事业，从这个观点出发，可以把评价商务谈判是否成功的标准归纳为三个方面：一是自身的需要是否因谈判而获得满足，即谈判的目的是否达到；二是谈判的效率如何；三是谈判之后与谈判对手之间的人际关系如何。

1. 谈判目标的实现程度

满足自身需要是谈判者追求的基本目标，因此谈判是否取得成功就取决于谈判者自身需要的满足程度，谈判者的一切活动都要围绕满足自身需要这个中心。谈判目标不仅把谈判者的需要具体化，而且是驱动谈判者行为的基本动力，引导着谈判者的行为。商务谈判的目标是与经济利益直接相关的，是指谈判者预期从谈判中获得的经济利益。谈判目标包括努力争取的最高目标和必须确保的最低目标。谈判者为了追求己方的最高目标，把对方逼得无利可图甚至谈判破裂，就不可能实现预期的谈判目标；同样，为了达成协议而未能守住己方的最低目标，预期的谈判目标也是无法实现的。因此，成功的谈判应该是既达成了协议，又尽可能接近己方预先制定的最高目标，同时也尽可能接近对方预先制定的最高目标。

📖 **趣味阅读**

瞄准对方的需要

美国谈判专家赫布·科恩（Herb Cohen）讲过这样一次谈判经历：他代表一家大公司去购买俄亥俄州的一座煤矿。矿主要价 2600 万美元，赫布出价 1500 万美元。

"1500 万美元？你别开玩笑了！"矿主说。

"不，我不是开玩笑。我们当然希望以低价成交。但是请你把实际售价告诉我，我们好进行考虑。"赫布说。

"2600 万美元，一个铜板也不能少！"矿主态度强硬地说。

在接下来的几个月的谈判中，赫布按照委托人的意图，不断抬高了出价：1800 万美元、2000 万美元、2100 万美元、2300 万美元。但矿主坚持 2600 万美元毫不退让。赫布分析了市场行情，结果表明，2300 万美元应该是很公道的价格。但矿主为何毫不松动呢？这让人费解。

赫布多次向矿主解释最后还价的合理性，矿主总是顾左右而言他或者一言不发。一天晚上，他终于透露："我兄弟的煤矿卖了 2550 万美元，而且还有附加利益。"赫布心里豁然开朗了。矿主并不是嫌赫布的价格低，而是在暗中与兄弟竞争，如果价格低了，就会没面子。

找到了病根，就可以对症下药了。赫布有针对性地制订了一套方案，经公司批准后，开始付诸实行。不久，谈判即获成功。最后的价格并未超过 2150 万美元，但是付款的方式和附加条件使矿主感到自己比他的兄弟强。

案例来源：毕思勇，赵帆．商务谈判［M］．高等教育出版社，2018.

2. 谈判效率的高低

任何商务经济活动都是讲究投入与产出的，商务谈判是经济活动的一部分，也讲究成本与效率。商务谈判的成本包括以下三项：

（1）谈判桌上的成本，即谈判的预期收益与实际收益之间的差额。

（2）谈判过程的成本，即在整个谈判过程中耗费的各种资源，包括为进行谈判而支出的人力、财力、物力和时间等各项成本之和。

（3）谈判的机会成本，即由于放弃最有效地使用谈判所占用的资源而造成的收入损失（一部分资源因为投入某项谈判而被占用，从而丧失了其他的获利机会，损失了期望获得利益）。

以上三项谈判成本，人们往往比较关注第一项而忽视了另外两项，典型的表现形式是致力于降低谈判桌上的成本，最终却导致了谈判总成本的增加。

谈判效率是指谈判者通过谈判所取得的收益与上述三项成本之间的对比关系。如果成本很高而收益很小，则谈判是低效率的，是不经济的；相反，如果成本很低而收益很大，则谈判就是高效率的，是经济的。只有高效率的商务谈判才能被称为成功的谈判。

3. 建立良好的人际关系

衡量商务谈判是否成功的第三个标准是双方是否能建立良好的人际关系。谈判是人们之间的一种磋商交流活动，所以，对于商务谈判而言，谈判的结果不只是体现在最终成交的价格高低、利益分配的大小，以及风险与收益的关系上，它还应体现在人际关系上，还要看谈判是否促进和加强了双方的友好合作关系。一个谈判者应该具有战略眼光，不计较也不过分看重某一场谈判的得失，要着眼于长远和未来。虽然在某一次的谈判中利益少了一些，但如果保持良好的合作关系，长远的收益将足以补偿当前的损失。因此，即使谈判失败，"生意不成友情在"也应该是一条普遍适用的基本法则。

在谈判中，要使上述的"目的""效率"和"人际关系"同时都得到满足是很难的，因为这三者之间具有某种程度的冲突。所谓成功，是指在三者之间作出适当的取舍，尽可能使三者处于某种均衡状态，争取获得最佳的结果。

📖 知识拓展

商务谈判中的三大变数

美国谈判专家赫伯·柯汉在其所著的《万事皆可谈判》一文中，把实力（power）、时间（time）和信息（information）列为成功谈判的三大要件。此外，谈判者素质也是影响谈判结果的重要因素。分析影响谈判结果的因素，对认识谈判过程，运用谈判策略是有益的。

一、实力

实力是指在谈判中各方的力量比较。在谈判中，参与谈判各方的力量往往有强有弱，表现出不均衡性。这种力量对比常常决定了谈判的趋势和结果。同时，谈判策略、技巧的选择和运用在很大程度上也取决于谈判中双方实力的大小和强弱。比如，一家大型连锁超市是著名的企业，知名度高且销售量大。谁的产品能够进入这家超市，就意味着它的产品能利用这家连锁超市的销售网络在许多地区销售，其市场占有率就会有很大的提高。在谈判中，很明显这家超市就占有较强的优势。如果一家生产洗涤用品的企业希望自己的产品在这家大超市销售，那么它就要在收取代理费、供货、退货、结账等方面接受较高甚至是严格的条件。这时，双方的力量对比主要表现在实力方面。在谈判中，各方的力量对比还可以表现在其他方面。双方实力的强弱，是由其有多少资源决定的。在谈判中这些资源就是谈判的筹码。资源主要有：竞争力、决策力、专业知识、投入程度、认同与先例。

二、时间

中国古代兵法讲究"天时地利人和"，在商务谈判过程中，更加要讲究"天时地利人和"。谈判中的"天时"指的是"战术时间"。体现在两个方面：一是恰当的时机，即要选择对己方有利的、最佳的时间与对方谈判。二是时间，时间的变化会对谈判带来影响，即利用时间给对方施加压力或回避对方制造的时间压力。

三、信息

信息是指那些与谈判活动有密切联系的条件、情况及其属性的客观描述，是一种特殊的人工信息。信息是影响谈判结果的重要因素之一。信息的力量来源于谈判者集中运用信息的能力，而这种能力可以帮助谈判者巩固谈判地位、支持观点，最终获得理想的谈判结果。信息同时还可以作为一种工具来挑战谈判对方的地位，从而削弱对方论点的有效性。

美国前总统肯尼迪在前往维也纳与苏联部长会议主席赫鲁晓夫谈判之前，就通过各种渠道收集了赫鲁晓夫的全部演说和公开声明，他还收集了这位部长会议主席的其他资料，诸如个人经历、业余爱好，甚至早餐嗜好、音乐欣赏趣味等，并精心进行了研究，从而对赫鲁晓夫的心理状态、思维特点均有所了解。所以，尽管还未见面，肯尼迪一旦说起赫鲁晓夫，能像对待老朋友那样，如数家珍地说上一大通，以至于两人谈判时，肯尼迪总是胸有成竹，仿佛对赫鲁晓夫下一句要说什么都了如指掌一般。

这次谈判的结果虽然没有公布于世，但不少观察家分析，在后来的古巴导弹危机中，肯尼迪之所以敢于做出如此强硬的姿态，不仅是因为他已经摸透了赫鲁晓夫的脾气，说不定就是在那次谈判中，赫鲁晓夫败在肯尼迪的手下，对肯尼迪惧怕三分所致。

本 章 小 结

商务谈判指不同利益主体之间以经济利益为目的，为实现某种商品或劳务的交易，就多种交易条件而进行的洽谈协商过程。商务谈判的特征包括五个方面：以获得经济利益为基本目的；谈判对象具有广泛性和不确定性；以价值为核心；注重合同条款的严密性与准确性。谈判的要素是指构成谈判活动的必要因素。无论哪种商务谈判，通常由商务谈判主体、商务谈判客体和商务谈判目标三个要素构成。

依据不同的标准，可以将商务谈判划分为不同的类型。按谈判参与方的数量，商务谈判可以分为双方谈判和多方谈判。按谈判议题的规模，分为大型谈判、中型谈判和小型谈判。按各方参加谈判的人员数量，分为小组谈判和单人谈判。按谈判所在地分为主场谈判、客场谈判和第三地谈判。按谈判内容的性质，分为经济谈判和非经济谈判。按交易地位分为买方谈判、买方谈判和代理谈判。按谈判的态度分为软式谈判、硬式谈判和原则式谈判。按谈判的沟通方式分为口头谈判和书面谈判。按谈判参与方的国域界限分为国内谈判和国际谈判。

商务谈判的原则，是指商务谈判中谈判各方应当遵循的指导思想和基本准则，是商务谈判活动内在、必然的行为规范，是商务谈判的实践总结和制胜规律。包括利益为本原则、互惠互利原则、立场服从利益原则、诚信原则、合作原则、合法原则。

商务谈判的程序包括准备阶段、谈判阶段和履约阶段。在实际谈判过程中，研究商务谈判的模式及其特点，将有助于把握商务谈判的实务和艺术。根据商务谈判结果的不同，商务谈判可以分竞争型谈判、合作型谈判和双赢型谈判三种类型。评价商务谈判是否成功的标准归纳为谈判目标的实现程度、谈判效率的高低、建立良好的人际关系三个方面。

◎ 思考题

1. 如何理解商务谈判的含义？
2. 如何理解商务谈判的结果是"互惠"的，但不是"平等"的？
3. 联系实际，试述商务谈判的基本原则。
4. 你是否同意"谈判就是一场比赛"的观点，为什么？
5. 如何评价商务谈判是否成功，请举例说明。

◎ 课后案例

中国入世谈判的最后阶段

华盛顿时间 1999 年 9 月 28 日晚，外经贸部部长石广生提前结束原计划两天的新一轮中美 WTO 谈判，率领中国代表团飞返北京。此时，距中国 11 月 30 日加入世贸组织的谈判只有两个月了。中美谈判是中国进入世界自由贸易大家庭的最主要的双边谈判，双方至今差距巨大，没有进展，甚至没有确定下一次谈判的时间。

"乐观派"与"悲观派"之争

中美 WTO 谈判有希望突破的消息，是在 1999 年 10 月下旬美国财政部长萨默斯访华前夕传开的，在 1999 年 5 月，中国驻南斯拉夫使馆被炸导致中美关系紧张之后，美国财政部长萨默斯是美国政府来华访问的最高官员。那次萨默斯来华，不仅将参加拟定中的中美联合经济委员会第十二次例会，而且将专程前往兰州，会见在当地视察的朱镕基总理。而在萨默斯确定 10 月 24 日访华之前，美国纽约时报、华盛顿邮报和华尔街日报等主流报纸不约而同地披露了一条重要消息：克林顿总统于 10 月 16 日与江泽民主席通了电话，就中国入世一事进行商谈。26 日萨默斯的官方性访问结束后，他透露了一个重要信息：中美双方在今年签署双边入世协议后，只能到 2000 年才能得到美国国会的批准。11 月 8 日，美国终于正式宣布巴尔舍夫斯基来华进行正式谈判的消息，9 日已经是关键时刻，让中国在已提条件上再度加价绝无可能。11 月 7 日，克林顿总统就此次安排，再度与江泽民主席通电话，四次元首热线，三次提到 WTO。

从美联储主席访华到朱总理访美

在 1999 年 1 月初一个寒冷的日子，来华访问的美联储主席格林斯潘在北京与朱总理会面。朱总理告诉他，尽管中国经济发展速度在放慢，但中国最终决定开放市场，包括电信、银行和保险、农业加入 WTO。在其后的 3 个月内，中美为入关进行的双边谈判以加速度进行，巴尔舍夫斯基在 1999 年 3 月间两度来华并与朱总理会谈，直到 3 月下旬，谈判已进行了 90%。

在 1999 年 3 月间的人民代表大会上，朱总理正式宣称，"黑头发都谈成了白头发" 的 13 年的谈判应该结束了，中国愿意为今年内加入 WTO 做出重大让步。电信业开放与银行业开放这两个最敏感的话题，朱总理也在会上有了公开的承诺。朱总理 4 月初赴美访问，中美双边谈判获得突破性进展，10 日，中美签订农业协议。双方都承认绝大部分谈判都已经完成，13 日克林顿致电朱总理要求加紧进行最后谈判。又一轮谈判于 4 月下旬再度开始，然而，随后发生了中国驻南斯拉夫使馆被炸事件，本来可以较快完成的双边谈判骤然中断。直至 1999 年 9 月 27 日，中美谈判方两次开始。石广生率队在华盛顿进行的这次谈判没有取得成果。

博弈与博弈者的决心

巴尔舍夫斯基 1999 年 11 月 9 日至 15 日的北京之行，乃关键时刻的关键行动，每一分钟都引人关注。人们无法知道谈判的详情，但可以感受到谈判中的"博弈"在紧张进行。有时一次谈判通宵达旦；有时，一次谈判只有几分钟。巴尔舍夫斯基刚到北京，就确定了周五离开的时间表，而且一再表示本周内必须完成谈判。至周四晚，双方约定次日清晨 9 点再谈。但次日 8 点 50 分，巴尔舍夫斯基得到推迟谈判的消息。6 小时后，谈判再度开始。这是一次没有结果的谈判。深夜，美国代表得到消息，次日朱总理将与巴尔舍夫斯基见面谈判，此后又是巴舍夫斯基一行与石广生等人长时间的艰苦谈判……

江泽民曾在欧洲访问时指出，中国的立场是一贯的，也是明确的。第一，中国加入世界贸易组织是中国经济发展和改革开放的需要，同样世贸组织也需要中国。第二，中国是一个发展中国家，社会生产力还不发达，只能以发展中国家的条件加入世界贸易组织。第三，中国加入世界贸易组织，其权利和义务一定要平衡。中国不会接受过高的、超出中国承受能力的要价。

美国政府在此次 WTO 谈判的最后阶段，表现了一种较为坚决的积极态度。克林顿总统之所以有此姿态，主要原因之一在于他未能在当年 4 月朱总理访美期间适时签署中美双边一揽子协议，一直遭受到美国舆论的较大压力。当时，美国一些主流报纸就曾经提出过相当尖锐的批评，认为此举造成的后果"一时还难以估量，但必是非常严重"。此后，发生了 5 月初中国驻南斯拉夫使馆被炸事件，中美双边谈判骤然中止。中美世贸双边"行百里而半九十"，被媒体不幸而言中。在这种形势之下，时时处于舆论强攻之下的克林顿不可能不从美国的整体利益出发，对中国入世采取更为积极的态度。

经过 1999 年一波九折的反复，中美终于在西雅图会议召开前 15 天，正式签署了双边协定。这是一次里程碑式的重大胜利。当然，纵使中国 1999 年年底之前被 WTO 的 134 名成员所正式接纳，仍不意味着中国能够按 WTO 的全部条款在美国市场毫无阻碍地获得相应权利。这是因为与中国入世相关的"永久最惠国待遇"条款必须得到美国国会的认可。果不然，后来的事态发展证明了有关人士的推测，但最终的结果却是中国于 2001 年正式加入世界贸易组织。

案例来源：根据网络资料整理。

讨论题：

1. 结合案例，中国入世谈判历时 13 年，一波九折，主要原因是什么？

2. 在此项谈判中，使用了哪些商务谈判原则？

◎ **课后实践**

商务谈判能力测试

1. 你认为商务谈判(　　)

　　A. 是一种意志的较量，谈判对方定有输有赢

　　B. 是一种立场的坚持，谁坚持到底，谁就获利多

　　C. 是一种需要妥协的过程，双方各让步一定会海阔天空

　　D. 双方的关系重于利益，只要双方关系友好必然会带来理想的谈判结果

　　E. 是双方妥协和利益得到实现的过程，以客观标准达成协议可得到双赢结果

2. 在签订合同前，对方谈判代表说合作条件很苛刻，按此条件自己无权作主，还要通过上司批准。此时你应该(　　)

　　A. 告知对方谈判代表没有权作主就应该早声明，以免浪费这么多时间

　　B. 询问对方上司批准合同的可能性，在最后决策者拍板前要留有让步余地

　　C. 提出要见决策者，重新安排谈判

　　D. 与对方谈判代表先签订合作意向书，取得初步的谈判成果

　　E. 进一步做出让步，以达到对方谈判代表有权作主的条件

3. 为得到更多的让步，或是为了掌握更多的信息，对方提出些假设性的需求或问题，目的在于摸清底牌。此时你应该(　　)

　　A. 按照对方假设性的需求和问题诚实回答

　　B. 对于各种假设性的需求和问题不予理会

　　C. 指出对方的需求和问题不真实

　　D. 了解对方的真实需求和问题，有针对性地给予同样的假设性答复

　　E. 窥视对方真正的需求和兴趣，不要给予清晰的答案，并可将计就计促成交易

4. 谈判对方提出几家竞争对手的情况，向你施压，说你的价格太高，要求你给出更多的让步，你应该(　　)

　　A. 与更多的竞争对手谈判，了解竞争状况，坚持原有的合作条件，不要轻易做出让步

　　B. 强调自己的价格是最合理的

　　C. 为了争取合作，以对方提出的竞争对手最优惠的价格条件成交

　　D. 问：既然竞争对手的价格如此优惠，你为什么不与他们合作？

　　E. 提出竞争事实，质疑对方提出的竞争对手情况不真实

5. 对方提出如果这次谈判你能给予优惠条件，保证下次给你更大的生意，此时你应该(　　)

　　A. 按对方的合作要求给予适当的优惠条件

B. 为了双方的长期合作，得到未来更大的生意，按照对方要求的优惠条件成交

C. 了解买主的人格，不要以"未来的承诺"来牺牲"现在的利益"，可以以其人之道还治其人之身

D. 要求对方将下次生意的具体情况进行说明，以确定是否给予对方优惠条件

E. 坚持原有的合作条件，对对方所提出的下次合作不予理会

6. 谈判对方有诚意购买你司整体方案的产品（服务），但苦于财力不足，不能完成成交。此时你应该(　　)

A. 让对方购买部分产品（服务），成交多少算多少

B. 指出如果不能购买整体方案，就以后再谈

C. 要求对方借钱购买整体方案

D. 如果有可能，协助贷款，或改变整体方案，改变方案时要注意相应条件的调整

E. 先把整体方案的产品（服务）卖给对方，对方有多少钱先给多少钱，所欠之钱以后再说

7. 对方在达成协议前，将许多附加条件依次提出，要求得到你更大的让步，你应该(　　)

A. 强调你已经做出的让步，强调"双赢"，尽快促成交易

B. 对对方提出的附加条件不予考虑，坚持原有的合作条件

C. 针锋相对，对对方提出的附加条件提出相应的附加条件

D. 不与这种"得寸进尺"的谈判对手合作

E. 运用推销证明的方法，将已有的合作伙伴情况介绍给对方

8. 在谈判过程中，对方总是改变自己的方案、条件，无休无止地拖下去。你应该(　　)

A. 以其人之道还治其人之身，用同样的方法与对方周旋

B. 设法弄清楚对方的期限要求，提出己方的最后期限

C. 节省自己的时间和精力，不与这种对象合作

D. 采用休会策略，等对方真正有需求时再和对方谈

E. 采用"价格陷阱"策略，说明如果现在不成交，以后将会涨价

9. 在谈判中双方因某一个问题陷入僵局，有可能是过分坚持立场之故。此时你应该(　　)

A. 跳出僵局，用让步的方法满足对方的条件

B. 放弃立场，强调双方的共同利益

C. 坚持立场，要想获得更多的利益就要坚持原有谈判条件不变

D. 采用先体会的方法，会后转换思考角度，并提出多种选择等策略以消除僵局

E. 采用更换谈判人员的方法，重新开始谈判

10. 除非满足对方的条件，否则对方将转向其他的合作伙伴，并与你断绝一切生意往来，此时你应该(　　)

A. 从立场中脱离出来，强调共同的利益，要求平等机会，不要被威胁吓倒而做出不情愿的让步

B. 以牙还牙，不合作拉倒，去寻找新的合作伙伴

C. 给出供选择的多种方案以达到合作的目的

D. 摆事实，讲道理，同时也给出合作的目的

E. 通过有影响力的第三者进行调停，赢得合理的条件

评分标准

题目	A（得分）	B（得分）	C（得分）	D（得分）	E（得分）
1	2	3	7	6	10
2	2	0	7	6	5
3	4	3	6	7	10
4	10	6	5	2	8
5	4	2	10	6	5
6	6	2	6	10	3
7	10	4	8	2	7
8	4	10	3	6	7
9	4	6	2	10	7
10	10	2	6	6	7
总计					

【测试结果】

95 分以上：谈判专家

90~95 分：谈判高手

80~90 分：有一定的谈判能力

70~80 分：具有一定的潜质

70 分以下：谈判能力不合格，需要继续努力

第三章　商务谈判心理及思维

学习目标

◆ 知识目标

1. 了解商务谈判心理的特征，认识商务谈判心理研究的重要意义。
2. 熟悉商务谈判的需要和动机。
3. 了解商务谈判思维的内涵与类型，理解商务谈判的思维艺术。

◆ 技能目标

1. 能够在谈判中灵活运用谋略思维、辩证思维。
2. 能分析不同场景下的谈判者心理。

核心概念

心理（mental；psychology）；思维（thinking；thought）；诡辩术（special pleading）。

案例导入

张仪说楚绝齐

楚怀王十六年，秦国有意攻打齐国，彼时楚国与齐国交好。秦惠王很担忧这一点，于是他便派张仪出使楚国面见楚王。张仪对楚王说："在我国国君所有喜欢的人之中，大王你排第一位；而在我张仪所有想要投奔的君主之中，也没有谁排在大王你前面的；我国国君厌恶的人之中，没有谁排在齐王前面；而我张仪所有痛恨的人之中，也没有谁在齐王之前。但是大王你却与齐国和好，这样便使得我国国君不肯与你交好，因而叫我也不好来为你所驱使。倘若你听我张仪的，闭关而拒绝与齐往来，现在就可派使臣跟随我去西边取回以前秦国从楚国分去的商於那六百里的地方。这样一来，那么齐国就弱了。对于楚国来说，北边削弱了齐国，西边对秦有恩德；楚国又暗地里得到商於之地，从而使楚国富裕起来。这是用一计而得三利的事情呀！"

楚怀王听了十分高兴，就把相印拿出来给了张仪。还天天给张仪置办酒宴，并宣告：我又得到了我的商於之地。众臣都来庆贺，唯独陈轸一人来吊丧。楚怀王问："这是为什么？"陈轸回答道："秦国之所以要注重你，是因为你有齐为伴。目前商於之地还未到手，却先断绝了与齐国的交情，这是使楚国自己孤立自己。那秦国又怎么会再看重一个孤立之国呀？他必然轻视楚国了。如果我们楚国要秦先拿出地方，然后楚才与齐绝交，那是秦国的计谋所不许的；如楚先与齐绝交，然后再去问秦国要地，必然被张仪所欺骗。被张仪欺骗，大王你必然怨恨秦国。怨恨秦国，就是在楚的西边惹起了秦国的祸患；北边又与齐国断绝了交情。如果西边起了秦患，北边又与齐绝交，那韩、魏两国的兵必然来伐楚。所以我来吊丧。"楚怀王不听，还派一位将军去西边接受封地。

张仪到了秦国，假装喝醉了酒，从车上摔下，自称有病，一连三个月都不出门，楚国终究不可能得到秦地。楚怀王还说："张仪莫非认为我与齐绝交还未完全彻底么？"便派了一位勇士宋遗到北边去辱骂齐国。齐王大怒，折断了楚国的信物，并与秦国结为盟友。秦、齐交好了，张仪才出来对楚将说："你为什么不去接受封地呢？从某地到某地纵横六里。"楚将说："我所奉命收取的是六百里，没有听说六里。"楚将立即回到楚国，向怀王禀报。怀王大怒，便调兵遣将打算攻伐秦国。陈轸又说："这时去讨伐秦国不是好计策。还不如去贿赂秦国，送给他一座大城市，与秦合力攻齐。这就是说，我们在秦国失掉的，可从齐国拿回来补偿，这样我们楚国才可以保全。现在你大王已与齐国绝交，然而又去责怪秦国欺骗了你，这是我国撮合了秦国和齐国的邦交，并引来天下之兵对我国的讨伐，如此一来，我们楚国必然要受到极大的损伤。"楚怀王不听陈轸的进谏，便与秦国绝交。

案例来源：《战国策·秦二·齐助楚攻秦》。

启示：

谈判高手善于结合全方位的信息选择有针对性的策略来达到自己的谈判目的。谈判者系统地针对对手的性格、心理与感情加以研究，分析彼此的优势与短板，牢牢把握住对方的弱点，掌握谈判节奏与主动权，引导谈判进程。当然，谈判桌上往往会出现谎言、诡辩等不太友好的因素，如何应对是每位谈判者需要掌握的能力。

第一节　商务谈判心理

人的心理影响人的行为。商务谈判是人们彼此交换思想，展示谈判实力、心理和个性的一种活动。谈判双方陈述的意见、提出的方案、采取的策略、进度的把控、最终的决定，无一不是谈判者心理活动的结果。商务谈判作为特定环境和条件下的经济活动，从开始就体现着参与者的情感、情绪和心态，它直接影响着当事人的行为活动，也会影响商务谈判的进程及其成功与否。

一、商务谈判心理概述

（一）心理的含义

人是具有心理活动的。一般来说，当面对壮丽的河山、秀美的景色时，人们都会产生喜爱、愉悦的情感，进而会形成美好的记忆；看到被污染的环境、恶劣的天气、战争的血腥暴行，会出现厌恶、逃避的心情，并会留下不好的印象。这些就是人的心理活动、心理现象，即人的心理。心理是人脑对客观现实的主观能动的反映。人的心理活动包括感觉、知觉、记忆、想象、思维、情绪、情感、意志和个性等。人的心理是复杂多样的，人们在不同的专业活动中，会产生各种与不同活动相联系的心理。

（二）商务谈判心理的含义

商务谈判心理是指在商务谈判活动中谈判者的各种心理活动，它是商务谈判者在谈判活动中对各种情况、条件等客观现实的主观能动反映。譬如，当谈判者在商务谈判中第一次与谈判对手会晤时，对方彬彬有礼、态度诚恳，就会对对方有好印象，对谈判取得成功也会抱有信心和希望；反之，如果谈判对手态度狂妄、盛气凌人，势必留下不好的印象，从而对商务谈判的顺利开展存有忧虑。

通过对谈判者心理的研究，一方面，有利于谈判者了解己方谈判成员的心理活动和心理弱点，以便采取相应措施进行调整和控制，保证己方谈判者能以一个良好的心理状态投入谈判中；另一方面，有利于摸清谈判对手的心理活动和心理特征，以便对不同的谈判对手，选择不同的战略和战术。因此，商务谈判心理对商务谈判行为有着重要的影响。认识商务谈判心理在商务谈判中的作用，对于培养良好的商务谈判心理意识，正确地运用商务谈判的心理技巧有着十分重要的意义。

（三）商务谈判心理的特点

与其他的心理活动一样，商务谈判心理有其心理活动的特点和规律性。一般来说，商务谈判心理具有内隐性、相对稳定性、个体差异性等特点。

1. 商务谈判心理的内隐性

商务谈判心理的内隐性是指商务谈判心理藏之于脑、存之于心，别人是无法直接观察到的。但尽管如此，由于人的心理会影响人的行为，行为与心理有密切的联系，因此，人的心理可以反过来从其外显行为加以推测。例如，在商务谈判中，对方作为购买方对所购买的商品在价格、质量、售后服务等方面的谈判协议条件都感到满意，那么在双方接触中，谈判对方会表现出温和、友好、礼貌、赞赏的态度和行为举止；如果很不满意，则会表现出冷漠、粗暴、不友好、怀疑甚至挑衅的态度和行为举止。掌握这其中的一定规律，就能较为充分地了解对方的心理状态。

2. 商务谈判心理的相对稳定性

商务谈判心理的相对稳定性是指人的某种商务谈判心理现象，产生后往往具有一定的稳定性。谈判者的心理既由谈判者与生俱来的个性差异决定，也由后天的学习和经历决定，一旦形成之后，心理特征在一定时期内会相对稳定下来，可以称为心理定式。这种定式会表现在两个方面：一是遇到相同的事或相近的场景，其产生的心理反应和采取的行动方式都会大致相同；二是任何一种心理定式都会配合相应的行为习惯与行为惯例，并且这种行为习惯或行为惯例还会代表某些特定的含义。

商务谈判人员的谈判能力会随着谈判经历的增多而有所提高，但在一段时间内却是相对稳定的。正是由于商务谈判心理具有相对稳定性，我们才可以通过观察和分析去认识它，而且可以运用一定的心理方法和手段去改变它，使其利于商务谈判的开展。

3. 商务谈判心理的个体差异性

商务谈判心理的个体差异性是指因谈判者个体的主客观情况的不同，谈判者个体之间的心理状态存在着一定的差异。谈判心理受影响的因素多、转换快、频率高、强度大，因此商务谈判心理的个体差异性大，要求人们在研究商务谈判心理时，既要注重探索商务谈判心理的共同特点和规律，又要注意把握个体心理的独特之处，以便有效地为商务谈判服务。每一次意外情况的出现，都会使谈判人员面临更大的心理压力，只有善于把握自身心理的谈判者才能更加稳健地打开局面，控制局势。

📅 **趣味阅读**

鬼谷子·揣篇

古代善于运用游说国君而统治天下的人，必然要衡量天下的权势，揣摩各个诸侯的实情。如果衡量权势不准确，就不可能了解诸侯之间力量强弱虚实的差别；如果揣测情形不精确，就不可能了解隐藏的情况和事物暗中变化的征兆。

什么是"量权"呢？答曰："量权"就是测量尺寸大小，计算数量多少；称量有多少钱财货物，估量有多少人口、是富有还是贫乏，富有和贫乏到了什么样的程度？分辨地形险易，哪里有利，哪里有害？判断各方的谋略，哪个是优，哪个是劣？考察君主大臣，与谁亲近，与谁疏远，哪些贤德，哪些奸诈？考核谋士的智慧，谁多谁少？观察天时祸福，什么时候吉，什么时候凶？考察诸侯之间的关系，哪个可以利用，哪个不可以利用？老百姓的人心向背如何变化，是安定还是危急？他们喜好什么，憎恶什么？反复推测，如何分辨清楚？能够了解这些，就是所谓的"量权"。

所谓揣情，就是必须在对方最高兴的时候，前去见他，并设法刺激他的欲望；只要欲望表现出来，实情就难以隐藏。一定要在对方最恐惧的时候，前去见他，并设法加重他的恐惧；只要恐惧表现出来，实情就难以隐瞒。人的情欲往往在特别高兴或特别悲伤的时候发生变化。对于那些已经触动情感仍看不出有异常变化的人，就要暂时离开不再与他交谈，而后转向与他亲近的人，去了解他情感不变的原因。感情从内部发生变化，必然要通过形态显现于外表。所以，一定要通过显露出来的表面现象，去了解隐藏在内部的真情。这就是所说的揣测内心的方法。

所以，谋划国家大事，就应当详细地衡量权势；游说君主，则应当全面揣测实情。探知对方的谋划、想法、情感和欲望，必须以这种谋略为主。谋士们可能富贵，也可能贫贱；可能受到尊敬，也可能被轻视；可能获利，也可能遭到损害；可能成全他人，也可能败坏他人，其使用的办法都是一致的。因此，即使有古代先王的治国之道，有圣人的高超智谋，不通过揣度实情，也就无法探测出所有隐匿的情况。这是谋略的基础，游说的通用法则。对某些事情突然发生，人们不能事先预料，是因为提前预料是最难的。所以说：揣测实情，最难把握，游说进言必须深谋远虑。因此观察昆虫蠕动，无不藏有利害，可以引发事物的变化。任何事情在刚刚变化之时，都呈现一种微小的态势。这就是揣情的时候，需要先修饰言辞，或使之富有文采，出口成章，这样才能进行游说之道。

案例来源：《鬼谷子·揣篇》。

二、研究商务谈判心理的意义

商务谈判既是问题的谈判，又是心理的较量，它不仅被商务条件所左右，也受到商务谈判心理的影响。在商务谈判中，运用谈判心理知识对谈判进行研究，分析"谈判对手的言谈举止反映什么""有什么期望""如何恰当地诱导谈判对手"等，对成功地促进谈判很有必要。掌握商务谈判心理现象的特点，认识商务谈判心理发生、发展、变化的规律，对于商务谈判人员在商务谈判活动中养成优良的心理素质，保持良好的心态，正确判断谈判对手心理状态、行为动机，预测和引导谈判对手的谈判行为，有着十分重要的意义。

（一）有助于培养谈判人员自身良好的心理素质

谈判人员良好的心理素质是谈判取得成功的重要基础条件。谈判人员相信谈判成功的坚定信心，对谈判的诚意、在谈判中的耐心等都是保证谈判成功不可或缺的心理素质。良好的心理素质，是谈判者抗御谈判心理挫折的条件和铺设谈判成功之路的基石。谈判人员加强自身心理素质的培养，可以把握谈判的心理适应。谈判人员对商务谈判心理有正确的认识，就可以有意识地培养提高自身优良的心理素质，摒弃不良的心理行为习惯，从而把自己造就成从事商务谈判方面的人才。

（二）有助于揣摩谈判对手心理，实施心理诱导

谈判人员对商务谈判心理有所认识，经过实践锻炼，可以通过观察分析谈判对手言谈举止，弄清谈判对手的心理活动状态，如其个性、心理追求、心理动机、情绪状态等。谈判人员在谈判过程中，要仔细倾听对方的发言，观察其神态表情、留心其举止，包括细微的动作，以了解谈判对手心理，了解其深藏于背后的实质意图、想法，识别其计谋或攻心的动作，防止掉入对手设置的谈判陷阱并正确作出自己的谈判决策。

人的心理与行为是相联系的，心理引导行为。而心理是可诱导的，通过对人的心理诱导，可引导人的行为，英国哲学家弗朗西斯·培根在《谈判论》中指出："与人谋事，则须知其习性，以引导之；明其目的，以劝诱之；谙其弱点，以威吓之；察其优势，以钳制之。"培根此言对于从事商务谈判至今仍有裨益。

了解谈判对手心理，可以针对对手不同的心理状况采用不同的策略。了解对手人员的谈判思维特点、对谈判问题的态度等，可以开展有针对性的谈判准备和采取相应的对策，把握谈判的主动权，使谈判向有利于我方的方向转化。比如，需要是人的兴趣产生和发展的基础，谈判人员可以观察对方在谈判中的兴趣表现，分析了解其需要所在，相反地，也可以根据对手的需要进行心理的诱导，激发其对某事物的兴趣，促成商务谈判的成功。

（三）有助于恰当地表达和掩饰我方心理

商务谈判必须进行沟通。了解商务谈判心理，有助于表达我方心理，可以有效地促进沟通。如果对方不清楚我方的心理要求或态度，必要时我方可以通过各种合适的途径和方

式向对方表达，以有效地促使对方了解并重视我方的心理要求或态度。

作为谈判另一方，谈判对手也会分析研究我方的心理状态。我方的心理状态，往往蕴含着商务活动的重要信息，有的是不能轻易暴露给对方的。掩饰我方心理，就是要掩饰我方有必要掩饰的情绪、需要、动机、期望目标、行为倾向等。在很多时候，这些是我方在商务谈判中的核心机密，失去了这些秘密也就失去了主动。这些秘密如果为对方所知，就成了助长对方滋生谈判诡计的温床。商务谈判的研究表明，不管是红白脸的运用，还是撤出谈判的胁迫，最后期限的通牒，拖延战术的采用等，都是与一方了解了另一方的某种重要信息为前提，与一方对另一方的心理态度有充分把握有关的，因而对此不能掉以轻心。为了不让谈判对手了解我方某些真实的心理状态、意图和想法，谈判人员可以根据自己对谈判心理的认识，在言谈举止、信息传播、谈判策略等方面施以调控，对自己的心理动机（或意图）、情绪状态等做适当的掩饰。如在谈判过程中被迫做出让步，不得不在某个已经决定的问题上撤回，为了掩饰在这个问题上让步的真实原因和心理意图，可以用类似"既然你在交货期方面有所宽限，我们可以在价格方面作出适当的调整"等的言辞加以掩饰。如我方面临着时间压力，为了掩饰我方重视交货时间的这一心理状态，可借助多个成员提出不同的要求，以扰乱对方的视线，或在议程安排上有意加以掩饰。

（四）有助于营造谈判氛围

学习商务谈判心理的知识，有助于谈判人员处理与对方的交际与谈判，形成一种良好的交际和谈判氛围。为了使商务谈判能顺利地达到预期的目的，需要适当的谈判氛围的配合。适当的谈判氛围可以有效地影响谈判人员的情绪、态度，使谈判顺利推进。一个商务谈判的高手，也是营造谈判氛围的高手，会对不利的谈判气氛加以控制。对谈判气氛的调控往往根据双方谈判态度和采取的策略、方法而变。一般地，谈判者都应尽可能地营造出友好和谐的谈判气氛以促成双方的谈判。但适当的谈判氛围，并不一味地都是温馨和谐的气氛。出于谈判利益和谈判情境的需要，必要时也会有意地制造紧张甚至不和谐的气氛，以对抗对方的胁迫，给对方施加压力，迫使对方做出让步。

三、商务谈判需要与动机

需要引发动机，动机驱动行为。商务谈判需要是商务谈判行为的心理基础。商务谈判人员必须抓住"需要—动机—行为"这一联系对商务谈判活动进行分析，从而准确地把握商务谈判活动的脉搏。

（一）商务谈判需要

商务谈判人员在商务谈判中存在着一定的商务谈判需要。商务谈判需要是一种较为特殊的需要，它对商务谈判存在着决定性的影响，必须加以重视。

1. 什么是商务谈判需要

需要是人缺乏某种东西时产生的一种主观状态，是人对一定客观事物需要的反映，也是人的自然和社会的客观需求在人脑中的反映。所谓客观需要，可以是人体的生理需要，如一个人长时间在酷热的阳光下活动，出汗过多、体内水分失调、口干舌燥，这会通过神经传达到大脑，使人产生喝水的需要。客观需要也可以是外部的社会需要，一个从事某个方面专业活动的人，如果缺乏必备的专业知识，其活动就难以顺利开展。只有补充了必备的专业知识，他才能顺利地开展活动，这就是一种社会需要。这种社会需要一旦被这个人所接受，就会转化为对专业知识学习的需要。

需要有一定的事物对象，它或者表现为追求某种东西的意念，或者表现为避开某种事物、停止某种活动而获得新的情境的意念。需要有周而复始的周期性，需要随着社会历史的进步，一般由低级到高级、简单到复杂、物质到精神、单一到多样而不断地发展。

有了以上的认识，就可以对商务谈判需要的含义作出概括。所谓商务谈判需要，就是商务谈判人员的谈判客观需要在其头脑中的反映。

2. 商务谈判需要的类型

（1）马斯洛的需求层次理论。人的需要是多种多样的，一般有自然性需要、社会性需要、物质性需要和精神性需要等。根据美国著名心理学家亚伯拉罕·马斯洛需求层次论的观点，人有五大层次的需要。

①生理需要。生理需要是人类为维持和发展生命的最原始、最基本的需要，如呼吸空气、饮食、穿衣取暖、休息睡眠等。

②安全需要。安全需要是人类希望保护自身的肉体和精神不受威胁，保证安全的欲望，是人们为降低生活不确定性，对安全、稳定和秩序的心理欲求。它表现为希望生命不受伤害、职业得到保障、健康得到保护、财产不受损失和免受不公正待遇等方面。

③社交需要。社交需要是追求社会交往中人际关系的需要。它表现为两方面的内容：一个是爱的需要，也就是希望得到和给予友谊、关怀、忠诚和爱护，希望得到爱并给予别人爱；另一个是归属的需要，也就是人有一种要求归属于团体的愿望，希望成为其中的一员，得到关怀和照顾，增强力量感和信心。社交需要是一种较为细腻而微妙的需要，其具体的需要一般与人的个性、心理特性、经历、文化教养、生活习惯、宗教信仰等都有关系。

④尊重的需要。尊重的需要包括受人尊重和自尊两个方面。受人尊重是指人希望有地位、有威望，得到别人的好评、尊敬和信赖；自尊是指人希望在各种不同的情境中，有胜任自身角色的能力，有自信心。

⑤自我实现的需要。自我实现的需要是指人充分发挥其潜能，实现个人的理想与抱负的需要。

马斯洛认为，以上五种需要是有高低之分的，并按照从低到高的次序逐级发展，每一时期都有一种需要占主导地位。

（2）商务谈判需要的类型。商务谈判的物质性需要是指对资金、资产、物质、资料等方面的需要；精神性需要是指对尊重、公正、成就感等方面的需要。与谈判对手进行谈判，应注意对方物质方面的需要，但同时也不能忽视对方对尊重、独立自主、平等方面的需要。

与马斯洛需求层次论的需要类型相一致，商务谈判需要也有各种相应的需要表现。

①商务谈判人员有较强的安全需要。出于信用安全的考虑，谈判人员通常乐意与老客户打交道。在与新客户打交道时往往会心存顾忌，对其主体资格、财产、资金、信誉等状

况会较为关注。

②谈判人员一般都有很强的尊重需要。谈判人员得不到应有的尊重往往是导致谈判破裂的原因。有着强烈尊重需要的人，当自尊心受到伤害而感觉到没面子时，在心理防卫机制的作用下，很可能会出现攻击性的敌意行为，或者是不愿意继续合作，这会给谈判带来很大的障碍。此外，商务谈判人员也有社交、自我实现等方面的需要。

值得注意的是，商务谈判需要不仅表现为谈判人员个人的需要，也表现为谈判群体或组织的需要。这是商务谈判需要表现得较为特殊的地方。例如，一个参加谈判的企业，也有其自身的高低层次的需要。为了企业的生存，企业必须维持起码的原材料、劳动力，这是最低层次的需要；企业也追求安全保障，在交易活动中树立良好信誉与形象，赢得信任、尊重、好感，努力实现企业的理想宏图，并赢得认可、赞誉等。

由上述可知，谈判人员作为社会的一个特定群体，其需要有其特殊之处。在许多场合，谈判人员不是代表个人，而是代表组织参加谈判，其在寻找个人需要满足的同时，还要寻求群体或组织需要的满足。这样，谈判需要可以说是谈判人员个人需要与群体、组织需要的集合。在许多情况下，谈判人员所代表的群体、组织需要的满足应摆在优先的地位。作为一个组织的谈判代表，从职业道德来看，应当经过自己的努力，尽力实现群体、组织需要的满足，而不应寻求从对手那里满足不正当的个人私欲。

3. 商务谈判需要的影响因素

人的需要引发人的行为动机，从而驱动人的行为。商务谈判人员在商务谈判中注重研究谈判对手的需要、动机心理，把握其行为的规律性，就会掌握谈判的主动权。

一个有经验的谈判人员，在谈判交锋之前，不仅应对自己一方的需要有深入的了解，还应对谈判对方的需要进行认真的分析揣摩。

通常，谈判者当前的主导需要、需要的急切程度、需要满足的可替代性等因素，都影响着谈判者的行为。分析谈判者需要（特别是对手需要）时，要考虑到这些因素，需根据其具体情况采取相应的谈判对策。

（1）主导需要因素。任何人或组织，在某一时期一般都会有某一种或几种需要是占主导地位的需要，即主导需要。在商务谈判中，要注意分析对手在不同时期、不同条件下存在的主导需要，据此作出灵活的反应和采取相应的对策。

了解谈判对手的主导需要，可以根据其主导需要采取相应的策略，刺激其欲望，激发其动机，诱导其谈判心理。可据此设计报价或还价，使报价或还价在照顾我方利益的同时仍具有有效满足对方主导需要的吸引力、诱惑力，使对方始终保持谈判的热情和积极性。了解谈判对手的主导需要，在必要的时候，可针对对方的需要采取适当的措施，让其需要得到一定的满足，使谈判能有效地减少或排除障碍，适时地推进。例如，考虑到谈判对手的主导需要是交易上的安全需要，作为卖方可向买方显示产品的可靠性，作出有关销售和服务方面的承诺；作为买方要提供信用证明和采用适当措施确保货款支付等信用的履行，想办法解除对手这方面的心理顾虑，取得他们的信任。

（2）需要急切程度因素。了解对方的需要，需要越迫切，就越想达成谈判协议，要进一步了解其需要的急切程度。一方的需要越迫切，就越想达成谈判协议。当某种需要对象对需要者来说非常有价值而急需得到时，需要者往往会不惜代价得到它。例如，谈判对方如果在短期内迫切需要原材料、货源或设备来组织生产经营，优先考虑的是能不能确保尽快地获得这些东西，非常关注的是供货状况、交货期，而不是价格的高低，在价格方面，略高的价格也可接受。低层次的物质性需要在较大程度上未得到满足的谈判者，与物资需要已得到充分满足而追求高层次精神需要的谈判者相比，他们的行为也有很大程度的不同。"饥者不择食"，人或组织在谈判中的行为也存在着类似的情况。

（3）需要满足可替代性因素。如果谈判方只能选取一种需要对象（如谈判标的物）满足需要，同时受制于唯一的谈判对手，仅此一家，别无选择，需要满足的可替代性较弱，则成交的可能性就大。需要满足的可替代性较强，可以"货比三家"，有较好的需要替代对象，与某一谈判方达成谈判协议的确定性就小。

4. 商务谈判需要的发现

所有谈判都是在人与人之间进行的。无论两个人为一笔小生意谈价钱，大企业为一份合同谈条件，还是国与国之间为签订一项条约而谈判，都是如此。在上述每一种场合，都是个人与个人直接打交道。问题的关键是弄清楚他们有哪些需要，包括他们个人的需要和他所代表的某个团体的需要。

要了解对方在想什么，在谋求什么，就必须运用各种方法和技巧，去发现他的需要，即如何彼此沟通。对此，美国谈判专家尼尔伦伯格的《彼此沟通》一书，可作为一份有效的指南。精明老练的谈判家，总是十分注意捕捉对方思想过程的蛛丝马迹，以追踪揭示对方动机的线索。他们仔细倾听对方的发言，注意观察对方的每个细微动作。对方的仪态举止、神情姿势、重复语句，以及说话语气等，这些都是反映其思想、愿望和隐蔽的需要的线索。

（1）适时提问。获得信息的一种手段就是提问。提问是表达思想的窗口。在适当的场合可以向对方提问，例如，你希望通过这次谈判得到什么，你期待的是什么，你想要达到什么目的等问题。通过这种直截了当的试探，除了能得到相关信息，还能发现对方的需要，知道对方追求的是什么，并以此来主导以后的谈判。在谈判中适当地进行提问，是发现需要的一种手段。但在提问中应该注意三点，即提出什么问题，如何表达问题，何时提出问题。此外，这些问题在对方身上引起什么反应，也是一个重要的考虑因素。

审时度势地提问，容易立即引起对方的注意。保持双方对讨论中的议题的兴趣，并按照你的意愿主导谈判的方向。通过提问题使对方做出你所期望的回答，发现对方的深层次的需要。在商务谈判中提问要注意两个要点。一是通情达理，说明理由。在提出问题之前，要把理由说透，使对方知道你提问的意图，可避免造成麻烦和不愉快的后果。二是要注意提问的方式，掌握提问的技巧。提问要简明扼要，具体明确，不能含糊其辞、隐隐约约，使对方无法回答。这些在后面的章节中会详细讲解。

（2）恰当叙述。巧妙的提问，能够揭示某种激起强烈反应的隐蔽的假设。在这种情况下，最好是简短地说一句"我理解你的感受"。这种陈述可以避免对抗。因为这是在告诉对方，你已经注意到了他的意见，理解了他的观点，并认为他的看法是有道理的。而且这也是告诉对方，你已经洞察了他的心思，因此你允许他也来揣摩你的意图。

恰当的陈述，不仅能控制谈判的进展，而且能把你想让对方知道的信息传递出去。不管怎样陈述，都要力求完全控制情绪。当然，不用忌讳有感情因素的陈述，但一定要使这种陈述有力地推动谈判，而不是中断谈判。美国谈判专家马基雅弗利有一句忠告："以我所见，一个老谋深算的人应该对任何人都不说威胁之词，威胁会使他更加谨慎，辱骂会使他更加恨你，并使他更加耿耿于怀地设法伤害你。"

在谈判处于僵持不下的境况时，最好直截了当地说一句"在目前情况下，我们最多只能做到这一步了"。这一陈述表明对对方的认识和理解，促使他重新考虑眼前的情况。在这种情况下你也可以说："我认为，如果我们能妥善解决那个问题，那么这个问题也不会有多大的麻烦。"这一陈述明确表示愿意就第二个问题作出让步，这有利于谈判的进展。这种陈述心照不宣地传递了信息，既维护了自己的立场，又暗示了适当变通的可能。另一种陈述也可以说："如果您愿意把要求稍微降低点，我将尽一切可能去说服我的合伙人。"然而，如果对方不能做出任何让步和调整，那么这种陈述很可能导致谈判的破裂。正确的陈述，选词、造句和文法上都要十分讲究。要在言出之前，再三思考，每句话都要深思熟虑，审慎斟酌，千万不能信口开河。陈述之前要知己知彼，陈述时要明了概括、措辞得当。

（3）悉心倾听。除了提问和陈述，发现需要的另一个方法是悉心倾听对方吐露的每个字，注意他的措辞、选择的表达方式、他的语气、他的声调。所有这些都能为你提供线索，去发现对方一言一行背后隐蔽的需要。

对于倾听，必须注意人与人之间的谈话或谈判可以在不同层次的意义上进行。弗洛伊德假设，梦可以在三个不同层次上加以解释。同样，一个人的谈话或陈述，在许多情况下也都具有多层次的意义。例如，对方做出一项陈述，在第一个层次上可以表明，他想要交换意见；在第二个层次上可以根据他的表达方式和措辞，推知某些信息；在第三个层次上，可以根据他探讨问题的方式，得知他的意思。

听和讲一样，是一种引导的方法，在谈判中，听在一定程度上占有相当重要的位置。任何一个谈判者都应该在善于听和乐于听两方面下工夫。俗话说："听其言而观其行。"这是分析对方、了解对方、洞察对方心理活动的好方法。一个善于听和乐于听的、富有经验的谈判老手，也一定是能全面了解情况、驾驭谈判形势的人。

我们常常听到这样的说法："顺便提一下……"说话的人试图给人一种印象，似乎他要说的事情是刚巧想起来的。但实际上他要说的事情恰恰是非常重要的。先说这么一句话显得漫不经心、轻描淡写，其实不过是故作姿态而已。当一个人用这样一些词句来提起话头，如"老实说""坦率地说""真诚地说""说真的"等，可能正是此人既不坦率也不诚实的时候。这种词句，不过是一个掩饰而已。因此，只要对方有所言，你就应该留神听，随时注意从他那些似乎出于无意的重要词句中，发现隐蔽的动机和需要。

有时可以根据对方怎么说，而不是根据他说什么，去发现态度的变化。假定谈判顺利进行，气氛融洽，大家都相互直呼其名，却突然变为以姓氏相称呼，可能是气氛转为紧张的兆头，甚至意味着僵局的开始。

（4）注意观察。为了了解对方的意愿和需要，不仅要注意倾听对方的言辞，而且要注意观察对方的举止。例如，在一次气氛友好的会谈中，如果突然有人往椅背上一靠，粗鲁地叉起双臂，你马上会意识到，麻烦发生了。举止非常重要，其传达着许多微妙的意思，有着种种心理上的含义和暗示。要注意观察对方的举止，从中发现其思路，掌握谈判的脉络。"举止"一词就其广泛的意义而言，不只是指一般的身体动作，咳嗽、脸部表情、手势、眨眼等，也能为你提供无言的信息。

从脸部表情上看，脸红、面部肌肉绷紧、烦躁不安、过分专注、强笑、冷笑，或者只是默默地凝视，所有这些都反映出他的情绪紧张。当然，有时也会碰到那种毫无表情的"扑克面孔"。这种极其缺乏表情的神态告诉我们，此人一点儿也不愿意让别人知道他的感情。然而尽管有这张假面具，我们还是可以千方百计地觉察到他的意图。

眨眼，是一种使眼膜湿润、排除落入眼内的细小灰尘的保护性反应。然而研究表明，人们在发怒或激动的时候，眨眼的频率就会提高。正常的眨眼几乎不为人所觉察，但在其成为一种特别的举动时，频繁而又急速地眨眼就会引起人们的注意。人们发现这种反常的举止，总是和内疚或恐惧的情感有关。眨眼常被用作一种掩饰的手段。

手势，当然可以有意识地代替语言，特别是在不允许用语言表达或语言本身不能表达的时候，更是如此。例如，律师想在陪审团面前表示对法官的异议，士兵想对顶头上司表明自己有不同的意见，都可以通过手势。但是，手势的表达有时过于外露，其泄露的内容，也许会超出你本身想要表达的意思。警察声称，他们能在聚会中，根据大家的手势对某人流露出来的极度尊敬，找出这伙人的首领。

咳嗽，常常也有其含义。有时它是紧张不安的表现，谈判人员借此稳定情绪，以使自己能继续讲下去。有时，它被用来掩饰谎话。有时，倘若有人自吹自擂，狂妄自负，听的人会以此来表示怀疑或惊讶。

总之，老练的谈判家始终不会让对方逃过自己的眼睛和耳朵。如果充分注意谈判中的姿势和举动带来的信息，在谈判中获得成功的可能性也就越大。如果对方采用一项相关的策略，那你就还之以一种更基本的需要，这样就能增加获得谈判成功的机会。需要理论犹如一条主线，贯穿于一切谈判之中。只有善于发现需要、利用需要，才能成为一名老练的谈判者。

（二）商务谈判动机

动机，是促使人去满足需要的行为驱动力，或者说是推动一个活动进行的内部原动力。它是引起和维持一个活动，并将活动导向某一目标，以满足个体某种需要的念头、愿望、理想等。

1. 商务谈判动机的含义

商务谈判动机，是促使谈判人员去满足需要的谈判行为的驱动力。动机的产生取决于两个因素：内在因素和外在因素。内在因素是指需要，即因个体对某些东西的缺乏而引起的内部紧张状态和不舒服感，产生需要欲望和驱动力，引起活动。外在因素包括个体之外的各种刺激，即物质环境因素的刺激和社会环境因素的刺激，如商品的外观造型、优雅的环境、对话者的言语、神态表情等对人的刺激。

动机与需要既相互联系，又有区别。需要是人的行为的基础和根源，动机是推动人们活动的直接原因。当人的需要具有某种特定目标时，需要才能转化为动机。一般来说，当人产生某种需要而又未得到满足时，会产生一种紧张不安的心理状态，在遇到能够满足需要的目标时，紧张的心理状态就会转化为动机，推动人们去从事某种活动，向目标前进。当人达到目标时，紧张的心理状态就会消除，需要得到满足。这时，人又会产生新的需要，动机的表现形式是多种多样的，可以表现为意图、信念、理想等形式。

2. 商务谈判动机的类型

动机有生理性动机、社会性动机等种类。商务谈判的具体动机类型有以下几种：

（1）经济型动机。此类动机是指谈判者对成交价格等经济因素很敏感，十分看重经济利益，谈判行为主要受经济利益所驱使。

（2）冲动型动机。此类动机是指谈判者在谈判决策上表现出冲动，谈判决策行为受情感等刺激所诱发。

（3）疑虑型动机。此类动机是指谈判者的谈判行为受疑心和忧虑的影响，由此引发谨小慎微的谈判行为。

（4）冒险型动机。此类动机是指谈判者喜欢冒风险去追求较为完美的谈判成果而形成的谈判动机。

3. 商务谈判动机的激发

在谈判中为了增加己方的谈判力，或者为了削弱对方的谈判力，人们可以使用各种方法来激发对方的愿望，其中最常用的方法有诱导谈判对手或对手的支持者，向对方展示己方所提供方案的诱人之处，获取第三方对所提供的具有诱惑力的方案的支持，限定获得提供好处的时间。

（1）诱导谈判对手或对手的支持者。诱导对方或对方的支持者的目的是通过给对方一些诱人的条件或利益等好处，引起对方的注意和激发对方的兴趣，并借此来说服对方与己方就感兴趣的内容进行谈判。例如，在商品促销活动中，商家常用的诱导消费者的方式有降价、打折、买一送一等。精明的促销者总能想出各种各样的办法以吸引潜在消费者的注意并激发他们的兴趣。

（2）向对方展示己方所提供方案的诱人之处。通过向对方展示己方的方案的诱人之处或"卖点"，使对方知道并相信己方所提供的方案的确具有吸引力。这一步是第一步的继续，己方可以借此说服对方接受己方的方案并最终达到目的。

（3）获取第三方对己方所提供的具有诱惑力的方案的支持。当有第三方表示支持己方的方案时，第三方的支持会提高己方的信用度，并可通过第三方做榜样带动其他人效仿。人们一般更信任他们的朋友、同事和他们所熟悉的人，或者即便陌生人，但如果他们属于同一群体也会产生信任感。广告中经常使用的说服技巧即用消费者现身说法，从消费者的角度说明某种产品的好处。一些制药商用患者本人的例子说明某种药物的疗效，通过宣传患者服用该药后效果如何显著，来说服其他病人来购买此药，这些都是第三方支持的例证。公众人物，如著名的歌星、演员、运动员等都扮演过第三方的角色。

（4）限定获得所提供好处的时间。"过了这村儿没这店儿"，这个俗话提醒人们好处不可能一直存在着。商务谈判人员也应该让对方知道己方所提供的好处不是永远存在的，也就是说那些好处是有时间限制的，人们必须在规定的时间内与提供利益的一方谈判，否则将过期作废。时间限定或最后期限好似一个"助推器"，可以起到督促人们立刻采取行动的作用，因为如果没有时间限定，人们等待观望的态度最终会使他们的热情消失殆尽。

精明的商家往往在促销价格提示的后面加上日期限定，因为消费者的热情一般是即时的和短期的，随着时间的推移，看到诱人条件时所产生的冲动也会消逝。一般来说，时间越短，效果越佳。

📅 **趣味阅读**

触龙说赵太后

战国时期，当时赵国的朝政大权在赵太后手上，此时的秦国趁着赵国朝廷交替之际进攻赵国。

赵国在面临秦国这个强敌时，想要向同样强大的齐国求助，齐王在知道赵国想要求助的消息时，对赵国说："除非贵国以长安君作为人质送来齐国，我国才能够派遣军队前往支援你们。"

赵太后听后极其不愿意，碍于当时内忧外患的局势，赵国朝上的大臣纷纷劝谏赵太后同意齐王的要求，但无论大臣们怎么劝说赵太后都仍旧表示拒绝将长安君送去齐国当人质，并且对劝谏的大臣说："你们谁要是再敢劝我将长安君送去当人质的，我老婆子一定吐他一脸唾沫！"

在这样剑拔弩张的情况下，触龙的谏说显然要困难许多。他深知要能说服赵太后，就必须让她明白"父母之爱子，则为之计深远"的道理。

在争取到面见太后的机会后，触龙先用缓冲法关切地询问太后的起居饮食，并絮絮叨叨地与她谈论养生之道，使本来"盛气而揖之"、戒备心极强的"太后之色少解"。这样就从感情上消除了太后的逆反心理和敌对情绪，为进谏的成功拆除了第一道屏障。

接着，触龙用引诱法恳切地为自己的幼子舒棋请托，以期让太后产生共鸣，从而引出她的心事。在她看来，触龙简直可以算得上是同病相怜的"知己"了。

触龙抓住契机，用旁敲侧击的激将法说太后疼爱燕后胜过长安君。这一招果然奏效，立即引发了太后的反驳："君过矣，不若长安君之甚。"触龙千回百折，终于得到了他最想要太后说的一句话。此时，他才可以正儿八经地谈论他的爱子观了。他于是从容回顾往事，极力夸赞太后爱燕后而为之"计久长"的明智之举，以反衬出她爱长安君的"计短"。

始终顺着太后爱子的心理，从为长安君的根本利益着想出发，层层深入地启发引导，情离于理，理表与情，终于使太后深受感动，心悦诚服，慷慨应"诺"。

触龙先是针对太后的怒气想了一个迂回的办法，之后以一种平常的心态去谈话，以父母的身份去交流才得以成功。如果说换一个方向，和满朝大臣一样去哭诉以大局为重，不要耽误了国家发展，为人父母的谁又会在意呢？跟一个母亲谈国家大事不如只谈家事，这就是谈判方向的重要性。

案例来源：《战国策》。

四、商务谈判心理素质要求

(一) 谈判心理三要素

谈判人员的心理素质主要有以下三个要素：

1. 深沉

谈判者应冷静沉着、掩而不露、从容不迫地应对他所面临的问题，尽量避免喜怒冲动于表、急躁心切于行。深沉可以为思路清晰创造良好的心理基础。惊恐、冲动、忙乱是谈判之大忌。须指出的是，谈判者并不是要让人"感觉到"或自己"做出深沉的样子"，而是将深沉体现于处理问题的每一个细微思维活动之中。这也说明在行为、表情、言语与内心思维活动之间是可以保持一段距离的。

2、理智

谈判者对自己处理问题的能力必须非常清楚，对于无法处理、无法控制的问题切不可丧失理智。换句话说，能处理的问题一定要冷静地处理好，不能处理的问题必须寻求其他的途径解决。有的谈判者由于无节制性，结果本来清晰的思路也被对方设置的圈套扰乱了。

3. 调节

谈判者须注意根据实际情况的变化和需要及时调节自己的心绪。一个人的心理平衡往往会因外部条件的变化而受到干扰甚至被打破，因此谈判者要通过相应的调节保持或重新建立起新的心理平衡。比如，当对手的谈判条件发生变化时，对方突然更换谈判人员时，谈判环境改变时，原有协议被新建议代替时，双方谈判实力对比发生变化时等，都会对谈判者的心理状态和思维活动产生影响。这时，尽快调节自己的心理状态，是谈判者应付外界变化或实现谈判目标的重要心理基础。善于调节的谈判者，其思维方式虽然也会起伏变化，但他能见机行事，能抓住那些转瞬即逝的机会，"见风使舵"，获得主动。

(二) 对谈判者心理的要求

谈判无疑是人的一种社会活动，而一切社会活动都必须接受人际交往法则的制约，因此谈判对人的心理素质是有相当严格的要求的。所谓心理素质主要是指人的情感（包括情绪、态度等）、动机（包括需求、欲望等）和行为。

1. 谈判中主要的情感表现

在商务谈判实践活动中，人的情感表现是非常丰富的，但归纳起来主要有喜、怒、忧、惊、悲、惧六种。

"喜"在谈判之初表现为"乐于合作"，在谈判中期表现为"进展满意"，在计谋得逞时表现为"沾沾自喜"，在各方满意时表现为"皆大欢喜"。"怒"同样可以表现为"气恼于初""愈演愈烈""不欢而散"。"忧"在谈判中表现为一种较为持久的心理状态，"忧"是忧愁和顾虑的综合情绪。"忧"的理由有很多：谈判胜算的虚弱无底，谈判对手的高压气势，本方的意见分歧，都会不断增加"自忧"的心理氛围。"惊"是谈判中的惊讶与奇怪的感觉，这种感觉主要出现在始料不及的事情发生之时，而且这种事情多出在对手、助手、上司的言行所带来的后果上。"悲"是愧悔、伤心、怅叹与委屈的混合情感流露，一般出现在两种情况下，一是"失算"，二是"被误解"。"惧"是谈判中的一种畏缩、害怕的情绪。这种情绪主要出现在以下几种情况中：①讨价还价时。②使用"边缘政策"时。③作重大或陌生问题的决策时。

2. 心理状况对谈判的影响

谈判者在谈判过程中表现出来的情感肯定会影响谈判对手的心理和行为，但是这种影响我们也应从两个方面去理解。一是"个人情感的真实流露"，该喜则喜，该忧则忧，该愁则愁，该惧则惧，处于一种自然性的发泄，给人一种"诚实""实在"的感觉，从而使对手易于认可自己表述意见的真实性，收到某种积极的效果。但是它同样会带来消极的后果，也易使对方产生误会、误解，进一步扩大分歧，导致关系的紧张，甚至会转移谈判焦点，促使谈判流产。二是"劣质性格"的情感表露，即一言不合就拍案而起，不会讲理，只会蛮横，或者是人身攻击，意气用事，这些只会带来难以弥补的过失。

3. 明智的情感策略

明智的情感策略是指利用情感的发泄来影响对手的谈判立场，由于影响对手的情感发泄具有极强的目的性，所以它应该既是理性的、策略的个人情感行为，又是谈判人员常用来支持自己立场的有力手段，具体操作起来有以下两种方式：①以理智性的情感发泄影响对手。所谓"理智性"就是情感的自我控制性，所谓"控制"就是使情感能沿着谈判的功利目的、关系目的等去流泻。②以策略性的情感发泄影响对手。所谓"策略性"就是戏剧性，具有很强的导演性和演出性，即剧情需要什么情感，演员就表演什么情感。这里又有"软""硬"两种不同的表现形式：软性的情感发泄，包括"愁""悲""惧"和"亲善"等情感形式；硬性的情感发泄，包括"急躁"、"不满"、"气愤"等表现形式。一般的谈判都需"软硬兼施"，各得其所。

以上几点，对满足谈判者的需要是很有作用的。当然，在多数情况下，谈判者的各种需要是很难得到全部满足的。此时我们就应该注意对谈判者的某些需要进行诱导，如多强调导致某种情况的客观因素，或改变其对某些需要的重要性的认识等，使之在心理上得到平衡。

第二节 商务谈判思维

一、商务谈判思维的概述

（一）思维的定义

思维是人类特有的精神活动，是人脑借助于语言对事物的概括和间接的反应过程；思维也是社会实践和文化濡染的产物，涉及认知或智力活动。思维探索事物本质的联系，发现事物内部的规律，是认识过程的高级阶段。根据信息论的观点，思维是从外界接收的新的信息与脑内原本储存的知识经验所进行的一系列复杂的信息处理与整合过程。每个人有着不同的文化背景、迥异的知识与经验，因此不存在两个人有着完全相同的思维，甚至一个人的不同时期的思维也不是完全相同的。思维决定了人的选择倾向，从而影响着事物发展的走向，甚至成败。

思维分为思维成果、思维方式、思维运动三种形态，思维成果表现为意识和观念，思维方法表现为规律和模式，思维运动表现为谋略和心智。科学的思维方式有助于指导人们的行动，帮助人们达到预期的目的。辩证的逻辑思维方式是一种科学的思维方式，概念、判断、推理、论证四个逻辑范畴形成的逻辑思维过程是辩证逻辑思维的基本形式结构。

（二）商务谈判的思维

在商务谈判中，谈判双方的思维决定了商务谈判的进度和最终结果。思维是谈判的原动力，语言是表达思维结果的工具。谈判中双方策略的运用与调整，实际上就是双方思维能力的较量。一场成功的谈判是"正确、合理的思维"结果。

商务谈判实践证明，谈判中最有效的思维方法是辩证逻辑思维方法，而辩证逻辑思维的基本形式结构是由概念、判断、推理和论证四个逻辑范畴来组成的。因此，从思维形式上来说，谈判思维过程就是运用概念来进行判断、推理和论证的过程。这四个逻辑范畴既是谈判思维过程的四个环节，也是谈判思维的四个基本要素。其中概念是谈判思维的出发点，判断是概念的展开，而推理和论证则是它们的联系和转化形式。

1. 概念的运用

概念是反映事物的本质和内部联系的思维形式。在谈判中，概念是思维的基础组成部分，它是抓住议题本质及其内部联系的基础。谈判高手常常利用概念方面存在的语义歧义、模糊释义、关联度与相似性等特征，以"概念"为切入点来诡辩或误导谈判对手，从而使其判断失去方向，达到自己期望的条件、要求或意见。在商务谈判过程中，谈判人员要时刻牢记专有名词的概念，保持头脑清醒，避免被谈判对手的思维打断可控的谈判节奏，陷入被动境地。

2. 判断的作用

思维的判断是对客观事物的矛盾本性有所断定的思维形式。判断有四个逻辑特征：两极性、判定性、同异性、真假性。与普通思维的"是则是""否则否"的静态断定不同，辩证思维坚持"是中有否"的动态断定。这种动态断定的思维有四个对立统一的方面：同一与差异、肯定与否定、个别与一般、现象与本质。在商务谈判中，这四个对立统一的思维判断无处不在。

（1）同一与差异。同一与差异从概念上告诉人们在共性现象中存在的差异现象，即同类不等于毫无差别，而差别是对同一事物客观认识的必然存在，否则无从谈及正确的判断。如"没有不赚钱的商人"不等于"商人只讲赚钱不讲友谊"，寻求长期合作、薄利多销、解囊相助的商人大有人在，既要看到其赚钱的一面，又要看到不同的商人又有各自特殊的一面。如谈判的方式不一定总是紧张地讨价还价，可以依对象差异，采取轻松地谈想法、摆难处、想办法的朋友式的商量。有的业务人员称为"谈思想""友谊花"，即将谈判变争利为商量，以培养友谊。商务谈判往往不是"有限游戏"，其目的往往不仅仅在于赢得胜利、获取利润；在求同存异、互利共赢的商务合作大趋势背景下，商务谈判往往可以被看作"无限游戏"，旨在让合作永远进行下去。有限的游戏在边界内玩，最终结果可能是"你输我赢"的零和博弈，而无限的游戏玩的就是边界，没有绝对的赢家，它的目的在于将更多的商业伙伴带入合作本身中来，从而延续获得资源，不断发展进步。

（2）肯定与否定。在商务谈判中，肯定与否定充分表现在讨价还价的接价与出新价的过程中，均是肯定对方的部分立场，又否定其部分立场的过程。无论是买方或卖方，谈判双方经常对对方提出的条件要求，既有同意肯定的部分，又有修正、补充及否定的部分。同时双方也据此来判断谈判桌上的情形，随机调整谈判策略，推进谈判进程。

（3）个别与一般。个别与一般的对立统一思维原则，亦即人们常讲的普遍性与特殊性的关系，在谈判中应用更广泛，也是谈判人员最常用的辩论武器。例如，有关报价性质的判断，有的厂家称"标准报价不能动"。那么，标准报价到底能不能动呢？这类报价的"不变性与可谈判性"引人思索：是全部品种还是某一品种，是同一数量还是不同数量，是同一经济背景还是不同经济背景，是同一报价的全部条件还是部分条件不可谈判？这样甄别"个别"因素与"一般"因素后，答案就会多元化了。可见，"没有不能谈判的价格"。

（4）现象与本质。现象与本质的辩证思维要求谈判人员从表面现象看到事情的内涵和本质。对谈判人员来说，抓住本质、实质问题交锋的思维无疑是突破性的谈判思维，否则一定盲目且不得要领。如谈判开始究竟是买方还是卖方处于上风？如果买方处于劣势，则可以通过寻求多个卖方，将"求买"的地位变为卖方"求卖"。这样，从寻找多个合作对象的现象中，转变了谈判优、劣势的本质问题。

还有谈判中双方在诸如诉苦、激动、愤怒委屈甚至向对方显露其内部矛盾等现象中，是否反映了问题的真正本质？背后有什么企图？谈判人员要根据实际情况合理分析，做出正确的判断。

💬 **谈判实践**

稀土应成为贸易谈判的筹码？它只是反制的手段！

近年来，中美贸易磋商谈判因为美国的反复无常陷入了僵局。不仅如此，美国已经公开封杀华为和中国5G，这也给磋商谈判增添了困难。面对美方在谈判中的无理表现，有人呼吁，如果重启谈判，中方应当把稀土作为谈判的筹码。

之所以这么呼吁是因为：稀土是重要的战略资源，中国占据了世界市场80%的份额。可以说世界各国基本上都依赖于中国的供应，特别是美国对中国稀土的依赖性达成了80%。一旦中国控制稀土的输出，对美国将是一个严重的打击。美国可以限制对华输出高科技产品，中国当然有理由限制稀土对美输出。如果在贸易谈判中增加稀土筹码，应当会起到巨大的作用。

但是，稀土可以作为反制美国无理打压中国的重要手段，却不能作为谈判的筹码使用。原因如下：

稀土是战略资源，理应得到保护。目前世界都依赖于中国的稀土，可是一直以来我们都是以白菜价出售。虽然我们有丰富的储量，但它是不可再生资源，不能无节制地出口。国家必须为自己进行战略储备，出口必须进行必要的限制。保护资源，才能可持续发展。产业要升级，要提高稀土产品的附加值。这是内部管理问题，与国际贸易无关。更不能作为贸易谈判的筹码。

另外，如果把稀土作为贸易谈判的筹码，必然要写入贸易协议的条款之中。这不利于国家根据国际市场和国际形势进行合理调控。正是因为美国对中国稀土的需求量依赖性很大，美国更愿意将其写入贸易协议条款之中。把稀土作为贸易谈判的筹码，反而会正中美国下怀。

商务部对于稀土的表态是说，美国应当知道中国有稀土这样的反制手段，而不是说要把稀土作为贸易谈判的筹码，这是两回事。

因此，稀土是反制的贸易战的手段，不是谈判的筹码。

案例来源：根据《路透社：稀土或将成为中国在中美谈判中的筹码》一文整理。

3. 推理的应用

推理是在分析客观事物矛盾运动的基础上，从已有的知识中推出新知识的思维方式。推理是由书籍的判断推出新的判断的思维形式，由前提和结论构成，也可以说是由概念和判断构成。推理的形式有类比、归纳、演绎。

类比形式是推理最典型的运用，是对谈判准备工作中"比价材料"的准备。出口商要研究国际市场同类商品的价位，进口商也要研究同类商品的市场价位，目的在于"类比"，以便做出自己方案的判断。

推理的归纳形式是谈判人员在做某个时刻、某个议题或某个阶段的小结时最常用的手法。可以用它把双方零散的观点廓清，以对双方立场予以判断，也可以用它把自己的论述予以清理，判断自己的结论。

推理的演绎形式，也可以说是谈判思维中的解析式思维方式。例如，价格对比，在无类比要素可使用时，判断价格优势的方式以演绎为佳，具体做法充分体现了解析的特征，可以通过间接类比来构成类比效果，也可以通过设定分解的构成要素来达到断定的目的。

4. 论证的形式

论证是根据事物的内部联系，应用辩证的矛盾分析方法，以一些已被证实为真的判断来确定某个判断的真实性或虚假性的思维过程。它也是综合运用各种思维形式及其规律的过程，是认识矛盾、解决矛盾的过程。

在谈判中，每一场论战即为一场论证。好的谈判人员在众多人参加谈判时，通过论证，应显示是一位出色的鼓动家。要达到这种效果，其必须谙熟论证之道。

谈判思维中论证的三个原则是全面性、本质性和具体性，即论证的证据要全面、论证方式要多样；不犯"论据片面和论证方式片面"的逻辑错误。此外，论证问题不仅要看外在的联系，而且还要抓住内在的联系，更要以事物的具体情况做具体分析，绝不一概而论。洽谈中的思维艺术，还体现为散射思维、快速思维及逆向思维等。

二、商务谈判思维的类型

商务谈判思维根据思维方式可分为发散思维和收敛思维，根据思考方向分为正向思维和逆向思维，根据思考问题的前瞻性与预测程度可以分为反馈思维和超前思维，还可以根据观察事物的思维过程分为单一化思维和多样化思维等。这里给大家介绍六种实用性强、应用性广、普遍性高的六种思维类型。

（一）谋略思维

谋略思维是最基本的谈判思维。成志明在《涉外商务谈判》一书中提到要"注意概念的理解和把握"，商务谈判中充满概念，谈判人员需仔细辨认、厘清逻辑。纷繁复杂的数字图表、如天书般的技术标准、智力游戏似的支付方式、天方夜谭式的成本核算等都是概念，但对于谈判者来说，它们往往就是常识。例如，在技术贸易谈判中对技术转让费的支付有一种称为"提成支付"的方式。"提成支付"的准确概念是，在技术转让合同签订以后，不支付任何费用，而在生产出合同产品以后，每年按照合同产品的净销售额的一定比例，提取一定的金额支付给技术转让方。在这个概念中，最容易混淆的是提成的基数应该是什么。正确的提成基数应该是净销售额。而在某些技术转让谈判中，外商以销售额取代净销售额作为计算的基数，显然这是扩大了技术的收费。如果我们自己概念不清楚、理解不准确，无疑会吃亏上当。对概念的准确把握，是进行正确的判断和推理的前提和基础，可以说，没有相应的常识就没有谋略。

谋略思维的应用离不开信息的收集处理能力。谈判者对各种谈判信息的拥有量，特别是对信息的搜集，分析、识别和利用的能力，对谈判活动有着极大的影响。占有着谈判信息优势的一方几乎总是把握着谈判的主动权。因此，谈判大师们都极其重视对各种谈判信息的研究和运用。当然，占有信息与运用信息并不相通，信息在谈判的较量中会发生质变，即效益的反比关系。这里就涉及传播技术和劝说技巧，还涉及信息解释。有人称信息在传播中的流失、曲解为"故障"，只要故障存在，信息的预想价值就可能贬损；反之，那些谈判大家却都是解释坏消息的高手。

（二）辩证思维

精通辩证思维就能够精通各种谈判因素之间的正确关系，然后才能驾驭谈判中的复杂情况。下面选择一些比较常见的关系因素，略作辩证分析。

1. 要求和妥协

谈判既是要求也是妥协。A"要求"是为了要B"妥协"，B"妥协"就是为了向A"要求"。所以，在任何谈判启动之前必须要准备足够充分的"要求"和"要协"的条件。如果只有要求而缺乏妥协，所得就小；如果只有妥协而缺乏要求，吃亏就大。总之，只准备一点就像车只有一个轮子。

2. 一口价

只要双方同意谈判，就等于否定了一口价，只要坐在谈判桌边，也就等于否定了"标准价"。无论是印刷的标准价格表，还是某年某月与某人签的合同都不能确定标准价。这些只能当作谈判的工具、价格的幌子，谁承认它们，就等于作茧自缚。只要你不承认，你就自由了，就可以放手谈判；只要放手谈判，就可以讨价还价，改变原价，争取谈判后的新价。

3. 丑话

丑话就是申明规则，讲明道理，实际上就是提前摆出那些与利害相关的话。不敢在谈判中讲丑话是谈判者的一大忌。尤其在熟人、朋友或特殊关系的对手之间谈合作类的项目，往往不敢设想或顾虑未来的危机、可能发生的纠纷，怕说出来"伤害感情""不留面子"等。殊不知讲丑话是谈判的重要内容。丑话不讲透，谈判就未完。隐患未除、尾巴未除，那就真的要"丑""露"了。

4. 啰唆与重复

这二者之间虽能够区分，却容易混淆，啰唆绝不可取，重复却需强调。谈判本身就带有很强的重复性，甚至可以说谈判是最难进行语言沟通的交往活动，所以必须学习重复艺术。重复虽然不涉及新信息，是多余信息的传递，但是传送多余信息可以避免误解，有助于对方理解，给对方一段轻松的舒展思维的时间，并加强其信息接收能力和信息记忆储存。重复有四种技巧：①相同语汇的重复。②同一种概念善于用不同词语和句子来表述。③相同的内容可以反复具体地举出新例加以解释。④善于从不同角度、不同层面、辐辏思维，概括综合本方的中心议题。在口才学上被称为"能动的、聪明的、智能的重复"。

5. 让步中的互相与对等

在商务谈判中，有三种情况：不让步、互相让步、对等让步。好像不让步是不能成立的，其实，在十分不公正、十分不公平的前提下，处于劣势的一方是根本无步可让的。而互相让步又常常被曲解成"对等让步"，这种诡辩逻辑是谈判中的"诡道"，谈判者必须十分明晰这些区别，万不可落入陷阱。缜密地思考这一对概念是谈判中攻守必备的知识。

6. 说理与挖理

在谈判中，如不会阐述道理，可以说就不会谈判。准备谈判就要准备说理。客观存在的理由，要善于运用；客观理由不明显，要善于挖掘与发挥，并巧妙地用于进攻或防御。只有以理由开路，谈判才有可能顺利地抵达协议的彼岸。从谈判思维的角度看，说理的过程就是挖掘理由的过程，而"挖掘"的含义包括搜寻、联想、分解、组合、编制、改造、借用、比附、置换、推想，等等，离开这些"挖掘"，思维说理也就基本不存在了。

7. 谎言的是非功过

谈判中有一种现象，那就是"撒谎"。在开场之后、论战之中、讨价还价之时，这三大环节是谎言交替出现的周期。谈判伦理要求谈判者在谈判过程中"诚实""光明正大"，双方相互试探、相互调整谈判策略。谎言其实也是一种策略，人们无法将实话、真话和盘托出，谈判的过程就是从虚话走向实话，从假话走向真话的漫长曲折的历程。

只要使用者将谎言控制于"非交易本质"的论述上，对成交的基础不产生根本的影响，也不构成对贸易惯例的实质性的触犯，就无可厚非。这些"谎言"只是在双方争夺的利润区间发挥作用，对交易的本质不产生负面影响。在商务谈判中，不存在永远不说谎言的人，同样也不存在只有谎言的人，往往在真相中穿插谎言更容易诱导对方信服。

（三）诡道思维

中国的《孙子兵法》认为：兵者，诡道也。战争是斗智斗勇，商场如战场，其中也充满"诡道""机关"，不讲求谋略是不成熟的表现。诡道思维有两大方面的特征：一是对游戏规则的突破，用不道德、非正义的手段诈取利益；二是运用诡道逻辑。诡道就是诡诈的谋略手段，常见的表现形式有以下几种：

1. 平行论证

平行论证即双行道战术，是一种"偷梁换柱"或"避实就虚"的辩论伎俩，它往往通过转移论题的方式来消除己方被对方抓住的某弱点或不利，虚晃一枪另辟战场来攻击对方的不足或缺陷，以搅乱对方的注意力，达到压服对方的目的。平行论证的结果是混淆了事物的因果关系，扰乱了对方谈判人员的思维方式，从而使谈判失去确定的方向。因此，任何谈判人员对此都不能掉以轻心。

2. 以现象代替本质

故意掩盖事实真相，强调问题的表现形式，并虚张无关紧要的利害关系，以掩盖使用此种方法达到掠取暴利的真实意图的一种论证方法。如，商谈加工承揽中涉及的验收场所、地点问题，看起来是无关紧要的问题，实质反映的则是质量问题。再如，售货员完全满足客户对大价值赠品的要求，实质上隐含节节引导顾客必须攀升消费额。

3. 以相对为绝对

故意混淆相对判断与绝对判断的界线，并以前者代替后者以期扼制、压倒对方谈判人员的论证方式。经验老到的谈判人员往往把物质世界相对"新""旧""好""坏"等程度意义的事物，描述为绝对静止不变的"最新""最旧""最好""最坏"，以达到混淆视听，争取最大利益化的目的。因此，在商务谈判中，要坚持辩证思维的具体性和历史性原则，细致分析谈判对手论点、条件中的绝对因素和可变性，才有可能戳破以相对为绝对的诡辩术，从而保证公正法则在谈判过程中得以循行。

4. 折中主义

搬弄抽象的"对等""公平"概念，双方均"公平、合理地让步几个方面"，如，在很多时候，谈判双方为了促使合同关系的尽快形成，针对双方的分歧，各自作出某种让步，对彼此都是有益的，也是必要的。假如存在四个方面的分歧，于是提议对方在两个问题上让步（原则上、关键性的），己方也在两个（次要的、细节上）问题上妥协，似乎循着商务谈判所应遵循的公正、公平、互谅互让、合理的原则方向进行，实质上滥用折中主义而无法体现出公平，也不可能成为双方宽容和解精神的象征。

5. 以偶然为必然

故意将某事物发展中发生的偶然事件（或偶然性），作为不可避免的某个弱点趋势，从而推及其他事物与过程都有问题，并将其作为敲诈对方的条件或作为己方加码条件的推理方法。这是由于商务谈判涉及的对象、环境、条件的可变异性，诡辩论者往往从大量偶然性中择取其一并任意发挥，以求为己方谋取最大的利益。

6. 制造错觉

制造假象以造成谈判对手认识上的错误和判断上的失误，如"蒋干中计""苦肉计"

"故布疑阵""声东击西""故意犯错""假痴示癫"等都属于制造错觉以造成对方失误的诡道手段。

7. 攻心夺气

谈判是心智的角斗，心理的抗衡。诡道则以攻心、夺气为伐谋之本，概言之，就是创造条件以使对手心理失衡。常见的诡道技巧有："卑辞厚礼"，如恭维、颂扬、戴高帽、巧吹捧、厚送礼等手段，意在让对手自我眩晕、失去正常心智，达到软化其立场的目的；"佯装可怜"，如扮演弱者、走投无路、生死攸关、满脸愁容、一病不起、放条生路、滴水之恩当涌泉相报等，都是这一诡道的表现。

诡道思维的根本特征是虚伪，以虚掩实。诡道思维的出发点，不是为了澄清是非，寻找客观真理，而是损人利己。谈判人员遇到诡道思维会感觉有理说不清，心里憋气却难以说服对方。商务谈判中，诡道思维的表现形式是多种多样的，任何谈判人员对此都应有清醒的认识，可以通过缜密的辩证逻辑推理破解诡道思维，以客观性、具体性、历史性三原则认清其诡辩本质并加以正确地处理。

📅 **趣味阅读**

白马非马

春秋战国时代的名家代表人之一公孙龙子有许多有趣的诡论，其中最为有名的要数白马非马论了。相传的故事大概是这样的：有一天公孙龙子骑着一匹白马要进城，该城门的看守官说，依照规定马不可以进城。于是公孙龙子就开始他的论证——白马非马，最后它说服了守城官，于是就骑着他的（不是马的）白马进城去了。

他的论证大概是这样的：

"马"指的是马的形态，"白马"指的是马的颜色，而形态不等于颜色，所以白马不是马（白马非马）。

这个论证利用"歧义"来混淆事实。所谓"歧义"是说，一个词可以有两个或两个以上的意义，在一个讨论中，若某个字的两个不同意义同时被使用，则可能会造成这种（歧义）类型的谬误。

"是"这个字可以被用来表达"属于"的关系，例如，白兔是兔。

"是"这个字也可以被用来表达"等于"的关系，例如，孔子是至圣先师。

守门官的意思是："马不可进城，白马是马，所以白马不可以进城。"

在这里，"是"被用来表达"属于"的关系。

当公孙龙子论证"白马不是马"时，"是"被用在"等于"的关系。

所以，简单地说，他们其实是鸡同鸭讲，不是谈论相同的一件事。

公孙龙子的论证是有效的，而他的结论，"白马不等于马（白马非马）"也是对的。但并不能用来反驳守门官的规则：凡是属于马的都不能进城。

案例来源：《公孙龙子·白马论》。

（四）发散思维

发散思维又称散射思维、辐射思维、放射思维、扩散思维或求异思维，是指大脑在思考时呈现的一种扩散状态的思维模式，表现为思维视野广阔，思维呈现出多维发散状。如"一问多答""一言多意""一物多用"等方式，可以强化或弱化某种观点、议题。发散思维能够多角度出击，消除思维死角，使论题各部位暴露在谈判桌上，以便各个击破，促进谈判进行并大幅度提高谈判成功的概率。

美国心理学家吉尔福特认为："创造性思维就是发散性思维。"创新思维是指以新颖独创的方法解决问题的思维过程，通过这种思维能突破常规思维的界限，以超常规甚至反常规的方法、视角去思考问题，提出与众不同的解决方案，从而产生新颖的、独到的、有社会意义的思维成果。在商务谈判中，按照常规的思维定势去思考问题，往往无法达到预期的目的，甚至导致商务谈判的破裂或失败。所以要求谈判者发散思维的方式方法，以便能在错综复杂的情况中，打破常规思维的定势，寻找最佳的商务谈判角度，采取出人意料的方法，从而争取最佳的商务谈判结果，达到预期的目的。

优秀的谈判者往往会运用发散思维掌握商务谈判可能的发展趋势，采取相应的对策尽可能快地推动谈判进度；同时，也要善于转移思路与话题，避免思路呆滞。

（五）超常思维

超常思维是超越常规、打破思维定势，用不同于一般思维的方式进行思考的思维形式。在谈判实践中，人们常常有这样的感觉，困难不是来自于对方实力的威胁，而是自己谈判思路的枯竭或是感觉到谈判对手咄咄逼人的思维攻势。在对手敏捷的思维攻击下，谈判者如果顺其应答就会发现自己处于被动境地，处处受制于人。而此时，超常思维便是进攻和防卫最有效的谈判武器。运用超常思维，可以超出对手的想象力，能有效地控制谈判局势，甚至能使对方立刻接受你的方案。

超常思维具有不同于一般性或逻辑性思维的特点，它的主要特征是机智、灵活、有创造性。与超常思维相对的思维方式是常规思维，可以通过一个例子来体会它们之间的区别。譬如两个人过河，常规思维认为自然要有桥，无桥则无路，思考如何建桥，而超常思维一看建桥有难度，便考虑其他的办法，如乘船等。常规思维可能会使思维如水过鸭背，点滴不进，从而使谈判陷入僵局，而超常思维则会使思维相互摩擦而产生思维的火花，结出谈判的累累硕果。

（六）逆向思维

逆向思维指从与对手立场及议题结果对立的角度思考、判断、推理的思维方式。逆向思维是一种违反常规思维的思维方式，是一种强迫性的思维方式，主要手段是反问、否定与反证，既可用于进攻，又可用于防守。在商务谈判中运用逆向思维方式需要"反其道而思之"，让思维向对立面的方向发展，从问题的相反面深入地进行探索，这样便容易发现一些在正常思维条件下不易发现的问题，利用这些问题可以作为与对方讨价还价的条件或筹码。

谈判实践

　　某工艺雕刻厂原是一家濒临倒闭的小厂，经过几年的努力，发展为产值200多万元的规模，产品打入日本市场，战胜了其他国家在日本经营多年的厂家，被誉为"天下第一雕刻"。

　　有一年，日本三家株式会社的老板同一天接踵而至，到该厂订货。其中一家资本雄厚的大商社，要求原价包销该厂的佛坛产品。这应该说是好消息，但该厂想到，这几家原来都是经销国外产品的商社，为什么争先恐后、不约而同到本厂来定货？他们查阅了日本市场的资料，得出的结论是本厂的木材质量上乘，技艺高超是吸引外商订货的主要原因。于是该厂采用了"待价而沽""欲擒故纵"的谈判策略：先不理那家大商社，而是积极抓住两家小商社求货心切的心理，把佛坛的梁、榴、柱，分别与其他国家的产品做比较。在此基础上，该厂将产品当金条一样争价钱、论成色，使其价格达到理想的高度。首先与小商社拍板成交，造成那家大客商产生失落货源的危机感。那家大客商不但更急于订货，而且想垄断货源，于是大批订货，以致订货数量超过该厂现有生产能力的好几倍。

　　案例来源：根据网络资料整理。

本 章 小 结

　　人的心理影响人的行为。商务谈判是人们彼此交换思想，展示谈判实力、心理和个性的一种活动。商务谈判心理具有内隐性、相对稳定性、个体差异性等特点。需要引发动机，动机驱动行为。商务谈判需要是商务谈判行为的心理基础。商务谈判人员，必须抓住"需要—动机行为"这一联系去对商务谈判活动进行分析，从而准确地把握商务谈判活动的脉搏。谈判心理三要素分别为深沉、理智、调节。在商务谈判实践活动中，人的情感表现是非常丰富的，但归纳起来主要有喜、怒、忧、惊、悲、惧六种。

　　思维是人类特有的精神活动，思维分为思维成果、思维方式、思维运动三种形态，思维成果表现为意识和观念，思维方法表现为规律和模式，思维运动表现为谋略和心智。在商务谈判中，谈判双方的思维决定了商务谈判的进度和最终结果。谈判中最有效的思维方法是辩证逻辑思维方法，而辩证逻辑思维的基本形式结构是由概念、判断、推理和论证四个逻辑范畴来组成的。谋略思维是最基本的谈判思维，谋略思维的应用离不开信息的收集处理能力。精通辩证思维就能够厘清各种谈判因素之间的正确关系，然后轻松应对谈判中的复杂情况。诡道思维有两大方面的特征：一是对游戏规则的突破，用不道德、非正义的手段诈取利益；二是运用诡道逻辑。

◎ 思考题

1. 哪些因素会影响谈判者的思维与心理？
2. 谈判高手需要具有哪些素质？

3. 商务谈判中需要揣摩对方的心理吗？如何揣摩？

◎ 课后案例

广东玻璃厂与美国欧文斯公司的谈判

广东玻璃厂厂长率团与美国欧文斯公司就引进先进的玻璃生产线一事进行谈判。从我方来说，美方就是顾客。双方在部分引进还是全部引进的问题上陷入了僵局，我方的部分引进方案美方无法接受，我方遭到拒绝。

这时，我方首席代表虽然心急如焚，但还是冷静分析形势，如果我们一个劲儿地说下去，就可能会越说越僵。于是他聪明地改变了说话的战术，由直接讨论变成迂回说服："全世界都知道，欧文斯公司的技术是一流的，设备是一流的，产品是一流的。"我方代表转换了话题，从微笑中开始谈天说地，先来一波"第一流"的诚恳而又切实的称赞，使欧文斯公司由于谈判陷入僵局而产生的抵触情绪得以一定程度的消除。"如果欧文斯公司能够帮助我们广东玻璃厂跃居全中国一流，那么全中国人民很感谢你们。"这里刚离开的话题，很快又转了回来，但由于前面说的那些话，消除了对方心理上的对抗，所以，对方听了这话，似乎也顺耳多了。

"美国方面当然知道，现在，意大利、荷兰等几个国家的代表团，正在我国北方省份的玻璃厂谈判引进生产线事宜。如果我们这次的谈判因为一点点的小事而失败，那么不但是我们广东玻璃厂，而且更重要的是欧文斯公司方面将蒙受重大的损失。"这损失当然不仅是重意，而说话中使用"一点点小事"来轻描淡写，目的是引起对方对分歧的关注。同时，指出谈判万一破裂将给美国方面带来巨大的损失，完全为对方着想，这一点对方不容拒绝。

"目前，我们的确有资金方面的困难，不能全部引进，这点务必请美国同事们理解和原谅，而且我们希望在我们困难的时候，你们能伸出友谊之手，为我们将来的合作奠定一个良好的基础。"这段话说到对方心里去了，既通情，又达理，让人觉得其不是在做生意，而是朋友间的互相帮助，这样一来就打破了僵局，双方迅速签订了协议，问题便迎刃而解了。

案例来源：闫秀文. 用全局利害打破谈判僵局 [J]. 现代营销（经营版），1998（10）.

问题：

1. 广东玻璃厂的首席谈判代表在面对美国方面的拒绝时采取了什么策略化解矛盾？
2. 广东玻璃厂的首席谈判代表抓住了对方什么样的心理？

◎ 谈判实训

实训目的：通过本次实训，培训学生的信心、耐心等，完善学生的谈判心理素质。

实训任务的步骤：

（1）在一张白纸上写下你的姓名和最让你伤心绝望或者失望的、有挫败感的一件事情，同时写出你现在的感受。将写好的纸交给你的同伴，同时你们相互讲述自己写的故事或事情。

（2）在你同伴交给你的纸张上写下你认为你同伴在这个故事中做得不好的地方、他的缺点，并扩散开来写下他所有的缺点，越多越好。

（3）将纸张换回并相互解释说明，并在自己那张纸上写下你此时最想说的话，或者你的心情和感受。

（4）再互换纸张，在有你同伴姓名的纸张上写下他在这个故事中做得好的地方、他的优点，并扩散开来写下他所有的优点。

（5）重复第（3）步，与同伴相互说出你们共同认为的各自身上的三个优点，然后声音响亮地对你的同伴说出他的优点，并目视你的同伴，给他一个鼓励的动作。

（6）实训结束。

实训要求：

（1）班级讨论，选出 4~5 人为代表交流自己的感受。

（2）每个人写出自己参加这个训练的收获和感想。

第四章 商务谈判的语言艺术

学习目标

◆ 知识目标

1. 掌握商务谈判语言的特点。
2. 了解商务谈判语言运用的原则。
3. 理解听、问、答、叙、说服的技巧。

◆ 技能目标

1. 具备运用商务谈判语言技巧和方法进行商务洽谈的能力。
2. 能够倾听、善问、巧答。

核心概念

语言（language）；有声语言（verbal language）；无声语言（silent language）。

案例导入

毛遂说服楚王合纵抗秦

公元前259年，秦军围困赵国的都城邯郸。赵国的平原君赵胜带领门客毛遂去楚国求助，劝说楚王合纵抗秦以解邯郸之困。这一天，平原君与楚王开始会谈，从太阳出山开始，一直谈到日上中天，也没有谈出一个结果来。双方就合纵抗秦问题谈判了很长时间，却没有达成一致意见，说明沟通过程并不通畅。

此时，毛遂手按宝剑登阶而上，对平原君说："合纵的利害，两句话就可以说得明明白白。这么长时间了，怎么什么也定不下来？"楚王问平原君："这个人是谁呀？"平原君说："是我的一个随从。"楚王叱责道："我现在跟你主人谈话，你来干什么？快下去！"毛遂按剑向前，厉声指责楚王说："你这样严厉地斥责我，就是因为楚国人多！现在十步之内，大王之命就悬在我的手里，人再多也没用！"此时毛遂点明现状，让楚王清楚地意识到自己有性命之危。毛遂继续阐明利害："楚国土地方圆五千里，雄兵百万，这样强大的国家，天下谁能抵挡？"接着，毛遂对楚王施展激将法："秦国的白起仅仅率领几万秦兵，三次打败楚国，您的威风和脾气哪儿去了？这样的奇耻大辱，我们赵国都替您害羞！您以为，合纵只为了赵国吗？"此时，楚王心服口服，表示非常赞同："好，好，马上签约！马上签约！"

后来楚王很快派兵，联合魏国，解了邯郸之围。

案例来源：《史记·平原君虞卿列传》。

启示：

成功的谈判都是出色地运用沟通技巧的结果。谈判的过程，需要谈判各方运用各种技巧进行洽谈、沟通。之所以开展商务谈判，就是为了成功地、艺术性地运用语言、行为、文字等方式实现商务谈判的目的。

第一节　商务谈判的语言概述

在商务谈判过程中，可以通过种类繁多的策略来达成商务谈判的目的，而各种谈判策略的实现需要谈判语言参与其中。无论是获取信息、传递信息，还是建立信任、提高沟通效率，掌握语言的沟通特点和技巧都是很有必要的。商务谈判的语言表达分为书面语言和口头语言表达。商务谈判必须靠语言来表达谈判者的判断、推理、论证和思想感情，因此，语言运用的效果往往决定了商务谈判的成败。商务谈判的语言艺术主要体现在叙述、提问、答复和说服等各项技巧方面。

一、商务谈判语言的类型

美国企业管理学家哈里·西蒙曾经说过："成功的人都是一位出色的语言表达者。"商务谈判的过程实质上就是谈判者之间沟通交流的过程，谈判者需要在此过程中展示出立场、观点以及思维的结果。语言起到了桥梁的作用，其可以使协商通畅，并保证商务谈判的成功。商务谈判的类型多种多样，从不同的角度或依照不同的标准，可以分成不同的类型。同时，每种类型的语言都有各自运用的条件，在商务谈判中必须视具体情况而定。

（一）依据语言的表达方式分

依据语言的表达方式不同，商务谈判语言可以分为有声语言和无声语言。在商务谈判中，各种语言都可以归类为有声语言和无声语言。

1. 有声语言

有声语言是通过人的发音器官来表达的语言，一般理解为口头语言。这种语言是借人的听觉传递信息、交流思想。有声语言，又可分为同情语、委婉语、幽默语、格言、成语等。

有声语言表达需准确、合理。谈判中语言文字的运用务必要做到严密、准确、谨慎。如唐代大诗人杜甫曾说"吟安一个字，捻断数茎须"。宋代王安石诗词中有"春风又绿江南岸"，用"绿"这个字之前，他想过用"吹""拂"等字，都觉得不合适，没有生机，在经过一次又一次的冥思苦想后，觉得用"绿"这个字效果更妙。因此，语言中用好一个字有点石成金之效，谈判中更要注意词句的严密和准确。

谈判语言要尽量避免语言歧义和使用生僻词。谈判中特别是书面语言中，尽量要避免生僻词和多音字，如厷（gōng）、丏（miǎn）、犰（qiú）、玂（qí）等。同时，也要避免歧义性字句，如"咬死了猎人的狗"就有两种理解："猎人的狗被咬死了"，"猎人被狗咬死了"。

　　灵活运用修辞来增强语言的感染力。运用修辞的目的就是增强语言的感染力，使语言本身更加富有灵活度，增加语言的幽默程度。如：在疫情防控期间，多地小区采取封闭式管理，居民在窗口合唱《我和我的祖国》《歌唱祖国》等歌曲，彼此相互打气，提升抗疫斗志，缓解压抑心情，振奋人心。再如：1789 年，法国资产阶级大革命遭到反对势力的反对，这时，一支由 500 多人组成的义勇军一路高唱《马赛曲》从马赛到巴黎，歌词铿锵有力、富有感染力，歌声很快传遍法国大地。法国民众共同对外（普鲁士、奥地利），英勇杀敌，挽救了法国大革命。

　　书面语言相比生活化的口语而言，要更加正式、严谨。在商务谈判中，如果使用书面语言进行谈判，谈判人员必须要做到用词准确、严密、富有逻辑性，所表达的意思也必须更清晰、有条理。一旦词不达意，给阅读者或谈判对手带来误解，后果就难以设想。

　　2. 无声语言

　　无声语言又称为行为语言或体态语言，是指通过人的形体、姿态等非发音器官来表达的语言，一般理解为身体语言。这种语言是借人的视觉传递信息、表示态度、交流思想等。在商务谈判中，谈判人员要合理地通过肢体语言来增强语言本身的表现力，巧妙地借助"身势语"，使信息表达更准确、生动。无声语言包括面部表情和肢体语言，可以通过眼神、眉毛、嘴部、手势、足部、腹部等表示，甚至沉默也能表现出丰富的含义。

　　眼神。俗话说"眼睛是心灵的窗户"，泰戈尔曾经说过："在眼睛里，思想敞开或者关闭，发出光芒或没入黑暗，静悬如同落月，或是像急闪的电光照亮了广阔的天空。"眼睛具有反映人们深层心理的功能，其动作、神情、状态是最明确的情感表现，所以观察对手的眼睛，这是非常有必要的。在商务谈判中，通过阅读眼睛往往能得到很多意想不到的答案，我们要正确区分眼睛所传递的信息。例如，不同眨眼频率有不同的意义，眨眼频率高代表谈判对手神情活跃，对讲话内容非常有兴趣，眨眼频率低表示谈判对手对谈判内容表示厌烦。眼神闪烁不定，说明对对方所谈的内容不感兴趣但又不好打断，产生了焦躁情绪。眼睛里瞳孔的大小也代表有不同的信息。一般来讲，瞳孔放大、炯炯有神代表该人处于欢喜或兴奋状态；瞳孔缩小、神情呆滞则代表该人处于消极、戒备状态。

　　眉毛。眉毛和眼睛的配合非常密切，二者的动作往往共同表达一个含义，但单凭眉毛也能反映出人的许多情绪变化。人们处于惊喜或惊恐状态时，眉毛上耸，如"喜上眉梢"。处于愤怒或气恼状态时，眉角下拉或倒竖，如"剑眉倒竖"。眉毛迅速地上下运动，表示亲切、同意或愉快。紧皱眉头，表示人们处于困惑、不愉快、不赞同的状态。眉毛高挑，表示询问或疑问。眉宇舒展，表示心情舒畅。

　　嘴部。人的嘴除了说话、吃喝、呼吸之外，还可以通过许多动作来反映人的心理状态。不同嘴部动作有不同的含义，例如，嘴巴紧紧地抿住，往往表示意志坚决；噘起嘴是不满意和准备攻击对方的表示；遭到失败时，咬嘴唇是一种自我惩罚的运用，有时也可解释为自我解嘲和内疚的心情；注意倾听对方谈话时，嘴角会稍稍向后拉或向上拉；不满和固执时嘴角向下。

　　手势。手势是说话者运用手掌、手指、拳和手臂的动作变化来表达思想感情的一种体态语言。手势是谈判者在交谈中使用得最多、也最灵活方便的行为语言，有极强的吸引力和表现力。借助手势或与对方手与手的接触，可以帮助我们判断对方的心理活动或心理状态，同时，也可帮助我们将某种信息传递给对方。例如，十指交叉，或放在眼前，或置于桌前，或垂右腹前，常表示紧张、敌对和沮丧。指端相触，撑起呈塔尖式，男性塔尖向上，女性塔尖向下，常表示自信；若再伴之以身体后仰，则通常可表现出讲话者的高傲与独断的心理状态，起到一种震慑听话者的作用。搓手，常表示谈判者对某一结局的急切期待。背手，常显示一种权威；若伴之以俯视磨步，则表示沉思。

足部。初次与对方打交道时，若对方把脚架在另一条腿膝盖或大腿上，并仰靠在沙发靠背上，通常带有倨傲、戒备、怀疑、不愿合作等意味。若上身前倾的同时又滔滔不绝地说话，则意味着对方是个热情但文化素质较低的人，对谈判内容感兴趣。如果频繁变换架腿姿势，则表示情绪不稳定，焦躁不安或不耐烦。摇动足部，或用足尖拍打地板，或抖动腿部，都表示焦躁不安、无可奈何、不耐烦或欲摆脱某种紧张情绪。双脚不时地小幅度交叉后又解开，这种反复的动作就表示情绪不安。

腹部。腰、腹部是人的中枢部位，它的动作也有丰富的含义。我国的谈判人员一般都很重视谈判对手腹部的精神含义，它是高级精神活动与文化的渊源，也是知识、智慧、能力、素养的储蓄所。比如鞠躬、点头哈腰属于低姿势，把腰的位置放低，精神状态随之"低"下来。向人鞠躬表示某种"谦逊"的态度或尊敬。如在心理上自觉不如对方，甚至惧怕对方时，就会不自觉地采取弯腰的姿势。"谦逊"再进一步，即演变成服从、屈从，心理上的服从反映在身体上就是一系列在居于优势的个体面前把腰部放低的动作，如跪、伏等。因此，弯腰、鞠躬、作揖、跪拜等动作，除了具有礼貌、礼仪的意义之外，都是服从或屈从对方、压抑自己情绪的表现。挺直腰板，使身体及腰部位置增高的动作，则反映出情绪高昂、充满自信。经常挺直腰部站立、行走或坐下的人往往有较强的自信心及自制和自律的能力，但为人可能比较刻板，缺少弹性或通融性。手插腰间，表示胸有成竹，对自己面临的局面已做好精神上或行动上的准备，同时也表现出某种优越感或支配欲。有人将这视作领导者或权威人士的风度。

沉默。沉默作为无声语言的一种交际形式，在商务谈判中有时会起到意想不到的效果。谈话时，对方不断变换站、坐等体位，身体不断摇晃，常表示他焦躁和情绪不稳；不时用一种单调的节奏轻敲桌面，则表示他极度不安，并极具警戒心。拿着笔在空白纸上画圈圈或写数字等，双眼不抬，若无其事的样子，说明已经厌烦了；放下手中物品，双手撑着桌子，头向两边看看后，双手抱臂向椅子上一靠，则暗示对方：没有多少人爱听你讲话了，随你讲吧；把桌上的笔收起，记事本合上，女士则照照镜子或拢拢头发、整整衣裙，都是准备结束的架势，表明厌烦。扫一眼室内的挂钟或手腕上的表，收起笔，合上记事本，抬眼看着对手的眼睛，似乎在问："可以结束了吧?"这种表现足以说明"别谈了"的意思；给助手使个眼神或做个手势（也可小声说话），不收桌上的东西，起身离开会议室，或在外面抽支烟、散散步，也表明对所言无望，可以结束谈判了。

在商务谈判中巧妙地运用这两种语言，可以产生珠联璧合、相辅相成、绝妙默契的效果。

（二）依据语言的表达特征分

依据语言的表达特征分类，商务谈判语言可以分为专业语言、外交语言、法律语言、专业语言、文学语言和军事语言。

1. 专业语言

专业语言是谈判中与业务内容有关的一些专用或专门术语。谈判业务不同，专业语言也有所不同。专业语言的特征是简练、明确和专一。在产品购销谈判中有供求市场价格、品质、包装、装运、保险等专业用语；在工程建筑谈判中有造价、工期、开工、竣工、交付使用等专业用语。还有诸如"工业产权、技术转让、物权与所有权、买方信贷、进口"等贸易形式用语。

2. 法律语言

法律语言是谈判中所涉及的有关法律规定用语，与交易有关的专业技术、价格条件、运输、保险、税收、产权、企业法人与自然人、商检、经济和法律制裁等行业习惯用语和条例法规的说明。每种法律语言及其术语都有特定的内涵，不能随意解释和使用。法律语言的特征是法定的强制性、通用性和刻板性。法律语言的运用可以明确谈判双方各自的权利和义务、权限和责任等。

3. 外交语言

外交语言是为处理各种外交关系所使用的一种具有圆滑性、缓冲性和模糊性等特征的弹性谈判语言。外交语言的主要功能是缓和与消除谈判双方的敌对心理，为说明问题和谈判决策的进退留有余地。在商务谈判中使用外交语言既可以满足对方自尊的需要，又可以避免己方失礼；既可以说明问题，还能为谈判决策进退留有余地。典型的外交语言有"很荣幸、有待研究、请恕我授权有限、无可奉告、深表遗憾"等。外交语言要运用得当，否则，容易让对方感到缺乏诚意。

4. 文学语言

文学语言是具有明显文学特征，具有生动、活泼、优雅、诙谐、有感染力、有情调等特点，传播范围广，可以增强语言感染力。文学语言能够创造良好的谈判气氛，有利于化解双方矛盾和促进谈判的顺利进行。例如，在商务谈判中常说"和您在一个桌子上交锋，我荣幸之至。""今天天气真好，预示着我们的谈判也会非常顺利。"

5. 军事语言

军事语言是带有命令性特征和军事术语及一切简明但态度坚定的语言。军事语言具有干脆、利落、简洁、坚定、自信和铿锵有力等特征。在谈判中适时运用军事语言，可以起到提高信心、稳定情绪、稳住阵脚和加速谈判进程的作用。典型的军事语言有"不，这绝不可能""请回答这个问题，不要绕圈子""最迟于×日需要得到贵方明确答复，否则我方将终止谈判"等。在谈判后期，军事用语常常带有"最后通牒"的意味，如"这是我最后的条件，贵方同意就成交，不同意，我们即刻退出谈判"。

二、商务谈判语言运用的原则

在商务谈判中运用语言艺术时需要遵循一些基本的原则，包括客观性、针对性、逻辑性、论辩性、规范性和灵活性六种原则。

（一）客观性原则

客观性原则是指在商务谈判过程中，谈判双方的语言表述要尊重事实，反映事实。虽然在沟通过程中难免会运用艺术手法来修饰语言，但是在表达思想、传递信息时必须以客观事实为依据，这样才能建立起沟通双方信任的桥梁。因此客观性是最基本的沟通原则，也是其他原则的基础。只有谈判双方均遵循客观性原则，才能留下真实可信的印象，从而可以缩小双方立场的差距，增加谈判的成功概率，并为今后长期合作奠定良好的基础。

在产品购销的商业活动中，产品销售方要遵循客观性原则，对产品进行客观公正的介绍，倘若在产品性能、规格、质量等方面弄虚作假，甚至以次充好，这样的沟通结果只能产生"一次性"合作，想要维持口碑、开拓市场、长远发展势必是万万不可能的了。同时，产品购买方也要实事求是地反馈需求量，提出合理价格。只有购销双方都能遵循客观性原则，让对方感到自己的诚意，才可能使谈判顺利进行下去，并为以后长期合作打下良好基础。

案例导读

从谈判对手到真诚朋友

1951年中央人民政府和西藏地方政府举行谈判，李维汉与阿沛·阿旺晋美分别担任双方的谈判代表。谈判刚开始，阿沛·阿旺晋美的心理压力很大，李维汉对他说："谈判就是民主协商，就是充分发挥民主，畅所欲言，各抒己见，经过反复讨论，达成基本一致的协议，而不是把一方的意见强加于另一方。"他接着说："爱国的道路一定要坚持，不仅自己爱国，还要团结和带领更多的人一起走爱国道路，才有力量。"听了李维汉的话后，阿沛·阿旺晋美感觉思想亮堂了许多，精神上轻松了许多。

此后在20多天的谈判中，虽然在一些问题上有争论和不同意见，但始终是在友好真诚、充分协商的气氛中进行的，最终就有关和平解放西藏的所有问题达成协议。

本次谈判的顺利完成建立在友好真诚、客观诚信的基础上，双方在沟通过程中敞开天窗说亮话，基于实际问题慎重洽商。如果彼此互不信任、相互欺瞒，双方是无法达成共识的，谈判结果也会很不理想甚至走向破裂。

案例来源：根据搜狐网资料整理。

（二）针对性原则

针对性原则是指在商务谈判中语言表达要始终围绕主题，认清对象、有的放矢、对症下药。不同的谈判主题有着不同的背景、环境、发展趋势，不同的谈判对手有着不同的身份、性格、态度、年龄、性别，不同的时间场合有着不同的需求、价值观、使命，谈判人员必须针对这些差异采取不同的沟通策略。具体来说，对于追求完美的谈判对手，需要以理性、合乎逻辑、严肃正经的态度和他们沟通，才可能获得他们的认同。对于追求浪漫的谈判对手，谈判氛围可能会起到意想不到的效果，他们会更注重感觉，如果以理性的态度沟通可能不会有很好的结果。

在实际谈判中使用语言，如果能够更细致地区分这些差异，那么将取得更好的洽谈效果。商务谈判的范围广、内容多，倘若能够做到谈判前进行全方位的分析，针对其特定的目标、业务内容、谈判对手、谈判时间与地点等因素的特异性来开展沟通，效果必然是事半功倍。

📖 **趣味阅读**

晋灵公会诸侯

公元前 106 年，晋灵公在扈地会合诸侯，商讨平息宋国内乱之事。在这次会议上，晋灵公不肯和郑穆公相见，对他非常怠慢和倨傲，认为郑国亲近楚国，对晋国怀有二心。晋、郑关系迅速恶化。郑国大夫子家眼见晋国有入侵之意，非常着急，立即致书晋国执政大夫赵宣子，同赵宣子进行谈判。子家的这封信，辞令委婉而谦恭，历数郑君朝见晋君的详细情形，以大量的事实阐明，郑国侍奉晋国是有礼的，对晋国敬畏的态度是无可挑剔的。由于郑国介于晋、楚之间，为了郑国的生存，对于楚国业余所亲近，那是不得已之事，望晋国体谅郑国的苦衷。子家不厌其烦地向赵宣子诉说郑国的艰难和对晋国的恭敬，同时子家在信的结尾写道："小国侍奉大国，如果大国以恩德相待，它就会像一个人一样恭谨、顺从；如果大国刻薄寡恩，它就会像一只鹿一样，迅速逃跑，即使犯险赴难，也在所不惜。晋国的态度喜怒无常，我们知道快要亡国了，只有汇聚全国的兵力、财力、物力，聚守在边境与贵国大军决一死战。现在，我国就看你的态度了。"赵宣子读了子家这封信后，承认晋国对郑国过于苛责，郑国对晋国侍奉有礼，又有为国拼死一战的气概，不可轻举妄动，便派大夫巩朔到郑国议和，双方达成维持和平的协议，并将赵穿、公婿也留在郑国作为人质，以表示晋国是一个善待小国，恪守信义的大国。

案例来源：李建民. 国际商务谈判案例［M］. 北京：经济科学出版社，2016.

（三）逻辑性原则

逻辑性原则是指谈判者在商务谈判过程中的语言表达要符合思维规律，确保概念明确、判断恰当、证据确凿，推理符合逻辑规律，具有较强的说服力。提高谈判语言的逻辑性可以从两个方面准备：一是提高谈判人员的逻辑水平，可以在谈判前进行逻辑学知识的培训；二是在谈判前做好充分准备，包括资料收集详尽，资料整理清晰，然后才能在谈判席上以富有逻辑的语言表达出来。

在商务谈判过程中，问题的陈述、提问、回答、辩证、说服等各个语言运用方面都能展现出逻辑性原则，沟通双方要注意保证名词、术语、概念的同一性，保证问题或事件及其前因后果的衔接性、全面性、本质性和具体性。提问者需要注意问题和谈判议题紧密结合，回答者要切题，除特殊谈判策略的使用外，一般不要答非所问。说服对方时要使语言、声调、表情等多方面反映人的逻辑思维过程。

（四）论辩性原则

论辩性原则是指在商务谈判中论辩是谈判的本质，谈判的艺术在某种程度上就是论辩的艺术。在商务谈判过程中，谈判双方沟通内容各有侧重、各有针对，想要取得统一意见并不是那么容易。这是因为谈判双方均从自身利益出发，双方的期望往往会形成冲突，因此需要谈判人员灵活运用各种语言策略表达出令人信服的力量和力度，双方经过多轮语言交锋表达己方诉求，从而争取更多利益。

📅 **趣味阅读**

农夫卖玉米

一个农夫在集市上卖玉米。因为他的玉米棒子特别大，所以吸引了一大堆买主。其中一个买主在挑选的过程中发现很多玉米棒子上都有虫子，于是他故意大惊小怪地说：伙计，你的玉米棒子倒是不小，只是虫子太多了，你想卖玉米虫呀？可谁爱吃虫肉呢？你还是把玉米挑回家吧，我们到别的地方去买好了。

买主一边说着，一边做着夸张而滑稽的动作，把众人都逗乐了。农夫见状，一把从他手中夺过玉米，面带微笑却又一本正经地说："朋友，我说你是从来没有吃过玉米吗？我看你连玉米质量的好坏都分不清。玉米上有虫，这说明我在种植中没有施用农药，是天然种植，连虫子都爱吃我的玉米棒子，可见你这人不识货！"接着，他又转过脸对其他人说："各位都是有见识的人，你们评评理，连虫子都不愿意吃的玉米棒子就好么？比这小的棒子就好么？价钱比这高的玉米棒子就好么？你们再仔细瞧瞧，我这些虫子都很懂道理，只是在棒子上打了一个洞而已，棒子可还是好棒子呀！我可从来没有见过像他这么说话的人呢！"

他说完这一番话，又把嘴凑在那位故意刁难的买主耳边，故作神秘状，说道：这么大，这么好吃的棒子，我还真舍不得这么便宜地就卖了呢！

农夫的一席话，借机夸他的玉米棒子个大、好吃，虽然有虫但是售价低等这些特点都表达出来了。众人被他的话语说得心服口服，纷纷掏出钱来，不一会儿工夫，农夫的玉米就被销售一空了。

说话要讲究艺术，这似乎是一个非常简单的问题。因为生活中，语言是人与人之间交流的一种最基本的手段。但同样一句话，不同的人说，效果会不同，反过来说和正过来说效果也不同。在本案例中，农夫就充分运用了语言的艺术，利用不同的表述方式，反映了问题的不同方面，从而使局面由不利转向有利。

案例来源：陈鹏．商务谈判与沟通实战指南［M］．北京：化学工业出版社，2019.

（五）规范性原则

规范性原则是指在谈判过程中的语言表述要文明、清晰、严谨、精确。

（1）文明礼貌是谈判语言必须坚持的原则，也是最基本的原则。语言必须符合商界的特点和职业道德要求，无论在何情境下都不能使用粗鲁的、污秽的或攻击辱骂的语言。

（2）谈判所用语言必须清晰易懂，不能人为设置沟通障碍。发言要标准化，不能用地方方言或黑话、俗语等与人交谈；发音要准确，避免吞吞吐吐、词不达意、声音太小等情况。

（3）谈判表达应当注意抑扬顿挫、轻重缓急，重点要突出，避免含糊其辞、模糊重点、语焉不详等情况。

（4）谈判语言应当准确、严谨，特别是在讨价还价等关键时刻，更要注意一言一语的准确性。

在谈判过程中，由于语言不慎，导致谈判陷入不利己方的局面，甚至导致谈判失败的事例屡见不鲜。因此，必须认真思索、谨慎发言，用严谨、精当的语言准确地表述自己的观点、意见，如此，才能通过商务谈判维护并为己方争取更多的经济利益。

（六）灵活性原则

灵活性原则是指在商务谈判中根据对对方的观察，及时、灵活地调整语言，以保证语言更好地为实现谈判目标服务。谈判者在谈判之前，需要针对谈判主题、谈判对手做全方位的准备，对可能出现的问题及情况做充分的预测。但是谈判桌上形势变幻莫测，意外情况难以避免，因此谈判者需要具有随机应变的能力，能够灵活应变语言，结合应急手段巧妙地摆脱困境或者把握机会。当谈判过程中遇到困境，双方意见不统一，僵持不下难以继续谈判时，谈判者可以选择暂时搁置僵持问题、先谈小问题或容易的问题，也可以缓解紧张气氛、改变方向，或者扭转僵局、寻找仲裁或中间调停人，最终促进双赢结局。

上述基本原则都是在商务谈判的语言表达中必须遵守的，运用这些原则的目的是提高语言艺术的说服力，说服力是衡量语言艺术高低的标尺。增加谈判语言的说服力，不仅仅是语言内容上客观性、针对性、逻辑性的辩证统一，还包括更广泛的内容。它要求语音平稳有力、语调抑扬顿挫、语速恰如其分，语言的轻重缓急要适时、适地、适人。谈判人员同样要关注面部表情与肢体语言，适当的手势、专注的目光也是增加谈判效果的重要组成部分。这几项原则各有侧重、各有针对，在实践中不能将其绝对化，过分强调或忽视都可能会适得其反。所以在商务谈判中运用语言艺术，必须将上述几项原则进行有机结合、融会贯通，这样才能使语言具有真正的说服力。

📖 趣味阅读

来自各国的企业家们正在一艘游艇上，一边观光，一边开会。突然船出事了，船身开始慢慢下沉。船长命令大副立刻通知企业家们穿上救生衣跳海。几分钟后，大副回来报告说没有一个人愿意往下跳。于是船长亲自出马。一会儿工夫，只见实业家们一个接一个地跳下海去。

大副请教船长道："您是如何说服他们的呢?"

船长说："我告诉英国人,跳海也是一项运动;对法国人,我就说跳海是一种别出心裁的游戏;我警告德国人说:跳海可不是闹着玩的;在俄国人面前,我认真地表示:跳海是一种壮举。"

"您又是怎样说服那个美国人的呢?"

"太容易了!"船长得意地说道:"我只说已经为他办了人寿保险。"

案例来源:根据网络资料整理。

第二节　商务谈判语言技巧

成功的商务谈判是谈判双方在信息交换中寻求双赢局面的过程,因此,需要运用巧妙的语言来展现高超的谈判技巧。根据现代谈判理论和原则,在谈判过程中熟练运用谈判知识和技能,是综合运用知识经验的艺术,总结他人和自己在商务谈判中的经验教训很有必要。

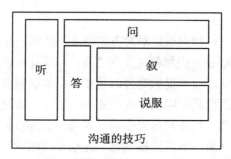

图 4-1　沟通技巧的五个方面

在商务谈判中,语言表达技巧主要体现在听、问、答、叙、说服等方面,而这五个环节是环环相扣、缺一不可的:"听"贯穿于沟通的全过程,可以说没有"听"的环节就无法完成沟通;"听"的内容可能是对方的问题,也可能是谈判对手给出的答案,或者是通过叙述、说服等方式反馈自己的观点与立场;谈判过程中往往以"问"与"答"的互动方式开启新的话题、交流关键信息、表明己方立场;"叙"与"说服"可以是"答"的内容、目的、途径,也可以表示"问"的方法。在商务谈判中,谈判双方的角色随着谈判进程而不断转换着,倾听者在下一秒可能转换为提问者、回答者、叙述者或是说服者,因此将理论知识和经验运用到现实中去锻炼,培养在不同环境中,迅速、准确、自如地应用能力,是商务谈判沟通技巧的核心,也是关键。

一、听的技巧

"一双灵巧的耳朵胜过十张能说会道的嘴巴",听是谈判中最重要的一个环节,在这个环节谈判者能够了解和把握对方的观点与立场,协助制定目标、指导行动。谈判中的倾听，不仅指运用耳朵这个器官去倾听、听清楚、听明白，而且要用眼睛去观察对方的表情、反应，用心去感觉谈判的气氛及对手的原来构想、洞察对手话语背后的动机，即在倾听中要做到耳到、眼到、心到。

一个成功的谈判人员，在谈判时要把 50% 以上的时间用来听。

（一）善听的客观标准

善听的客观标准包括由点及面、由表及里、由言及色，具体表现在以下几方面：

（1）由点及面指要"听全"。除了涉及"5W1H"重要信息外，还需要重点关注谈判中出现的数据，以及数据间的逻辑。同时，言语中流露出的细节也不能忽视，往往细节决定成败。千万不要因为主观原因忽视而不听、漏听某些内容。

（2）由表及里指要"听透"。在听完一个片段以后，要善于理清头绪、把握中心、吃透观点、捕捉意图，迅速归纳总结对方意见，寻找谈判突破口，要能抓住对方言辞中的隐含之意、弦外之音。

（3）由言及色指不仅要"听其言"，还要"察其色"。言辞、举止与神态有内在联系，谈判者的面部表情在一定程度上反映其内心的情绪，不自然的举动往往被用来掩盖某些关键信息，善于控制表情的谈判者往往城府很深，必须要慎重对待。

（二）影响倾听效果的原因

一般人的正常语速是每分钟说出 120 ~ 200 字，但是，倾听者平均每分钟可以接收 400 字左右的信息，这就使得人在倾听的时候留给大脑很多空闲时间。利用好这段空闲时间能够极大地提高倾听效率，但倾听者往往会心猿意马、心不在焉，从而忽略关键信息，影响谈判结果。影响倾听效果的原因包括以下几点：

（1）生理因素。由于谈判行程安排紧张，谈判人员无法得到充分休息，导致身体不适、精神不佳、注意力下降，从而使得思路慢于对方，进一步导致少听、漏听。谈判人员的精力和注意力的变化是有一定规律的，一般来说，谈判开始时精力较为充沛，约占整个谈判时间的 8.3% ~ 13.3%，持续的时间较短；谈判过程中，精力趋于下降，约占整个时间的 83%，时间较长；谈判快要结束时，又出现短暂的精力充沛时期，约占 3.7% ~ 8.7%。

（2）心理因素。心理因素是影响倾听效果的主要因素，先入为主的思想、其他心事的影响、个人的想法以及选择性倾听方式都影响倾听效果。有研究表明，即使是积极地听对方说话，倾听者也仅仅能记住 50% 的讲话内容，而且只有 1/3 的讲话内容按原意听取，1/3 的内容被曲解了，另外 1/3 则丝毫没有听进去。人们往往更关注与己有关的讲话内容，有时会仅仅听取对方言语中与自己不同的观点；人们往往会更倾向于借感情、兴趣的变化来理解对方的讲话内容，甚至总是认为别人在谈论自己，这样都会影响倾听者对谈判内容的正确理解。

（3）外界环境干扰。如电话铃声、不相关的交谈、打字机声等一切来自环境的干扰都有可能打断沟通过程，使人们的注意力分散，形成听力障碍。

（4）能力限制。谈判人员受专业知识、语言水平的限制，从而导致听不懂对方的讲话内容。

（三）提高倾听效果的技巧和诀窍

想要克服内部及外部障碍，提高倾听效果，技巧和诀窍包括以下几点：

（1）端正态度。专心致志地听对方谈话，保持目光注视，尽量避免无关动作，尤其是不要出现表现不耐烦的动作，如看表、修指甲、打哈欠等。

（2）积极反馈。要善于通过体态语言、语言或其他方式给予必要的反馈，做一个积极的"倾听者"。例如，赞成对方说话时，可以轻轻地点头；对对方的言论感兴趣时，可以微笑示意。

（3）提出问题。根据倾听者所提出的问题，对方能够知道倾听者的对话题的接受程度，同时，提问可使谈话更深入地进行下去。在专心倾听的基础上有鉴别地倾听对手发言，提出引导性问题，能够去粗取精、去伪存真、抓住重点，取得良好的倾听效果。

（4）适时引入新话题。人们喜欢从头到尾安静地听别人说话，而且更喜欢引出新的话题，以便能借机展示自己的价值。

（5）创造良好的谈判环境。良好的谈判环境包括光线、温度、声响、色彩、装饰等令人舒适的场景布置，也包括能够淡定平和、不骄不躁地克服主观想法的倾听氛围。倾听者要努力克服先入为主的想法，注意不要因轻视对方、抢话、急于反驳而放弃听，不可为了急于判断问题而耽误了听。

（6）勤记笔记。谈判过程中，人的思维在高速运转，大脑接收和处理大量的信息，加上谈判现场的气氛又很紧张，所以只靠记忆是办不到的。倾听者可以通过记笔记来集中精力，帮助回忆和记忆，而且也有助于在对方发言完毕之后提出针对性的质询；同时，还可以有助于作出充分的分析，理解对方讲话的确切含义与实质；另外，通过记笔记，给讲话者的印象是重视其讲话的内容，当倾听者停笔抬头望讲话者时，又会对其产生一种鼓励的作用。

（7）辨识言外之意。一个聪明的倾听者，不能仅仅满足表层的听知理解，而要从说话者的言语中听出话中之话，从其语情语势、身体的动作中演绎出隐含的信息，把握说话者的真实意图。只有这样，才能做到真正的交流、沟通。

📖 趣味阅读

有一家英国汽车公司，想要选用一种布料装饰汽车内部，有 3 家公司提供样品，供汽车公司选用。公司董事会经过研究后，请各家来公司做最后的说明，然后决定与谁签约。3 家厂商中，一家的业务代表患有严重的喉头炎，无法流利讲话，只能由汽车公司的董事长代为说明。董事长介绍了公司产品的优点、特点，各单位有关人员纷纷提出意见，董事长代为回答。该布料公司的业务代表则以微笑、点头或各种动作来表达谢意，结果，他博得了大家的好感。

会谈结束后，这位不能说话的业务代表却获得了 50 万码布的订单，总金额相当于 160 万美元，这是他有生以来获得的最大的一笔成交额。

事后，他总结说，如果他当时没有生病，嗓子还可以说话，他很可能得不到这笔大数目的订单。因为他过去都是按照自己的一套办法去做生意，并不觉得让对方表示意见比自己头头是道地说明更有效果。

案例来源：王贵奇.如何与客户谈判［M］.北京：中国经济出版社，2010.

二、问的技巧

"提问"是商务谈判中相互沟通的基本方法，也是一种常用的语言技巧，通过巧妙而适当的提问不仅可以从产品更好的品质、性能、价格等方面获得对方的真正需求，而且可以促进双方的沟通。针对不同的目的，我们可以提出不同的问题；对同一问题，也可以采用不同的方式、从不同的角度进行提问。总之，必须掌握提问的技巧和方法，善于"巧问"，才能在谈判中做到知己知彼、有的放矢和掌握主动。

（一）提问的方式

（1）探索式提问。这是一种针对对方答复，要求引申举例说明，从而探索新问题并进一步挖掘更充分信息的提问方式。例如"谈到谈判上存在的困难，你能不能告诉我主要存在哪些困难？""你刚才讲不适合做这项工作，你能不能做进一步说明？"探索式提问不但可以发掘比较充分的信息，而且可以显示出发问者对对方谈的问题的兴趣和重视。

（2）开放式提问。这是一种将回答问题的主动权让给对方的提问方式，这种问题对方一般无法直接用是或否等简单字样作答。开放式提问往往可以通过提问使对方在广泛的领域内给出更广泛的答复。例如"你对自己当前的工作表现有什么看法""你认为我们的谈判工作应该怎样开展更好"等。

（3）封闭式提问。这是一种要求对方在特定领域给出特定问题的提问方式，这种方式往往可以使提问者获得特定的资料或确切的回答，但有时也蕴含一定程度的威胁性。例如"您是否同意我方的要求"。

（4）强迫选择式提问。这种方式是让对方在己方划定的范围内进行选择，并做出回答。由于强迫选择式提问一般都带有强迫性，因此在使用时要做到语调柔和、措辞达意得体，且一般应在己方掌握充分的主动权的情况下使用。

（5）诱导式提问。这种问句的答案一般带有强烈的暗示性或指向性，这一类问题几乎要求对手毫无选择地按发问者所设计的答案作答，以实现己方预期。例如"专业的算法对我们双方都有理，不是吗？""对于本次商品的谈判，我方利润少得可怜，如果不给2%的折扣，我方很难成交"。这类发问几乎使对方毫无选择余地，只能按发问者所设计的发问作答。

（6）证明式提问。这种方式旨在通过己方的提问，使对方对问题做出证明或理解分析，以验证其真实性。"为何……请说明道理。"

（7）间接式提问。这是一种借助权威人士、组织的观点或意见来影响谈判对手的一种提问方式。"我们请教了××顾问，对该产品的价格有了较多了解，请贵方重新考虑报价。"需要注意的是，己方所借助的人或单位应是对方所了解的、能对对方产生积极影响的，如对方不了解你所借助的人或单位，或对其有看法，就可能引起反感，效果会适得其反。

（8）多层次式提问。这种问句中一般包含有两种以上的主题内容，因此易致使对方难以进行周全的回答。"你是否将协议产生的背景、履约情况、违约责任及双方看法和态度谈一谈?"许多心理学家认为，一个问题最好只包含不超过两个主题的内容，才能使对方有效地掌握。

（二）其他注意事项

商务谈判中的提问如果想起到良好的效果，除了注重提问方式的选择外，还应该注意以下几点：

（1）预先准备好问题。谈判前事先准备好问题，这些问题应该是对方不能够迅速给出答案或立即回答上来的问题。预先准备好问题还能预防对方突然反问。

（2）不要急于提问而打断对方的发言。如果在倾听对方发言的过程中产生疑问，可先进行记录，切忌因急于提问而打断对方发言，等对方发言结束后，寻找合适时机再提出问题。

（3）不要提出无效或阻止对方让步的问题。在谈判中，应尽量避免提出无效或阻止对方让步的问题，以免影响谈判进行和谈判效果。

（4）注意提问的速度。提问时切忌速度过快或过慢，以免引起对方的反感和不耐烦，从而怀疑己方的谈判诚意。

（5）注意提问的语气。提问后应保持沉默，专心致志地等待且给足对方足够的答复时间，不要强迫追问；注意提问的语气；要有耐心和毅力继续等待合适的时机。

（6）可适当提出已知答案的问题来验证对方的诚实程度。我们可以提出一些已经发生且已知答案的问题让对方作答，以此验证对方的诚实程度与处理事情的态度。同时，还可以通过验证让对方了解我方信息掌握的充分程度，推进谈判的进展。

（7）提问句式应尽量简短，不宜过长或过于复杂。

（8）要以诚恳的态度提问，不要提出含有敌意的问题。一旦问题含有敌意，就会损害双方的关系，最终影响谈判的成功。

（9）不要提出涉及对方隐私的问题。有关个人工作、个人生活以及家庭情况等涉及个人隐私的问题尽量不要提。

（10）注意提问的时机。合适的提问时机一般包括：第一，在对方发言完毕后；第二，在对方发言停顿、间歇时；第三，在自己发言正题的前后；第四，在规定议程时间内。

📖 趣味阅读

　　　日本松下电器公司创始人松下幸之助先生刚"出道"时，曾在一次一对一的谈判活动中被对手以寒暄的形式探测出了自己的底细，因而使己方大受损失。那次，他只身一人第一次到东京找批发商进行谈判，刚一见面，批发商就友善地对他寒暄道："这是我们第一次打交道吧？以前我好像没见过你。"批发商想用寒暄托词，来探测对手究竟是生意场上的老手还是新手。松下先生缺乏经验，恭敬地回答："我是第一次来到东京，什么都不懂，请多关照。"正是这番极为平常的寒暄答复却使批发商获得了重要的信息：对方原来只是个新手。批发商问："你打算以什么价格卖出你的产品？"松下又如实地告知对方："我的产品每件成本是 20 元，我准备卖 25 元。"批发商了解到松下在东京人生地不熟，又暴露出急于要为产品打开销路的愿望，因此趁机杀价，"你首次来东京做生意，刚开张应该卖得更便宜些。每件 20 元，如何？"结果没有经验的松下先生在这次交易中吃了亏。

案例来源：张国良. 商务谈判与沟通［M］. 北京：机械工业出版社，2021.

三、答的技巧

回答在谈判中是一个证明、解释、反驳和推销己方观点的过程。谈判中回答的要诀应该是：基于谈判的需要，准确把握该说什么，不该说什么，以及应该怎样说，一般不以正确与否来论之。在谈判中，应巧妙地运用回答技巧，活跃谈判气氛，促使谈判的顺利进行，为了能够有效地回答好每个问题，我们需要掌握以下技巧和方法：

（1）回答问题前，给自己留出思考时间。根据谈判经验，当对方提出问题后，我方确定回答前，我们可以通过点支烟或喝一口茶，或调整一下自己的座椅和坐姿，或整理一下桌子上的资料文件，或翻一翻笔记本等动作来延缓时间，趁机思考如何回答。

（2）不要彻底回答所有的问题。在商务谈判中，若对方提出的问题是想了解我方的观点、立场和态度或想探询确认某些事情，我们应当严谨思考，慎重对待。对于应当让对方了解，或者需要表明我方态度的问题要认真回答，而对于可能损害己方形象、泄密或一些无聊的问题，则不用回答。在回答问题时，将对方的问话范围缩小或者在回答之前加以修饰和说明都是不错的方法。

（3）避开问题，顾左右而言他。对于难以从正面回答且难以拒绝回答的问题，避开问题、顾左右而言他是一种行之有效的回答方法。

（4）避而不答。对于不知道或确实无法回答的问题，应坦率地告诉对方不能或无法回答。

（5）答非所问。对于不能不回答且无法使用"顾左右而言他"方法回答的问题，可以故意答非所问。

（6）以问代答。当遇到一时难以回答或实在不想回答的问题时，用另一个问题代替回答，如同把对方提出的难题又抛给对方解决也是一种有效的方法。

（7）利用"重申"和"打岔"争取思考时间。当思考问题的时间不够充足时，可以要求对方再次阐明所问的问题或借口去洗手间、打电话等方式为己方争取时间。

📖 知识拓展

在谈判中应避免的言辞主要有：
（1）极端性语言——"肯定如此""绝对不是那样。"
（2）针锋相对的语言——"不用讲了，事情就这样定了。"
（3）涉及对方隐私的语言——"你们为什么不同意？是不是你的上司没点头？"

（4）有损对方自尊心的语言——"开价就这些，买不起就明讲。"

（5）催促对方的语言——"请快点决定！"

（6）以我为中心的语言——"我的看法是……""如我是你的话……"

（7）模棱两可的语言——"可能是……""大概是……"

（8）赌气的语言——"上次你们已多赚了几万了，这次不能再让你们占便宜了。"

四、叙的技巧

"叙述"在商务谈判中指的是己方带有主动性的阐述，它不受对方提出问题的方向和范围的制约，是商务谈判中传达大量信息、沟通情感的一种有效方法。己方可以在基于己方立场、观点、态度和方案的基础上表达对各种问题和客观事物的具体看法。从谈判的实际需要出发，在叙述问题、表达观点和意见时，一般应注意把握以下几种技巧：

（1）叙述应简洁、通俗易懂。商务谈判中的叙述在于让对方相信己方所言的内容均为事实，并使其接受己方的观点。为了达到这一目的，说出来的话要尽可能简洁、通俗易懂，使对方听了立即就能够理解。

（2）叙述应注意说话方式，做到主次分明、层次清楚。商务谈判中的叙述内容应当遵循谈判议程中的主题顺序，符合谈判整体逻辑。

（3）叙述应准确地运用语言，做到具体、生动。因说话语速和节奏对内容的表达有较大的影响，且说话时的语调、音量也可能表达出不同的含义，所以在叙述不同问题时，谈判人员需要注意包含不同的感情色彩，选择合适的语言，不伤对方自尊和面子且使对方能够集中精神，全神贯注地听。

（4）叙述应基于客观事实。使对方相信己方所陈述的内容，认可并信任己方的谈判诚意。

（5）对己方观点的叙述要力求准确，力戒含糊不清，前后不一致等情况。

（6）及时纠正。叙述时发现内容或观点等存在错误要第一时间核实，以免造成不必要的损失。

（7）重复叙述有时是必要的。当己方叙述的某个内容或观点非常重要时，可向对方进行必要的重复叙述。

五、说服的技巧

在商务谈判中说服对方接受自己的观点是谈判能否成功的关键，说服一般贯穿于谈判的整个过程。它综合运用"听""问""答"和"叙"等各种沟通技巧，使对方改变最初的想法，心甘情愿地接受己方的意见。说服对方是谈判中最艰巨和最复杂的工作。说服他人的技巧主要有以下几种：

（1）取得他人的信任。信任在人际沟通中起到的作用非常大，在谈判中，只有对方信任你，才会从正确地、友好地的角度理解你的观点和理由。谈判者应该学会利用谈判桌外的时间来增进人际关系，与对方建立友好、熟悉、相互尊重的关系，积极进行公共活动以取得对方的信任，在无形中化解对方的心理警戒，从而在谈判中掌握主动权。

（2）设身处地地站在他人的角度谈问题。要说服对方，就要设身处地站在对方的角度考虑对方的观点或行为存在的客观理由，从而使对方对你产生一种"自己人"的感觉。

（3）创造出良好的"是"的氛围。从谈判一开始，就要营造一个说"是"的氛围，切勿把对方置于不同意、不愿做的地位，在形成的"否"的氛围中批驳和劝说对方。从已有的谈判经历来看，从积极主动的角度去启发和鼓励对方，在取得一致意见的基础上，更容易说服对方接受己方的观点和主张。

（4）说服用语要推敲。许多专家指出，在谈判中，维护面子与自尊是一个极其敏感而又重要的问题，如果一方感到失了面子，即使能达成最好的交易，也会给后续合作留下不良后果。通常情况下，应尽量避免使用"愤怒""怨恨"等字眼。

（5）利用"下台阶"说服顽固者。在商务谈判过程中，"顽固者"是十分不易说服的角色，这类人往往比较固执己见、性格偏强，但大多数人是通情达理的，只要给他们一个"台阶"，采取"下台阶"法、等待法、迂回法和沉默法等也是可以起到说服效果的。

（6）寻找双方的共同点，互相认同。"认同"是双方通过相互理解、心灵沟通从而说服对方的有效方法。认同就是人们将说服对象视为与自己相同的人，寻找双方在工作、生活、兴趣爱好和共同熟悉的第三者等方面的共同点。

人们在说服他人时，有时效果并不理想，原因可能在于以下几个方面：第一，先想好多个理由，然后才去与对方辩论；第二，以领导者教训下属的角度和口气指点对方；第三，不分时间和场合，先批评对方，然后强迫对方接受其观点；第四，存在胁迫或欺诈对方的行为。

总之，说服的关键在于抓住对方的心，在此基础上，结合前面所述"听""问""答"和"叙"等各种沟通技巧，并加以综合运用、统筹兼顾方能取得良好的效果。

圓 知识拓展

谈判的技巧

1. 重复法

重复法包括两方面的内容：一是谈判者不断重复自己的意见；二是谈判者重复对方的意见。

2. 激将法

激将法，就是通过一定的语言手段刺激对方，激发对方的某种情感，使对方发生情绪波动和心态变化，并使这种情绪波动和心态变化随着自己所预期的方向发展，使其下决心去做某种己方希望做的事。激将法就是要用语言技巧使对方放弃理智，凭一时感情冲动去行事。所以，激将法最适合用于经验较少、容易感情用事的人。

3. 赞美法

赞美法，就是在说服别人接受自己的意见之前先给对方一番赞誉，然后再说服对方的方法。

4. 示弱法

示弱法，在一定意义上就是实力的较量（包括权限、时间、选择、个人素质等），在谈判中，示弱法适合于己方实力不如谈判对手的情况。

5. 比喻法

古希腊哲人亚里士多德说过："比喻是天才的标志。"成功的谈判者总是能够在需要的时候随地打比方，举例子，使自己的话变得生动、具体，有说服力、吸引力，使自己的观点变得容易为对方所理解并最终被接受。

6. 绕弯法

绕弯法，即不把想说的意思直接说出来，而是先谈一些貌似与主题无关、令对方感兴趣、能接受的话题，然后由小及大、由少到多、由浅入深、由近及远、由轻及重、由易到难地一步一步引入话题。这样，由于有了前面的层层铺垫，本来对方难以接受的意见听起来就得不那么尖锐，不那么难以接受了。

7. 反说法

反说法，即正话反说，不从正面对对方的观点进行批评，而是从对方的观点出发，把对方的观点尽情引申、发挥、夸张，用违反常理、颠倒是非的话显示其预见的荒谬，让对方自己醒悟。

8. 数字法

数字法，即在谈判时把自己的意见，通过精确的数字来表达，使对手感到你精通某个问题，从而使对方产生信任感。人们对数字普遍有一种信赖的心理。数字虽然枯燥，但它可以客观、精确地反映问题，表现事物。在谈判中，用数字来说明观点，可以增强说服力，令对方深信不疑。

9. 刚柔法

所谓刚柔法，即在谈判中谈判者通过态度、语气营造一种气势来威慑对方的一种刚柔相济的技巧。

10. 暗示法

由于各种原因，有时谈判者的观点，如果直接说明会给对方造成伤害而形成对抗，这时可用隐约闪烁的话，从侧面启发对方，来间接表达思想，让对方细细品味，最终接受。

本 章 小 结

在商务谈判过程中，可以通过种类繁多的策略来达成商务谈判的目的，而各种谈判策略的实现需要谈判语言参与其中，想要沟通顺畅，首先要清楚有效语言沟通的基本原则，包括客观性、针对性、逻辑性和论辩性。成功的商务谈判，往往都是谈判双方出色地运用沟通技巧的结果。商务谈判的过程，就是谈判各方运用各种语言进行沟通、洽谈的过程。

商务谈判的过程实质上就是谈判者之间沟通交流的过程，谈判者需要在此过程中展示出立场、观点以及思维的结果。语言起到了桥梁的作用，其使得协商通畅，保证了商务谈判的成功。商务谈判的类型多种多样，从不同的角度或依照不同的标准，可以分成不同的类型。同时，每种类型的语言都有各自运用的条件，在商务谈判中必须视具体情况而定。依据语言的表达方式不同，商务谈判语言可以分为有声语言和无声语言。依据语言的表达特征不同，商务谈判语言可以分为专业语言、法律语言、外交语言、文学语言和军事语言。

有声语言表达需准确、合理，谈判语言要尽量避免语言歧义和使用生僻词，灵活运用修辞来增强语言的感染力，书面语言要注重正式性、严谨性。无声语言又称为行为语言或体态语言，是指通过人的形体、姿态等非发音器官来表达的语言，一般理解为身体语言。这种语言是借人的视觉传递信息、表达态度、交流思想等。在商务谈判中，谈判人员要合理地通过肢体语言来增强语言本身的表现力，巧妙地借助"身势语"，使信息表达更准确、生动。无声语言包括面部表情和肢体语言，可以通过眼神、眉毛、嘴部、手势、足部、腹部等表现，甚至沉默也能表现出丰富的含义。

在商务谈判中，语言表达技巧主要体现在听、问、答、叙、辩、说服等方面。善听的客观标准包括：由点及面指要"听全"；由表及里指要"听透"；由言及色指不仅要"听其言"，还要"察其色"。影响倾听效果的原因包括：生理因素、心理因素、外界环境干扰、能力限制。提高倾听效果的技巧和诀窍包括：端正态度、积极反馈、提出问题、适时引入新话题、创造良好的谈判环境、勤记笔记、辨识言外之意。提问的方式包括：探索式提问、开放式提问、封闭式提问、强迫选择式提问、诱导式提问、证明式提问、借助式提问、多层次式提问。答的技巧包括：回答问题前给自己留出思考时间，不要彻底回答所有的问题，避开问题、顾左右而言他，避而不答，答非所问，以问代答，利用"重申"和"打岔"争取思考时间。"叙述"在商务谈判中指的是己方带有主动性的阐述，它不受对方提出问题的方向和范围的制约，是商务谈判中传达大量信息、沟通情感的一种有效方法。说服的技巧包括：取得他人的信任，设身处地地站在他人的角度谈问题，创造出良好的"是"的氛围，说服用语要推敲，利用"下台阶"说服顽固者，寻找双方的共同点、互相认同。

◎ **思考题**

1. 商务谈判语言的类型有哪些？
2. 商务谈判运用的原则有哪些？
3. 谈判双方意见无法达成统一时该如何推动谈判进程？

◎ **课后案例**

撒切尔与邓小平的数次交锋

1982 年 9 月 22 日，英国首相撒切尔夫人一行访问中国，就香港前途问题与中国领导人进行会谈。24 日上午 9 点，中央军委主席邓小平在人民大会堂会见撒切尔夫人。

一、撒切尔锋芒毕露，来华访问

人民大会堂福建厅，有备而来的撒切尔见到了邓小平，一见面二人就颇有机锋地

"寒暄"起来。

撒切尔夫人对邓小平说："我作为现任首相访华，看到您很高兴。"

邓小平答："是呀，英国的首相我认识好几个，但我认识的现在都下台了。欢迎您来呀！"

一向以强势著称的撒切尔本想用气势压中方一头，没想到被邓小平连消带打，不仅没占到便宜，还被奚落了一番。

她自认为英国刚刚战胜了阿根廷，取得了马岛战争的胜利，中方就会有所忌惮。

其实早在会见她之前，邓小平就料到了这点，并对工作人员说道："香港不是马尔维纳斯，中国也不是阿根廷。"

所以说，撒切尔用马岛战争作为谈判的筹码就是不切实际的妄想，这在邓小平眼中根本不值一提。

但自视过高的撒切尔还是毫不客气地向邓小平提出了她的新条件："在1997年以后，英国要求继续维持对整个香港地区的管辖权利不变。"并且她咄咄逼人地给出一个冠冕堂皇的理由：如果想要保持香港的繁荣，就必须由英国来管理。如果中国宣布收回香港，就会给香港带来灾难性的影响和后果。

二、邓小平绵里藏针，寸步不让

撒切尔的强势在全世界都是出了名的，要不然也不会给她封得一个"铁娘子"的称号。

但是让她没想到的是，对面这位和蔼可亲、总是面带微笑的邓小平根本不给她谈新条件的余地，寸步不让地回应她："在这个问题上我们根本没有回旋的余地。坦白地说，主权本就不是一个可以讨论的问题。"

面对邓小平如此直截了当的回应，一时没缓过神的撒切尔竟然又出了一记昏招。"中国和英国关于香港问题可是签了三个条约的，非常明确地写在那里，既然这些条约仍然存在，那么就必须要遵守。"

撒切尔所说的三个条约指的就是在鸦片战争之后，英国逼迫清政府签订的《南京条约》《北京条约》《展拓香港界址专条》。

早在中华人民共和国成立之时，中国政府就已经向全世界宣布，新中国将废除一切旧政府签订的不平等条约，当然也包括这三个条约。

此时的撒切尔提出这三个条约的问题，无疑是对中国政府的一种无礼行为。

涵养极深的邓小平只是平淡地向撒切尔说道："中国要收回的是包括香港岛、新界、九龙全部地区。如果做不到，那岂不是意味着中国政府还是晚清政府，中国领导人是李鸿章吗！"

面对脸色铁青、无所适从的撒切尔，邓小平缓和了一下气氛，并抛出了早就准备好的"橄榄枝"。

他告诉撒切尔，虽然中国不会允许1997年之后英国继续对香港行使管理权，但是为了香港的继续繁荣，中国希望与英国合作。

同时邓小平也向撒切尔提出了一个全新的构想——"一国两制"。也就是在中国收回香港后，中国政府会实行一套适合香港的政策。香港目前的政治制度、经济制度，相当一部分法律都可以继续保留，香港仍将实行资本主义保持不变。

这样一个富有创意的构想提起了撒切尔浓厚的兴趣，虽然没有争取到她妄想的香港管理权，但她从邓小平的言语中感受到了合作发展的契机。

其实撒切尔作为英国首相也应该非常清楚，想跟中国要香港的"治权"基本无望，但她这种"漫天要价"无非是为了后面的"落地还钱"。

只不过她实在没有想到邓小平会提出如此有创造性"一国两制"构想，这样既能让中国顺利收回香港主权，也能让英国继续与香港保持密切的经济、贸易往来。无论是面子还是利益都得到了保证。

撒切尔当场表示一定会认真考虑这个提议。其实她心里清楚，这样已经是最好的结果了。

这次历时两个半小时的会谈，撒切尔领教了邓小平等中国领导人刚柔并济的政治智慧。也许这就是东西方的文化差异，撒切尔的那套强势外交手段在幽默智慧的邓小平面前确实显得稚嫩了不少。

受丘吉尔影响颇深的撒切尔太过于锋芒毕露，当她那古板而严肃的英式风格遇到了"绵里藏针"的邓小平就会感到处处被动、无从下手。虽然最后邓小平提出的构想让撒切尔找到了新的契机，但整个会谈过程确实让她心情十分郁闷。

撒切尔回国后的一年多时间里，多次安排政府要员与中国政府就香港回归问题，以及"一国两制"问题进行谈判及磋商，最终在经过了 22 轮的艰苦谈判后，中英两国终于达成协议。

1984 年 9 月 26 日，由中国代表团团长周南与英国驻华大使理查德·伊文思分别代表中英两国政府，在北京草签了关于香港问题的"联合声明"，为正式签署协议迈出了关键一步，并铺平了道路。

案例来源：王新玲、孙琳. 邓小平与撒切尔夫人交锋：主权问题不容谈判［EB/OL］.（2013-4-9）［2021-6-18］. http://dangshi.people.com.cn/n/2013/0409/c85037-21066351.html.

问题：

1. 邓小平与撒切尔谈判过程中用到了哪些技巧？

2. 从本次就香港的主权问题谈判的过程中，你认为双方要达到彼此预期的谈判结果的最大困难是什么？

◎ **谈判实训**

实训目的：通过本次实训让学生感受一个笑脸人对其他人的感染力，理解非语言沟通在商务谈判沟通中的重要作用。

实训内容：

1. 将每组平均分成 A 队和 B 队。两队人员与对方队的人员自由交流，时间为 10 分钟，话题随意。但是 A 队在交流时必须保持一张笑脸，B 队在交流时尽量不能笑。

2. 小组讨论：

（1）在交流中，当对方向你微笑而你保持不笑时，心里是什么感觉，会不会不自觉地对他笑？

（2）当你给对方一张笑脸而对方脸上却没有表情时，你会不会感觉不自然？

（3）想一想，谈判时，如果对方是一个时时面带微笑的人，你的心态如何？如果对方是一个一脸严肃的人，你的心态又会如何？

实训要求：

1. 每个小组应充分发挥每个成员的积极性，分别扮演好自己的角色。注意分工，协作与配合，互相学习，培养团队意识。

2. 建议各小组在每一实训环节开始前收集整理好相关的信息和资料，做好谈判准备。

3. 建立经验交流制度：每两组完成模拟实训后，其他同学及小组间可进行经验交流，教师可针对共性问题在课堂上组织讨论和进行专门的讲解。

4. 实训完成后提交实训报告。

实训步骤：

1. 分组并指定各组负责人，分发资料。

2. 教师介绍本次实训的内容和实训情景。

3. 教师讲解非语言沟通的形式以及作用。

4. 各组确定实训活动情景角色。

5. 各组模拟实训。

6. 各组围绕实训组织讨论。

7. 教师点评。

第五章　商务谈判准备

📝 学习目标

◆ 知识目标
1. 了解谈判准备工作的重要性。
2. 熟悉谈判准备工作的重要内容。

◆ 技能目标

具备收集谈判资料的能力；能根据谈判目标和议程组建谈判团队并进行模拟谈判。

📋 核心概念

谈判信息（negotiation information）；主谈人（chief negotiation）；谈判目标（negotiation objective）；谈判主题（negotiation theme）；模拟谈判（simulated negotiation）。

📖 案例导入

奥康集团与 GEOX 公司合作谈判

浙江奥康集团是国内知名鞋业生产企业，GEOX 公司是意大利排名第一的功勋企业、世界鞋业巨头之一，其把目光对准了中国，意图在中国建立一个亚洲最大的生产基地。经过一段时间的实地考察，他将目标对准了中国奥康集团。而奥康也想借GEOX 公司的全球网络走向全球。两家是否能合作成功呢？谈判原则就起重要作用了。GEOX 公司曾用两年时间对中国市场进行调研，先后考察了 8 家中国著名鞋业公司，为最终坐到谈判桌前进行了周密的准备。谈判中，GEOX 谈判代表波莱加托，能把几十页的谈判框架、协议条款熟练背出，令在场的人叹为观止。波莱加托的中国之行排得满满的，去奥康考察谈判成功预期很低，合作机会也很小，只有20%的可能，波莱加托竟然做了如此周密的准备，是值得国内企业家们学习和借鉴的。

奥康虽然对与 GEOX 公司合作成功的心理预期并不高，但机会也决不放过。奥康为迎接 GEOX 公司进行了周密的准备和策划。首先，他们通过一份翻译全面了解了对手公司的情况，包括对手的资信情况、经营状况、市场地位、此行目的以及谈判对手个人的一些情况。其次，为了使谈判对手有宾至如归的感觉，奥康公司专门成立了以总裁为首的接待班子，拟定周密的接待方案。从礼仪小姐献给刚下飞机的谈判方波莱加托一行的鲜花，到谈判地点的选择、谈判时间的安排、客人入住的酒店预订，整个流程都是奥康公司精心策划，周密安排的，结果使得谈判对手"一直很满意"，为谈判最终获得成功奠定了基础。

案例来源：谈古通今：奥康集团与 GEOX 公司合作谈判［EB/OL］．（2020-2-13）［2021-4-8］．https：//www.sohu.com/a/372677409-159801.

启示：

"凡事预则立，不预则废"，商务谈判的前期准备工作非常重要。谈判者只有事先做好充足准备，谈判中才会充满自信，应对自如。

第一节　商务谈判的信息准备

《孙子·谋攻篇》说："知彼知己，百战不殆；不知彼而知己，一胜一负；不知彼，不知己，每战必殆。"谈判者只有掌握大量的信息，才能真正认识自己，掌握谈判对手的实际情况，确定自己的谈判目标和制订切实可行的行动计划。商务谈判的准备工作中，收集信息、了解情况是最基础性的工作。收集信息、了解情况包括了解与谈判有关的背景资料，了解与谈判对手有关的信息，了解竞争对手的情况，是取得谈判成功的重要保证。

一、谈判信息的概念和作用

（一）谈判信息的概念

信息从词义上是指音信、消息。在信息论中是指用符号传送的报道，报道的内容是接收符号者预先不知道的。在情报学中信息是指对客观世界中各种事物的变化和特征的反映，是客观事物之间相互作用和联系的表现，是客观事物经过感知或认识的再现。

谈判信息是指对那些与谈判活动有着紧密联系的各种情况及其属性的一种客观描述。一般来说，对谈判者有用的信息应具有以下三个基本特征：必须是质量较高的；必须是及时的，当谈判者需要时就能获得；必须是完全与谈判议题相关的。

（二）谈判信息的作用

不同的谈判信息对谈判活动的影响是不同的，有的起着直接作用，有的起着间接作用。谈判资料和信息在商务谈判中的作用主要表现在以下四个方面：

第一，谈判资料和信息是制定谈判战略的依据。谈判战略是为了实现谈判的战略而预先制定的一套纲领性的总体设想。谈判战略正确与否，在很大程度上决定着得失成败。一个好的谈判战略方案应当是战略目标正确可行、适应性强、灵敏度高，必须有大量可靠的资料信息作为依据。"知己知彼，百战不殆。"在商务谈判中，谁在资料和信息上拥有优势，掌握对方的真正需要和他们的谈判利益界限，谁就有可能制定正确的谈判战略。

第二，谈判信息是控制谈判过程的手段。要对谈判过程做到有效控制，必须先掌握"谈判的最终结果是什么，对手需要的究竟是什么"这一谈判信息，依据谈判战略和谈判目标的要求确定谈判的正确策略。为了使谈判过程始终指向谈判目标，使谈判能够按照己方的步骤进行，必须有谈判资料和信息作为保证。

第三，谈判信息是谈判双方相互沟通的中介。在商务谈判活动中，尽管各种谈判的内容和方式各不相同，但有一点是共同的，即都是一个相互沟通和磋商的过程。沟通就是通过交流有关谈判资料和信息以确立双方共同的经济利益和相互关系。没有谈判资料作为沟通中介，谈判就无法排除许多不确定的因素，就无法进一步磋商，也就无法调整和权衡己方的利益，因此，掌握一定的谈判资料信息，就能够从中发现机会与风险，捕捉达成协议的支撑点，使谈判活动从无序到有序，促使双方达成协议。

第四，谈判信息是商务谈判成败的决定性因素。对于每一场商务谈判，其主体、标的、议题都可能不一样，受影响和制约的因素也不一样，但也都包含着三个影响谈判的决定性变数：权力、时间、信息。就一项商务谈判而言，不仅仅是价格的高低和结算方式问题，还涉及利益的变化、利率的变动、资金供求情况等，对这些信息的了解和掌握与否直接影响谈判的结果。信息始终是商务谈判成败的关键因素之一。

二、商务谈判信息的内容

（一）环境信息

1. 政治与经济状况

政治状况指的是谈判对手所在国家和地区的政局稳定性。谈判对方政局稳定，市场有序，经济就会快速发展，就会吸引众多的国外投资者前往投资；相反，政局发生骚乱，市场混乱，会使正在进行的项目被迫中止，或者已达成的协议变成废纸，不能履行合同，造成重大损失。

一个国家的经济状况往往也是企业进行商务活动时的重要背景。经济政策合理、连贯，经济形势良好，企业在这种背景下开展商务活动往往会有比较好的效果；相反，企业的活动必然受到经济形势的影响。因此，企业在开展商务活动之前，应该对商务活动的经济背景，包括国家的财政金融状况进行了解和正确把握。

因此，在国际谈判中，优秀的谈判者都非常重视对政治环境的分析，特别是会对国际形势、谈判对手国家的政局以及政府之间的双边乃至多边关系等方面的现状及变化趋势进行较为深入的分析，以确保谈判可以顺利进行。

📖 案例导读

> 1972年2月，美国总统尼克松访华，中美双方将要展开一场具有重大历史意义的国际谈判。为了创造一种融洽和谐的谈判环境和气氛，中国方面在周恩来总理的亲自领导下，对谈判过程中的各种环境都做了精心而又周密的准备和安排，甚至对宴会上要演奏的中美两国民间乐曲都进行了精心的挑选。在欢迎尼克松一行的国宴上，当军乐队熟练地演奏起由周总理亲自选定的《美丽的亚美利加》时，尼克松总统简直听呆了，他绝没有想到能在中国的北京听到他如此熟悉的乐曲，因为，这是他平生最喜爱的并且指定在他的就职典礼上演奏的家乡乐曲。敬酒时，他特地到乐队前表示感谢，此时，国宴达到了高潮，而一种融洽而热烈的气氛也同时感染了美国客人。
>
> 案例来源：根据网络资料整理。

2. 宗教信仰

当前，无论是经济发达国家，还是经济发展中国家，宗教问题无不渗透到社会的各个角落。宗教信仰影响着人们的生活方式、价值观念及消费方式，也影响着人们的商业交往。对于宗教的有关问题，商务谈判人员必须了解，如宗教的信仰和行为准则、宗教活动方式、宗教的禁忌等，这些都会对商务活动产生直接的影响。如果把握不当，则会给企业带来很大的影响。

3. 商业习俗

在商务谈判中，商业习俗对谈判的顺利进行影响很大。谈判当事人由于各自所处的地理环境和历史不同的原因，形成了各具特色的商业习惯。作为谈判人员，要促使谈判顺利进行就必须了解各地的风俗习惯、商业惯例，否则双方就很有可能会产生误会和分歧，弄不好还有可能落入对方的"习惯"陷阱，造成重大的损失。

商业习俗的表现形式多种多样，例如：该国企业的决策程序如何；是否做任何事情都要见诸文字；是否只能在工作时间谈业务，在业余时间是否也可谈业务；业务谈判的常用语言是什么；合同文件是否可以用两种语言来表示；如果合同文件可以用两种语言来表示，两种语言是否具有同等的法律效力，等等。

4. 社会文化

掌握谈判对手所在国家和地区的社会文化信息，会有利于谈判双方的沟通和交流，对谈判产生积极的推动作用。社会文化包括文化教育、生活方式、社会习俗等多个方面。不同国家之间，文化习俗也有较大的差异。例如：在商务交往场合中习惯使用何种称呼；是否只能在工作时间谈业务；送礼的方式以及礼品的内容有何讲究，等等。

5. 法律制度

商务谈判不仅是一种经济行为，而且是一种法律行为，因此在商务谈判中，首先必须要求符合有关的法律规定，才能成为合法行为或有效行为，才能受到国家有关法律的承认和保护。法律制度包括谈判当事人所在国家和地区的经济法律制度和政策，以及国际相关法律法规。例如，在谈判中涉及的税收、进口配额、最低限价、许可证管理等方面的法律规定，都会对合同产生法律约束力。在国际商务谈判中，谈判人员要善于运用法律制度来解决实际问题，以取得更好的谈判结果。

■ 案例导读

中国公司赔偿加蓬工人失业补贴

中国某工程承包公司在加蓬承包了一项工程任务。当工程的主体建筑完工之后，中方由于不需要大量的劳动力，便将从当地雇用的大批临时工解雇，谁知此举导致了被解雇工人持续 40 天的大罢工。中方不得不同当地工人举行了艰苦的谈判，被解雇的工人代表让中方按照当地的法律赔偿被解雇工人一大笔损失费，此时中方人员才意识到他们对加蓬的法律太无知了。根据加蓬的劳动法：一个临时工持续工作一周以上未被解雇则自动转成长期工，有权获得足够维持两个妻子和三个孩子生活的工资，此外，还有交通费和失业补贴等费用。一个非熟练工连续工作一个月以上则自动转成熟练工，如果连续工作三个月以上则提升为技术工人。工人的工资应随着技术的提升而提高。我国的管理人员按照国内形成的对临时工、长期工、非熟练工、熟练工以及技工的理解来处理加蓬的情况，谈判结果可想而知：公司不得不向被解雇的工人支付了一大笔失业补贴，由公司自行支付。

　　案例来源：根据网络资料整理。

6. 价值观念

价值观念是人们对客观事物的评价标准。对商务谈判影响较大的价值观念有时间观念和审美观念。

时间观念是人们利用时间的态度。一般来说，工业发达的地区，人们的生活和工作节奏都比较快，时间观念强，认为"时间就是金钱"，业务洽谈十分注重时间。审美观念是指人们对于美的看法，尽管对于此问题有一定的一致性，但由于文化和地理的差异，还是存在很大的不同。

7. 自然状况与基础条件

自然状况是指商务活动所在国的地理状况和气候状况等，气候因素包括雨季的长短与雨量的多少、气温的高低等，这些因素影响人们的消费习惯，同时对贸易谈判也会产生一定的影响。比如，日本汽车之所以能在东南亚和香港等地打败欧洲厂商，原因在于日本汽车在进入市场时，考虑到当地气候炎热，在汽车上配有制冷设备，而欧洲汽车没有这些设备，不能适应市场的需要。

基础条件指的是一个国家或地区的交通及其设施状况、电力供应状况以及水资源是否丰富，这些条件也会在一定程度上影响着这一地区的经济活动，使这里人民的消费行为具有某些特征，进而成为影响企业商务活动的背景因素。

以上几种环境因素，从各个方面制约和影响着谈判工作，是谈判前准备工作中重要的调查内容。

📅 **趣味阅读**

选 人 之 道

　　司马光在《资治通鉴》里对人有过这样的论述："夫聪察强毅谓之才，正直中和谓之德。才者，德之资也；德者，才之帅也。才德全谓之圣人，才德兼亡谓之愚人，德胜才谓之君子，才胜德谓之小人。凡取人之术，苟不得圣人、君子而与之，与其得小人，不若得愚人。患乎！夫德者人之所严，而才者人之所爱。爱者易亲，严者易疏，是以察者多蔽于才而遗于德。自古昔以来，国之乱臣，家之败子，才有余而德不足，以至于颠覆者多矣。故为国为家者，苟能审于才德之分而知所先后，又何失人之足！"（德是第一位。德是人之根本，有德无才，谓之缺才，如若用此人不会毁你大业，无大的建树，那叫缺才，你只能量其才而用之，况且才干，可以通过后天的培养、积累逐步提高；有才无德，谓之缺德。如若用此人，即使小用，也犹如堤坝之蚁穴，危险啊。你给以多大的权力就能够铸就多大的错误。对德的培养不易，它受内外因影响，比如自小家庭教育、环境熏陶等。所以，缺才之人可以量才使用，并且有可塑性；缺德之人不可取，给多大的权犯多大的罪。)

司马光还在《资治通鉴》中记载过这样一件事：晋国的智宣子立智瑶为继承人，智果说："智瑶有超越他人的五项长处，才艺双全，能写善辩，坚毅果敢。虽然如此但很不仁厚。如果他以五项长处来制服别人长处而行不义之事，谁能和他相处？立智瑶，晋氏宗族一定灭亡。"智宣子去世，智瑶当政，在兰台宴饮，席间戏弄侮辱韩康子，之后无缘无故强索韩、魏、赵领地，最后，三国联军，将智家族人全部诛灭。

案例来源：根据百度文库整理。

(二) 谈判对手的信息

兵法云："用师之本，在知敌情。未知敌情，则军不可举。"英国著名哲学家弗朗西斯·培根曾在《谈判论》中指出："与人谋事，则需知其习性。以引导之；明其目的，以劝诱之；谙其弱点，以威吓之；察其优势，以钳制之。与奸猾之人谋事，唯一刻不忘其所图，方能知其所言；说话宜少，且须出其最不当意之际。与一切艰难之谈判之中，不可存一蹴而就之想，唯徐而图之，以待瓜熟蒂落。"在商务谈判中，了解谈判对手的特点，制定相应的对策，才能够在谈判中有效地克敌制胜，获得相应的效果，维护己方的利益。

在正式谈判之前，对于谈判有关的环境因素进行分析是必不可少的，而对谈判对手的调研与分析就更为重要。对谈判对手了解得越具体、越深入，判断得越准确，准备得越充分，也就越有利于掌握谈判的主动权。

1. 客商身份调查

在谈判开始前，首先应该对谈判对手属于哪一类客商了解清楚，避免错误估计对方，使自己判断失误甚至受骗上当。目前，贸易界的客商基本上可以归纳为如表 5-1 所示的几种情况。

表 5-1　　　　　　　　　　　　　　　贸易界客商类别

客商类别	特　征
在世界上享有一定声望和信誉的跨国公司	资本雄厚，有财团作后台，机构健全，聘请法律顾问专门研究市场行情以及技术咨询论证
享有一定知名度的客商	资本比较雄厚，产品在国内外有一定销售量，靠引进技术，创新发展，在国际上有一定的竞争能力
没有任何知名度的客商	没有任何知名度，但可提供公证书，具备竞争条件
专门从事中介交易的客商	无法人资格，无权签署合同，只为收取佣金而为交易双方搭桥牵线
知名母公司的下属子公司	资本比较薄弱，是独立法人，实行独立法人资格，在未获得授权许可证之前，无权代表母公司
知名母公司总部外的分公司	无法律和经济上的独立性，不具备独立法人资格，公司资产属于母公司

客商类别	特 征
利用本人身份搞非其所在公司及非经营贸易业务的客商	在某公司任职的个人，打着公司的名义，从事个人买卖活动，从中牟取暴利或巨额佣金
骗子客商	无固定职业，专门靠欺骗从事交易，以拉关系、行贿等手段实施欺骗活动

（1）世界上享有声望和信誉的跨国公司。这类公司资本比较雄厚，往往有财团作为自己的后台支柱力量。这类公司或机构十分健全，通常都有自己的技术咨询机构，并聘请法律顾问，专门从事国际市场行情和金融商情的研究和预测，以及研究技术咨询的论证工作，为企业老板提供、运筹和选择最佳方案。正因为如此，在与这类对手进行业务谈判时会明显感到：对手很讲信誉、办事情讲原则、工作效率高、对商情掌握得比较准确；在要求我方提供技术数据时，往往要求准确、先进和完整；由于对手各方面要求的水准较高，往往在谈判中提出的问题比较尖锐。因此，如果进行业务谈判的对手属于此类，那么事先一定要做好充分的准备，才能有备无患。

（2）享有一定知名度的客商。这类客商资本也比较雄厚，产品在国内外有一定的销售量。靠引进技术，通过改进创新发展起来的这类客商，其产品在国际市场上具有一定的竞争力。在与这类对手进行业务谈判时会明显感到：对手比较讲信誉；占领我国市场的心情较为急切；技术服务及培训工作做得比较好；对我方在技术方面的要求比较易于接受；对于技术转让和合作生产的条件较为优惠。

（3）没有任何知名度，却能够提供公证书，以证明其注册资本、法定营业所、董事会成员等的客商。通过这些情况，我们可以确认客商身份以及前来参与业务谈判的谈判者的身份。因为这些客商知名度不高，谈判条件不会太苛刻，他们也希望多与中国合作，提高其知名度。例如日本的某些客商往往通过这种方式来证明自己，因此也是我们很好的合作选择对象。

（4）专门从事中介交易的客商。这类客商俗称中间商，也称为"皮包商"，因为没有法人资格，因而无权签署合同，他们只是为了收取佣金而为交易双方牵线搭桥。例如，没有注册资本的贸易行、商行等，仅有营业证明，不能提供法人资格、注册资本及法人地址等的公证书，而只能提供标有公司名称、职务及通信地址的个人名片。这类客商在东南亚和我国香港地区较为多现，美国、日本等也有一些。

（5）"借树乘凉"的客商。不要被这类客商母公司的光环所迷惑。如果这类客商实属知名母公司的下属子公司，其母公司往往具有较高的知名度，而且资本维厚，但其子公司可能刚刚起步，资本比较薄弱，又无注册资本和法人资格。但这种客商常常打着其母公司的招牌专门做些大生意，因而在谈判中，对这类客商应当持慎重的态度，在识破其本来面目的情况下应主动要求与其母公司进行业务谈判，也可要求对方出示母公司准予谈判业务并且承担一切风险的授权书。否则，母公司与子公司完全是两个自负盈亏的经济实体，根本无任何连带责任关系。如果是分公司，它不具备独立的法人资格，公司资产属于母公司，它无权独自签约。

（6）利用本人身份搞非其所在公司及非经营贸易业务的客商。这类客商往往在某公司任职，但他往往是以个人身份进行活动，关键时刻打出其所在公司的招牌，干着纯属自己私人的买卖，以谋求暴利或巨额佣金。这类客商国内外都有，必须严加提防，否则一旦上当，恐怕追悔莫及。

（7）实属骗子的"客商"。目前这类"客商"几乎是呈上升趋势，他们自己私刻公章，搞假证明、假名片、假地址，从事欺骗活动。他们可以身兼数职，今天是这个公司的经理，明天又是另一家公司的董事长，甚至今天的名片是李先生，明天又变成了王先生。这类人往往无固定职业，专门利用关系，采取拉亲戚、交朋友、行贿赂、请客送礼等手段，先给受骗者一个"好感"，然后便骗取其利益，一走了之。他们的活动范围往往是我国经济发展较为缓慢的偏远地区，对于这类客商，我们应保持冷静的头脑，辨别其本来面目，谨防上当。

从以上几种情况不难得出结论：在举行国内外技术、商务业务谈判之前，必须对客商的资格、信誉、注册资本、法定营业地点和谈判者本人等情况进行审核，并请客商出示公证书来加以证明。我们知道，客商的资本、信誉情况、法定营业地址、谈判人员的身份，以及经营活动范围等都是进行谈判的基础。因此应予以审查或取得旁证，然后再考虑谈判；反之，在许多问题尚未弄清之前开始谈判，势必会给工作带来麻烦乃至经济损失。

2. 谈判对手（客商）资信情况的审查

对谈判对手资信情况的审查是谈判前准备工作的重要环节，是我们决定谈判的前提条件。所谓资信审查，是指对谈判对手的资信状况进行审核，确认其资信是否符合我方要求。对谈判对手资信情况的审查主要包括两个方面的内容：一是要了解对方是否具有签订合同的合法资格；二是要了解对方的资本、信用和履约能力。

（1）对客商合法资格的审查。商务谈判的结果是有一定的经济法律关系的，参加一定的经济法律关系而享受权利和义务关系的组织或个人，叫作经济法律关系主体。作为参加商务谈判的企业组织必须具有法人资格。

法人应具备三个条件：法人必须有自己的组织机构、名称与固定的营业场所，组织机构是决定和执行法人各项事物的主体；二是法人必须有自己的财产，这是法人参加经济活动的物质基础与保证；三是法人必须具有权利能力和行为能力。所谓权利能力，是指法人可以享受权利和承担义务，而行为能力则是指法人可以通过自己的行为享有权利和承担义务。满足了这三个方面的条件后，在某个国家进行注册登记，即成为该国的法人。

对对方的合法资格进行审查时，我们可以要求对方提供有关的证明文件。如法人成立地注册登记证明；法人所属资格证明；验看营业执照，详细掌握对方企业名称；法定地址、成立时间、注册资本、经营范围等。还要弄清对方法人的组织性质，是有限公司还是无限责任公司，是母公司还是子公司或分公司。因为公司组织性质不同，其承担的责任是不一样的。还要确定其法人的国籍，即其应受哪一国家法律管辖。对于对方提供的证明文件首先要通过一定的手段和途径进行验证。对对方合法资格的调查还应该包括对前来谈判的谈判者的代表资格或签约资格进行审查；在对方当事人找到保证人时，还应对保证人进行调查，了解其是否具有担保资格和能力；在对方委托第三者谈判或签约时，应对代理人的情况加以了解，了解其是否有足够权力和资格代表委托人参加谈判。

（2）对谈判对手资本、信用和履约能力的审查。对客商资本、信用和履约能力的审查是资信审查的重要环节。对客商资本状况的审查主要是审查客商的注册资本、资产负债表、收支状况、销售状况和资金状况等有关文件。这些文件既可以是由公共会计组织审计的年度报告，如会计师事务所出示的审计报件，也可以是由银行、资信征询机构出示的证明材料等。

通过对客商商业信誉与履约能力的审查，可以弄清楚客商在以往经营活动中的表现，包括公司的经营历史、经营作风、产品的市场声誉、与金融机构的财务状况，以及与其他公司或企业之间的交易关系等。但由于商务活动内容的广泛性及其不同活动项目的重要性和意义千差万别，相应的资信审查的内容、重点、繁简和程度也各不相同，因此，要具体问题具体分析。当然，为了完成客商资信情况的审查工作，必须借助有关的资料和信息，而这可以通过与前面所讲的有关谈判环境因素分析中所需材料相同的渠道来进行搜集。

（3）对方谈判人员的权限。谈判的一个法则是不与没有决策权的人谈判。不了解谈判对手的权力范围，将没有足够决策权的人作为谈判对象，不仅是在浪费时间，甚至可能会错过更好的交易机会。一般来说，对方参加谈判的人员的规格越高或者与企业核心领导人的关系越密切，权限也就越大。如果对方参加谈判的人员规格较低，己方就应该弄清楚对方参加谈判的人员是否得到授权，对方谈判人员在多大程度上能独立做出决定，有没有决定是否让步的权力，等等。如果对方是代理商，己方必须弄清其代理的权限范围及对方公司的经营范围。

（4）对方谈判的期限。任何谈判都有一定的时间限制，谈判期限与谈判目标、谈判策略有着密切联系。在商务谈判中，谈判者需要在一定的时间内完成特定的谈判任务，可供谈判的时间长短就成了决定谈判者制定谈判策略和谈判目标的重要影响因素。可供谈判的时间越短，用以完成谈判任务的选择机会就越少，最后期限的压力常常迫使谈判者不得不采取快速行动，甚至立即做出决策。可供谈判的时间较长，往往拥有较大的主动权和选择权。掌握了对方谈判的最后期限，就容易了解对方在谈判中可能会采取的态度和策略，己方据此可指定相应的谈判策略。

📖 案例导读

最 后 期 限

一名美国商人被公司派往东京谈判。当他下飞机时，两位日本代表热情接待他，并引导他坐上一辆豪华礼车，美商十分感动。在车上，日本代表一再表示，谈判期间将对客人的生活尽力照顾，紧接着问："您是否已经订好回程的机票？我们可先将礼车准备好，送您到机场。"美国人心想：日本人真是考虑得周到。于是顺手掏出回程机票交给日本人，好让轿车准时去接他。他没有想到，这一举动让日本人轻而易举地获得了他本次谈判的最后期限，并开始筹划如何利用这最后期限。

下榻之后，日本人并没有立即开始谈判，而是花了一个多星期的时间陪他参观游览名胜古迹，从皇宫神庙、文化、艺妓、花道、茶道到用英语讲授佛教的学习班等，日本人总是将日程表排得满满的。每天晚上还安排四个半小时的日本传统宴会，美商几次问到谈判开始时间，日本人总是回答："还早嘛，有的是时间！"

谈判终于在第十二天开始，但日本人说，为让客人能去打高尔夫球和参加宴会，谈判都早早结束。第十三天又开始谈判，也因为晚上有盛宴而早早结束。第十四天早上，谈判重新开始，正谈到紧要关头，送美国人去机场的那辆轿车到了。美日双方在轿车中继续谈判。到达机场前，协议达成。该协议被日本人称为"偷袭珍珠港后的又一次胜利"。

案例来源：毕思勇，赵帆. 商务谈判［M］. 北京：高等教育出版社，2018.

（5）对方的谈判风格和个人情况。谈判风格是谈判人员在多次商务谈判中反复表现出来的一贯风格，包括个人性格脾气、品德、价值取向、经验和情绪等。了解对手的谈判风格可以更好地采取相应的对策，争取有利地位。此外还要尽可能了解对手谈判班子的组成情况及个人情况，比如主谈人背景；谈判班子内部人员的相互关系；谈判班子每个成员的资历、能力、信念、性格、心理类型、爱好与禁忌等。

例如，有位企业负责人参加一次贸易谈判，对方公司的总经理担任主谈人。在谈判前，该企业负责人从自己收集的信息中找到了关于那位总经理的材料，其中有这样一条信息：那位总经理有个毛病，每天一到下午 4～5 点时就会心烦意乱，坐立不安，被称为"黄昏症"。这条信息使该负责人灵感顿生，他利用对方总经理的"黄昏症"，制定了谈判的策略，把每天要谈判的关键内容拖至下午 4～5 点，从而使谈判取得成功。

（三）对谈判者自身的了解

古人云："欲胜人者，必先自胜；欲论人者，必先自论；欲知人者，必先自知。"没有对自身的客观评估，就不会客观地认定对方的实力。谈判者一定要有自知之明。但是自我评估很容易出现两种偏向：一是过高估计自身的实力，看不到自身的弱点；二是过低评估自身实力，看不到自身的优势。因此，谈判者要对交易中己方的各项条件进行客观的分析。例如，本次交易对己方的重要性，己方在竞争中所处的地位，己方对有关商业行情的了解程度，己方谈判人员的经验，等等。

商务谈判是典型的互利合作型谈判，在考虑满足自身的需要的同时还应考虑如何满足他人的需要。谈判者应该分析自己的实力，认清自己到底能满足对方哪些需要，如己方的生产经营状况；己方的财务状况和支付能力；己方能够提供的商品数量、商品品质、商品的技术含量；己方的售后服务能力于水平等。如果己方具有其他企业所没有的满足对方需要的能力，或是己方能够比其他企业更好地满足对方的某种需要，那么己方就拥有了更多的与对方讨价还价的优势。

三、信息收集的方法与途径

在商务谈判过程中，企业都力求利用各种方式收集大量的信息资料，为谈判所用，这些方法及其途径主要包括以下几种：

1. 实地考察，搜集资料

具体表现在企业派人到对方企业，通过对其生产状况、设备的技术水平、企业管理状况、工人的劳动技能等各方面的综合观察和分析，以及当地人员的走访，获得有关谈判对手各方面的第一手资料。当然，在实地考察之前应有一定的准备，带着明确的目的和问题，才能取得较好的效果。实地考察时应摆正心态，摆脱思想偏见，避免先入为主。

2. 从公共机构提供的已出版和未出版的资料中获取信息

这些公共机构可能是官方的，也可能是私营的。它们提供资料的目的，有的是作为政府的一项工作，有的则是为了营利，也有的是为了自身的长远利益需要，因此我们作为企业或单位的业务谈判人员，应该熟悉一些公共机构，甚至要熟悉在这些机构里的工作人员，同时还要熟悉他们提供资料的种类及发行途径。现列举几种案例来源如下：

（1）国家统计机关公布的统计资料，如工业普查资料、统计资料汇编、商业地图等。

（2）行业协会发布的行业资料，这些资料是同行企业资料的宝贵来源。

（3）图书馆里保存的大量商情资料，如贸易统计数字、有关市场的基本经济资料、各种产品交易情况统计资料，以及各类买卖机构的翔实资料等。

（4）出版社提供的书籍、文献、报纸、杂志等，如出版社出版的工商企业名录、商业评论、统计丛书、产业研究等。目前，许多报刊为了吸引读者，也常常刊登一些市场行情及其分析报道。

（5）专业组织提供的调查报告。随着经济的发展，出现了许多专业性组织，如消费者组织质量监督机构、股票交易所等专业组织，也会发表有关统计资料和分析报告。

（6）研究机构提供的调查报告。许多研究所和从事商业调研的组织，除了为单独委托人完成研究工作以外，为了提高自身的知名度还经常发表市场报告和行业研究论文等。这些都是我们收集信息的很好的途径。

3. 通过各类专门会议收集信息

各类专门会议如各类商品交易会、展览会、订货会、博览会等。这类会议都是某方面、某组织的信息密集之处，是了解情况的最佳地方。

4. 通过对于谈判对手有过业务交往的企业和人员调查

任何企业为业务往来，都会搜集大量的有关资料，以准确地了解对方。因此，同与对手有过业务交往的企业联系，必然会得到大量有关谈判对手的信息资料。而这些情况和信息很难从一般资料和载体中获得。

四、谈判信息的整理和筛选

在通过各种渠道收集到资料以后，必须对收集来的资料进行整理和分析。

整理和分析谈判资料的意图在于：一是鉴别资料的真实性与可靠性，即去伪存真。因为在实际情况下，由于各种各样的原因，在所收集的资料中某些资料可能比较片面，有的甚至是虚假的、伪造的，因而必须进行整理和分析。比如，某些人可能自己别有所图，于是提供了大量有利于谈判的信息，而将不利于谈判的信息或是掩盖或是扭曲，以达到吸引对方的目的；有些人可能自己没有识别真伪的能力，而将道听途说的信息十分"真实"地提供出来；有些人可能自己本不知道具体情况，却为了顾全自己的身份而提供了不真实的信息；甚至还有些可悲的人，为了从中谋取利益，为谈判双方提供信息。因此，必须经过资料的整理与分析，才能做到去粗取精、去伪存真，为己方谈判所用。二是在资料具备真实性、可靠性的基础上，结合谈判项目的具体内容，分析各种因素与谈判项目的关系，并根据它们对谈判的重要性和影响程度进行排队。通过分析，制订具体的谈判方案与对策。

信息情报的整理和筛选要经过以下程序：

（1）筛选。即检查资料的适用性，这是一个去粗取精的过程。

（2）分类。即将所得资料按专题、目的、内容等进行分类，使之条理化。

（3）比较和判断。比较即分析，通过分析了解和判断资料之间的联系、资料的真实性和客观性，以做到去伪存真。

（4）研究。在比较、判断的基础上，对所得资料进行深化加工，形成新的概念和结论，为己方谈判所用。

（5）整理。将筛选后的资料进行整理，做出完整的检索目录和内容提要，以便检索查询，为谈判提供及时的资料依据。

📖 案例导读

在 20 世纪 60 年代我国开始大庆油田的建设时，有关大庆的一切信息几乎都是保密的。除了少数一些有关方面人员以外，一般外界连大庆油田的具体地址都不知道，但是日本人却不仅知道，而且还掌握得非常准确。他们对我国大庆油田有关的信息收集，既没有派间谍、特务，也没有收买有关领导和一般群众，完全依靠对我国有关大庆油田公开资料的收集与综合分析。

1960 年 7 月，《中国画报》封面上登出了一张大庆石油工人艰苦创业的照片，画面上，工人们身穿大棉袄，正冒着鹅毛大雪奋力拼搏。日本人根据这一张照片分析出，大庆油田可能是在东三省北部的某个地点。接着，在《人民日报》上日本人又看到这样一篇报道，说王进喜到了马家窑，说了一声：好大的油海啊！我们要把中国石油落后的帽子扔到太平洋里去。于是，日本人找来伪满时期的旧地图，发现马家窑是位于黑龙江省海伦县东南的一个村子，在兆安铁路上一个小车站以东的 10 余公里处。接着，日文版的《人民中国》杂志里又有报道说，中国工人阶级发扬了"一不怕苦，二不怕死"的精神，大庆石油设备不用马拉车推，完全靠肩扛人抬运到工地。日本人据此分析出，大庆的石油钻井离马家窑远不了，远了人工是扛不动的。当 1964 年王进喜光荣出席第三届全国人民代表大会的消息见报时，日本人肯定地得出结论：大庆油田出油了，不出油王进喜当不了人民代表。

他们进一步根据《人民日报》上一幅大庆油田钻塔的照片，从钻台上手柄的架式等方面推算出油井的直径，再根据油井直径和国务院的政府工作报告，用当时公布的全国石油产量减去原来的石油产量，估算出平时大庆油田的石油产量，在这个基础上，他们很快设计出适合大庆油田操作的石油设备。

这样，当我国大庆油田突然宣布，向世界各国征求石油设备的设计方案时，其他各国都没有准备，而唯独日本人胸有成竹，早已准备好了与大庆油田现有情况完全吻合的方案与设备，在与大庆油田代表的谈判中一举中标。

案例来源：根据网络资料整理。

五、信息资料的传递与保密

谈判信息资料的搜集整理与谈判信息资料的传递与保密是紧密相连、有机统一的，谈判者在做好信息资料的搜集与整理的基础上，还需要十分注意谈判信息资料的传递与保密工作。

（一）信息资料的传递

商务谈判信息资料的传递是指谈判人员同己方企业的联系。在外地谈判的情况下，为了保持联系进行有效的控制调节，上下级间应有信息资料的传递。例如，有国外的谈判小组因为需要听取有关专家意见或请示总部决策，就有必要同国内取得联系；而国内的管理部门因为需要及时了解国外谈判进程，必须与在国外的谈判小组联系。为此，应事先规定好联络方式和制度，并明确联络程序、责任人，以便迅速顺利地汇报谈判情况，请示下一步行动，避免推诿以致丢失商机。

（二）信息资料的保密

对谈判所涉及内容、文件及双方各自有关重要观点等资料应做好保密工作。如果不严格保密，将造成不应有的损失。例如，国外在重要的生意谈判中，有的不惜花重金聘请"商业间谍"摸对方的底。因此，应加强谈判信息资料的保密工作。

谈判信息资料保密的一般措施包括：不要给对方造成窃密机会，如文件调阅、保管、复印打字等；不要随便托人代发电报、电信等；不要随意乱放文件；不要在公共场所，如餐厅、机舱、车厢、过道等地方谈论有关谈判业务问题；不要过分信任临时代理人或服务人员；最后的底牌只能让关键人物知道；在谈判达成协议前，不应对外公布；必要时使用暗语（方言、土语、身体语言等）。

案例导读

一次，一批日本客商前往法国参观一家著名的照相器材厂。该厂实验室主任热情而有礼貌地接待了日本客人。在他带领客人参观实验室时，他一面耐心地解答客人提出的诸多问题，一面仔细地注意客人的一举一动。因为他深知，有许多人是借参观之机，达到窃取先进技术的目的。在参观一种新型的显影溶液的时候，实验室主任发现，一位日本客商俯身贴近盛溶液的器皿，认真辨认溶液的颜色时，这位客人的领带末端不小心浸入了溶液之中。

这一细节被实验室主任看在眼里，记在心上。他不动声色地叫来一名女服务员，悄悄地吩咐了一番。在参观即将结束时，这位服务员小姐捧着一条崭新的领带来到那位日本客商的面前，彬彬有礼地说："先生请稍等，您的领带弄脏了，给您换上一条崭新的、漂亮的，好吗？"面对主人的一番盛情，日本商人只得尴尬地解下他那条沾有显影剂的领带。原来，日本人此举的目的是将溶液黏附在领带上，带回日本进行分析，以获取显影剂的配方。但由于实验室主任的细心观察，一次窃取机密的阴谋在友好的氛围中被挫败了。

案例来源：根据网络资料整理。

第二节　商务谈判的组织准备

在现代社会中，一场商务谈判往往比较复杂，涉及的范围较厂。就涉及的知识而言，包括产品、技术、市场、金融、运输、保险和法律等许多方面。如果是国家间的商务谈判，还涉及海关条例、外语等知识。这些知识绝非个人的精力、知识、能力所能胜任。所以，商务谈判除了一对一的单人谈判外，更多情况下是在谈判团体、谈判小组之间进行的。这个谈判团队或小组就是商务谈判组织，它是指为实现一定的谈判目标，依照某种方式结合的集体。商务谈判组织放大了个人力量，并形成一种新的力量，这种新的力量同个体的分量有着本质的差别。它是组织的总体效应，仅仅依附于组织而存在。组织力量的来源，一方面是组织的个人素质和能力，另一方面是组织成员之间的协作能力。

一、商务谈判人员的遴选

商务谈判人员的遴选是谈判组织准备工作中最关键的一环。没有具备良好素质的谈判人员，就不可能胜任艰苦复杂的谈判工作。谈判人员在掌握专业技能知识的同时，还应具备良好的综合素质。

（一）商务谈判人员的气质、心理与意识

1. 商务谈判人员的气质性格

商务谈判人员应具备适应谈判需要的良好的气质性格。有些性格特征是不利于谈判的，如性格内向、孤僻多疑、不善表达、冷漠刻板、急躁粗暴、唯我独尊、嫉妒心强、心胸狭窄等。良好的气质性格应具备以下特征：大方而不轻佻、豪爽而不急躁、坚强而不固执、果断而不轻率、自重而不自傲、谦虚而不虚伪、活泼而不轻浮、严肃而不呆板、谨慎而不拘谨、老练而不世故、幽默而不庸俗、热情而不多情。

2. 谈判人员的心理素质

在商务谈判过程中会遇到各种阻力和对抗，也会发生许多突变，谈判人员只有具备良好的心理素质，才能承受住各种压力和挑战，从而取得最后的成功。谈判人员应具备的良好心理素质主要有以下几个方面：

（1）自信心。自信心是谈判者最重要的心理素质。所谓自信心，是指谈判者相信己方的实力和优势，相信集体的智慧和力量，相信谈判双方的合作意愿和光明前景，具有说服对方的自信和把握谈判的自信。没有自信心，就不可能在极其困难的条件下坚持不懈地努力，为企业争取最佳的谈判成果，自信心的获得是建立在充分调查的基础上，建立在对谈判双方实力的科学分析的基础上，而不是盲目地自信，更不是藐视对方、轻视困难。

（2）自制力。自制力是谈判者在谈判过程中遇到激烈的矛盾冲突而能保持冷静、克服心理障碍、控制情绪和行动的能力。谈判过程中难免会由于双方利益的冲突而形成紧张、对立僵持、争执的局面。如果谈判者自制力差，出现过分的情绪波动，如发怒、争吵、沮丧、对抗，就会破坏良好的谈判氛围，造成自己举止失态、表达不当，使谈判不能进行下去，或者草草收场，败下阵来。谈判者具备良好的自制力，在谈判顺利时不会盲目乐观，喜形于色；在遇到困难时也不会灰心丧气，怨天尤人；在遇到不礼貌的言行时，也能克制自己不发脾气。

（3）尊重。尊重是谈判者正确对待自己、正确对待谈判对手的良好心理。谈判者首先要有自尊心，维护民族尊严和人格尊严，面对强大的对手不妄自菲薄、奴颜献媚，更不会出卖尊严换取交易。但同时谈判者还要尊重对方，尊重对方的利益，尊重对方的意见，尊重对方的习惯，尊重对方的文化观念，尊重对方的正当权利。在谈判中只有互相尊重、平等相待，才可能保证合作成功。

（4）坦诚。坦诚的谈判者善于坦率地表明自己的立场和观点，真诚地与对方合作，赢得对方的了解和信任。虽然谈判双方都有自己的机密和对策，但是谈判的前提是双方都有合作的愿望。谈判就是通过坦诚、合理的洽谈和协商使合作的愿望变成现实。开诚布公、真诚待人的态度是化解双方矛盾的重要因素。坦诚应该是一切谈判的前提，也是双方差异最终消除的必要条件，更是双方长期合作的重要保证。

3. 谈判人员的思想意识

商务谈判的思想意识主要包括以下几方面：

（1）政治意识。作为一个中国的商务谈判者，要忠于中国共产党，忠于祖国，坚决维护国家主权，坚决维护民族尊严，分清内外，严守国家机密，严格执行保密规定，在经济活动中严格按照党的方针政策办事，正确处理好国家、企业和个人三者的利益关系。

（2）信誉意识。作为谈判者，要把信誉看作商务活动的生命线，高度重视并维护企业良好形象，反对背信弃义谋取企业利益的做法。要具备廉洁奉公、认真负责、忠诚谦虚等良好品德。

（3）团队意识。谈判者具备对本企业的认同感、归属感和荣誉感，谈判组织成员之间具备向心力、凝聚力，团结一致、齐心协力。

（4）合作意识。谈判者要自觉地将真诚的合作看作一切谈判的基础，以互惠互利作为谈判原则，善于借助一切可借助的力量实现自身利益，善于将竞争与合作有机统一起来。

（5）效率意识。谈判者视时间为金钱、效益为生命，以只争朝夕的精神，力争花最少的时间和精力取得最好的谈判结果。

（二）谈判人员的知识结构和才能

1. 谈判人员的知识结构

谈判是人与人之间利益关系的协调磋商过程。在这个过程中，合理的知识结构是讨价还价、赢得谈判的重要条件。这就要求谈判人员既要对各类学科广泛涉猎，也要有精深的专业学问，构成"T"形的知识结构，即横向的知识结构和纵向知识结构。

（1）横向的知识结构。在现实的商务谈判中，存在谈判人员的知识技能单一化问题，如技术人员不懂商务、商务人员不懂技术，给谈判工作带来了很多困难。因此，谈判人员必须具备多方面的知识，才能适应复杂的谈判活动的要求。

谈判人员必须具备完善的相关学科的基础知识，并把自然科学和社会科学统起来、普通知识和专业知识统一起来；还要具备贸易、金融、营销等一些必备的专业知识，并且对心理学、经济学、管理学、财务学、控制论、系统论等一些学科的知识广泛涉猎，达到能为己所用，这是谈判人员综合素质的体现。商务谈判特别是国际商务谈判必然会涉及许多法律问题，谈判人员在讨论合同条款时要做到仔细、认真，还要了解在合同执行中引起争议时有关适用法律的规定。因此，谈判人员不仅要有较强的法律意识，也要尽可能熟练地掌握己方与对方国家经济法的有关规定，以及国际经济法的有关规定。

📖 案例导读

周总理的智慧

1954 年，周总理出席日内瓦会议。会议期间，我方准备举办电影招待会招待与会的外国官员和新闻记者，放映的电影是当时新拍摄的戏剧电影《梁山伯与祝英台》。出于帮助外国观众看懂这部电影的考虑，有关人员将剧情介绍与主要唱段用英文写成长达 16 页的说明书，并把剧名改为《梁与祝的悲剧》。有关人员拿着说明书样本向周总理汇报，满以为会受到表扬，不料却受到了周总理的批评。周总理认为这样的说明书是不看对象而写的，其结果会如"对牛弹琴"。周总理当场设计了一份请柬，请柬上只有一句话："请您欣赏一部彩色歌剧影片——中国的《罗密欧与朱丽叶》。"收到这份请柬的外国官员和记者都对这部影片十分感兴趣，纷纷应邀出席，电影招待会取得了成功。

案例来源：郭鑫. 商务谈判［M］. 成都：西南财经大学出版社，2017.

（2）纵向知识结构。专业知识是谈判人员在谈判活动中必须具备的知识。谈判人员没有系统而精深的专业知识功底就无法进行成功的谈判。在我国的对外经济交往中，发生了许多因缺乏系统专业知识、不懂专业技术而造成紧扣设备出现重大失误的案例，也发生过一些因预算错误而造成经济损失的案例等。因这些失误和错误而造成的损失令人十分痛心。因此，谈判人员具备专业知识是非常重要的。

2. 谈判人员的才能

商务谈判者应具备的各种才能主要包括以下几项：

（1）观察判断能力。商务谈判人员在交往活动中，需要与各种各样的人打交道，而且谈判的环境复杂多变，很多意想不到的事情都有可能发生。因此，不但要求谈判人员要善于察言观色，还要具备对所见所闻做出正确的分析和判断的能力。观察判断是商务谈判中了解对方的主要途径。在商务谈判实践中，只有通过准确、仔细的观察判断，才能为了解对方、辨别信息真伪提供强有力的依据。

（2）社会交往能力。谈判实质上是人与人之间思想观念、意愿感情的交流过程，是重要的社会活动。谈判人员应该善于与不同的人打交道，也要善于应对各种社交场合。这就要求谈判人员塑造良好的个人形象，掌握各种社交技巧，熟悉各种社交礼仪和礼节知识。谈判人员的言行礼仪举止不仅是个人道德修养高低的反映，而且代表了企业甚至国家的形象。

📇 案例导读

两句诗的作用

法国盛产葡萄酒，外国的葡萄酒要打入法国市场是很困难的。然而，四川农学院留学研究生李华博士经过几年的努力，终于使中国的葡萄酒成功打入了法国市场。但是，在香港办理转口时却遭遇了麻烦。按规定，土酒征80%的关税、洋酒征300%的关税。香港的转口办理人员认为这批葡萄酒要按洋酒征税。面对这一问题，李华在与香港的转口办理人员的谈判中吟出了一句唐诗："葡萄美酒夜光杯，欲饮琵琶马上催。"并解释说："这说明中国唐朝就能生产葡萄酒了，唐朝距今已有1300年了，英国和法国生产葡萄酒的历史要比中国晚上几个世纪，怎么能说中国葡萄酒是洋酒呢？"一席话驳得香港的转口办理人员哑口无言，只好将该批葡萄酒按土酒征税。

案例来源：根据网络资料整理。

（3）现场调控能力。谈判中会发生各种突发事件和变化，谈判人员面对突变的形势，要有冷静的头脑、正确的分析、迅速的决断，善于将原则性和灵活性有机结合，善于因时、因地、因事随机应变，处理好各种矛盾，变被动为主动，变不利为有利。

📅 趣味阅读

一次，杨澜在广州天河体育中心主持大型文艺晚会。节目进行到中途，她在下台阶时不小心摔了下来。正当观众为这种意外情况吃惊时，她从容地站起来，诙谐地说："真是人有失足、马有失蹄啊！刚才我这个狮子滚绣球的表演还不到位，看来，我这次表演的台阶还不太好下。不过，台上的表演比我精彩得多，不信，你看他们！"

观众听到她略带自嘲的即兴发挥，忍不住大笑起来。这样，杨澜就巧妙地把观众的注意力转移到了台上。

案例来源：根据网络资料整理。

（4）语言表达能力。谈判人员应该有较强的文字表达和口语表达能力。要精通与谈判相关的工作公文、协议合同、报告书的写作，掌握电脑技术，同时要善于言谈、口齿清晰、思维敏捷、措辞周全，善于驾驭语言，有理、有力、有节地表达己方观点。在涉外商务谈判中，要熟练掌握外语的听、说、写、译能力。

（5）开拓创新能力。谈判人员要具备丰富的想象力和不懈的创造力，勇于开拓创新，拓展商务谈判的新思维、新模式，创造性地提高谈判工作和水平。

（三）谈判人员的身体素质

毛主席曾经说过：身体是革命的本钱。谈判的复杂性、艰巨性要求谈判人员必须有一个良好的身体素质。谈判者只有精力充沛、体魄健康，才能适应谈判超负荷的工作需要。

二、商务谈判人员的配备

商务谈判内容复杂，涉及面比较广，往往不是一个人即可承担和胜任的，需要集体谈判，即谈判小组。所以，谈判的准备工作首先是要根据谈判的性质、对象、内容、目标等组织一支谈判团队。

（一）商务谈判人员的配备原则

商务谈判人员的配备应遵循以下几项原则：

1. 规模要适当

组建商务谈判团队，首先遇到的是人数问题。如果谈判小组人数太多，协调的难度就会增加；谈判小组人数太少，又会疲于应付，对谈判不利。谈判班子应由多少人组成，并没有统一的模式，一般是根据谈判项目的性质、对象、内容和目标等因素综合确定。当谈判涉及的项目相对容易时，本着容易控制、容易协调的原则，谈判队伍的人数可以适当减少；当谈判所涉及的内容复杂、技术性强，谈判难度相对较大时，人数可以适当增加。

英国谈判专家比尔·斯科特提出，谈判班子以 4 人为最佳，最多不能超过 12 人。这是由谈判效率、对谈判组织的管理、谈判所需专业知识的范围和对谈判成员调换的要求决定的。

依据上述原则的要求，谈判组织的规模不能太大，也不能太小，规模要适当。

2. 知识、能力要互补

商务谈判是一项涉及商业、法律、金融、专业技术等多种知识的经济活动，而任何一个个体，其所拥有和掌握的知识总是有限的，而且存在着个体差异。因此，在组建谈判组织时必须做到知识互补，使谈判组织的成员都是处理不同问题的专家；还应当考虑到具体成员在能力上的互补。善于运用逻辑思维的人和发散思维的人组成谈判搭档，既可以减少谈判中的失误，又有利于对方进行调整，或提出新的合作模式。此外，有些人善于表达，有些人善于观察，有些人善于思考，安排恰当的人员组合，使他们在能力上互补，往往会产生 1+1>2 的效果。这样，通过谈判人员在知识、能力方面的相互补充，就可以形成整体优势。

3. 性格要协调

在一个较为合理而完整的谈判组织中，谈判人员的性格必须互补协调，即一个谈判集体要由多种性格的人员组成，通过"性格的补偿作用"，使每个人的才能得到充分发挥，不足得到弥补。

谈判人员的个体性格，按行为类型基本上可以分为外向型与内向型两种。外向型人的特点是性格外露、善于交际、思维敏捷、处事果断，这类性格的人善于在谈判中"攻城拔寨"，但是他们情绪易波动的个性特点，使其在谈判中容易出现漏洞。对于外向型的谈判人员，或安排为主谈，或分派其了解情况或搜集信息等交际性强的工作；内向型人的特点是性格内向、不善于交际，独立性差，善于从事正常的按部就班的工作，但有耐心，做事有条不紊，沉着稳健。内向型的谈判人，在谈判中思维缜密，不急躁，沉着冷静，但是他们往往过于保守，在谈判中处于被动地位。对于内向型的谈判人，或安排为陪谈，或安排其从事内务性工作，如对资料、信息进行处理和加工等工作。在谈判组织构成中，只有将这两种性格特征的人结合起来，才能形成一个性格协调的健全群体。

4. 分工明确

谈判的成功往往与参与谈判的人员有密切的关系。这就要求在谈判中每个人要有明确的分工，担任不同的角色。要有主角和配角，要有台前与台后，要有红脸与白脸，要有中心与外围，各成员要团结协作，职责分明，为了谈判的共同目标而贡献自己的力量。当然，分工明确的同时要强调大家都为一个共同的目标而努力合作，要服从谈判领导成员的统一安排。这就犹如一场高水平的交响乐，之所以最终赢得观众雷鸣般的掌声，往往与各位演奏家精湛的技艺与默契的配合有关。

（二）谈判班子组成

在商务谈判中，根据谈判工作的作用形式，谈判组织可以由以下人员组成：

1. 主谈人

主谈是指在谈判的某一阶段，或针对某一个或几个方面的议题，由他为主来发言，阐述我方的观点和立场。主谈人员是指谈判小组的领导人，包含首席代表，是谈判班子的核心，代表本方利益，关系到谈判的成败，他既要有企业家的敏锐眼光和决策能力，又要有宣传家的口才和思维逻辑，还要有外交家的风度和气质。在谈判中，主谈人员起着协调沟通或决定的作用，有效地调动小组成员的积极性、创造性，发挥每个成员的能力与智慧。

谈判班子的主谈人员应具备符合谈判这种高度竞智活动的特点及规律的能力和素养。他应当精通商务和国际市场营销实务，富有谈判经验，具有娴熟的策略技能；知识广博，思维敏捷，表达能力强；善于随机应变，处事果断，能应付变幻莫测的环境，在极大的压力下仍能做出正确的决定；兼备领导才能，能指挥和协调谈判组所有成员的活动，最大限度地发挥群体效应，使谈判小组成为一个团结一心的坚强集体。

在谈判过程中，主谈人要做到"言必信，行必果"，使对方认识到主谈人言行的权威性，并能设身处地地考虑对方的行为环境、对方意见的真实含义，增强双方合作的信心。

趣味阅读

19世纪末，美、英、法、俄、德、意、奥、日八国联军，对中国发动了疯狂的侵略战争，先后占领了天津和北京。腐败的清政府毫无抵御能力，急忙屈膝求和。一次，清政府与八国"议和"，会议开始之前，有一个帝国主义国家的代表，想借机欺辱中国，并显露自己的才能。他起身离席，阴阳怪气地对清政府代表说："听说你们中国有一种独特的文学形式，叫作对联，要求语词对称，音调协调，严密工整。现在我出一上联，看你们能否对下联！"其帝国主义国家的代表极力为他捧场，齐声叫好。他傲慢地环视四周，油腔滑调地说："我这上联是：'琵琶琴瑟八大王，王王在上'，请对下联！"八国代表马上明白了他话的寓意，发出一阵得意的狂笑，交口称赞，并瞧着中国代表们，看他们如何应对。

然而，腐朽无能的清政府代表，面对帝国主义分子的挑衅和戏弄，虽然胸有不平，但一时无词对答，只是尴尬地苦笑。八国代表越发得意忘形，恣意大笑。

就在这时，只见清政府代表身后一位秘书霍然站起，正气凛然，两眼圆睁，两道目光犹如电光扫过全场，会场顿时鸦雀无声。片刻，他以洪亮的嗓音说道："既然外国人能想出上联，中国人就能对出下联！"他不慌不忙地说："下联是：'魑魅魍魉四小鬼、鬼鬼犯边。'"下半副对联文字严密、内容锐利，震慑群魔，使挑衅者相顾愕然，满脸窘态。

案例来源：根据网络资料整理。

主谈人员不仅仅是己方谈判过程中的指挥官，他的作用是在谈判桌上实现谈判目标和策略。依据谈判的内容，主谈人的身份也不同。例如，购买工厂重要零部件，可由采购部经理、总工程师、有关部门负责人担任主谈人；文化公司关于商业演出合同的谈判，主谈人可由资历较深的业务总管或指定的市场推广部门经理担任。此外，大型项目的谈判，例如生产线的进出口谈判，主谈人还可能是两名，一名是商务主谈人，一名是技术主谈人。主谈人起着驾驭谈判进程的纽带作用，因此，在谈判过程中，选择合适的主谈人是至关重要的。

2. 商务人员

商务人员是谈判组织中的重要成员，具体职责是配合主谈人或谈判负责人进行合同谈判。具体讲应掌握该项谈判总的财务情况，了解对方项目利益方面的预期期望，如确定商品品种、规格，商品价格，分析、计算、修改谈判方案中的收益变动。此外，还要进行有关商务事宜的对外联络工作。

3. 技术人员

技术人员是配合主谈人或谈判负责人进行有关生产技术、产品性能、质量鉴定、产品或服务验收、售后服务等方面问题的谈判。技术人员要参与同对方就专业细节方面的磋商、修改，草拟谈判文书的条款，提出解决专业问题的建议等。

4. 法律人员

律师或法律专业知识人员通常由特邀律师、企业法律顾问或熟悉有关法律规定的人员担任，以保证合同形式和内容的严密性、合法性以及合同条款不损害己方合法权益。法律人员要熟悉各种经济法律、法规，在国际商务谈判中还要懂得国际商法和有关国家、地区的法律规定，能够透彻掌握和解释合同、协议中各种条款的法律含义和要求，使得本企业在各种经济贸易交往中得到法律保障，在发生法律纠纷时，能有力地维护自身的利益。在重要的谈判中，法律人员将非常有利于谈判所涉及的法律问题的顺利解决。

5. 财务人员

商务谈判中所涉及的财务问题相当复杂，应由熟悉财务成本，支付方式及金融知识、具有较强的财务核算能力的财务会计人员参加，协助主谈人员制定好有关财务条款。

6. 翻译人员

在国际商务谈判中，翻译人员是谈判中实际的核心人员，是谈判双方进行沟通的桥梁，翻译水平的高低将直接影响谈判的有效沟通和磋商。一个出色的翻译，不仅起到传递意见的作用，而且还能够洞察对方心理和发言实质，甚至起到缓解谈判的紧张气氛、挽救谈判损失、为主谈人提供重要信息、增进谈判双方的了解和友谊的作用。对外贸易谈判往往会涉及许多复杂而又微妙的问题，主谈人或其他成员在发言时难免会出现失误的情况，高水平的翻译人员能在翻译时巧妙地加以更正。有时当主谈人意识到自己出现口误时，可以与翻译默契地配合，找借口把口误的责任推到翻译身上，体面地下台阶。此外，通过翻译进行谈判，可以避免过早暴露自己的外语水平，利用翻译用另一种语言复述的时间，细心观察对方的反应，争取较多的思考时间，以决定下一步的行动。

7. 其他人员

其他人员是指谈判必需的工作人员，如记录人员或打字员，其具体职责是准确、完整、及时地记录谈判内容，一般由上述各类人员中的某人兼任，也可以委派专人担任。这些人员虽然不作为谈判的正式代表，却是谈判组织的工作人员。

📅 **趣味阅读**

战国时期，范蠡的次子因为杀了人，被囚禁在楚国的监狱里。他决定派自己最小的儿子到楚国去通融一下。可是，大儿子因为没派他去感到没面子，竟然要自杀。范蠡只好派长子前去，同时告诫他到了楚国一切要听自己的好友庄生安排。范蠡的长子和随从带着一千两金子来到楚国后，按照父亲的嘱咐来找庄生。庄生明白了他的意思，于是让范蠡的长子马上离开楚国，而且保证他的弟弟会被保释。范蠡的长子听了之后假装离去，却自作主张留了下来。

这天，庄生觐见楚王时，对楚王说自己夜观天象，发现国家将有一场大灾难，建议大王大赦天下以避免这场灾祸。楚王听了庄生的话，于是下令赦免囚徒。范蠡的长子听说后认为自己的弟弟当然也应该被释放，一千两金子白送了。于是他又来到庄生家。本来，他当初送给庄生一千两金子时，庄生并不想接受，但是又怕他认为自己是拒绝帮忙，就先收了起来，准备事情办成后再还给范蠡。这时，见到范蠡的长子再次登门，庄生便明白了他的来意，让他把一千两金子带回去。

等范蠡的长子离开后庄生感到很愤怒。这种出尔反尔的态度不是对自己的愚弄吗？于是庄生又一次去见楚王说："现在人们传说范蠡的儿子因为杀人被囚禁在我国，他家用大量的金子在贿赂楚王的手下。大王本来是想实施仁政，如此一来，您的威望反而大大降低了。"楚王听了以后，立即下令把范蠡的二儿子杀掉，然后再赦免犯人。

这样，范蠡的长子只好哭哭啼啼地回家了。家里人听说此事后非常悲痛，只有范蠡明白，是长子把老二害死的。

案例来源：冯光明，冯靖雯，余峰 . 商务谈判——理论、实务与技巧［M］. 北京：清华大学出版社，2019.

（三）谈判人员的规模

一般来讲，当一个人参与谈判时，经常会面临以下一些困难或者不方便之处：一是既要陈述自己的交易条件，又要观察对方的反应；二是既要倾听对方的回答，又要同时做好相关的笔录；三是要一边筹划对策，一边回答对方的问题；四是有时候难以及时衡量各种交易条件对本方的利害得失；五是要进行整个谈判的记录，有时难免产生遗漏；六是一个人行动缺乏监督机制，会为对方行贿提供机会。

当多个人一起参与谈判时，往往在以下方面会带来各种有利的条件：一是可以灵活地运用谈判小组的战略战术，如"白脸"和"红脸"的分工协作；二是可以进行分工，一个人讨价还价，另一个人可针对不同情况采取不同的对策；三是一个人由于身体不支，可由另一人继续洽谈，这在国际谈判中尤为重要；四是遇到困难后可以一起商量，这在国外谈判且通信设施比较差的情况下更能体现出来。

但是，一个成功的谈判队伍，到底需要多少人比较合适，有无一个适当的规模要求？在具体确定谈判队伍的规模时，需要考虑三个主要因素：一是谈判队伍的工作效率；二是有效的管理幅度；三是谈判所需专业知识的范围。

国外谈判专家普遍认为，谈判队伍的理想规模以 4 人左右为宜。比尔·斯科特在《贸易洽谈技巧》中指出："有利于控制谈判小组这一方面考虑，4 个人应是最佳人数，其中首席谈判代表 1 人，主谈 3 人。"他还认为："参加谈判的人数上限大约为 8 人。一个谈判队伍由两个小组组成，因而每个小组应为 4 人。"从管理学角度来看，有其一定的道理。

1. 工作效率最高

一个集体能够高效率工作的前提是内部必须进行严密的分工和写作，而且又要保持信息交流的畅通。如果人数过多，成员之间的交流和沟通就会产生障碍，需耗费更多的精力统一意见，从而降低了工作效率。从大多数谈判情况看，4 人左右时工作效率是较高的。

2. 最佳的管理幅度和跨度

管理学研究表明，一个领导能够有效地管理下属的人数是有限的，即存在有效管理幅度。管理幅度的宽窄与管理工作性质和内容有关。在一般性的管理工作中，管理幅度以 4~7 人为宜，但对于商务谈判这种紧张、复杂多变的工作，既需要充分发挥个人独创性和独立应付事变的能力，又需要其内部协调统一、一致对外，故其领导者的有效管理幅度在 4 人左右才是最佳的。超越这个幅度，内部的协调和控制就会发生困难。

3. 能满足一般谈判所需的知识范围

多数商务谈判涉及的业务知识领域大致是下列四个方面：第一，商务谈判，如确定价格、交货风险等；第二，技术方面，如确定质量、规格、程序和工艺等；第三，法律方面，如起草合同文本、合同中各项条款的法律解释等；第四，金融方面，如确定支付方式、信用保证、证券与资金担保等。参加谈判的人员主要是这四个方面的人员，如每个人是某一方面的专家，恰恰是 4 人。

4. 便于小组成员调换

参加谈判的人员不是一成不变的，随着谈判的不断深入，所需专业人员也有所不同。

例如，在洽谈的摸底阶段，生产和技术方面的专家作用大一些；而在谈判的签约阶段，法律方面的专家则起关键性作用。这样，随着谈判的进行，小组成员可以随时调换。因此，谈判小组保持 4 人的规模是比较合理的。

上述谈判小组人员的规模，只是就一般情况而言，并且只是一种经验之谈。有些大型的谈判，领导和各部门负责人都可能参与，再加上工作人员如秘书等，队伍可能在 20 人左右。在这种情况下，可以进行合理分工，可大致由 4 人组成正式谈判代表，与对方展开磋商，其余人员只在谈判桌外向其提供建议和服务。

（四）谈判人员的分工与协作

挑选了合适的谈判人员，并组成了谈判小组之后，就要对内部成员的分工与协作加以落实。所谓谈判中的分工，就是使参与谈判的每个人都有明确的任务，并处于谈判中较为合适的位置上，各自进入角色。所谓协作，就是指谈判中成员之间的语言及动作的相互协调、相互呼应。也就是要确定不同情况下的主谈与辅谈人选、他们的位置与责任，以及他们之间的配合关系。

所谓主谈，是指在谈判的某阶段，或针对某一个或几个方面的议题，由他为主来发言，阐述我方的观点和立场。除主谈以外的小组其他成员即处于辅助配合的位置上，故称之为辅谈或陪谈。

主谈可以说是谈判小组与对方进行谈判的意志、力量和素质的代表者，是谈判工作能否达到预期目标的关键人物。主谈一般应具备以下条件：了解相关国家经济政策、法律法规规等；对本行业的现状与长远发展规划有一定的了解；专业技术知识和技能熟练，知识面比较广阔，对相关专业技术知识有一定的了解；了解国内外市场状况；在谈判中能表现得落落大方和彬彬有礼；思维敏捷、口齿清楚、语言简练并具有较好的表达能力和应变能力；涉外谈判中还需具有一定的外语水平，在必要时可直接与外商谈某些技术难度较大的问题；能与谈判小组的其他成员团结协作，配合默契。

为了使主谈与辅谈之间分工明确、配合默契，主谈在发言时，自始至终都应得到所有辅谈的支持。这可通过口头语言或肢体语言来表示赞同，具体的做法可因人而异。显然，如果主谈发言时，辅谈做出赞同的姿势，会大大增强主谈说话的力量和可信程度；相反，若辅谈看着天花板，无疑会影响主谈的自信心，影响其讲话的力量，也会破坏己方的整体形象。谈判小组内部人员之间的配合，不是一朝一夕能够协调起来的，需要长期的磨合。而且这种配合，绝不专指谈判过程中的配合，这种配合其实从双方初次见面时就已经开始了。

不同的谈判内容要求谈判人员承担不同的具体任务，并且处于不同的谈判位置。具体以下面三种类型来加以介绍：

1. 技术条款谈判时的分工

技术条款谈判时，应以技术人员为主谈，其他的如商务、法律人员等均处于辅谈位置。技术主谈必须要对合同技术条款的完整性、准确性负责。技术主谈在把主要的注意力和精力放在有关技术方面的委托上的同时，必须放眼全局，从全局的角度来考虑技术问题，并尽可能地为后面的商务条款和法律条款的谈判创造条件。为了支持技术主谈，商务和法律人员应尽可能为技术主谈提供有关技术以外的咨询意见，并在适当时候回答对方有关商务和法律方面的知识，从不同角度支持技术主谈的观点和立场。另外，翻译人员要扮演好"润滑剂"的角色。

2. 合同法律条款谈判时的分工

在涉及合同中某些专业性法律条款的谈判时，应以法律人员作为主谈，其他人员为辅谈。一般来讲，合同中的任何一项条款都具有法律意义，但其中的某些条款法律的规定性往往更强一些，这就需要专门的法律人员与对方进行磋商，即以法律人员作为主谈。此外，法律人员对谈判过程中法律方面的内容都应给予高度重视，以便为法律条款谈判提供充分的依据。

3. 商务条款谈判时的分工

在进行商务条款谈判时，应以商务人员为主谈，而其他人员（如技术人员、法律人员等）处于辅谈的位置。但进行合同商务条款谈判时，仍然需要技术人员的密切配合，因为合同的商务条款在许多方面是以技术条款为基础的，或者是与之紧密联系的。因此，技术人员应从技术的角度给予商务人员有力的支持。需要强调的是，在涉及谈判合同的商务条款是，有关商务条款的提出和磋商都应主要以商务人员为主做出，即商务主谈与辅谈的身份、地位一定不能搞乱，否则就会自乱阵脚。

总之，成功的商务谈判离不开恰当的人员选择，更离不开小组内部合理的分工与协作，这是无数成功谈判的经验和结论。

第三节 商务谈判方案的制订

商务谈判方案的制订，是指谈判者在谈判前对谈判目标、议程、策略等预先所做的安排。其主要内容有：确定谈判主题，谈判的交易条件，谈判期限，拟定谈判议程，选择谈判人员，确定谈判时间和地点，制订具体的谈判执行计划等。可以说，商务谈判的制订是谈判过程的总纲领、总策略，是谈判前的周密准备，使谈判人员有明确的方向。

一、制订商务谈判计划

谈判计划是人们在进行谈判之前，预先拟订的谈判目标和实现目标的步骤。制订周密细致的谈判计划是保证谈判顺利进行的必要条件。

（一）确定商务谈判的主题

每次商务谈判都有明确的目的性，围绕着希望实现的目的和希望解决的问题展开，这些目标的实现和问题的解决就是谈判主题。在商务谈判中，一次谈判只为一个主题服务，因此在制订谈判方案的过程中要以主题为中心。谈判主题必须简单明确，为确保全体谈判人员能牢记谈判的专题，在表述上应避免赘述，而应言简意赅，尽量用一句话概括和表述，比如，"以最优惠的条件引进某项技术"或"达成一笔交易"等，至于什么是最优惠的条件和如何达成这笔交易就不是主题的问题，而是谈判目标的问题。谈判方案中的主题，应该是己方可以公开的观点，不必过于保密。另外，谈判主题不一定非得与对方经过磋商的谈判主题完全一致。

（二）确定谈判目标

制订谈判计划的核心问题是确定谈判目标。所谓谈判目标就是期望通过谈判而达到的目标。它的实现与否，对企业总体目标意义重大，是衡量谈判是否成功的标志。作为谈判者，在收集到信息资料之后，就要针对谈判双方的形势及信息资料进行分析、综合，充分考虑各方面因素的影响，确定谈判目标。一般包括以下几个要素：交易额、价格、支付方式、交货条件、运输、产品规格、质量、服务标准等。

任何商务谈判都是为了达成一定的目标。但仅仅制订一个单一的谈判目标是不够的，还应该从总体上综合考虑谈判可能出现的结果，并制订相应的目标，使之具有一定的弹性，经双方在谈判中"讨价还价"，最终实现某一个目标层次。谈判目标可以分为三个层次：最优期望目标、最低限度目标和可接受目标。

1. 最优期望目标

最优期望目标使之谈判者希望通过谈判达成的理想目标，也是一方想要获得的最高利益。一般来说，这个目标的实现有一定的难度，因为谈判双方所涉及的利益是有限度的，没有谁会把自己的利益全部让给别人，更何况谈判本身就其实质来说，是一种互惠互利的行为，过分追求高利益，不仅会导致谈判破裂，还会影响自己的实际利益。但这并不是说，谈判的理想目标是空中楼阁，没有任何意义。任何谈判总是要从理想目标谈起，把理想目标作为谈判开始的议题，并据此确定谈判的基调，这实际上往往是一种策略，其目的是使其他目标得以实现。

例如，在资金供求谈判中，需方可能实际只想得到 200 万元，但是谈判一开始，需方可能报价 350 万元。这 350 万元就是需方的最优期望目标。这个数字比它实际需要的 300 万元多了 50 万元。用一个简式表达就是：

$$E = Y + \Delta Y$$

简式中：Y——需方的实际需求资金数额。

ΔY——报价的增量。

E——需方的最优目标。

但是，供方绝不会做提供 350 万元资金的慷慨之事。根据供方调研的信息（比如偿还能力、经济效益高低和利率等情况），他明知对方实际只需要 300 万元，为了使谈判深入下去，使主动权掌握在自己手中，却故意压低对方的报价，只同意提供 250 万元。如此这般，几经交锋，双方列举各种理由予以论证，谈判结果可能既不是 250 万元也不是 350 万元，而是略低于或高于 300 万元。如果一开始需方不提出 350 万元，或供方不提出 250 万元，谈判就无法进行。为什么在谈判中形成这种习惯，其原因极为复杂，涉及心理、信誉、利益，乃至历史成见等多种因素。

需要说明的是，谈判过程中，最优期望目标带有很大的策略性，往往很难实现，因此，真正较为老练的谈判者在必要时可以放弃这一目标。但这并不是说这种最优期望目标在谈判桌上没有积极意义，它不仅仅是谈判进程开始时的话题，而且在某种情形下，最优期望目标的谈判也不是绝对达不到的。美国谈判学家卡洛斯对 2000 多名谈判人员进行的调查表明：一个良好的谈判者必须坚持"喊价要狠"的原则，如果卖主喊价比较高，则往往能够以比较高的价格成交，如果买主出价比较低，则往往只以较低的价格成交。这里的卖价、买价就是谈判最优期望目标的主要内容。哈佛大学教授霍华德的实验也证明，告诉谈判人员最优期望目标和最低期限目标，比只告诉他们最低期望目标的效果要好得多。

2. 最低限度目标

最低限度目标是指在谈判中必须保证的利益下限，即谈判结果低于这个界限时，自己的基本利益就无法得到满足。显然，当对方提出的条件低于这个界限时，自己就已经没有让步的余地了，谈判已经没有意义，需要重新考虑谈判的基础。

最低限度目标的确定主要考虑到以下 4 个因素：

（1）价格水平。价格水平的高低是谈判双方最敏感的一个问题，是双方磋商的焦点。它直接关系到获利的多少或谈判的成败。影响价格的因素有主观和客观之分。主观因素包括营销的策略、谈判的技巧等可以由谈判方决定，而影响价格的客观因素主要有以下几点：

第一，成本因素。这里的成本主要是指"市场成本"，一般是指产品从生产到交货的一切费用。具体来说，它包括生产该产品所需的原材料、劳动和管理费用以及为购销该商品所耗费的调研、运输、广告费和关税、保险费、中间商的佣金等费用。

第二，需求因素。需求因素对价格水平的影响主要通过需求弹性加以体现。所谓需求弹性，它与市场的供需状况，同类产品的市场价格等因素相关联，从而合理确定价格策略是必要的。

第三，竞争因素。决定价格下限的是商品成本，决定价格上限的则是顾客的需求程度。在上限与下限之间所定的价格的高低，则由竞争来决定。也就是说，价格的确定不以个别成本为依据，而是取决于既定需求条件下同类商品的竞争状态，取决于由竞争形成的社会平均成本和平均利润。一方面，主要是注意竞争者的多少，竞争者越多，说明竞争越激烈，价格的变化也就越大；另一方面，要注意竞争的激烈程度，不同市场下，竞争的激烈程度也有所不同，在谈判中要充分注意这一点。

第四，产品因素。针对不同性质和特征的产品，买方的购买习惯也有所不同。一般来说，消费品价格的灵活性大，而工业品的价格灵活性小。此外，人们对于不同产品的利润率存在不同的期望，也就导致谈判者的不同价格目标。

第五，环境因素。谈判需要天时、地利、人和，而环境是指三者的统一体，当环境对谈判某一方有利时，其希望通过价格得到的利益也就更大些，买方可能会进一步要求降价，而卖方则可能会要求提价。因此，我们应该善于把握机会，使环境向有利于己方的方向发展。

（2）支付方式。不同的支付方式通过价格对谈判的预期利润会造成较大影响。现款交易与赊款交易会存在不同的风险性，如果直接付款可以在价格上进行适当的优惠，但如果赊款的话，就不能在价格上有所退让，力争将由于时间带来的资金损失降到最小，而且赊款带来的债务人不付款或扣款的现象也普遍存在，特别是在进出口贸易中卖方常常会遇到不利的支付条件。在国际贸易中的跟单托收支付方式、付款交单和承兑交单对出口方的影响大不相同，除了收汇风险不同之外，还间接影响交易商品的单位价格。例如标价为

100 万美元的商品，若采用付款交单方式，售价为 100 万美元；若采取承兑交单支付方式，售价为 102 万美元。即便如此，对卖方来说前者也是更为有利的货款支付方式。因为从表面上看，前者比后者少收 2 万美元，但由于后者付款时间靠后，卖方会承受利息损失，并且在买方承兑交单后卖方就须交单，卖方承担的风险更大，因此，实际上承兑交单这种付款方式对卖方是不利的。

（3）交货期限及罚金。在货物买卖中，交货的期限对双方都有利害关系。在商务合同中，交货期限作为根本条款或是重要条款常常有明确的规定，一方若未按时交货就要赔偿对方的经济损失。一般情况下，卖方总是希望延迟交货，而买方总是希望卖方能早日交货。按照国际惯例，卖方报价中的交货期一般为签约后两个月。若买方提出要在签约后一个月交货，则卖方就需交纳迟交罚金。卖方就要根据买方提出的要求，对各方面的因素进行综合考虑，可以提出交货条件方面的最低可接受限度，即如果不增加额外罚金的话，可以同意对方提出的提前交货要求。

（4）保证期的长短。保证期是卖方将货物卖出后的担保期限。担保的范围主要包括货物的品质和适用性等。关于保证期限的长短，从来都是商务谈判中双方据理力争的焦点问题之一。卖方一般会尽力缩短保证期，因为保证期越长，卖方承担的风险越大，可能花费的成本也就越大；买方总是希望保证期越长越好，因为保证期越长，买方获得的保障程度就越高。但是，由于保证期的长短事关卖方信誉及竞争能力，事关交易是否做成和怎样做成的问题。因此卖方在通常情况下是会仔细考虑保证期问题的。通常卖方根据出险的情况，可以确定关于保证期的最低可接受条件，如果自己能确认在保证期内风险不大，可以答应对方延长保证期的要求。

3. 可接受目标

可接受目标是指通过谈判能够得到满足的比较现实的目标。现实目标通常处于最优目标与最低目标之间，从理论上说，现实目标应当在一定幅度的范围内，通过努力可以向最优目标靠近但又不应低于最低目标，是可以灵活掌握的目标。可接受目标的确定，应当根据己方的主客观条件，考虑各种影响性因素，经过科学的分析判断与合理的论证得到。可行性目标能够在多大程度上实现，通常与谈判的策略紧密相关，也与双方的实力和使用的技巧有关。

面对可接受目标，谈判者应采取两种态度：一是积极进取的态度，二是面对现实的态度。积极进取是指积极努力地争取趋近最高利益目标，而面对现实是指，只要结果在最高目标和最低目标之间，只要目标基本合理即可。

（三）　确定谈判目标的内容

每一次商务谈判都有自己的特殊条款，这些都应当包括在各自的谈判目标之内，商务谈判的目标中应包括以下内容：

（1）确定为获得索要的东西而应付的目标，或者说目标价格。这一价格应该是为获得所要的东西，能合理支付的那个价格。注意，这里的价格一词用的是它的通义，即以换回一物的物。

（2）确定可接受的谈判极限。首先应当确定哪个是可以接受的、对方利益最小的报盘。若是超过了它，就可以甩手走了。与此同时，还应当对所可能获得的最佳报盘做到心中有数。

（3）确定达成协议可以做出哪些让步，并尽量按先后顺序把它们排列起来。如有可能，确定为获得对方的让步，可以放弃些什么。

（4）指示达成协议应有怎样的时间限制。这包括应对考虑对方可能有怎样的时间限制。

（5）找出有哪些足以决定谈判成败的来自外界的影响因素。

（6）估计对方可能提出哪些虚假话题，如何来克服这些障碍。

（7）考虑当谈判陷入僵局时，可以提出哪些有创造性的建议。

（8）决定应当有哪些人参与谈判。这不仅仅指谈判小组成员，也包括那些顾问人员，如会计师、律师等，因为如果涉及一些专业性很强的内容时，可以向他们提出咨询。

（9）确定初谈不成时，可以提出哪些不同方案。

显然，不是每次谈判都要制订这样一个详细的谈判计划，但事前做好万全准备，总会防止你在遇到以外情况时出错。谈判者还应该特别注意，在谈判正式开始后，随着谈判的进展，谈判者还需不断评估和调整目标。

（四）　确定谈判目标的注意事项

确定谈判目标时应注意以下几个问题：

（1）应当遵循实用性、合理性的要求，来确定谈判的各个目标层次。所谓实用性，就是指谈判双方要根据自身的实力与条件来制定切实可行的谈判目标，离开了这一点，任何谈判的协议结果都不能付诸实施。例如一个企业通过谈判获得了一项先进的技术装备，但由于该单位职工的文化素质、经营管理水平和技术人员缺乏等问题，该项技术装备的效能无法充分发挥出来；所谓合理性，包括谈判目标的时限合理性和空间合理性。谈判目标对于不同的谈判对象，不同的时间与不同的空间领域，具有不同的适用程度，在一定时间、另一空间里就不具有合理性了。因此，谈判者应当对自身的利益目标，进行时间上、空间上的全方位的分析和考察。

（2）谈判目标还应符合协调性的要求。各项具体目标之间应该是协调一致的，而不是相互矛盾、相互抵触的。

（3）谈判目标尽可能地量化。这样的目标才容易把握和核查，当然，并非所有目标都能量化，一些目标只能定性描述。

（4）谈判目标要严格保密，尤其是底线目标要格外注意保密。除了己方谈判的相关重要人员以外，绝不能将底线目标透露给其他人士。国外在一些重要的谈判场合，有的甚至不惜花费重金聘请"商业间谍"刺探对方底牌，摸清对手的底细，做到知己知彼。谈判者对谈判目标一定要做好保密工作，否则就会使自己在谈判中处于十分被动的地位，给己方的利益造成不应有的损失。

二、谈判方案的内容

谈判方案是决定谈判成败的关键。谈判人员必须结合主观与客观因素，寻求合理的谈判方案。通常情况，谈判方案一般应包括以下内容：

1. 确定谈判的基本策略

基本策略的确定是建立在对双方谈判实力及其影响因素的细致而认真的研究分析的基础上，通常分为三步来确定。

（1）要分析对方在本次谈判中的目标是什么，包括最低限度的谈判目标、可接受的谈判目标和最优期望谈判目标。通过分析对手的目标层次，了解他最想得到什么、他可能在哪些方面做出让步、他实现目标最有力的支持因素是什么、不利于他的因素有哪些。通过了解对手这些情况，我们可以促使对方为了得到最想要的东西而付出更多，也可避其有利而攻其不利。总之，可以帮助我们判断对方的谈判实力，以便有针对性地提出己方的谈判目标，并在谈判中把握好利益界限，采取正确的进攻方式，取得最佳的谈判效果。

（2）要分析在己方争取最需要的利益时，将会遇到对方哪些阻碍，对方会提出什么样的交易条件。

（3）要确定对策。明确己方可以在哪些条款上让步，哪些不能让步，对于坚决不让步的条款，如果对方也不肯让步的话，应该采取什么对策来解决问题。对于这样一些问题，在结合具体业务谈判时，应落到实处，将对策制订得有理有据。

2. 合同条款或交易条件方面的内容

在制订谈判方案时，关键的问题就是要对交易条件或合同条款进行逐字逐句的分析和研究。在研究和分析时，应从政策、法律、经济效益等不同的角度进行衡量，彻底弄清其含义，从而分辨出哪些条款是可以接受的，哪些是经过双方协商来决定的，哪些是必须按己方意愿来改变的。通过区分出这三种情况，己方再提出具体的修改或改动意见，以便在谈判中予以贯彻和实施，力争实现。

3. 价格谈判的幅度问题

商务谈判的核心内容往往是价格问题。价格是谈判的中心环节，也是争论最多的问题。在拟订谈判方案时，要对价格掌握的幅度有明确的看法和意见，并要设计出争取最佳结果的策略和具体措施。同时，对于能够支持己方意见的材料，应该广泛地收集，以便在谈判中做到"有理、有节、有利"，使对方心服口服，从而收到良好的效果。

三、商务谈判时间的选择

时间安排，即确定谈判在什么时间举行、时间的长短，如果谈判需要分阶段还要确定分为几个阶段、每个阶段所花费的大约时间等。

谈判时间的安排是议程中的重要环节，在谈判准备过程中，有无时间限制，对参加谈判的人员造成的心理影响是不同的。如果谈判有严格的时间限制，即要求谈判必须在某一短时间内完成，这就会给谈判人员造成很大的心理压力，那么他们就要针对紧张的谈判时间限制来安排谈判人员，选择谈判策略；如果时间安排得很紧，准备不充分，仓促上阵，会使己方心浮气躁、乱了方寸，不能沉着、冷静地在谈判中实施各种策略；如果时间安排得太长，不仅会耗费时间和精力，还会增加谈判成本，而且随着时间的推移，市场和各种环境因素都会发生变化，可能会错过一些重要的机遇。

谈判中的时间因素还有另一个重要的含义，即谈判者对时机的选择与把握。常有人会感叹：来得早不如来得巧，时机选得好，有利于在谈判中把握主动权；相反，时机选择不当，则会丧失原有的优势，甚至会在有一手好牌的情况下最后落得败局。

（一）谈判议程中的时间策略

（1）合理安排好己方谈判人员发言的顺序和时间，尤其是关键人物的重要问题的提出，应选择最佳的时机，使己方掌握主动权。当然也要给对方人员足够的时间表达意向和提出问题。

（2）对于谈判中双方容易达成一致的议题，应尽量在较短的时间内达成协议，以避免浪费时间和无谓的争辩。

（3）对于主要的议题或争执较大的焦点问题，最好安排在总谈判时间的 3/5 之前提出来，这样双方可以充分协商、交换意见，有利于问题的解决。

（4）在时间的安排上，要留有机动余地，以防意外情况发生。当然机动时间也不可太多，否则会使谈判进程节奏过于缓慢，显得没有效率。

（5）适当安排一些文艺活动，以活跃气氛。文艺活动既可以活跃双方气氛，消除疲劳，又可以增进友谊、加深了解、发展关系。但应注意，文艺活动安排得不宜太多，内容安排不要重复，不能使文艺活动成为疲劳对方、实现其谈判目标或达到其他目的的手段。

（二）在确定谈判时间时应注意的问题

在确定谈判时间时应注意的问题主要有以下几方面：

（1）谈判准备的程度。俗话说不打无准备之仗，如果没有做好充分准备，不宜匆忙地开始谈判。

（2）谈判人员的身体和情绪状况。参加谈判人员的身体、精神状态对谈判的影响很大，谈判者要注意自身的健康情况，避免在身心处于低潮和身体不适时进行谈判。尤其参加谈判的多为中年以上的人，要考虑他们身体状况能否适应较长时间的谈判，如果身体状况或精神状态不好，可以将一项长时间的谈判分割成时间相对较短的几个阶段来进行。

（3）市场的紧迫程度。市场是瞬息万变的，如果所谈项目是季节性产品或时令产品，应抓紧时间谈判，不允许稳坐钓鱼台式的长时间谈判。

（4）谈判议题的需要。谈判的议题有不同的类型，对于多项议题的大型谈判，所需时间相对长，应对谈判中的一切可能出现的问题做好准备；对于单向议题的小型谈判，如准备得充分，应速战速决，力争在较短时间内达成协议。

（5）谈判对手的情况。谈判是双方的洽谈，对于对手的情况也应充分考虑，只有这样双方才能合作愉快，达成双方满意的协议。

四、商务谈判物质条件的准备

（一）商务谈判场所的选择

商务谈判需要在某一个具体的地点展开，谈判地点的选择是影响谈判最终结果的一个不可无视的因素。有利的谈判地点、场所能够增强己方的谈判地位和谈判力量。谈判地点的选择一般有四种选择方案：一是在己方国家或公司所在地谈判，二是在对方所在国或公司所在地谈判，三是在双方所在地交叉（轮流坐庄）谈判，四是在谈判双方之外的国家或地点谈判。不同地点对于谈判者来说，均各有其优点和缺点，这要谈判者根据不同的谈判内容具体问题具体分析，正确地加以选择，充分发挥谈判地点的优势，促进谈判取得圆满成功。

1. 在己方地点谈判

谈判的地点最好选择在己方所在地，因为人类与其他动物一样，是一种具有"领域感"级动物，谈判者才能的发挥、能量的释放与自己所处的环境密切相关。

在己方地点的谈判优势表现在：谈判者在自己领地谈判，地点熟悉，具有安全感，心理态势较好，信心十足；谈判者不需要耗费精力去适应新的地理环境、社会环境和人文环境，可以把精力集中地用于谈判；可以利用种种便利条件，控制谈判气氛，促使谈判向有利于自己的方向发展；可以利用现场展示的方法向对方说明己方的产品水平和服务质量；在谈判中"台上"人员与"台下"人员的沟通联系比较方便，可以随时向高层领导和有关专家请示、请教，获取所需要的资料和指示；利用东道主的身份，可以通过安排谈判之余的各种活动来掌握谈判进程，从文化习惯上、心理上对对方产生潜移默化的影响，处理各类谈判事务比较主动；谈判人员避免旅途疲劳，能以饱满的精神和充沛的体力去参加谈判，并可以节省去外地谈判的差旅费用和旅途时间，降低谈判支出，提高经济效益。因此，谈判地点在己方，有利于己方优势的自由发挥。

对己方的不利因素表现在：在己方公司所在地谈判，不宜与公司工作彻底脱钩，经常会有公司事务分散谈判人员的注意力；离高层领导较近，联系方便，会产生依赖心理，一些问题不能自主决断，而频繁地请示领导也会造成失误和被动；己方作为东道主要负责安排谈判会场以及谈判中的各项事务，要负责对客方人员的接待工作，安排宴请等活动，所以己方负担比较重。

商务谈判活动最好争取安排在己方地点谈判，犹如体育比赛一样，在主场举行获胜的可能性就大。有经验的谈判者都会设法把对方请到己方地点，借"天时、地利、人和"的有利条件，向对方展开攻势，使自己得到更多的利益。

2. 在对方地点谈判

对己方的不利因素表现在：与公司本部的距离遥远，某些信息的传递、资料的获取比较困难，某些重要问题也不易及时与本公司磋商；谈判人员对当地环境、气候、风俗、饮食等方面会不适应，再加上旅途劳累、时差不适应等因素，会使谈判人员身体状况受到不利影响；在谈判场所的安排、谈判日程的安排等方面处于被动地位；己方也要防止对方过多安排旅游景点等活动而消磨谈判人员的精力和时间。到谈判对方地点去谈判必须要做好充分的准备，最好摸清领导的意图要求，明确谈判目标，准备充足的信息资料，组织好谈判班子等。

如果谈判地点设在对方，也有其优越性：可以排除多种干扰，专心致志地进行谈判；在某些情况下，可以借口资料不在身边，拒绝提供不便泄露的情报；可以越级与对方的上级洽谈，获得意外收获；对方需要负担准备场所和其他事务等。

3. 在双方所在地轮流谈判

有些多轮大型谈判开在双方所在地交叉谈判，这种谈判的好处是对对方来说至少在形式上是公平的，同时也可以各自考察对方的实际情况。各自都担当东道主和客人的角色，对增进双方相互了解、融洽感情是有好处的。它的缺点是这种谈判时间长、费用大、精力耗费大，如果不是大型的谈判或是必须采用这种方法谈判，一般应少用。

4. 在第三地谈判

有时，中间地点也是谈判的合适地点。如果预料到谈判会紧张激烈、分歧较大，或外界干扰太大，选择中间地点就是上策。在第三地谈判对双方的有利因素表现在：在双方所在地之外的地点谈判，对双方来讲是平等的，不存在偏向，双方均无东道主优势，也无做客他乡的劣势，策略运用的条件相当，可以缓和双方的紧张关系，促成双方寻找共同点的利益均衡点。对双方的不利因素表现在：双方首先要为谈判地点的确定而谈判，而且地点的确定要使双方都满意也不是一件容易的事，在这方面要花费不少时间和精力。第三地点谈判通常被相互关系不融洽、信任度不高，尤其过去是敌对、歧视、关系紧张的双方的谈判所选用，可以有效地维护双方的尊严、脸面，防止下不了台阶。

总之，不同的谈判场所具有不同的利弊得失。在选择谈判地点时，通常要考虑谈判双方的力量对比、可选择地点的多少和特色、双方的关系等因素。

趣味阅读

一家日本公司想与另一家公司共同承担风险、进行经营，但困难的是双方都不太了解对方的信誉。为了解决这个问题，有关人员请两家公司决策人在一个特别的地点会面商谈。这是个火车小站，车站门口有一座狗的雕塑，在它的周围站满了人，但几乎没有人看这件雕塑，只是在等人。为什么都在这儿等人呢？原来这儿有个传说故事。故事中有一只名叫"八公"的狗，对主人非常忠诚，有一次主人出门未回，这只狗不吃不喝，一直等到死。后来它被人们称为"忠犬八公"，并作为"忠诚和信用"的象征，并在这传说的地方为它塑像。所以，许多人为了表示自己的忠诚和信用，就把这儿当成了约谈地点。当两家公司的决策人来到这里时，彼此都心领神会，不需太多的言语交流，就顺利地签订了合同。

案例来源：根据网络资料整理。

（二）商务谈判场所的选择与布置

1. 谈判场所的选择

选择环境优美、条件优越的谈判地点，并巧妙地布置会谈场所，使谈判者有一种安全舒适、温暖可亲的心理感受，不仅能显示出己方热情、友好的诚恳态度，也能使对方对你的诚恳用心深表谢意，这就为谈判营造出了和谐的气氛，可促使谈判获得成功。

一般来讲，谈判场所要环境幽静，不要过于嘈杂和喧闹；通信设施要完备，要具备一定的灯光、通风和隔音条件；最好在举行会谈的会议室旁边配备一两个小房间，以利于谈判人员协商机密之事；医疗、卫生条件较好，安全防范工作要好。主要谈判场所应该整洁、宽敞、光线充足，谈判的总体色调应以暗色、暖色为主。因为明亮的色调容易使人的情绪过于活跃，在谈判中有可能使双方产生急躁情绪；而采用暖色容易使双方建立信任感。在谈判主要场所还可以配备一些专门的设施，供谈判人员挂些图表或进行计算。

2. 谈判室的布置。

比较正规的商务谈判活动，通常要有两个房间，一个房间作为主谈室，另一个房间作为密谈室。如果条件允许，还可安排一个供双方人员休息用的休息室。

（1）主谈室布置。主谈室应当宽大舒适，光线充足，色调柔和，空气流通，温度适宜，使双方能心情愉快，精神饱满地参加谈判。主谈室的桌子可以是长方形的，也可以是椭圆形的。除非双方同意，否则不要配有录音设备。实践证明，录音设备有时对双方都会起到副作用，使人难以畅所欲言，影响谈判的正常进行。

（2）密谈室布置。密谈室是供谈判双方内部协商机密问题单独使用的房间。它最好靠近主谈室，有较好的隔音性能，室内配备黑板、桌子、笔记本等物品，窗户上要有窗帘，光线不宜太亮。密谈室的桌子不宜过大，以便谈判的某一方成员内部协商时方便使用。有时，某一方需要私下里讨论什么问题，也可使用密谈室。密谈室同样不应有录音设备。国外有些情报窃取人员，在主场谈判时，常利用微型录音设施在密探室内偷录对方密谈信息，因此，如果我们是客场谈判，在利用密谈室时一定要小心。

（3）休息室布置。休息室是供谈判双方在紧张的谈判间隙休息用的，休息室应该布置得轻松、舒适，以便能使双方放松一下紧张的神经，以缓和彼此之间的对立气氛。室内最好布置一些盆景或鲜花，也可放一些轻快的音乐，可以放松和调节紧张的心情。总之，以调节心情、舒缓气氛为原则来布置休息室即可。

3. 谈判座位的安排

谈判座位的安排对谈判的影响很大，会影响谈判的气氛、内部人员之间的交流，以及谈判双方工作的便利性和谈判的效率。人们还往往根据谈判会场的布置状况去判断主方对本次谈判的重视程度和诚意。因此，谈判座位的安排也要遵循国际惯例，讲究礼节。以下是几种常见的谈判座位安排方法。

（1）长方形条桌谈判的座位安排。一般情况下，商务谈判时，双方应面对面而坐，各自的组员应坐在主谈者的两侧，以便互相交换意见，增加其团队的力量。商务谈判通常用长方形条桌，座位安排通常如图 5-1 和图 5-2 所示。

图 5-1　长方形条桌式谈判的座位安排 1

根据图 5-1 所示，谈判桌宽的一端对着门。以正门为准，主人应坐在背门一侧，客人则面向正门而坐，主谈人（首席代表）居中，其他人员对号入座。我国及多数国家习惯

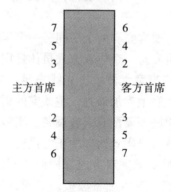

图 5-2　长方形条桌式谈判的座位安排 2

把翻译人员安排在主谈人（首席代表）的右侧第二个席位上，但也有少数国家让翻译人员坐在主谈人（首席代表）后面或左侧。

根据图 5-2 所示，谈判桌窄的一端对着门，则以进门的方向为准，右边为客方，左边为主方，主谈人（首席代表）居中，其他人员对号入座。

以上的座位安排方法适用于比较正规、严肃的谈判。其优点是双方相对而坐，中间有桌子相隔，有利于双方信息的保密，便于己方谈判人员商谈和交流意见，使谈判人员有心理上的安全感，也便于形成凝聚力。其不足之处在于人为地造成了双方的对立感，容易形成紧张、呆滞的谈判气氛，对融洽双方关系有不利的影响，在谈判中要注意运用语言、表情等手段来缓和这种紧张对立的气氛。

（2）圆桌式谈判的座位安排。圆桌式谈判的座位安排如果 5-3 所示，其优点是便于谈判人员交换意见和沟通彼此的思想感情，适用于谈判规模比较小或谈判双方人员比较熟悉的谈判情形。

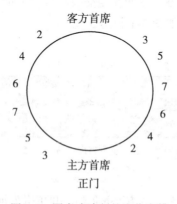

图 5-3　圆桌式谈判的座位安排

（3）方桌式谈判的座位安排。方桌式谈判的座位安排如图 5-4 所示，其缺点是有过于正规、死板的感觉，有时甚至会产生相互对立的情绪。因此，许多有经验的谈判专家认为，选择圆形谈判桌比选择方形谈判桌的谈判效果要好一些。

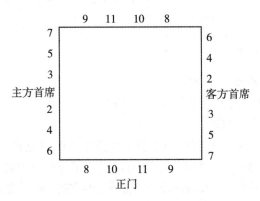

图 5-4　方桌式谈判的座位安排

（4）无桌式谈判的座位安排。在无桌式谈判中，双方谈判人员可以随意就座，如双方谈判人员可以在围成一圈的沙发上混合就座。这种座位安排适合于双方比较了解、关系比较融洽的情形，有利于融洽关系、活跃谈判气氛、减少对立情绪，但同一方的谈判人员被隔开，容易给谈判人员带来孤立感。谈判双方初次见面时一般会采取这种形式。

总之，谈判场所的选择和谈判座位的安排要服从谈判的需要，视双方之间的关系以及谈判的性质、特点、策略和要求而定，不能生搬硬套。

第四节　模　拟　谈　判

在正式谈判开始前，虽然尽力搜集了有关谈判的各方面信息资料，在次基础上拟订了详细的谈判方案，并进行了人员的准备，选择了相关的谈判策略，但这些远远不够。为了更直接地预见谈判的前景，对于一些重要的和难度较大的谈判，可以采取模拟谈判的方法来改进和完善准备工作。

一、模拟谈判的概念与作用

（一）模拟谈判的概念

所谓模拟谈判，是指正式谈判前的"彩排"，即将谈判小组成员一分为二，一部分人扮演谈判对手，并以对手的立场、观点和作风来与己方另一部分谈判人员交锋，预演谈判的过程。谈判者预先"扮演角色"不仅是一次、两次，而是多次。利用不同的人扮演对手这个角色，提各种问题，让这些问题来难为自己，在为难之中做好一切准备工作。

德国人非常重视谈判前的彩排，不论德国的大企业，还是小企业，也不论是大型复杂的谈判，还是小型简单的谈判，德国人总是以一种不可辩驳的权威面目出现，常常能牢牢地控制着谈判桌上的主动权，其中的关键在很大程度上就要归功于他们对模拟谈判的重视。对于德国商人而言，事先演练是谈判的一个必经程序，他们对谈判可能出现的任何细节都要做周密的准备，对对方可能提出的任何难题都要事先做出安排，拟订应对方案。这样，不打无准备之仗，自然以后的谈判就很容易被纳入德国商人事先设计好的轨道，为谈判的胜利奠定基础。

（二）模拟谈判的作用

模拟谈判的作用主要表现在以下几个方面：

（1）模拟谈判能使谈判人员获得一次临场的操练与实践，经过操练达到磨合队伍、锻炼和提高协同作战能力的目的。

（2）在模拟谈判中，通过相互扮演角色会暴露本方的弱点和一些可能被忽略的问题，以便及时找到出现失误的环节及原因，使谈判的准备工作更具有针对性。

（3）在找到问题的基础上，及时修改和完善原定的方案，使其更具有实用性和有效性。

（4）通过模拟谈判，使谈判人员在相互扮演中，找到自己所充当的角色的比较真实的感觉，可以训练和提高谈判人员的应变能力，为临场发挥做好心理准备。

总之，模拟谈判是一种无须担心失败的尝试，通过模拟谈判可以启发和开阔人们的视野，有可能将预演中的弱点变为真实谈判中的强项。通过总结不但可以完善己方的谈判方案，还可以在无敌意的心态条件下，站在对方的角度进行一番思考，从而丰富己方在消除双方分歧方面的建设性思路，有助于寻找到解决双方难题的途径。

二、模拟谈判的任务与方法

（一）模拟谈判的任务

模拟谈判的主要任务包括以下几个方面：一是检验己方谈判的各项准备工作是否到位，谈判各项安排是否妥当，谈判的计划方案是否合理；二是寻找被己方忽略的环节，发现己方的优势和劣势，从而提出如何加强和发挥优势、弥补或掩盖劣势的策略；三是准备各种应变对策，在模拟谈判中，须对各种可能发生的变化进行预测，并在此基础上制定各种相应的对策；四是在以上工作的基础上，制定出谈判小组合作的最佳组合及策略等。

另外，模拟谈判还有一些具体的问题需要确定，如确定暗号，商务谈判是协同作战，需要参与谈判的成员之间密切配合，随时进行必要的信息交流。但是，在谈判中有些话很难当着谈判对手的面直接用话语的方式进行交流，因此，谈判成员之间有必要事先商定一些暗号，既达到相互提示的目的，又不让谈判对手知道。当然，并非每一次谈判前都需要模拟谈判，这要根据谈判议题的复杂程度、谈判人员的经验能力和对对手的了解程度而做灵活适当的准备。

（二）模拟谈判的方法

1. 全景模拟法

全景模拟法是指在想象谈判全过程的前提下，企业有关人员扮成不同的角色所进行的实战性的排练，这是最复杂、耗资最大，但也往往是最有成效的模拟谈判方法。这种方法一般适用于大型的、复杂的、关系到企业重大利益的谈判。

在采用全景模拟法时，应注意以下两点：

（1）合理地想象谈判全过程。有效的想象要求谈判人员按照假设的谈判顺序展开充分的想象，不只是想象事情发生的结果，更重要的是事物发展的全过程，想象在谈判中双方可能发生的一切情形。依照想象的情况和条件，演绎双方交锋时可能出现的一切情境，例如谈判的气氛，对方可能提出的问题，我方的答复，双方的策略、技巧等问题。合理的想象有助于谈判的准备更充分、更准确。所以，这是全景模拟法的基础。

（2）尽可能地扮演谈判中所有会出现的人物。这有两层含义：一方面是指对谈判中可能会出现的人物都有所考虑，要指派合适的人员对这些人物的行为和作用加以模仿；另一方面是指主谈人员（或其他在谈判中起重要作用的人员）应扮演一下谈判中的每一个角色，包括自己、己方的顾问，对手及其顾问。这种对人物行为、决策、思考方法的模仿，能使己方对谈判中可能会遇到的问题、人物有所预见；同时，处在别人的地位思考，有助于己方制定更加完善的策略。正如美国著名企业家维克多·金姆所说的那样："任何成功的谈判，从一开始就必须站在对方的立场和角度上来看问题。"而且，通过不同人物的扮演，可以帮助谈判者选择自己所充当的谈判角色，一旦发现自己不适合扮演某人在谈判方案中规定的角色时，可及时加以更换，以避免因角色的不适应而引起的谈判风险。

2. 讨论会模拟法

这种方法类似于"头脑风暴法"，它分为两步：第一，企业组织参加谈判的人员和一些其他相关人员召开讨论会，请他们根据自己的经验，对企业在本次谈判中谋求的利益、对方的基本目标、对方可能采取的策略、己方的对策等问题畅所欲言。不管这些观点、见解如何标新立异，都不会有人指责，有关人员只是忠实地记录，再把会议情况上报领导，作为决策的参考。第二，对谈判中种种可能发生的情况、对方可能提出问题或疑问，由谈判组成员一一加以解答。

讨论会模拟法特别欢迎反对意见，这些意见有助于己方重新审核拟订的方案，从多种角度和多重标准来评价方案的科学性和可行性，不断完善准备的内容，提高成功的概率。国外的模拟谈判对反对意见倍加重视，然而在我国企业中却长期没有得到应有的重视，讨论会往往变成"一言堂"，领导往往难以容忍反对意见，这种讨论不是为了使谈判案更加完善，而是成了表示赞成的一种仪式，这大大违背了讨论会模拟法的初衷。

3. 列表模拟法

这是最简单的模拟方法，一般适用于小型的、常规性的谈判。其具体操作过程是这样的：通过对应表格的形式，在表格的一方列出己方经济、科技、人员、策略等方面的优缺点和对方的目标及策略，另一方则相应地罗列出己方针对这些问题在谈判中所应采取的措施。这种模拟方法最大的缺陷在于它实际上还是谈判人员的一种主观产物，它只是尽可能地搜寻问题并列出对策，至于这些问题是否真的会在谈判中发生，这一对策是否能起到预期的作用，由于没有通过实践的检验，因此，不能百分百地讲这一对策是完全可行的，对于一般的商务谈判而言，只要能达到八九成的胜算就可以了。

三、模拟谈判时应注意的问题

模拟谈判的效果如何，直接关系到企业在谈判中的实际表现，而要想使模拟谈判真正发挥作用，就必须注意以下问题：

1. 科学地做出假设

模拟谈判实际上就是提出各种假设情况，然后针对这些假设制定出一系列对策，采取一定措施的过程。因而，假设既是模拟谈判的前提，又是模拟谈判的基础，它的作用是根本性的。

按照假设在谈判中包含的内容，可以分为三类：一是对客观环境的假设，二是对自身的假设，三是对对方的假设。

（1）对客观环境的假设，所包含的内容最多，范围最大，它涉及人们日常生活中的环境、空间和时间。主要目的是估计主客观环境与本次谈判的联系和影响的程度。

（2）对自身的假设，包括对自身心理素质准备状况的评估，对自身谈判能力的预测，对企业经济实力的考评和对谈判策略的评价等多项内容。对自身的假设，可以使己方人员正确认识自己在谈判中的地位和作用，发现差距，弥补不足，在实战中就可以扬长避短，发挥优势。

（3）对对方的假设，主要是预计对方的谈判水平、对手可能会采用的策略，以及面对己方的策略对手如何反应等关键性问题。

为了确保假设的科学性，首先，应该让具有丰富谈判经验的人提出假设，相对而言这些人的假设准确度较高，在实际谈判中发生的概率大；其次，假设的情况必须以事实为基础，所依据的事实越多、越全面，假设的精度也越高，假设切忌纯粹凭想象主观臆造；最后，我们应该认识到，再高明的谈判也不是全部假设在谈判中都会出现，而且这种假设归根结底只是一种推测，带有偶然性。若是把偶然奉为必然去指导行动，那就是冒险。有的谈判老手都是能抓住对手的"假设的必然性"，出其不意地变换套路，实现己方的预期目标。

2. 对参加模拟谈判的人员应有所选择

参加模拟谈判的人员，应该是具有专门知识、经验和看法的人，而不是只有职务、地位或只会随声附和、举手赞成的老好人。一般而言，模拟谈判需要下列三种人员：

（1）知识型人员。这里的知识是指理论与实践相对完美结合的知识。这种人员能够运用所掌握的知识触类旁通、举一反三，把握模拟谈判的方方面面，使其具有理论依据的现实基础。同时，他们能从科学性的角度去研究谈判中的问题。

（2）预见型人员。这种人员对于模拟谈判是很重要的。他们能够根据事物的变化发展规律，加上自己的业务经验，准确地推断出事物发展的方向，对谈判中出现的问题较敏感，往往能对谈判的进程提出独到的见解。

（3）求实型人员。这种人员有着强烈的脚踏实地的工作作风，考虑问题客观、周密，不凭主观印象代替客观事实，一切以事实为出发点。对模拟谈判中的各种假设条件都小心求证，力求准确。

3. 参加模拟谈判的人员应有较强的角色扮演能力

模拟谈判要求己方人员根据不同的情况扮演场上不同的人物，并从所扮演的人物心理出发，尽可能地模仿出他在特定场合下的所思所想，所作所为。心理学研究表明，谈判者作为生活在特定的社会与文化环境中的人，由于周围环境对他的复杂影响和其自身从历史的经验和过去的认识感受中获得的教训，导致了他必然对周围环境做出独特的反应，并形成自己的个性。而一旦要扮演另外一个社会角色，内心往往会产生冲突。根据这一情况，一方面企业在安排模拟谈判角色时，要根据己方人员的性格特征有针对性地让其扮演类似的对方人员；另一方面，则要求己方人员具有善于克服在扮演特定谈判角色（特别是这一角色与自己差距很大）时所产生的心理障碍，要善于揣摩对方的行为模式，尽量地从对方的角度来思考问题，做出决定。

4. 模拟谈判结束后要及时进行总结

模拟谈判的目的是总结经验，发现问题，弥补不足，完善方案。所以，在模拟谈判告一段落后，必须及时、认真地回顾在谈判中己方人员的表现，如对对手策略的反应机敏程度、己方班子协调配合程度等一系列问题，以便为真正的谈判奠定良好的基础。

谈判者应具备的 12 项基本素质如表 5-2 所示。

表 5-2　　　　　　　　　　　谈判者应具备的 12 项基本素质

	项　目	内　容　解　释
1	魅力	让你的谈判对手对你既尊敬，又畏惧。尊敬来源于你的专业水平很高，而且对人谦恭有礼。 在重视自身利益最大化的同时，也要尊重对方应得的利益，切忌"我予取予求"。
2	勇气	谈判的胆识就是勇气的内涵，在谈判中要胆色过人、表现果断。
3	心理透视	通过对对方姿态、着装等的观察与分析，了解对方的心理状态，做到"知己知彼"。再根据你所分析的结果，制定与对方谈判的策略，这样才能"百战不殆"。 例如，你的谈判对象坐态轻松，说明他防备不严，你可以大胆地采取进攻战术，多提条件。再如，你的谈判对象着装精致，重视个人修饰，你在谈判中要切忌直截了当，最好语言委婉，不给对方太大的压力。
4	机智	强调反应能力，要快速做出相应的反应，根据情况的变化推进谈判。 例如，当你向谈判对手发出第二个提问后，对方眼神闪烁且吞咽口水，这表示其信心不足、压力很大，这就是你乘胜追击的好时机。
5	公关口才	切记三大使命——创造利润、生存发展和永续经营。运用适当的公关语言围绕这三大使命进行谈判。
6	交际能力	建立良好的人际关系是谈判制胜的一大要素。交际能力要与公关口才良好结合。
7 8	审慎性 守口如瓶	审慎性和守口如瓶共同强调了谈判的谨慎性，即不要随便透露谈判底线，要等到谈判的最后一分钟再下结论、做承诺，否则就很难反悔。
9	知识	要保证自身知识的深度和广度。
10	记忆力	要对合约中的记录清楚记忆，即使是对过去的谈判过程和结果，尤其是一些数字，也能做到记忆犹新。
11	耐心	谈判过程总是纠缠不清，起起伏伏，因而必须要有很好的耐心。
12	策略	策略是谈判制胜的关键因素之一，要会在不同的情况下使用不同的策略。

■ 知识拓展

谈判"三部曲"的概念

谈判"三部曲"的概念，即谈判的步骤应该为申明价值（claiming value）、创造价值（creating value）和克服障碍（overcoming barriers to agreement）三个进程。我们的目的就是给每一位商务谈判者提供一个有效掌握谈判进程的框架。许多国外的著名商学院都是遵循这样的"三部曲"训练学生的谈判技巧与能力。国外许多成功的谈判也是遵循这样一个谈判的步骤与原则。下面将"谈判三部曲"分述如下：

1. 申明价值

此阶段为谈判的初级阶段，谈判双方彼此应充分沟通各自的利益需要，申明能够满足对方需要的方法与优势所在。此阶段的关键步骤是弄清对方的真正需求。因此其主要的技巧就是多向对方提出问题，探询对方的实际需要；同时也要根据情况申明我方的利益所在。因为你越了解对方的真正实际需求，就越能够知道如何才能满足对方的要求；同时对方知道了你的利益所在，才能满足你的要求。

然而，我们也看到有许多所谓"商务谈判技巧"诱导谈判者在谈判过程中迷惑对方，让对方不知道你的底细，不知道你的真正需要和利益所在，甚至想方设法误导对方，生怕对方知道了你的底细，会向你漫天要价。我们认为，这并不是谈判的一般原则。如果你总是误导对方，那么可能最终吃亏的是你自己。

2. 创造价值

此阶段为谈判的中级阶段，双方彼此沟通，往往申明了各自的利益所在，了解了对方的实际需要。但是，以此达成的协议并不一定对双方都是利益最大化。也就是，利益在此往往并不能有效地达到平衡。即使达到了平衡，此协议也可能不是最佳方案。因此，谈判中双方需要想方设法去寻求更佳的方案，为谈判各方找到最大的利益，这一步骤就是创造价值。

创造价值的阶段，往往是商务谈判最容易忽略的阶段。一般的商务谈判很少有谈判者能从全局的角度出发去充分创造、比较与衡量最佳的解决方案。因此，也就使得谈判者往往总觉得谈判结果不尽如人意，没有能够达到"赢"的感觉，或者总有一点遗憾。由此看来，采取什么样的方法使谈判双方达到利益最大化，寻求最佳方案就显得非常重要。

3. 克服障碍

此阶段往往是谈判的攻坚阶段。谈判的障碍一般来自于两个方面：一个是谈判双方彼此利益存在冲突；另一个是谈判者自身在决策程序上存在障碍。前一种障碍是需要双方按照公平合理的客观原则来协调利益；后者就需要谈判无障碍的一方主动去帮助另一方能够顺利决策。

本 章 小 结

谈判信息是指对那些与谈判活动有着紧密联系的各种情况及其属性的一种客观描述。谈判资料和信息在商务谈判中的作用主要表现在以下四个方面：第一，谈判资料和信息是制定谈判战略的依据；第二，谈判信息是控制谈判过程的手段；第三，谈判信息是谈判双方相互沟通的中介；第四，谈判信息是商务谈判成败的决定性因素。

商务谈判信息的内容包括环境信息、谈判对手的信息、对谈判者自身的了解。

在商务谈判过程中，企业都力求利用各种方式收集大量的信息资料，为谈判所用，这些方法及其途径主要包括以下几种：实地考察，搜集资料；从公共机构提供的已出版和未出版的资料中获取信息；通过各类专门会议收集信息；通过对谈判对手有过业务交往的企业和人员调查。

信息情报的整理和筛选要经过以下程序：筛选、分类、比较和判断、研究、整理。谈判信息资料的搜集整理与谈判信息资料的传递与保密是紧密相连、有机统一的，谈判者在做好信息资料的搜集整理的基础上，还需要十分注意谈判信息资料的传递与保密工作。

商务谈判人员的遴选是谈判组织准备工作中最关键的一环。没有具备良好素质的谈判人员，就不可能胜任艰苦复杂的谈判工作。谈判人员在掌握专业技能知识的同时，还应具备良好的综合素质：商务谈判人员的气质、心理与意识；谈判人员的知识结构和才能；谈判人员的身体素质。

商务谈判人员的配备。谈判的准备工作首先是要根据谈判的性质、对象、内容、目标等组织一支谈判团队：商务谈判人员的配备原则；谈判班子组成；谈判人员的规模；谈判人员的分工与协作。

商务谈判方案的制订，是指谈判者在谈判前对谈判目标、议程、策略等预先所做的安排。其主要内容有：确定谈判主题，谈判的交易条件，谈判期限，拟定谈判议程，选择谈判人员，确定谈判时间和地点，制订具体的谈判执行计划等。

谈判计划是人们在进行谈判之前，预先拟订的谈判目标和实现目标的步骤。制订谈判计划首先是要确定商务谈判的主题，其次要确定商务谈判的目标（最优期望目标、最低限度目标和可接受目标），再者确定谈判目标的内容及确定谈判目标的注意事项，最后是拟定商务谈判的基本策略。

商务谈判时间的选择。即确定谈判在什么时间举行、时间的长短，如果谈判需要分阶段还要确定分为几个阶段、每个阶段所花费的大约时间等。在时间选择上，既要拟定谈判议程的时间策略，又要确定谈判时应注意的问题。

谈判地点的选择一般有四种选择方案：一是在己方国家或公司所在地谈判，二是在对方所在国或公司所在地谈判，三是在双方所在地交叉（轮流坐庄）谈判，四是在谈判双方之外的国家或地点谈判。不同地点对于谈判者来说，均各有其优点和缺点，这要谈判者根据不同的谈判内容具体问题具体分析，正确地加以选择，充分发挥谈判地点的优势，促进谈判取得圆满成功。

商务谈判场所的选择与布置。选择环境优美、条件优越的谈判地点，并巧妙地布置会谈场所，使谈判者有一种安全舒适、温暖可亲的心理感受，为谈判营造出了和谐的气氛，可促使谈判获得成功。同时，如果条件允许，还应该布置好主谈室、密谈室和休息室。

谈判座位的安排对谈判的影响很大，会影响谈判的气氛、内部人员之间的交流，以及谈判双方工作的便利性和谈判的效率。人们还往往根据谈判会场的布置状况去判断主方对本次谈判的重视程度和诚意。常见的谈判座位有长方形条桌式谈判、圆桌式谈判、方桌式谈判、无桌式谈判。

所谓模拟谈判，是指正式谈判前的"彩排"，即将谈判小组成员一分为二，一部分人扮演谈判对手，并以对手的立场、观点和作风来与己方另一部分谈判人员交锋，预演谈判的过程。模拟谈判的方法有：全景模拟法、讨论会模拟法、列表模拟法。

◎ **思考题**

1. 优秀的商务谈判人员应该具备什么样的素质？
2. 谈判信息和资料在商务谈判中的作用主要表现在哪些方面？
3. 商务谈判信息收集的主要内容是什么？
4. 论述如何制订一个周密细致的谈判计划。
5. 如何进行模拟谈判？

◎ **课后案例**

我国某公司准备向美国一家公司购买一套先进的冶炼组合炉设备。公司安排一位高级工程师与美商谈判。为了不辱使命，这位高级工程师在谈判前做了充分的准备工作。他花了很大精力搜集和查阅了大量有关该套设备的资料，对国际市场上该设备的行情和美国这家公司的现状、经营状况等了解得非常清楚。谈判开始时，美商报价230万美元，经过讨价还价压到130万美元，中方仍不同意，坚持出价100万美元。美商表示不愿意再让步，把合同往中方工程师面前一扔，说："我方已经做出了这么大的让步，贵公司仍不愿意合作，看来你们缺乏诚意，那么这笔生意就算了，明天我们就回国了。"中方工程师听后微笑着把手伸出来，做了一个"请"的姿势。

美商真的走了，中方公司的相关人员有些着急，甚至埋怨工程师不该把价格压得这么低。工程师说："放心吧，他们会回来的。同样的设备他们去年卖给法国时只有95万美元，国际市场上这种设备100万美元是正常的。"果然不出所料，一周后美商又回来谈判了。工程师报出了他们与法国的成交价，美商愣住了，他们没有想到眼前的这位中国人如此精明，不敢再报虚价了，只得说："现在物价上涨得厉害，不能跟去年比。"工程师说："每年的物价上涨指数都没有超过6%。这只不过一年时间，你们算算，该涨多少？"美商在事实面前，不得不做出让步，最终双方以101万美元达成了这笔交易。

案例来源：杨晶. 商务谈判 [M]. 清华大学出版社，2020.

思考题：
1. 试分析中方在谈判中取得成功的原因。

2. 你认为美方处于不利地位的原因有哪些?

◎ **谈判实训**

专项实训一：谈判信息的收集

实训目的：通过本次实训使学生掌握谈判信息收集的主要内容、方法和途径，培养收集谈判信息的能力。

实训内容：

1. 假设李霞是黄鹤楼酒业有限公司的采购员，本周经理安排李霞为公司新产品采购一批新的防伪包装盒。余伟是本地最大的印刷公司——武汉新鸿业印务有限公司的营销经理。

2. 假设于心是联想公司的一名业务代表，他听说大学城的一所高校准备采购 100 台电脑，而张思是这所高校的采购组长。

3. 假设你是康师傅绿茶某经销商的业务代表，现有一款新产品，想进驻当地某大型超市，你即将与该超市的采购部李经理进行商洽。

4. 假设李玉是潜江某水产品公司的一名业务员，现有一位韩国客商就速冻小龙虾出口进行询价。

5. 假设你是柳州某螺蛳粉厂家的业务代表，你听说日本某超市有意向寻找合作伙伴，你找到负责该项目的郝经理进行商洽。

实训要求：

以上 5 种情景，共涉及 10 家公司。要求每一个小组选定一家公司作为自己所在的公司，并选出谈判团队，每组根据以上的身份假设和情景假设，全组人员分工合作进行谈判信息的收集工作。

实训记录：

讨论并完成表 5-3。

表 5-3 谈判信息收集表

收集信息类型	收集信息内容	收集信息的方法	收集信息的途径	收集到的具体信息
环境信息				
己方信息				

续表

收集信息类型	收集信息内容	收集信息的方法	收集信息的途径	收集到的具体信息
对方信息				

专项实训二：谈判计划的制订

实训目的：通过实训，使学生能够根据商务谈判需要制订一份完整的谈判计划。

实训内容：制订一份谈判计划。

实训要求：

在"专项实训一"的基础上，根据所收集到的谈判信息，以各谈判团队为单位讨论并制订一份谈判计划，内容包括谈判目标、谈判地点、谈判进程、谈判人员、谈判准备资料等。

实训步骤：

1. 以小组为单位，分发资料。

2. 教师介绍本次实训的内容和实训情景。

3. 各组确定实训活动情景角色。

4. 各组进行案例分析及讨论。

5. 各组模拟实训，并形成书面的谈判计划。

6. 各组分析自己制订的谈判计划。

7. 教师点评。

第六章　商务谈判的开局

📝 **学习目标**

◆ 知识目标

1. 掌握商务谈判开局阶段的主要任务。
2. 掌握开局阶段的基本策略。
3. 了解如何采用正确的方式进行谈判开局的陈述。
4. 熟悉营造谈判开局气氛的重要性。
5. 了解营造良好开局气氛的方法。

◆ 技能目标

1. 能根据实际情况运用不同的开局策略。
2. 能根据商务谈判任务进行谈判开局的设计。
3. 掌握摸清对手的基本情况的方法，为谈判目标的实现打下扎实的基础。

☑ **核心概念**

开局阶段（negotiation-opening phase）；开局气氛（negotiation-opening atmosphere）；开局策略（negotiation-opening strategics）。

📰 **案例导入**

中国入世前与美国的谈判

中国为加入世贸组织与美国代表团谈判的时候，中国外经贸部长吴仪任中国代表团团长，当中美两国代表在谈判桌前相对而坐的时候，美国代表团副代表梅西盯着面前的吴仪，一上来就凶相毕露："我们是在与小偷谈判。"梅西冷不防地给吴仪来了这么一个下马威。这句冷冷地甩过来的开场白，是中国代表没有想到的。谈判厅里一片沉寂。中方一些代表来不及做出反应，目光刷地一下集中在了吴仪身上，不由得为她捏了一把汗。美方代表也盯住了吴仪，猜测吴仪可能做出的回应。然而，这种沉寂极为短暂，只不过是一刹那。几乎就在梅西的话音还未完全落下来的时候，一个响亮而威严的声音掷地有声："我们是在与强盗谈判！"这是吴仪的反击，双方代表都被这一声怒吼震住了。

"请看你们博物馆里的收藏，有多少是从中国掠走的？据我所知，这些中国的珍宝，并没有谁主动奉送给你们，也没有长着翅膀，为什么却越过重洋到了你们手中？

这不能不使人想到一页强盗的历史。"……吴仪一连串反击义正词严，驳得梅西哑口无言，美方代表非常尴尬。谈判桌上的形势一下子扭转过来。

案例来源：根据网络资料整理。

思考：

1. 美方代表团采取了什么样的开局策略？
2. 中方采取了什么应对策略？

启示：

开局是谈判活动的起点。"好的开始是成功的一半"，商务谈判的开局对商务谈判过程起着非常重要的作用，它往往表明商务谈判双方对此次谈判所持有的态度和诚意，是积极进行还是消极应付，这关系到商务谈判的格调和商务谈判的走向。一个良好的开局会为以后的商务谈判取得成功打下良好基础，对于谈判是否能够取得预期的目标起到至关重要的作用。

商务谈判的开局阶段主要是指谈判双方见面后，在进行实质内容讨论之前，相互介绍、寒暄以及就实质内容以外的话题进行交谈的那段时间。谈判正式开始之前，谈判各方的心理都比较紧张，态度比较谨慎，所以在开局阶段一般不进行实质性的谈判。从时间上看，开局阶段在整个谈判中所占的时间较短，谈论的内容与整个谈判主题关系不大。

第一节 谈判开局的含义及其作用

一、谈判开局的含义

商务谈判开局是指谈判双方见面后，在讨论具体、实质的内容之前，相互介绍、初步接触以及进行意向性沟通。谈判的开局是整个商务谈判的起点，在很大程度上影响整个谈判的走向和发展趋势。商务谈判开局的主要任务是营造谈判气氛和进行谈判摸底。

开局阶段中的谈判双方对谈判尚无实质性认识，各项工作千头万绪，无论准备工作做得如何充分，都免不了遇到新情况、新问题。由于在此阶段中，谈判各方的心理都比较紧张，态度比较谨慎，都在调动一切感觉功能去探测对方的虚实及心理状态。所以，在这个阶段一般不进行实质性谈判，而只是进行见面、介绍、寒暄，以及洽谈一些不是很关键的问题。这些非实质性谈判从时间上看，只占整个谈判程序中很小的部分；从内容上看，似乎与整个谈判主题关系不大，甚至根本无关。但是，谈判开局阶段却很重要，它为整个谈判奠定了基调，其好坏在很大程度决定着整个谈判的走向和发展趋势，也决定了双方在谈判中的力量对比、采取的态度和方式。因此，一个良好的开局将为谈判成功奠定坚实的基础，谈判人员必须重视开局。

二、谈判开局的作用

开局阶段并不触及谈判的实质性内容，但是，开局阶段对整个谈判过程具有相当重要的作用。

1. 能够树立良好的第一印象

在人与人第一次交往中留给对方的印象，会在对方的头脑中成形并占据主导地位，这种印象在心理学上被称为第一印象，而该效应也被称为第一印象效应。在商务谈判中，同样存在着第一印象效应，而且往往是由谈判者带给对方的。在商务谈判的开局阶段，在对方心目中树立起良好的第一印象，对于顺利地开展谈判具有相当重要的作用。

2. 可以营造适当的谈判气氛

所有的谈判都是在一定的谈判气氛下展开的，良好适当的谈判气氛可以对谈判的进程起到一定的推动作用，有助于提高谈判的有效性和效率；反之，如果谈判气氛不佳或不恰当，往往会阻碍谈判的顺利进行，并影响最后谈判结果的达成。所以，在商务谈判开局阶段营造适当的谈判气氛，对于谈判的成功具有相当重要的作用。

3. 谈判开局地位对于谈判进程具有重要的影响

由于谈判双方的实力、背景、目的和了解对手的程度不同，一般在商务谈判的开局阶段会呈现出相对差异的谈判状态，我们称之为谈判双方的开局地位。开局地位的不同，对谈判进程会产生微妙的影响，而且往往会影响谈判策略和手段的使用。一般来说，商务谈判的相对开局地位有以下几种：

（1）主和客。主客地位的产生主要来源于谈判双方对谈判地点的选择，一般位于谈判举行地的一方或者谈判活动的主要组织一方被称为谈判的主方，另一方则是客方。谈判的主方是谈判的主要组织者，决定谈判的举行时间、地点以及主要议程，同时也承担为客方安排交通、食宿等任务。所以，作为谈判的主方，可以选择更有利于自己的谈判时间和地点，可以通过一些特殊的安排对客方施加压力。所以，在谈判开始前，通常应力求成为谈判的主方，以获得谈判的主动权。谈判的客方，"客随主便"，不得不接受主方的一些不利于己方的安排。但是，这也不意味着客方就一定处于消极被动的地位。如果不得不做客方的话，首先，应该做好充分的准备，尽量减少由此带来的不利影响；其次，不应该完全听任主方的安排，对于不利于己方的安排，可以提出异议，要求重新安排，并且尽量多地参与到谈判的组织工作中。

此外，如果谈判双方对于谁主谁客有分歧，或者谈判地点对谈判进行影响不大的时候，也可以将谈判安排在第三地进行，从而避免由于主客地位不同而带来的不公平。

（2）明和暗。由于信息的不对称，谈判参与方在谈判开始前所掌握的对方信息总会或多或少地有所差异，这就产生了开局阶段双方的"明""暗"地位。如果自己的信息相对较多地被对方获得，而掌握对方的信息相对较少，那就可以说是处在"明处"；反之，则可以说处在"暗处"。

商务谈判在很大程度上来说是一场信息战，掌握的信息多，特别是掌握对方信息多的一方，往往会在谈判中握有一定的主动权。而己方信息过多地被对方掌握，会暴露己方更多的弱点甚至可能的谈判计划。具体来说，在谈判中会有"彼明我暗"和"彼暗我明"两种状态，而这两种状态，对于谈判的进程和谈判策略的使用有着截然不同的影响。

第一，"彼明我暗"。一般来说，这是谈判双方都比较期望出现的一种状态。在这种情况下，己方掌握较多关于对方的信息，而对方掌握己方的信息相对比较少。这样有利于更好地制订有针对性的谈判计划，且对对方产生较大的迷惑性。

第二，"彼暗我明"。这种情况一般对己方不太有利，对方掌握较多己方的信息，而己方掌握对方的信息相对较少。因此，谈判的过程很有可能更多地为对方所控制，在这种情况下，一方面要求谈判者尽快收集更多对方的信息，另一方面要求谈判者避免暴露更多己方的信息。

第三，强和弱。开局气势的强弱很大部分原因在于谈判双方企业实力的对比。一般实力强大的企业自然处于强势的地位，而实力弱小的企业则处于弱势的地位。

第二节　商务谈判开局的主要任务

开局阶段的目标主要是为进入实质性谈判创造良好条件，在谈判人员相互介绍和交流中，力争营造有利的谈判气氛，尽量探测对方的基本态度，并对谈判程序、共同遵守的原则等基础问题进行沟通并达成一致。开局阶段主要有以下四项基本任务：

一、营造良好的谈判气氛

由于谈判双方的立场不同，所追求的具体目标也各异，因此谈判过程中充满了复杂的利害冲突和矛盾。不过谈判的目的是协调利害冲突，谋求妥协，实现共同利益，达到双赢的效果。这就要求谈判双方应当共同努力，在谈判开始前建立一种合作的气氛，有个顺利的开端，为双方融洽的工作奠定良好的基础。谈判开局气氛对整个谈判过程起着相当重要的影响和制约作用。可以说，某一方如果控制了谈判开局气氛，那么，在某种程度是就等于控制住了谈判对手。

二、交换意见

在开局阶段，谈判者切忌过分闲聊，离题太远，尽量将话题集中于谈判的目标、计划、进度和人员四个方面，就这四个方面充分交换意见，达成一致，以确定行动和讨论问题的适当速度和节奏。

1. 谈判目标

谈判目标即双方需要达成的共识、原则、总体目的或阶段性目的。谈判目标因各方的出发点不同而有不同的类型。常见的有以下几种类型：意在了解对方动机的探望型、旨在发掘互利互惠合作机会的创造型、旨在说明某些问题的论证型、达成原则的协定型、达成具体的协定型、批准草签的协定型、回顾与展望型、处理纷争型等。目标既可以是上述的一种，也可以是其中几种的混合型。

2. 谈判计划

谈判计划是指谈判的议程安排，内容包括需要双方磋商的议题、原则、规程及时间安排。通常应解决以下问题：双方谈判讨论的中心问题，尤其是第一阶段谈判的安排；列入谈判范围的有哪些事项，哪些问题不讨论，问题讨论的顺序是什么；讨论中心问题及细节问题的人员安排；总体及各阶段谈判的时间安排。

3. 谈判进度

谈判进度是指会谈的速度或是会谈前预计的洽谈速度。谈判双方可以设定会谈结束的时间，对于每项议程进行的时间最好也有个大致范围的估计，这样可以合理地安排讨论，使讨论所花的时间不超过既定范围，确保谈判的效率和质量。如果发现在时间安排上存在偏差，那么一定要大胆提出修改，不要碍于情面而轻易接受对方提出来的议程，否则负担不起由于忽视议程而导致的后果。

4. 谈判者

谈判者是指每个小组的成员情况，包括姓名、职务以及在谈判中的地位与作用。上述问题也许在谈判前就已经讨论过了，但在谈判开始时，仍有必要再就这些问题协商一次。最为理想的方式是以轻松、愉快的语气先谈双方容易达成一致意见的话题。例如，"咱们先确定一下今天的议题，如何？""先商量一下今天的大致安排，怎么样？"这些话，从表面上看好像无足轻重，分量不大，但这些要求往往最容易引起对方肯定的答复，因此比较容易创造一种一致的感觉。如果对方急于求成，一开局就喋喋不休地大谈实质性问题，己方应巧妙地避开对方肯定的答复，把对方引到谈判目的、议程上来。如对方开始就说："来，咱们雷厉风行，先谈价格条款。"己方可以接着应道："好，马上来，不过咱们先把会谈的程序和进度统一下来，这样谈起来效率更高。"这样从而使双方合拍。这也是防止谈判因彼此追求的目标、对策相去甚远而在开局之初就陷入僵局的有效策略。

三、开场陈述

商务谈判开局阶段的另外一个重要任务，就是谈判双方要在此时分别做开场陈述。开场陈述是指谈判的参与方分别把己方的基本立场、观点和利益向对方阐述，让谈判对手了解己方的谈判期望、谈判风格和表达方式的过程。

开场陈述在谈判开局阶段有着非常重要的作用，通过开场陈述可以向对方表明己方的谈判意图，消除对方的一些不切实际的谈判期望，同时可以在对方的开场陈述中观察谈判对手，获取一些谈判对手的信息。

（一）开场陈述的表达方式

开场陈述应慎重、字斟句酌，要根据实际场合、氛围，采取不同的方式表达。

1. 从表达方式所产生的效果上，可分为明示和暗示两种

明示是指己方以明确的方式表明自己在贸易谈判中的立场、观点、原则和利益要求等，此种方式清楚明了，将谈判的目标、范围阐述明白，为接下来的谈判指明方向。暗示是指己方采取较为含蓄、间接的方式来表明自己在商务谈判中有关问题的立场、观点及利益要求等，此方式主要针对谈判对手在某些问题上态度不明朗时，为了给双方更大的空间而采取的方式。例如，"关于我方价格的优惠问题，就要看贵方订购的数量和支付方式了"。

主要开场陈述方式有以下几种：

（1）协商式陈述。协商式陈述是指以协商、肯定的语言进行陈述，使对方对己方产生好感，创造双方对谈判的理解充满"一致性"的合作感觉。协商式陈述语言要友好礼貌，充分尊重对方，但又不刻意奉承对方；姿态上应该不卑不亢，沉稳中不失热情，自信但不自傲，把握恰当的分寸。

协商式陈述举例："根据我们双方以往的合作经历，我想这次谈判也会非常顺利。从我们之前的沟通情况来看，目前问题主要集中在价格上，当然货物的质量也至关重要，质量不好的货物价格再便宜，你们也一定不会购买的。我们把质量和价格放到前面讨论怎么样？当然，你们是我们的老客户，若订货数量大，我们将给予你们额外的折扣。至于交易的其他方面也好商量，希望通过磋商，我们能达成双方满意的合作。"

（2）坦诚式陈述。坦诚式陈述是指谈判者本着坦诚的心态，开诚布公地向对方表露己方的真实意图以取得对方的信任、理解和尊重，赢得对方的通力合作。坦诚式陈述可以省去一些礼节性的外交辞令，坦率地陈述己方的观点以及期望，使对方产生信任感。

坦诚式陈述举例："我们此次前来就是引进贵公司 A 型全自动生产设备有关事宜与你们协商。这个项目如果合作成功，不仅可以提高我公司的生产能力和产品质量，还可以提升贵公司的市场影响力。只要你们保证质量，服务周到，价格合理，其他条件都好商量，希望我们能达成合作。"

（3）慎重式陈述。慎重式陈述是指以严谨、凝重的语言进行陈述，表达出对谈判的高度重视和鲜明的态度。慎重式陈述不急于拉近双方关系，注意与对方保持一定的距离。

慎重式陈述举例："很高兴能有机会和你们合作，我们愿意出售这块土地。目前除了贵公司之外，另有三家公司也对这块地皮表示出了浓厚的兴趣，正在积极与我们接洽。当然，如果你们的条件比较合理，价钱比较理想，我们还是愿意与你们合作的。"

2. 从表达形式上，可以分为书面表达、书面表达与口头表达相结合、口头表达三种形式

（1）书面表达。即通过书面文字完整地表达己方意图。此形式通常说明己方的意图是明确的、终局的、不容讨价还价的，对方除了接受或拒绝之外没有回旋余地。这种表达方式主要是由于国家宏观政策、法律、法规等因素的约束而必须遵守。例如，国家公共设施的工程招标文件，有关工程的质量、材料、结构、完工期限等都不容磋商。

提交书面材料，不做口头陈述这种开局方式是一种局限性很大的方式，因为其缺少口头陈述或补充，谈判提交材料的一方，对书面材料的文字表达要非常严格，不能产生歧义，各项条款制定必须十分严密。而谈判的另一方对书面材料的各个条款只能选择接受或不接受，对条款的审核必须十分仔细，不能有任何疏漏。

这种开局方式，一般只在两种情况下运用。一是本部门在谈判规则的约束下不可能有别的选择方式。比如，本部门向政府部门投标，这个政府部门规定在裁定的期间内不与投标者见面、磋商。二是本部门准备把提交最初的书面材料也作为最后的交易条件。这时要求文字材料要明确具体，各项交易条件要准确无误，让对方一目了然，只需要回答"是"与"不是"，无须再做出任何解释。如果是对对方所提出的交易条件进行还价，还价的条件也必须是终局的，对方要么全盘接受，要么全盘拒绝。

（2）书面表达与口头表达相结合。这种方式是指在谈判中既向对方提交书面材料，又用口头方式进行陈述、解释或补充。这种方式有利于己方对文字表述中一些重要的问题做更详细的说明，也有利于帮助对方对条文中一些难懂的问题做更清楚的解释。这种表明己方意图的方式仍然侧重于书面，因此它比较适用于双方争夺利益不大的情况。这种开局方式是比较理想的一种开局方式，也是目前大多数谈判中运用的开局方式。

这种方法具有以下优势：能用书面材料的方式保证内容完整，并把繁杂的数据以图表等形式清晰地表达出来，交易条件明确具体，同时还可以根据谈判现场灵活地运用恰当的语言进行感情的沟通、交流，缩小双方距离，或对某些条款进行进一步解释或补充，减少误解和争议。但是，这种方式也有缺点，如写上去的东西有可能会成为一种对己方的限制，并难以更改。另外，文字形式的条款不如口语带有感情色彩，细做的差别表达也不如口语，特别是在不同语种之间，就更有局限性。因此，谈判者应该掌握不同形式下的谈到技巧，在提出书面交易条件后，就应努力做到下述要点：

①让对方多发言，不可多回答对方提出的问题。

②尽量试探出对方反对意见的坚定性。

③不要只注意眼前利益，还要注意目前的合同与其他合同的内在联系。

④无论内心感觉如何，都要表现出冷静、泰然自若。

⑤要随时纠正对方的某些概念性错误。

（3）口头表达。即是指在开局阶段，没有任何书面文件，只在口头上表明己方谈判意图，以便双方进一步磋商、接触，逐步摸清对方意图，再做出相应允诺。此方式给谈判双方提供了更大的协商空间，谈判者可以利用语气、语调中的情感因素来影响对方。

这种方式有许多优点：可以见机行事，有很大的灵活性；先磋商后承担义名；可充分利用感情因素，建立个人关系，缓解谈判气氛等。但这种方式也存在着某些缺点：容易受到对方反击；阐述复杂的统计数字与图表等相当困难；语言不同可能产生误会。

因此，在运用这种谈判方式应注意下面几个问题：

①明确谈判主题，不要东拉西扯。

②对每一个条款或问题都要详细协商，但不可抓住一个问题不放，浪费时间。

③要统筹考虑，顾及全局。

④提出的条件要恰当，要留有讨价还价的余地。

⑤要表现得镇定自若，不要轻易让对方探到底线。

🔲 案例导读

甲方：我们对贵方所能提供的原材料很感兴趣。我们准备大宗购进一批，生产一种新产品。我们曾与其他厂家打过交道，但关键的问题是时间，我们想以最快的速度在这个问题上达成协议。为此，我们希望开门见山，并简化谈判的程序。虽然我们以前从未打过交道，不过据各方面反映，贵方信誉好，一向很合作。预祝我们的交易成功。

乙方：我们非常高兴贵方对我们的产品感兴趣，并愿意出售我们的产品。但是，我们的产品数量有限，市场又比较紧俏。当然，这一点是灵活的，我们关心的是价格问题。正因为如此，我们才不急于出售数量有限的产品。

案例来源：根据网络资料整理。

启示：

案例中谈判各方通过简明的语言，明确地阐述了各自的谈判目的、所要关心的问题、立场和态度，耐人寻味。

（二）开场陈述的基本内容

开场陈述的基本内容有以下几个方面：己方对谈判问题的基本立场和理解；己方的利益，即己方希望通过谈判取得的利益，特别是根本的利益和首要的利益；己方对于谈判的期望，以及对于对方的期望；己方的谈判诚意，即己方愿意为达成谈判结果而付出的努力；需要在谈判开局阶段想对方说明的其他问题。

📖 案例导读

我国某出口公司的一位经理在同东南亚某国商人洽谈大米出口交易时开场陈述是这样表达的："诸位先生，首先让我向几位介绍一下我方对这笔大米交易的看法。我们对这笔出口买卖很感兴趣，我们希望贵方能够现汇支付。不瞒贵方说，我方已收到了某国其他几位买方的递盘。因此，现在的问题只是时间，我们希望贵方能认真考虑我方的要求，尽快决定这笔买卖的取舍。当然我们双方是老朋友了，彼此有着很愉快的合作经历，希望这次洽谈会进一步加深双方的友谊。这就是我方的基本想法。"

案例来源：汤秀莲. 国际商务谈判［M］. 北京：清华大学出版社，2009.

四、继续了解谈判对手

在商务谈判开始之前，谈判双方就已经开始了解对方的工作，但是，由于尚未当面接触。所以，这种了解都是片面的、不直观的。对于谈判对手真正的了解，则是在谈判正式开始，即在谈判的开局阶段。因此，谈判的开局阶段也是谈判双方相互认识、相互了解的阶段。通过适当的途径和方法来了解谈判对手，是谈判开局阶段另一个非常重要的任务。在这一阶段中，谈判双方应抓住有限的机会，尽可能地了解对方，获得更多关于对方的信息。

在商务谈判的开局阶段，除了仔细倾听并分析对方的开场陈述之外，还可以通过多种其他途径来了解对手，主要包括以下内容：

第一，摸清对方情况。谈判者要设法全面了解谈判对手的情况，虽然在大多数谈判场合，过于细致入微的了解显得似乎有些小题大做，但只有尽可能地把握对方各方面的情况，才能顺藤摸瓜，去探察对方的需要，由此掌握谈判中的主动权，使谈判成为同时满足双方利益的媒介。例如抵押权、留置权、法律判决、设备改进、合同授予、税收和追踪记录这些公开记录，任何人都可以利用；通过信用调查、股东报告可以得到财务数据；公司的组织指南、电话号码簿和内部报纸也很容易得到。谈判者要注意收集各种资料，以便对对手做出准确的判断。

第二，评估对手实力。谈判是一个逐步从分歧走向一致或妥协的过程，需要评估对手的出发点和实力。一般情况下，需要掌握谈判对手实力的信息包括公司的历史，社会影响力，资本积累与投资状况，技术装备水平，产品的品种、质量、数量等情况。

第三，明确谈判对手的目标。可以将谈判对手的目标列一个清单，确定优先等级并按优先等级分类。最高优先级：你认为哪些是对手志在必得的目标？中间优先级：你认为哪些是对手想要争取的目标？最低优先级：你认为哪些是对手会当作额外收益的目标？对手的需要与诚意如何？合作意图是什么？合作意愿是否真诚，等等。但是，这些只是猜测的，只能随着谈判进行，通过观察来检验自己的判断是否正确。

第四，分析对手的弱点。可以事先研究对手方案中论据的弱点，充分发掘他们在陈述中有悖于道德和有政治问题的地方，例如道德伦理问题和法律问题。

第五，利用各种渠道收集情报。可以利用正规渠道收集情报，例如分析行业在职及相关出版物上有关对手情况的详细报道。也可以利用非正式渠道收集情报，例如非正式的社交场合、商务网络、不经意的偶遇，或者与有关人员适时地通电话，来查明对手是如何对待下属和顾客的。

第三节　商务谈判开局气氛的营造

一、商务谈判气氛的含义和类型

(一) 商务谈判气氛的含义

案例导读

中国一家彩电生产企业准备从日本引进一条生产线，于是与日本一家公司进行了接触。双方分别派出了一个谈判小组就此问题进行谈判。谈判那天，当双方谈判代表刚刚就座，中方的首席代表（副总经理）就站起来，对大家说，"在谈判之前我要和大家分享一个好消息。我的太太昨天夜里为我生了一个大胖儿子！"此话一出，中方职员纷纷站起来向他道贺。日方代表也纷纷站起来向他道贺。整个谈判的会场气氛顿时活跃起来，谈判进行得非常顺利。

案例来源：马克态. 商务谈判理论与实务 ［M］. 北京：中国国际广播出版社，2004.

思考：
这位副总经理为什么要提自己太太生孩子的事情呢？

原来他在与日方企业接触过程中发现，日本人愿意板起面孔谈判，造成一种冰冷的谈判气氛，给对方造成一种心理压力，从而控制整个谈判，乘机抬高价码或者提高条件。于是他便想出了用自己的喜事来打破日本人的冰冷面孔，营造一种有利于己方的高调气氛。

任何谈判都是在一定的气氛下进行的。每一场谈判都有其独特的气氛：有的是冷淡的、对立的；有的是积极的、友好的；有的是平静的、严谨的；有的是简明愉快的，还有的是旷日持久的。不同谈判气氛对谈判的影响不同，一种谈判气氛可以在不知不觉中把谈判朝着某种方向推进。比如，积极的、合作的气氛会把谈判朝着达成一致协议的方向推进，冷淡对立的气氛会把谈判推向更为严峻的境地。因此在一开始，营造出一种合作的、诚挚的、轻松的谈判气氛，对谈判起到十分积极的作用。

（二）商务谈判气氛的类型

虽然谈判气氛是在谈判双方开始准备谈判时就形成的，但它并不是一时的，而是在整个谈判过程中都存在。所以，谈判人员要努力保持良好的谈判气氛，做到善始善终，并且注意自己的目光、动作、姿态、表情、气质、谈话内容及语调语速等，从而在营造有利的谈判开局气氛的基础上，更好地控制谈判的整个局面。那么，什么样的开局气氛才算是良好的呢？根据开局阶段的性质、地位，以及进一步磋商的需要，要形成良好的谈判气氛，一般情况下，有以下几种谈判开局的气氛。

1. 礼貌、尊重的气氛

谈判双方是本着合作和共赢的目的坐到一起谈判的，双方人员的地位应该平等。因此，谈判人员应该在谈判的开局阶段努力营造出一种尊重对方、彬彬有礼的气氛。对于参加谈判的团队人员来说，最基本的要求之一就是，每一个人的衣着打扮一定要大方得体，注意自己的仪容仪表，无论是表情动作还是说话语气都应该表现出尊重、礼貌。切忌谈判中表现出蔑视对方、指责对方等不文明的谈判行为。无论谈判双方的身份地位相差多大，双方人员都应该在谈判中努力创建文明礼貌、相互尊重的和谐氛围。

2. 自然、轻松的气氛

谈判的开局初期一般被称为"破冰"时期。这个时候，谈判双方会各自表明自己的谈判立场和观点，所以经常会因为意见不一致而发生冲突和僵局。如果谈判一开局气氛就非常紧张、僵硬，就很有可能使谈判陷入艰难的地步，而且也很容易给谈判人员造成情绪激动、对立，甚至不可调和的矛盾。所以，谈判人员在开局阶段一定积极营造出一种平和、自然、轻松的气氛，而不要一上来就咄咄逼人、气势汹汹。比如说，谈判者可以先随意谈一些题外的轻松话题，松弛一下紧绷着的神经，不要过早地与对方发生争论。语气要自然平和，表情要轻松亲切，尽量谈论中性话题，不要过早刺激对方。

3. 友好、合作的气氛

谈判双方如果在开局阶段就使对方产生一种"有缘相知"的感觉，将会非常有利于谈判友好轻松地进行下去。要知道，谈判双方很有可能是未来的合作伙伴，而不是互相敌对的敌人。在友好合作的气氛中，谈判对手自然愿意与之合作。反之，若是以激烈、偏激的态度来面对谈判对手，恐怕只会使谈判偏离成功的轨道。激烈和冲突解决不了实际问题，而心平气和的态度，以及善意的微笑、真诚的握手、热烈的掌声、信任的目光等则是谈判成功、愉快合作的催化剂。

4. 积极进取的气氛

谈判不是剑拔弩张的战场，但与此同时，它也不是随意的社交沙龙，谈判者都是肩负着一定的重要使命而来的，他们需要完成重要的谈判任务和目标。因此，谈判人员应树立积极进取的态度，努力为谈判成功而不断努力付出。这就要求谈判者除了在谈判之前做充分的准备工作外，还要在谈判过程中时刻保持昂扬向上的情绪和心态，调动所有力量来实现自己的谈判目标，为己方赢取长远的利益和发展机会。

总之，谈判人员建立和谐融洽、友好合作的开局氛围是非常必要的，也是非常重要的，优秀的谈判人员会在不断努力的过程中，维护良好的谈判氛围，寻求互惠互利的合作。

案例导读

开局决定成败

美国 A 公司承包了一项建筑工程，开始计划得很顺利，不料在接近完工阶段，负责供应内部装饰用的铜器承包商突然宣布无法如期交货。这样一来，整个工程都要付巨额罚金，要遭受重大损失。于是，长途电话不断，双方争论不休。一次次交涉都没有结果，A 公司只好派高先生前往纽约。

高先生一走进那位承包商办公室，就微笑着说："你知道吗？在布洛克林巴，有您这样姓氏的人只有一个。""哈！我一下火车就查阅电话簿想找到您的地址，结果巧极了，有您这个姓氏的只有您一个人。""我一向不知道。"承包商兴致勃勃地查阅起电话簿来。"嗯，不错，这是一个很不平常的姓。"他很有些骄傲地说："我这个家庭从荷兰移居纽约，几乎有 200 年了。"他继续谈论他的家族及祖先。当他说完之后高先生就称赞他居然有一家这么大的工厂，承包商说："这是我花了一生的心血建立起来的一项事业，我为它感到骄傲，你愿不愿意到车间参观一下？"高先生欣然前往。在参观时，高先生一再称赞其组织制度健全，机器设备新颖，这位承包商高兴极了。他声称这里有一些机器还是他亲自发明的呢！高先生马上又向他请教：这些机器如何操作？工作效率如何？到了中午，承包商坚持邀请高先生吃饭，他说："到处需要铜器，但是很少有人对这一行像你这样感兴趣的。"

到此为止，你一定注意到高先生一次也没有提起这次来的目的。但承包商最后却说："我没有想到我们的相处竟会如此愉快。你可以带着我的保证回费城去，我保证你们所需材料如期运到。我这样做会给另一笔生意带来损失，不过我认了。"高先生轻而易举地获得了他所急需的东西。那些器材及时运到，使大厦在契约期限届满的那一天完工了。

案例来源：根据网络资料整理。

二、影响商务谈判开局气氛选择的因素

不同的商务谈判，会有不同的开局气氛。谈判开局气氛的选择要受到谈判双方之间的关系、实力对比等一系列因素的制约和影响。选择谈判开局气氛，必须全面考虑以下因素，并且在实施时还要依据谈判经验对其进行调整。

（一）谈判双方之间的关系

谈判双方之间的关系，可以概括为以下几种情况：

1. 双方在过去有过业务往来且关系很好

这种友好的关系应作为双方谈判的基础，在这种情况下，开局阶段的气氛应是热烈、真诚、友好和轻松愉快的。开局时，己方谈判人员在语言上应是热情洋溢的；在交谈内容

上可以畅谈双方过去的友好合作关系，亦可适当地称赞对方企业的进步与发展；态度上应该比较自由、放松、亲切。

2. 双方有过业务往来，但关系一般

开局的目标是要争取创造一个比较友好、和谐的气氛。但此时己方的谈判人员在语言的热情程度上要有所控制；在内容上，可以简单聊一聊双方过去的业务往来及人员交往，亦可说一说双方谈判人员在日常生活中的兴趣和爱好；在态度上，应随和自然。

3. 双方过去有过一定的业务往来，但己方对对方的印象不好

开局阶段谈判气氛应是严肃、凝重的。己方谈判人员在开局时，在语言上注意礼貌的同时，应该比较严谨甚至可以带一点严肃；在交谈内容上可以就过去双方的关系表示不满和遗憾，以及希望通过磋商来改变这种状况；在态度上应该充满正气，与对方保持一定距离。

4. 双方过去从来没有业务往来

应力争创造一个真诚、友好的气氛，以淡化和消除双方的陌生感，以及由此带来的戒备心理，为后面的实质性谈判奠定良好的基础。为此，己方谈判人员在语言上，应该表现得礼貌友好，但又不失身份；在交谈内容上应多以比较轻松的中性话题为主；在态度上应是不卑不亢，沉稳又不失热情，自信但不傲气。

（二）谈判双方的实力对比

谈判实力是指影响双方在谈判过程中的相互关系、地位和谈判最终结果的各种因素的总和。在通常情况下，谈判实力取决于谈判方对达成合作的愿望程度、对交易内容和交易条件的满足程度、对商业行情的了解程度、市场竞争的形势、所在企业的信誉和影响力、谈判时间的紧迫程度、谈判艺术与技巧的运用等因素。

就谈判双方的实力而言，主要有以下三种情况：

1. 双方谈判实力相当

为了防止一开始就强化对手的戒备心理和激起对方的对立情绪，以致影响实质性谈判，在开局阶段，双方要力求创造一个友好、轻松、和谐的气氛。己方谈判人员在语言和姿态上要做到轻松而不失严谨，礼貌而不失自信，热情而不失沉稳。

2. 己方谈判实力明显强于对方

为了使对方能够清醒地意识到这一点，并且在谈判中不抱过高的期望值，从而产生威慑作用，同时，又不至于将对方吓跑，在开局阶段，己方在语言和姿态上，既要表现得礼貌友好，又要充分显示出己方的自信和气势。

3. 己方谈判实力弱于对方

为了不使对方在气势上占上风，从而影响后面的实质性谈判，在开局阶段的语言和姿态上，己方一方面要表示出友好，积极合作；另一方面也要充满自信，举止沉稳，谈吐大方，使对方不至于轻视己方，要创造一种友好、平等的气氛。

趣味阅读

　　美国总统杰弗逊曾经针对谈判环境说过这样一句话意味深长的话："在不舒适的

环境下，人们可能会违背本意，言不由衷。"英国政界领袖欧内斯特·贝文则说，根据他平生参加的各种会谈的经验，他发现，在舒适明亮、色彩悦目的房间内举行的会谈，大多比较成功。

日本首相田中角荣20世纪70年代为恢复中日邦交正常化到达北京，他怀着等待中日间最高首脑会谈的紧张心情在迎宾馆休息。迎宾馆内气温舒适，田中角荣的心情也十分舒畅，与陪同人员谈笑风生。他的秘书仔细看了一下房间的温度计，是"17.8℃"，这使得田中角荣的心情舒畅，也为谈判的顺利进行创造了条件。

案例来源：根据网络资料整理。

（三）谈判的主题

谈判的主题，有三种形式：一是双方悦纳的主题。对于双方感兴趣、乐于协商的谈判主题，谈判气氛应该是友好、和谐、愉快的。二是一方不感兴趣的主题。对于一方兴趣不大、无所谓的谈判主题，谈判气氛应是自然、轻松、友好的。三是一方抵触的谈判主题。对于一方刻意回避、较为抵触的谈判主题，谈判气氛应是严肃、冷峻、对立的。

（四）双方谈判人员个人之间的关系

商务谈判虽然是经济组织之间以经济利益为目的而进行的谈判，但实际上是谈判人员之间相互交流思想的一种行为，谈判双方个人之间的感情会对谈判过程和效率产生很大的影响。如果双方谈判人员过去有过接触，并且还结下了一定的友谊，则开局气氛是较为轻松、友好、和谐的。在谈判内容上，既可以畅谈友谊地久天长，同时也可以回忆过去交往的情景，或讲述离别后的经历，还可以询问对方家庭的情况，以增进双方之间的个人感情。反之，如果双方谈判人员曾有过不愉快的过节，则开局气氛较为冷淡，甚至对立。实践证明，一旦双方谈判人员之间发展了良好的私人感情，那么，提出要求，做出让步，达成协议就不是一件太困难的事情。通常还可以降低谈判成本，提高谈判效率。

谈判的开局气氛是多种多样的：或热烈，或冷淡；或紧张，或舒缓；或愉快，或压抑；或轻松，或凝重；或友好，或对立；或自然，或平淡等。谈判的开局气氛要根据谈判双方之间的关系、谈判实力以及谈判主题等情况灵活地营造，谈判气氛的形成是谈判双方共同作用的结果。谈判开局气氛影响因素状况及谈判气氛对照表如表6-1所示。

表6-1　　　　　谈判开局气氛影响因素状况及谈判气氛对照表

双方关系	好	一般	不好	未知
	热烈诚挚	坦诚友好	严肃凝重	热情真诚
双方实力	相当	己方强	己方弱	
	友好和谐	友好矜持	友好平等	

续表

谈判主题	双方悦纳	一方无兴趣	一方抵触	
	愉快友好	自然友好	严肃冷峻	
人员关系	好	一般	不好	未知
	轻松愉快	自然友好	冷淡对立	亲切友好

三、营造商务谈判开局气氛的技巧

商务谈判开局气氛是谈判双方以语言、姿态、表情与动作等交互作用形成的洽谈氛围。在具体的谈判活动中，为形成对己方有利的谈判气氛，还可以灵活运用一些技巧。

（一）营造高调气氛

高调气氛是指谈判情绪比较热烈，谈判双方情绪积极、态度主动，愉快因素成为谈判情势主导因素的谈判开局气氛。通常在下述情况下，谈判一方应努力营造高调的谈判开局气氛：己方占有较大优势；价格等主要条款对自己极为有利；己方希望尽早达成协议。

在高调气氛下，对手也会更多地注意到对自己有利的方面，而且对前景的看法也倾向于乐观，因此，高调气氛可以促进协议的达成。营造高调气氛通常有以下几种方式：

1. 感情攻击法

感情攻击法是指通过某一特殊事件来引发普遍存在人们心中的感情因素，并使得这种感情迸发出来，从而达到营造气氛的目的。真实的情感流露往往能满足听者的自我意识，并得到尊重感。为此，要肯于表露自己真实的希望和担心，公开自己的立场和目标，用行动使对方确信己方是可信赖的。

2. 称赞法

称赞法是指通过称赞对方来削弱对方的心理防线，从而焕发出对方的谈判热情，调动对方的情绪，营造高调气氛。

从心理学的角度看，任何人都希望得到别人的赞美和表扬，被称赞者往往会表现出心情的愉悦，认同感的加强，心理防线的减弱。适当的赞辞是商务谈判双方交往的理想媒介，也是融洽谈判双方关系的润滑剂。每一个人都有一些自以为是的方面，人们为此而感到自豪，并希望为他人所知，被他人承认和赞扬，谈判人员也是如此。在谈判过程中，适当地称赞对方可以培养良好的人际关系和融洽的谈判气氛，能够对谈判起到良好的促进作用。

称赞对方的话题通常有：

（1）适宜赞美的对方个人因素。如个人的仪容仪表、举止谈吐、风度气质、专业才能、特长、服饰、家庭成员等。

（2）适应赞美的对方企业因素。如企业规模、品牌知名度、经营业绩、管理水平、服务水平等。

（3）适宜赞美的对方所在国家和城市。如名胜古迹、人文环境、社会风貌、历史名人、自然环境等。

采用此方法时要注意以下几点：

(1) 选择恰当的称赞目标和内容。要选择那些对方最引以为豪的，真正过人之处，并希望己方注意的目标，否则有讽刺之嫌。例如，对方个人因素：如个人的仪表、谈吐、气质、才干、经历、家庭成员等；对方企业因素：如企业规模、品牌知名度、经营业绩、管理水平、服务能力等；对方所在国家和城市：如名胜古迹、人文环境、社会风貌、自然环境等。

(2) 选择恰当的称赞时机，应选择对方心情比较好、气氛比较缓和的时机，如果时机选择得不好，称赞法往往适得其反。

(3) 选择恰当的称赞方式。称赞方式一定要自然，不可过于夸张，过于吹捧会让对方认为你是在刻意奉承他，否则会引起反感。

(4) 称赞程度要适当，否则会使对方尴尬难堪。如果对方对己方的称赞有初步的良好反应，可以继续施加适度的赞美；如果对方对己方的赞美反应冷淡，应停止赞美。在商务谈判中，并不是所有的谈判者都乐于接近赞美者。即使是同一个谈判者，在不同的谈判环境中，对赞美也会产生不同的心理效应。

案例导读

亚当森的"称赞法"

美国柯达公司创始人乔治·伊斯曼打算捐巨款建造一座音乐厅、一座纪念馆和一座剧院。为承揽这批建筑物内的座椅，许多制造商展开了激烈的竞争。

但是，找伊斯曼谈生意的商人无不乘兴而来，败兴而归，毫无收获。正是在这样的情况下，美国优美座椅公司的经理亚当森前来会见伊斯曼，希望拿到这笔价值9万美元的生意。

伊斯曼的秘书在引见亚当森前，提醒亚当森说："我知道您急于得到这笔订单，但是我告诉您，如果您占用了伊斯曼先生5分钟以上的时间，您就完了。他是一个很严厉的大忙人，所以您进去后要快速讲完。"

亚当森微笑着点头称是。

秘书对亚当森作了简单的介绍后，便退了出去。这时，亚当森没有谈生意，而是说："伊斯曼先生，我仔细观察了您的这间办公室，我本人长期从事室内装修，但从来没见过装修得如此精致的办公室。"

伊斯曼莞尔一笑："哎呀！您提醒了我，我都忘记这件事了，这间办公室是我亲自设计的，当初刚建好的时候，我喜欢极了，但后来一忙，一连几个星期都没有机会仔细欣赏一下这个房间。"

亚当森走到墙边，用手在木板上一擦，说："我想这是英国橡木，是不是？意大利的橡木质地不是这样的。"

"是的"，伊斯曼高兴得站起来回答说："那是从英国进口的橡木，是我的一位专门研究室内细木的朋友专程去英国为我订的货。"

伊斯曼心情极好，便带着亚当森仔细地参观他的办公室来了。他把办公室内所有的装饰一件件地向亚当森作介绍，从木质谈到比例，又从比例扯到颜色，从手艺谈到价格，然后又详述了他设计的经过。此时，亚当森微笑着聆听，饶有兴致。

亚当森看到伊斯曼谈兴正浓，便好奇地询问他的经历。伊斯曼便向他讲述了自己青少年时代的苦难生活；母子俩如何在贫困中挣扎的经历；自己发明柯达相机的经过，以及自己打算对社会的巨额捐赠……亚当森由衷地赞扬了他的公德心。

本来秘书警告过亚当森，会谈不要超过 5 分钟。结果，亚当森和伊斯曼谈了一个小时又一个小时，一直谈到中午。最后，伊斯曼对亚当森说："上次我在日本买了几把椅子，放在我家的走廊里，由于日晒，都脱了漆。昨天我上街买了油漆，打算自己把它们重新油漆好。您有兴趣看看我的油漆表演吗？好了，到我家里和我一起吃午饭，再看看我的手艺。"

午饭后，伊斯曼便动手把椅子一一漆好，并深感自豪。直到亚当森告别的时候，两人都未谈及生意。最后，亚当森不但得到了大批订单，还和伊斯曼结下了终生的友谊。

案例来源：根据网络资料整理。

3. 幽默法

恩格斯说过，幽默是具有智慧、教养和道德上优越感的表现。幽默法是指用幽默的方式来消除谈判对手的戒备心理，使其积极参与到谈判中来，从而营造高调的谈判开局气氛。采用幽默法时同样要注意实际、方式以及要收放有度。

在商务谈判中，幽默地开个得体的玩笑，可以松弛神经、活跃气氛，营造出适于沟通的愉快氛围，运用幽默技巧需要注意以下几个问题：

（1）幽默内容要高雅。幽默的内容取决于幽默者的思想情趣与文化修养。幽默粗俗不堪或不雅，有时也能博人一笑，但过后就会感到乏味无聊。只有内容健康、格调高雅的幽默，才能给人以启迪和精神享受，而且也是对自己形象的成功塑造。

（2）幽默态度要友善。幽默的过程，是感情互相交流传递的过程。如果借幽默来达到对他人冷嘲热讽、发泄内心厌恶和不满的目的，那么别人一定会认为你不够尊重他人，以后也不会愿意和你继续交往。

（3）幽默要分清场合。美国总统里根在一次国会开会前，为了试试麦克风是否好用，张口便道："先生们、女士们请注意，五分钟之后，我们将对苏联进行轰炸。"一语既出，众人皆哗然。显然里根在不恰当的场合和时间里，开了一个极为荒唐的玩笑。为此，苏联政府对美国提出了强烈的抗议。

（4）幽默要分清对象。我们身边的每个人，因为身价、性格和心情的不同，对幽默的承受能力也有差异。幽默要因人、因事、因时而发，否则会触怒他人。

（二）营造低调气氛

低调气氛是指谈判气氛十分严肃、低落，谈判的一方情绪消极、态度冷淡，不愉快因素构成谈判情势的主导因素。通常在下面这种情况下，谈判一方应该努力营造低调气氛：

本方有讨价还价的砝码，但是并不占有绝对优势，合同中某些条款并未达到本方的要求，如果本方施加压力，对方会在某些问题上做出让步。低调的气氛会给谈判双方都造成较大心理压力，这种情况下，哪一方心理承受力弱，哪一方往往会妥协让步。因此，在营造低调气氛时，本方一定要做好心理准备，并要有较强的心理承受能力。

营造低调气氛通常有以下几种方法：

1. 压抑法

压抑法是以沉重、抑郁的心情，冷峻的语言诱发对方的消极情感，致使一种低沉、严肃的气氛笼罩在谈判开始阶段。

2. 沉默法

沉默法是以沉默的方式来使谈判气氛降温，从而达到向对方施加心理压力的目的。注意这里所讲的沉默并不是一言不发，而是指己方尽量避免对谈判的实质问题发表议论。

采用沉默法时要注意以下两点：

（1）要有恰当的沉默理由。通常人们采用的理由有假装对某项技术问题不理解，假装不理解对方对某个问题的陈述，假装对对方的某个礼仪失误表示十分不满。

（2）要沉默有度，适时出击，掌握主动。

📖 案例导读

美日贸易谈判的沉默式谈判

沉默和忍耐是日本商人常用的一种谈判策略。在一次美日贸易谈判中，美国代表提出美、日联合向巴西开放一种新的生产设备和工艺技术，然后等待日方丰田公司代表的答复。25 秒过去了，三位日商还是默不作声，低着头，双手搭在桌面上。最后，一位美商急得脱口而出："我看这样坐着总不是个事吧！"他说得非常对，但会谈也就此告终了。其实，这位美商应该再忍耐一下。

案例来源：根据网络资料整理。

启示：

应该注意的是，在商务谈判实践中，运用沉默法并非总是一言不发，而是指己方尽量避免对谈判的实质问题发表议论。沉默的同时要注意倾听，悉心倾听对方吐露的每一个字，注意他的措辞和他选择的表达方式，以及他的语气和声调。这些都能为你提供线索，去发现对方的一言一行背后隐含的真实动机、目的和需要，并感受到对方的情绪。

沉默倾听不但可以使你听得更明白，而且也可以使对方说得更准确。如果你听得很认真并偶尔插话说："对不起，你的意思是……"对方会感到他不是在进行无聊的闲谈或是进行例行公事式的谈话，他会从被听和被了解中得到满足感。因为人们一般都希望被人了解，希望表现自己，而你的认真倾听，正是满足了对方的这种心理，会使对方对你产生好感。所以，有人说，最廉价的让步就是让对方知道你在洗耳恭听。倾听是了解对方需求和发现事实真相的最简捷的途径，这就是沉默的力量。

3. 疲劳战术

疲劳战术（又称消磨法）是指对方对某一个问题或者某几个问题反复进行陈述，从生理和心理上疲劳对手，降低对手的热情，从而达到控制对手并迫使其让步的目的。在国际谈判史上，日本商人经常将疲劳战术与沉默法结合使用。

4. 指责法

指责法是指对对手的某项错误或礼仪失误严加指责，使其感到内疚，从而达到营造低调气氛，迫使谈判对手让步的目的。

（三）营造自然气氛

自然气氛是指谈判双方情绪平稳，谈判气氛既不热烈也不消沉。自然气氛无须刻意去营造，许多谈判都是在这种气氛中开始的，这种谈判开局气氛便于向对手进行摸底。营造自然气氛要做到以下几点：

（1）注意自己的行为、礼仪。

（2）要多听、多记，不要与谈判对手就某一问题过早发生争执。

（3）提前准备几个问题，但询问方式要自然。

（4）对于对方提问，能正面回答的一定要正面回答；不能回答的，要采用恰当方式进行回避。

1. 寒暄法

寒暄法指双方见面落座后，在轻松愉快的闲聊中形成诚挚、融洽的谈判氛围。双方闲聊的话题可以是询问对方休息、饮食状况，对本地的感觉印象；也可以是一些与谈判无关的、令双方感兴趣的话题，诸如以前各自的经历、共同交往的人、文艺体育、时事新闻、地理气候、风俗习惯等；若彼此有过交往，可续谈以往合作经历或感受，表达对对方的协议或歉意。

2. 进攻法

进攻法是通过语言或行为来表达己方强硬的态度，从而使对方转变态度，形成平等协商的谈判氛围。运用进攻法在态度上要自信，做到有理、有利、有节地捍卫己方的尊严和正当权益，从而建立平等的谈判气氛。

3. 示弱法

示弱法是指谈判一方向另一方表明自己的弱势，取得对方的同情，从而形成平和融洽的谈判气氛。

谈判气氛并不是一成不变的。在谈判中，谈判人员可以根据需要来营造适合自己的谈判气氛。但是，谈判气氛的形成并不是完全是人为因素的结果，客观条件也会对谈判气氛有重要的影响，如节假日、天气情况、突发事件等。因此，在营造谈判气氛时，一定要注意外界客观因素的影响。

建立与谈判对手的良好关系有助于良好商务谈判氛围的形成。通常与对方建立良好关系包括以下技巧：

（1）记住名字。在与谈判对手一次偶然或短暂的交往后，能准确、迅速地说对方的名字，不仅是一种友善的表示，也给对方传递了一条信息——你在我心中的位置，对方会因此而感动。记住别人名字的最好方法就是建立名片档案，注明初识时间、地点、关键事项等。

（2）娱乐活动，邀请谈判对手参加娱乐活动能很好地沟通双方感情。娱乐活动的方式多种多样：切磋棋艺，打网球，保龄球、高尔夫球，听音乐，唱卡拉 OK，跳舞等 。

（3）旅游观光。旅游观光是增进友谊的一种较好形式，因为它使双方接触时间延长、游览、就餐、休息都在一起，是深入交往的极好时机。

（4）家庭拜访。家庭拜访包括到谈判对方成员家里拜访，参加其家庭的重要活动等，往往能收到较好的效果。

（5）赠送礼物。在双方交往中，根据不同对象的喜好有意识地馈赠一些礼物，表示友好和联络感情，可拉近双方距离。

📝 **课堂活动**

实训目的：通过本次实训使学生掌握梳理融洽的谈判气氛的技巧和方法，熟悉开局的主要内容。

实训内容：按照准备好的案例进行开局模拟。

实训要求：

1. 教师发布主题。

2. 学生在课后完成主题的构思和讨论。

3. 准备必要的谈判设施。

实训步骤：

1. 按学习小组进行实训，分别扮演案例中的谈判方。

2. 确定商务谈判人员的着装。

3. 分别设计营造开局气氛的方法和策略。

4. 双方进行入场、握手、介绍、寒暄及落座。

5. 两个小组分别陈述己方的观点和愿望。

6. 小组讨论及教师点评。

成果评价：

1. 是否营造了适宜的谈判气氛。

2. 开局导入态度是否自然大方。

3. 开场陈述是否把本方的谈判建议、原则讲清楚。

4. 团队配合、整体意识如何。

第四节　谈判议程的确定

一、谈判议程的含义

谈判议程是指对谈判事项的程序性安排，即对此次谈判何时开始、何时结束、谈判议题、先谈什么或后谈什么的一个双方预先约定，也称为谈判的日程。

在外交、军事谈判中，谈判议程起着极其重要的作用，任何一个谈判者都不会忽视谈判议程的确定。但在商务谈判中，谈判者往往把谈判的着力点放在了商品和价格上，忽略了开局阶段谈判议程的确定。其实在这一点上商务谈判与外交、军事谈判并无太大的差异，事先确定一个好的谈判议程，对于促进谈判的顺利进行，降低谈判成本，谋取谈判利益都是有益的。

（一）谈判议程的分类及内容

谈判议程按使用对象不同分为通则议程和细则议程。通则议程是谈判双方共同使用的议程，一般情况下，双方必须遵守这个议程。细则议程是在通则议程的基础之上己方单独制定、单独使用的议程。通则议程是对谈判事项及过程的粗线条安排。细则议程是对谈判过程的细节性安排，是对对方保密的。

1. 通则议程的内容

在通则议程中，通常应该明确下列内容：

（1）列入谈判范围的各项议题及议题的讨论顺序。

（2）谈判总体时间及各分阶段时间的安排。

（3）谈判所讨论的中心议题。

（4）谈判中双方人员的安排。

（5）谈判地点及招待事宜。

2. 细则议程的内容

细则议程的内容一般包括下列几个方面：

（1）谈判中的统一口径，比如发言的观点、文件资料的说明等。

（2）谈判中己方所用策略的具体安排，比如己方的让步策略、让步的幅度与频率、在何种情况下实施让步等。

（3）己方发言的策略，比如何时提出问题、提什么问题、向何人提问、谁来提问、谁来补充、谁来回答对方问题、谁来反驳对方提问、什么情况下要求暂时停止谈判等。

（4）对谈判过程中可能出现的异常情况的对策和安排。

（5）谈判人员更换的预先安排。

（6）己方对谈判时间的细节安排，谈判期限等。

（二）确定谈判议程的重要性

对于比较重要的多议题商务谈判，在开局阶段确定一个供双方共同遵守的谈判议程还是很有必要的。

1. 议程本身就是一种谈判策略

一个良好的谈判议程可以阐明或隐藏谈判者的立场和动机。谁控制了这个议程谁就拥有了谈判的主动权，就能在谈判中获取更多的利益。在谈判中己方应争取拟订谈判议程，把己方的策略、技巧隐藏于谈判的议程当中，借此来控制谈判。

2. 谈判程序确定得科学、合理与否关系到谈判的顺逆，影响到谈判的效率

一个好的谈判议程可以使己方在谈判中沿着一个正确的轨道进行，明显提高谈判的效

率，降低谈判成本；一个不合理的谈判议程可使谈判偏离正题，会使谈判变成无意义的争吵。

3. 谈判议程也是谋取谈判利益的一种手段

一个好的谈判议程可以使己方获取更多的利益，无数的谈判实践已经证明：能够控制谈判议程的人，在某种程度上就控制了谈判的进程和发展方向。作为一名谈判人员应该清楚，在商务谈判正式开始之前，先确定好谈判议程，然后再进行谈判，是很有必要的，它能在某种程度上帮助我们确立谈判的主动地位。

二、确定谈判通则议程时需要考虑的因素

(一) 认清己方的利益

与己方利益密切相关的事项，即己方的关注点，必须列在议程当中，并且应争取留出充足的时间，安排在一个对己方有利的时间段讨论这些议题。己方的核心利益，即己方必得的，不能分割的利益条款坚决不能列在谈判议程当中。

(二) 谈判准备的程度

俗话说，不打无准备之仗。如果已经做好参加谈判的充分准备，则谈判时间安排得越早越好；如果没有做好充分准备，不宜匆忙开始谈判。

(三) 谈判人员的身体和情绪状况

如果己方参加谈判的人员年龄偏高，要考虑他们身体状况能否适应较长时间的谈判。如果身体状况不太好，可以将一项长时间谈判分割成几个较短时间的阶段谈判，即将一场谈判分成若干轮进行。

(四) 市场形势的紧迫程度

如果所谈项目与市场形势密切相关，则瞬息万变的市场形势不允许稳坐钓鱼台般的马拉松式谈判，谈判应尽早、及时，且不能拖得太久。

(五) 谈判议题的需要

对于多议题的大型谈判，不可能在短时间内解决问题，所需时间相对长一些；对于单项议题的小型谈判，没有必要耗费很长时间，要力争在较短时间内达成一致。

三、确定谈判通则议程的程序

谈判通则议程的确定包括议程的拟订和议程的审议两个方面。

议程的拟订即议程草案的起草。根据议程起草人的不同可分为三种情况：一是己方拟订；二是对方拟订；三是双方共同拟订。对于那些交易金额巨大、涉及条款较多、双方关注的焦点又各不相同的重大商务谈判，多采用双方共同拟订的方式。如果议程草案是对方起草的，己方拿到草案后一定要仔细审议，找出其中对己方不利的安排和对方隐藏着的东

西，并给予修正，切勿盲目认可。

📖 案例导读

议程安排中的奥妙

中国自然科学基金资助项目"中外企业家商务谈判行为模式比较研究"课题组在调查中发现：老练的商务谈判者在参与非实质性谈判时，如果一方提出的议程为 A 方案，另一方提出的议程为 B 方案（如果他愿意提出的话），并假定 A、B 方案彼此既有相同之处又有某些差异，在此情况下，如果后者赞同按照 A 方案参与谈判，则结果当然受 A 方案的影响较大，最终可能更有利于前者，而如果后者能争取按照 B 方案安排谈判议程，结果自然会对自己有利得多。然而，议程本身毕竟只是一个供双方讨论的事先的计划，并不是固定不变的契约，如果任何一方在谈判开始后，对议程的形式不满意，那么就应该有勇气提出修改议程，否则，在不满意的议程安排下即使达成某种协议，也未必使谈判各方感到满足，其后果当然不会理想。

除此之外，调研还发现，即使在议程敲定后，谈判者还可以准备一个无须与对方商议的供自己安排时间和精力用的灵活的谈判日程。对容易引起争议的问题，寻找一个于自己的时间和精力所容许的，对双方亦适合的场合和时机提出来，即使在社交场合，也可以表明己方的诚恳态度。这样做既有效避免了因为事前未通气而在正式会谈中突然提出来可能招致的不愉快和尴尬，又可以在正式谈判开始前迫使对方先正式发表意见，了解对方的某些需要。如果一方的正式表态令另一方不能接受，由于后者还未正式提出自己的主张，所以不必承担什么义务，可以研究之后再予以答复。

案例来源：毕思勇，赵帆. 商务谈判［M］. 北京：高等教育出版社，2018.

（一）谈判议程的拟订

在商务谈判中应尽可能争取由己方拟订谈判议程，这样有两点好处：一是己方可根据需要适当安排议程，比如根据己方所能接受的方式安排讨论问题的先后顺序。二是把己方的谈判策略隐藏在议程当中，比如：文件、资料的使用顺序，提问、发言的顺序，人员的出场顺序等。

谈判通则议程的拟定首先要确定谈判议题，然后对谈判议题的展开顺序进行编排。

1. 确定谈判议题

谈判议题就是谈判双方提出的需要讨论的各种问题。确定谈判议题时要明确：

（1）己方要提出哪些问题，要讨论哪些问题。

（2）对方提出了哪些问题。

（3）把所有问题全盘进行比较和分析。哪些问题是主要议题，要列入重点讨论范围；哪些问题是非重点问题；哪些问题可以忽略；这些问题之间是什么关系，在逻辑上有什么联系。

（4）对方的哪些问题是对方关心的核心问题，是己方必须认真对待的；哪些问题是对方的附属问题，是对方可以做出让步的；哪些问题是可以不予讨论的。

2. 谈判事项的顺序编排

拟定谈判议程的关键是合理安排议题讨论的先后次序。谈判事项的顺序编排有多种方式。

（1）先易后难。即将分歧较小、容易谈妥的事项放在前面讨论，把分歧较大的事项放在后面讨论。这种编排方式有利于为谈判创造一个良好的开局气氛，为接下来较困难的谈判打下一个良好的基础。但缺点也是显而易见的，这样会造成对次要问题的讨论占用过多的时间，缺乏足够的时间解决分歧较大的重点和难点问题，而且在结束之前引起争吵，可能对以后的双方合作留下不好的印象。

（2）先难后易。这种编排方式主要是为了突出谈判的重点和难点，先集中精力和时间解决重点和难点问题，剩余的问题也就容易取得共识。这种编排方式的缺点也是显而易见的，若谈判一开始就争吵起来，这对接下来的谈判会产生不良的影响，甚至会造成冲突和僵局，无疑也会加大对谈判控制的难度。

（3）混合编排。即不分主次，把所有的问题都提出来加以讨论，经过一段时间的磋商后，把各种讨论意见归纳起来，对已经解决的问题加以明确，就尚未解决的问题继续进行磋商，最终达成一致。或者是将要讨论的问题按照难—易—难—易的顺序交替编排，逐个解决，最后达成一致。

具体采用哪种编排方式，应根据谈判的具体情况和谈判人员的能力和习惯来确定。

有经验的谈判者在议程编排时，一般不把主要议题和争执较大的焦点问题放在谈判的开头或最后，一般将这样的议题安排在谈判的中间。这样既经过一定程度的意见交换有了基础，又不会使商务谈判人员对主要议题和争执较大的焦点问题的协商拖得太晚而显得仓促，还保证了谈判结束前的良好谈判气氛，为双方合作留下一个较好的印象。

也有的谈判者恰恰相反，总是将可能引起冲突的议题留到最后，一旦有什么问题使人觉得可能会引起争论，就将其搁置边，待协议中所有其他条款全都通过以后再来解决。

谈判事项的编排方式，还要看双方的谈判作风。如果己方是意志坚定者，而对方不是，那么最好采用第一种方式。因为在艰苦工作了数日甚至数周之后，意志薄弱者往往变得较为容易让步，对谈判桌上留下来的问题，不管这个问题是多么棘手，他们总是希望尽快解决它。

在编排谈判议题时，还要确定每个议题所用的时间，即设计谈判的进度。谈判的进度是根据谈判各个议题的复杂性安排的，每个议题应留出较充足的讨论时间，但总体上要把握紧凑和有序的原则。

（二）谈判议程的审议

若谈判的议程草案是由对方拟订的，那么己方必须对其进行认真审议，不能在未经思考成熟的情况之下，接受对方的日程安排，以避免对方借谈判议程来控制己方。谈判议程的审议主要包括：

（1）审查谈判议题及涉及的内容是否与谈判双方所在国家和地区的现行法律、法规相抵触。

（2）探索谈判议程中有哪些项目故意被遗漏，尤其是己方所重点关注的条款坚决不能被排除在谈判范围之外。

（3）对己方不能退让的条件，若出现在谈判议程中，要坚决删除，因为这些条款往往涉及己方的核心利益，这些利益往往是不能与对方分享的。

（4）审查谈判议程中的谈判对手是否与己方谈判人员具有对等的地位。在商务谈判中一般不与没有决策权的人进行实质性谈判，因为这些人参与的谈判往往是试探性的，其目的是探测己方的意图，和这些人进行深入谈判往往是在浪费时间。

（5）注意谈判议程上所编排的时间、地点是否对己方不利。

（6）最后还应检查议程的整体性安排是否对己方不利。

第五节　商务谈判开局的策略

商务谈判开局策略是谈判者谋求谈判开局有利形势和实现对谈判开局的控制而采取的行动方式或手段。谈判开局策略是谈判开始阶段最为重要的问题之一，谈判开局是否顺利将会严重影响到接下来的整个谈判过程。因此，谈判人员应该制定完善的开局策略并好好把握。商务谈判开局策略一般包括以下几个方面：

（一）一致式开局策略

一致式开局策略是指以协商、肯定的语言进行陈述，使对方对己方产生好感，争取创造出一种对谈判充满"一致性"的氛围，从而使谈判双方在友好愉快的气氛中展开谈判工作。

一般情况下，当谈判双方实力比较接近，双方过去没有商务往来的经历，是第一次接触，都希望有一个好的开端时，比较适合采用一致式开局策略。需要注意的是，谈判人要多用外交礼节性语言，谈论的话题应该是中性话题，以一种平等、友好、合作的态度来对待谈判对手。这样才能保证谈判在一种愉快、融洽的气氛中进行下去。比如，谈判人员以协商的口吻来和对方谈论自己的意见，而对于对方的意见则是持尊重和认可的态度，这样双方就比较容易达成共识，也就有利于顺利打开谈判局面。

（二）进攻式开局策略

进攻式开局是指谈判人员在谈判一开始就通过一些语言或行为来表达己方强硬的姿态，起到先声夺人的效果，从而获得谈判对手必要的尊重。这样的开局方式可以为己方制造出一定的心理优势，使谈判朝有利于己方的方向推进。

进攻式的开局策略并不是适合所有的谈判活动，谈判人员应该根据具体情况来具体对待。比如，谈判者发现谈判对手居高临下、气势逼人，有不尊重己方的表现。在这种情况下，如果任其发展下去，那己方就会处于被动地位，不利于己方的谈判。所以，在此时己方的谈判人员可以采取以攻为守的策略，不要被对方的气势给压倒，而是应该努力维护己方的利益，捍卫己方的尊严。

不过需要注意的是，进攻式开局并不是要求谈判人员以咄咄逼人的气势来对待自己的谈判对手，而是在平等的基础之上，以自信和礼貌的态度来争取己方的利益和尊严。进攻式开局应以适度为宜，以免造成气氛紧张、发生僵局的场面。

📖 案例导读

日本一家著名的汽车公司在美国刚刚"登陆"时，急需找一家美国代理商来为其销售产品，以弥补他们不了解美国市场的缺陷。当该公司准备与美国的一家公司就此问题进行谈判时，日本公司的谈判代表团因塞车迟到了。美国公司的代表抓住这件事情紧紧不放，想要以此为手段获取更多的优惠条件。日本公司的代表发现无路可退，于是站起来说："我们十分抱歉耽误了你们的时间，但是这绝非我们的本意，我们对美国的交通状况了解不足，所以导致了这个不愉快的结果，我希望我们不要再为这个无所谓的问题耽误宝贵的时间了，如果因为这件事情怀疑到我们合作的诚意，那么，我们只好结束这次谈判。我认为，我们所提出的优惠代理条件不会在美国找不到合作伙伴。"日本代表的一席话说得美国代理商哑口无言，美国人也不想失去这次赚钱机会，于是谈判顺利地进行下去了。

案例来源：根据网络资料整理。

采用进攻式开局策略一定要谨慎，因为在谈判开局阶段就设法显示自己的实力，使谈判开局就处于剑拔弩张的气氛中，对谈判进一步发展极为不利。进攻式开局策略通常只在这几种情况下使用：发现谈判对手在营造低调的谈判气氛，这种气氛对己方的讨价还价十分不利，如果不把这种气氛扭转过来，将损害己方的切身利益。

（三）坦诚式开局策略

坦诚式开局策略是指谈判人员以开诚布公的方式向谈判对手陈述自己的观点或想法，为谈判打开良好的局面。一般说来，坦诚式开局策略比较适合于有长期业务合作关系的双方，而且双方关系很好，互相比较了解。在双方已经建立了愉快的合作关系的基础之上，双方互相之间比较熟悉和了解不需要太多的客套和寒暄，这样的开局策略可以减少很多外交辞令，节省了时间。另外，谈判人员直接坦率地向对方提出自己的观点和要求，反而更容易使对方对己方产生信任感。

这种策略适用于谈判双方过去有过商务往来，而且互相比较了解，关系很好，或者是己方实力不如对方的情况。

📖 案例导读

北京某区一位党委书记在同外商谈判时，发现对方对自己的身份持有强烈的戒备心理。这种状态妨碍了谈判的进行。于是，这位党委书记当机立断，站起来对对方说道："我是党委书记，但也懂经济、搞经济，并且拥有决策权。我们摊子小，并且实力不大，但人实在，愿意真诚与贵方合作。咱们谈得成也好，谈不成也好，至少你这个外来的'洋'先生可以交一个我这样的'土'朋友。"寥寥几句肺腑之言，一下子就打消了对方的疑惑，使谈判顺利地向纵深发展。

案例来源：根据网络资料整理。

（四）慎重式开局策略

慎重式开局策略是指谈判人员以严谨、凝重的语言进行陈述。这种开局策略可以展现出己方对谈判的高度重视，并且能够促使谈判对方放弃某些不适当的意图，以更加顺利地达到自己的谈判目的。

慎重式开局策略通常适用于有过商务往来的谈判双方，但是对方曾有过不太令人满意的表现。在这种情况下，谈判人员就应该用严谨、慎重的态度来对待谈判，以引起对方对某些问题的重视。

（五）保留式开局策略

保留式开局策略是谈判者在谈判之初，对谈判对手所提出的关键性问题不做明确彻底的回答，而是在一定程度上有所保留。这样在接下来的谈判过程中，比较易于掌握主动权和控制权。不过，需要注意的是，谈判人员要把握好保留的程度，以免给对方手造成不诚恳或故弄玄虚的印象。

📙 案例导读

有一家日本公司与我国福建一家公司进行了接触。双方互派代表就投资问题进行谈判。谈判一开始，日方代表就问道："贵公司的实力到底如何我们还不是十分了解，能否请您向我们介绍一下以增加我方进行合作的信心。"中方代表回答道："不知贵方所指的实力包括哪几个方面，但有一点明确告诉您，造飞机我们肯定不行，但是制茶我们是内行，我们的制茶技术是世界第一流的。福建有着丰富的茶叶资源，我们公司可以说是'近水楼台'。贵公司如果与我们合作的话，肯定会比与其他公司合作得满意。"

案例来源：根据网络资料整理。

本 章 小 结

商务谈判开局是指谈判双方见面后，在讨论具体、实质的内容之前，相互介绍、初步接触以及进行意向性沟通。谈判的开局是整个商务谈判的起点，在很大程度上影响整个谈判的走向和发展趋势。谈判开局的作用有三个方面：能够树立良好的第一印象；可以营造适当的谈判气氛；谈判开局地位对于谈判进程具有重要的影响。

开局阶段的目标主要是为进入实质性谈判创造良好条件，在谈判人员相互介绍和交流中，力争营造有利的谈判气氛，尽量探测对方的基本态度，并对谈判程序、共同遵守的原则等基础问题进行沟通并达成一致。开局阶段主要有以下四项基本任务：营造良好的谈判气氛；从谈判目标、谈判计划、谈判进度和谈判者四个方面交换意见；开场陈述；继续了解谈判对手。任何谈判都是在一定的气氛下进行的。每一场谈判都有其独特的气氛：有的是冷淡的、对立的；有的是积极的、友好的；有的是平静的、严谨的；有的是简明愉快的，还有的是旷日持久的。不同谈判气氛对谈判的影响不同，一种谈判气氛可以在不知不觉中把谈判朝着某种方向推进。谈判开局的气氛有礼貌、尊重的气氛；自然、轻松的气氛；友好、合作的气氛；积极进取的气氛。其次，谈判开局气氛的选择要受到谈判双方之间的关系、实力等一系列因素的制约和影响。选择谈判开局气氛，必须全面考虑以下因素，并且在实施时还要依据谈判经验对其进行调整：谈判双方之间的关系；谈判双方的实力；谈判的主题；双方谈判人员个人之间的关系。

商务谈判开局气氛是谈判双方以语言、姿态、表情与动作等交互作用形成的洽谈氛围。在具体的谈判活动中，为了营造高调的谈判气氛，可用感情攻击法、称赞法、幽默法；营造低调的谈判气氛的方法有压抑法、沉默法、疲劳战术、指责法。营造自然气氛的方法有寒暄法、进攻法、示弱法。

谈判议程是指对谈判事项的程序性安排，即对此次谈判何时开始、何时结束、谈判议题、先谈什么或后谈什么的一个双方预先约定，也称为谈判的日程。谈判议程按使用对象不同分为通则议程和细则议程。通则议程是谈判双方共同使用的议程，一般情况下，双方必须遵守这个议程。细则议程是在通则议程的基础之上己方单独制定、单独使用的议程。通则议程是对谈判事项及过程的粗线条安排。谈判通则议程的确定包括议程的拟订和议程的审议两个方面。

商务谈判开局策略是谈判者谋求谈判开局有利形势和实现对谈判开局的控制而采取的行动方式或手段。谈判开局策略是谈判开始阶段最为重要的问题之一，谈判开局是否顺利将严重影响到接下来的整个谈判过程，主要分为一致式开局策略；进攻式开局策略；坦诚式开局策略；慎重式开局策略；保留式开局策略。

◎ **思考题**

1. 如何营造和谐的谈判开局气氛？
2. 影响商务谈判开局气氛选择的因素有哪些？
3. 阐述一个你亲身经历的采用称赞法营造良好开局气氛的案例。
4. 假如你是一位小企业的老板，刚签订了一个大的加工合同，需要你的所有员工加班才可以在合同约定的时间内完成任务，但是你的工人和技术人员知道后，要求你支付他们双倍工资，而你不能立即找到替换他们的人，你将如何处理？
5. 谈判议程审议的内容包括哪些？
6. 商务谈判开局有哪些策略？如何使用？

◎ 课后案例

案例一 李经理为什么会成功

国内某著名啤酒要进入武汉市场，首选武汉市几家大餐饮企业作为进入的突破口。如何让这几家餐饮企业推荐该啤酒作为餐厅的主要酒水，还需要下工夫做好老板的工作，这个任务落到了啤酒销售副经理李斌的身上。

这天，李斌来到某餐厅，见到了该餐厅老板。

李经理："哟，这么多空酒瓶！老板，一看中午客人喝空了这么多瓶酒，就知道你的生意做得红红火火。现在啤酒销量不错吧?"李斌说话声音洪亮、真诚，让人听起来很受用。

餐厅余老板："马马虎虎，请问有什么事?"

李经理："噢，我是××啤酒集团的小李，早就听说您是武汉餐饮业起步最早、做得最好的老板，今天来拜访您，跟您学学生意经，交个朋友。"

余老板："没有什么经验，只是踏踏实实地做生意罢了。"

李经理："这才是最宝贵的经验，也是做生意最基本的原则。正是因为您的实在，讲信誉，您的顾客才信任您，愿意和您打交道，您的生意才越做越大了。"

余老板："还是你们文化人会总结。"

李经理："文化高不能决定事业的成功，关键是做事和做人，听说您不是就凭借着一个'义'字把生意做大了吗?"

余老板一听就很高兴，急忙把李斌请到办公室里商谈，果然没有费多大的劲儿，李斌就和余老板签订了每年销售10万元啤酒的大订单。

案例来源：根据网络资料整理。

思考题：

1. 李经理为什么会成功?
2. 李经理运用了哪种方法营造了如此高调的气氛?

案例二：可口可乐与汇源果汁的开局

可口可乐是专业生产、销售饮料的企业，汇源果汁则是专业生产、销售果汁的企业，双方在市场上势均力敌，为了能够更好地合作和发展，双方拟定洽谈合作事宜。可口可乐希望能够并购汇源果汁在果汁终端市场上的全部业务，包括生产和销售，汇源果汁除了果汁生产销售业务之外，只剩下原材料生产基地业务。因此，汇源提出的条件就是可口可乐并购市场终端业务的同时必须承诺永远不进入果汁原材料市场。可口可乐认为汇源提出的条件过于苛刻，因此他们也提出汇源从此不得进入终端消费市场。

案例来源：崔叶竹，杨尧. 商务谈判与礼仪［M］. 北京：清华大学出版社，2020.

问题：

请分别作为汇源和可口可乐的谈判代表，在谈判开局之前进行开局陈述。要求既简明扼要，陈述己方条件，表明己方观点，又要带有一定的指向性，鼓励和说服对方同意自己的观点。

◎ **谈判实训**

实训目的：通过实训使学生熟悉开局气氛的营造方法，体会商务谈判各种开局方式的策略。

实训内容：

1. 案例背景：光明乳业是生产多种乳制品的地方知名企业，家乐福超市是一家全国连锁超市。光明乳业与家乐福超市是长期的合作伙伴，是家乐福超市比较稳定的乳品供应商之一。新的一年，家乐福超市准备与乳品供应商就价格、入场、维护、促销、结款等问题展开新一轮的讨论，重新制定政策。双方已约好商谈时间。届时作为光明乳业销售部的经理，你将率领你方的谈判小组如约而至。

2. 谈判前，要求双方：

（1）制订各自的开局计划。

（2）制订营造谈判的气氛的最佳方案。

3. 光明乳业与家乐福超市谈判人员模拟开局谈判。

实训要求：

1. 教师在实训前要将光明乳业与家乐福超市的现有合作资料分发给学生。光明乳业内部资料和家乐福超市内部资料分发给不同的谈判小组，相互保密。

2. 每小组应充分发挥每个成员的积极性，分别扮演好自己的角色。注意分工、协作与配合，互相学习，培养团队意识。

3. 建立经验交流制度。每两组完成模报实训后，其他同学及小组间可进行经验交流，教师可针对共性问题在课堂上组织讨论和专门的讲解。

4. 实训完成后提交实训报告。

实训步骤：

1. 分组并指定各组负责人，分发资料。

2. 教师介绍本次实训的内容和实训情景。

3. 各组确定实训活动情景角色。

4. 各组进行谈判前的分析讨论并制订方案。

5. 各组模拟实训。

6. 各组围绕开局实训结果组织讨论。

7. 实训步骤教师点评。

第七章　商务谈判的报价

学习目标

◆ 知识目标

1. 掌握谈判中价格信息的主要内容。
2. 熟悉报价的原则与形式。
3. 掌握商务谈判报价的策略与技巧。

◆ 技能目标

1. 具备在商务谈判中合理报价的能力。
2. 能全面地收集、分析与处理价格的相关信息；能有效地实施报价。
3. 能在商务谈判过程中灵活运用价格谈判的策略与技巧。

核心概念

起点报价；议价区间；报价策略

案例导入

撒切尔夫人与共同体各国首脑的谈判

1975 年 12 月，在柏林召开的欧洲共同体各国首脑会议上，举行了削减英国支付共同体经费的谈判。各国首脑们原来以为英国政府可能希望削减 3 亿英镑，从谈判的惯例出发，撒切尔夫人会提出削减 3.5 亿英镑，所以，他们就在谈判中，提议可以考虑同意削减 2.5 亿英镑。这样讨价还价地谈判下来，各方会在 3 亿英镑左右的数目上达成协议。

可是，完全出乎各国首脑们的意料之外，撒切尔夫人狮子大开口，报出了 10 亿英镑的高价，使首脑们瞠目结舌，一致加以坚决地反对。可撒切尔夫人坚持己见，在谈判桌上始终表现出不与他国妥协的姿态，并声称如果这种预算有所改变，那么，德国和法国的损失可能会更大。共同体各国首脑——这些绅士们，简直拿这位女士——铁娘子，没有任何办法，不得不迁就撒切尔夫人，结果不是在 3.5 亿英镑，也不是在 2.5 亿英镑和 10 亿英镑的中间数——6.25 亿英镑，而是在 8 亿英镑的数目上达成协议，即同意英国对欧洲共同体每年负担的经费削减 8 亿英镑。

案例来源：根据网络资料整理。

启示：

报价要高，还价要低，这是报价的基本原则。而出价的高低又有很多技巧和策略在背后起支持作用，从而影响着彼此的心理及认可程度。价格是谈判中不可回避的内容，而且是影响谈判成功或失败的重要内容。

第一节　报价的理论知识

报价是指报出价格或报出的价格（广义的报价，除价格这一核心外，也包括向对方提出的所有要求）。这里所指的"价"是就广义而言的，并非单指价格，而是指包括价格在内的诸如交货条件、支付手段、违约金或押金、品质与检验、运输与保险、索赔与诉讼等一系列内容。报价标志着价格谈判的正式开始，也标志谈判者的利益要求的"亮相"。报价是价格谈判中一个十分关键的步骤，不仅给谈判对手以利益信号，成为能否引发对方交易欲望的前奏，而且在实质上对影响交易的盈余分割和实现谈判目标具有举足轻重的意义。

报价阶段就是谈判开局阶段结束后，进入实质性阶段的前期。所谓实质性阶段是指开局阶段结束，到最终签订协议或败局为止，双方就交易的内容和条件所进行谈判的时间和经过。实质性阶段是整个谈判的主体。在此阶段，谈判双方往往是经过各自互探对方的底细，在明确了交易的具体内容、范围并讨论磋商后，提出各自的交易条件，表明自己的立场和利益需求。商务谈判中的报价直接影响商务谈判的结果，关系到谈判者最终获利的大小，关系到商务谈判能否取得胜利。在商务谈判中，价格因素的作用非常大，也就是说，卖方开价与买方还价的技巧，在很大程度上直接影响商务谈判的最终结果。

报价绝不是报价一方随心所欲的行为。报价应该以影响价格的各种因素、所涉及的各种价格关系、价格谈判的合理范围等为基础。同时，由于交易双方处于对立统一之中，报价一方在报价时，不仅要以己方可能获得的利益为出发点，更必须考虑对方可能的反应和能否被对方接受。因此，报价的一般原则应当是：通过反复分析与权衡，力求把握己方可能获得的利益与被对方接受的概率之间的最佳结合点。可以说，如果报价的分寸把握得当，就会把对方的期望值限制在一个特定的范围，并有效控制交易双方的盈余分割，从而在之后的价格磋商中占据主动地位；反之，报价不当，就会助长对方的期望值，甚至使对方有机可乘，从而陷入被动境地。可见，报价策略的运用，直接影响价格谈判的开局、走势和结果。

一、报价的依据

从理论上来说，商务谈判报价的依据有两个：第一，对报价者最为有利，即卖方报出最高价，在预期成交价基础上加上虚头；买方报出最低价，在预期成交价基础上扣减虚头，以便在后期谈判中讨价还价让虚头。第二，成功的可能性最大，报价时要考虑到对方的接受能力和市场背景，避免狮子大开口吓跑对方。

在实际商务谈判中，报价遵循以下依据：

（1）随行就市。

（2）以主要出口或进口国家成交价为依据。

（3）参照买主或买主当地批发价。

（4）国际经济行情的状况及发展趋势。

（5）国际市场同类商品的供求状况及发展趋势。

（6）国际市场代用商品的供求状况及发展趋势。

（7）有关商品的生产、库存变化，主要地区的安全稳定状态等。

以上依据并不是一成不变的"死"依据，在报价时仅起参考作用，不起决定性作用。在报价时，最根本的依据是我们想不想买（或卖），想在何时买（卖）。如果我们确实想买（卖），我们的报价就可以适当地调高（低）一些；如果我们确实不想买（卖），我们的报价就可以拼命地压低（哄抬高价）。具体在谈判中如何报价，应该随行就市，依情而定，灵活掌握。

二、报价的原则

卖方希望卖出的商品价格越高越好，买方则希望买进的商品价格越低越好，但一方的报价只有在被对方接受的情况下才能产生预期的结果，才能使买卖成交。谈判一方向另一方报价时，不仅要考虑报价所获收益，还要考虑报价能否被对方接受。因此，报价应该遵循以下几个原则：

1. 确定报价起点为"最高"或"最低"价

对卖方来说，开盘报价必须是"最高"价；对于买方来说，开盘报价必须是"最低"价，这是报价的首要原则。卖方开最高价或买方开最低价，可以为以后的讨价还价留下充分的回旋余地，使己方的谈判策略更富有弹性，以便于掌握成交时机。所以，卖方初始报价的原则是只要找到理由加以辩护，则报价应尽量地高。因为卖方的报价事实上对谈判的最后结果设定了一个无法逾越的上限，因此报价一定要高。当然，卖方在报价之后可以再次提高要价，但这样做会失去谈判对方对其的信心，一般情况下，买方根本不会接受卖方的提价。

在谈判过程中，报价越高，则为报价者所留的让步余地也越大，特别是在磋商阶段，谈判双方经常会相持不下以致陷入僵局。为了打破僵局使谈判顺利进行，卖方可以根据情况做出一些让步，适当满足对方的某些要求。因此，报高价就为讨价还价阶段准备了有利的筹码。一般来说，对于卖方，开盘价一经报出，就不能再提高了，双方的最终成交价肯定是在此开盘价格以下；对于买方，开盘价也是不能再降低的，双方的最终成交价肯定在此开盘价格之上。

当然，尽管卖方最初的报价要高，但在实际运用中具有较大的伸缩性。谈判者在报价时还应把报价的高低同谈判对手的具体情况结合起来考虑。如果对方是老客户，双方已经建立起较真诚的友谊和合作关系，则没有必要把价格报得太高，水分太多。

案例导读

一位工会会员为造酒厂的员工要求增加工资一事向厂方提出了一份书面要求，一周后，厂方约他谈判新的劳资合同。令他吃惊的是，一开始厂方就花很长时间向他详细介绍销售及成本情况，反常的开头叫他措手不及。为了争取时间考虑对策，他便拿起会议材料看了起来。最上面一份是他的书面要求。一看之下他才明白，原来是在打字时出了差错，将要求增加工资 12% 打成了 21%。难怪厂方小题大做了。他心里有了底，谈判下来，最后以增资 15% 达成协议，比自己的期望值高了 3 个百分点。看来，他原来的要求太低了。

案例来源：根据网络资料整理。

2. 报价必须合情合理

无论是卖方还是买方，报高价与报低价必须是合情合理的，即能找出合适的理由为之辩护。开盘价要报得高一些，但绝不是指要漫天要价、毫无控制，恰恰相反，高的同时必须合乎情理，必须能够讲得通。可以想象，如果报价过高，又讲不出道理，对方必然会认为你缺少谈判的诚意，或者被逼无奈而中止谈判扬长而去；或者以其人之道，还治其人之身，相对地来个"漫天砍价"；抑或一一提出质疑，而己方又无法解释，其结果只好是被迫无条件地让步。在这种情况下，有时即使己方已将交易条件降低到较公平合理的水平上，对方仍会认为尚有"水分"可挤，因而还是穷追不舍。可见，开盘价脱离现实，便会自找麻烦。因此，开盘价过高将会有损于谈判。同时，报价留出虚头的主要目的是为以后谈判留出余地，过高或过低将为谈判造成困难。虚头留出多少，要视具体情况来定：竞争对手的多少、货源的情况、对手要货的用途、关系的远近等都会影响虚头的大小。

3. 报价应该果断而明确

开盘价的报出要坚定、果断，不保留任何语尾，这样做能够给对方留下己方既认真又诚实的好印象。要记住，任何欲言又止、吞吞吐吐的行为，必然会导致对方的不良感受，甚至产生不信任感。实践证明，报价时含糊不清最容易使对方产生误解，从而扰乱己方所定步骤，对己方不利。因此，开盘报价要明确、清晰而完整，以便对方能够准确地了解己方的期望。

4. 不对报价做主动的解释和说明

报价时不要对己方所报价格做过多的解释、说明和辩解，因为对方不管己方报价的水分多少都会提出质疑的。如果在对方还没有提出问题之前，己方便主动加以说明，会提醒对方意识到己方最关心的问题，而这种问题有可能是对方尚未考虑过的问题。因此，有时过多地说明和解释，会使对方从中找出破绽或突破口，向己方猛烈地反击，有时甚至会使己方十分难堪，无法收场。

报价在遵循上述原则的同时，必须考虑当时的谈判环境和与对方的关系状况。如果对方为了自己的利益而向己方施加压力，则己方就必须以高价向对方施加压力，以保护己方的利益；如果双方关系比较友好，特别是有过较长的合作关系，那么报价就应当稳妥一点，出价过高会有损于双方的关系；如果己方有很多竞争对手，那就必须把要价压低到至少能受到邀请而继续谈判的程度，否则会连继续谈判的机会都没有。因此，除了掌握一般性报价的原则和策略外，还需要灵活地加以运用，不可教条主义。

进行报价解释时应注意以下问题：

价格解释是指卖方就其商品特点及其报价的价值基础、行情依据、计算方式等所做的介绍、说明或解答。价格解释对于卖方和买方，都有重要作用。从卖方来看，可以利用价格解释，充分表明所报价格的真实性和合理性，增强其说服力，软化买方的要求，以迫使买方接受报价或缩小买方讨价的期望值；从买方来看，可以通过对方价格解释分析讨价还价的余地，进而确定价格评论应针对的要害。

通常情况下，一方报价完毕之后，另一方会要求对报价方进行价格解释。那么在进行价格解释时，必须注意以下几个问题：

（1）不问不答。买方不主动问及的问题不要回答。其实，买方未问到的一切问题，都不要进行解释或答复，以免造成言多有失的后果。

（2）有问必答。对对方提出的所有有关问题，都要做出回答，并且要很流畅、很痛快地予以回答。经验告诉人们，既然要回答问题，就不能吞吞吐吐、欲言又止，这样极易引起对方的怀疑，甚至会提醒对方注意，从而穷追不舍。

（3）避虚就实。对己方报价中比较实质的部分应多讲一些，对于比较虚的部分，或者说水分含量较大的部分，应该少讲一些，甚至不讲。

（4）能言不书。能用口头表达和解释的，就不要用文字来书写，因为当自己表达有误时，口述和笔写的东西对自己的影响是截然不同的。有些国家的商人，只承认笔上的信息，而不重视口头信息，因此要格外慎重。

三、议价区间

在通常情况下，大多数买方愿意支付的价格都会高于卖方可以接受的最低价格，否则谈判难以成交。因此，双方在报价时应该在不失去过多的议价区间的前提下，达成一个尽可能对己有利的解决方案。议价区间是指谈判双方保留点之间的区域。谈判的最终结果会落在高于卖方的保留价格而低于买方的保留价格之间的某个点上。议价区间既可以为正数（如图 7-1 所示），也可以为负数（如图 7-2 所示）。

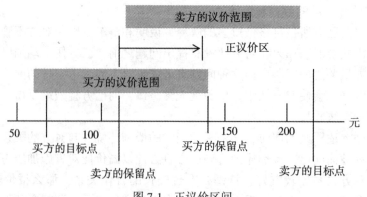

图 7-1　正议价区间

在正议价区间内，谈判双方的保留价格相互重叠，即买方愿意支付的最高价格高于卖方愿意接收的最低价格，这个重叠区域意味着双方可以达成一致同意的协议。在图 7-1 中，卖方的保留价格是 110 元，买方的保留价格是 140 元，此时的议价区间介于 110～140

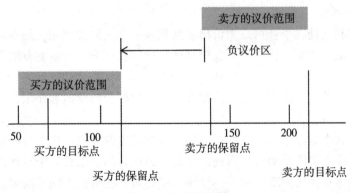

图 7-2　负议价区间

元，即谈判价格低于 110 元后卖方就不卖了，高于 140 元买方就不买了。如果谈判双方能够达成协议，那么最终成交价格肯定位于［110，1140］区间内。

有些时候议价区间可能并不存在，或者是个负数。然而，谈判人员可能没有意识到这一点。徒劳地花费数个小时试图达成无法成交的协议。这种情况下，谈判人员付出的代价可能很大，他们的机会可能就在谈判中慢慢失去。在图 7-2 中的议价区间中，卖方的保留价格是 140 元，买方的保留价格是 120 元。买方所能支付的最高价比卖方愿意接受的最低价少 20 元，这个负议价区间使得谈判双方的保留价格之间不存在正的重叠区间，在这种情况下，谈判双方必须更换谈判方案。也就是说，当不存在正的议价区间时，谈判双方都不应再浪费时间继续谈判，而应该另谋他法，重新谈判。

议价区间中双方保留价格的差额称为议价盈余，是用来衡量议价区间大小的尺度，议价盈余是谈判达成协议时带给双方的价值，它是相对于谈判失败而言。议价盈余可很大，也可能很小，经验丰富的谈判人员懂得如何在议价区间很小的情况下达成协议。

谈判的最终结果将落在议价区间某个点上，然而每个谈判人员都希望这个点尽可能靠近对方的保留价格点，以便使自己的谈判受益最大化。在图 7-1 中，卖方希望价格接近 140 元，而买方则希望以接近 110 元的价格成交。谈判人员所能获得的最佳经济成果，就是使谈判结果正好等于对方的保留点，既使得对方同意交易，又令自己获得最大的收益。这样的结果使该方谈判者得到了被分资源中的最大份额。但由于谈判双方都出于这样的思路进行谈判，这必将增加谈判的难度，为此，需要遵循一定的策路，以提高己方获得最大收益的可能性。

四、报价的顺序与报价时机的把握

（一）报价的顺序

报价的顺序是指在谈判过程中谈判双方谁先报价。报价时可以己方先开价，也可以请对方先开价。报价先后在某种程度上对谈判结果会产生实质性的影响，因此谈判人员一般对此都比较在意。究竟应该选择哪种方式，要根据己方的条件和每种报价的利弊进行决策。

1. 先报价的利弊

先报价的有利之处在于：可以为价格谈判划定一个大致的框架，使得对方进行讨价还价时也不得不以此为依据，保证最后成交价格尽量落在己方可控制的范围之内。此外，提出一个出乎对方意料的报价，可以打乱对方的原有部署，甚至动摇对方的谈判信心，为己方争取到谈判的主动权。总之，先报价在整个谈判中都会持续地起作用，因此，先报价比后报价的影响要大得多。

先报价的不利之处在于：一方面，增加对方对己方的了解，对方可以根据己方报价调整自己的报价，很有可能获得意想不到的好处；另一方面，报价属于一种探测，先报价带一定的盲目性，容易使己方落入被动的局面，受到对方在价格上的不断攻击。最常用的做法是：采取一切手段，调动一切对其有利因素，集中力量攻击己方报价，逼迫己方一步一步降价，而不透露他们自己的报价。

报价适用条件：己方实力强于对方、在谈判中处于有利地位、卖方竞争激烈。

2. 后报价的利弊

后报价的有利之处在于：可以先获得对方对价格的要求，特别是当对价格的市场动态不了解时，后报价将有利于己方调整价格期望，提出更有效的报价，提高报价的成功率。

后报价的不利之处在于：失去了报价的主动地位，价格谈判的范围被对方基本限定，最后的成交价格往往达不到己方的期望。

后报价适用条件：己方实力明显弱于对手、己方对谈判环境了解不够、谈判经验不足的情况。

📖 **案例导读**

爱迪生的专利价格

美国著名发明家爱迪生在某公司当电气技师时，他的一项发明获得了专利。一天，公司经理表示愿意购买他的这项专利，并问他希望要得到多少钱。

爱迪生想了想说："我的发明对公司有怎样的价值，我是不知道的，请您先开个价吧。"

"那好吧，40 万美元，怎么样？"经理爽快地先报了价。

经过一番装模作样的讨价还价，谈判很快就结束了。事后，爱迪生这样说："我原来只想把专利卖 50000 美元，因为以后在实验上还要用到很多钱，所以再便宜些我也肯卖的。"

让对方先报价，使爱迪生多获得了 30 多万美元的收益，经理的开价与他所预料的价格简直是天壤之别。在这次谈判中，事先未有任何准备，对其的发明对公司的价值一无所知的爱迪生如果先报价的话，肯定会遭受到巨大的损失。

案例来源：根据网络资料整理。

（二）报价时机的把握

在价格谈判中，报价时机也是一个策略性很强的问题。有时，卖方的报价比较合理，但并没有使买方产生交易欲望，原因往往是此时买方正在关注商品的使用价值。所以，价格谈判中，应当首先让对方充分了解商品的使用价值和为对方带来的实际利益，待对方对此发生兴趣后再来谈价格问题。经验表明，提出报价的最佳时机，一般是对方询问价格时，因为这说明对方已对商品产生了交易欲望，此时报价往往水到渠成。

有时在谈判开始的时候对方就询问价格，这时最好的策略应当是听而不闻。因为此时对方对商品或项目尚缺乏真正的兴趣，过早报价会徒增谈判的阻力。应当首先谈该商品或项目能为交易者带来的好处和利益，待对方的交易欲望已被调动起来再报价。当然，对方坚持即时报价，也不能故意拖延，否则，就会使对方感到不被尊重甚至反感，此时应善于采取建设性的态度，把价格同对方可获得的好处和利益联系起来。

究竟是谁先报价，应该视具体情况而定。一般来说，有以下几种情况：

（1）按商业习惯，一般由发起谈判的一方或卖方先报价。

（2）谈判的冲突程度高时先报价。如果预期谈判将会出现激烈竞争的争斗，或是冲突气氛较浓的场合应该"先下手为强"，即应当先报价以争取更大的影响力，争取在谈判开始就占据主动；如果在合作气氛较浓的场合，先报价与后报价没有什么实质性的差别。

（3）双方实力不相当时，实力强的先报价。如果己方的实力高于对方，那么己方先报价是有利的，尤其是在对方对本次交易的市场行情不太熟悉的情况下，先报价可以为谈判划定一个基准线。

（4）如果对方是老客户，且与己方有长期的业务往来，那么任何一方都可以先报价。如果双方合作一向比较愉快，这种情况下，谁先报价对双方来说都无足轻重。

（5）谈判双方有经验的先报价。若对方是行家，自己也是行家，谁先报价都可以；若如果对方是行家，而自己不是行家，则后报价对己方较为有利；若对方不是行家，则不论自己是不是行家，先报价都对己方较为有利。

五、报价起点的确定

通常情况下，作为卖方，报价起点要高，即"开最高的价"；作为买方，报价起点要低，即"出最低的价"。商务谈判中，这种"开价要高，出价要低"的报价起点策略，由于足以震惊对方，被国外谈判专家成为"空城计"。对此，人们也形象地称之为"狮子大开口"。

"开价要高，出价要低"的报价起点的确定，有以下作用：

（1）这种报价可以有效地改变对方的盈余要求。当卖方的报价较高，并振振有词时，买方往往会重新估算卖方的保留价格，从而价格谈判的合理范围会发生有利于卖方的变化。同样，当买方的报价较低，并有理有据时，卖方往往也会重新估算买方的保留价格，从而价格谈判的合理范围便会发生有利于买方的变化。

（2）卖方的高开价，往往为买方提供了评价卖方商品的价值尺度。因为在一般情况下，价格总是能够基本上反映商品的价值。人们通常信奉："一分钱一分货"，所以，高价总是与高档货相联系，低价自然与低档货相联系。这无疑有利于实现卖方更大的利益。

（3）这种报价中包含的策略性虚报部分，能为下一步双方的价格磋商提供充分的回旋余地。因为在讨价还价阶段，谈判双方经常会出现相持不下的局面。为了打破僵局，往往需要谈判双方或其中一方根据情况适当做出让步，以满足对方的某些要求和换取己方的利益。所以，开盘的"高开价"和"低出价"中的策略性虚报部分，就为讨价还价过程提供了充分的回旋余地和准备了必要的交易筹码，这可以有效地造成做出让步的假象。

（4）这种报价对最终议定成交价格有利和双方最终获得的利益具有不可忽视的影响。这种"一高一低"的报价起点，倘若双方能够有理、有利、有节地坚持到底，那么，在谈判不致破裂的情况下，往往会达成双方满意的成交价格，从而使双方都能得预期的物质利益。

当然，价格谈判中这种报价起点策略的运用，必须基于价格谈判的合理范围，必须审时度势，切不可漫天要价和胡乱杀价，否则，就会失去交易机会和导致谈判破裂。

第二节　价格谈判的信息准备

📖 案例导读

由于日本当年红豆歉收，所以日本一家公司急需从中国进口一批红豆。中方这边的情况是，红豆的库存量虽然不小，但其中有相当一部分是前一年的存货。自然，中方希望先出售旧货，而日方希望得到新货，双方由此展开谈判。

谈判一开始，日方首先讲述了自己目前所面临的种种困难，希望得到中方的帮助。中方问日方需要的订购量，而日方回答说，我们肯定是要订的，但确切的数量取决于你们红豆的品质和价格等因素，所以我们首先想听听你们的介绍。于是中方开诚布公地说，今年的红豆由于气候的影响质量不如往年，而且现有存货量中，今年的量并不充裕，从价格方面考虑今年的也比去年的价高，所以，建议日方购买去年的存货。但是，虽经再三说明，日方仍然坚持要新货，谈判陷入僵局。

双方再次回到谈判桌前。日方首先拿出一份最新的官方报纸，指着上面一篇报道说："你们的报纸报道今年的红豆获得了大丰收，所以，不存在供应量的问题，我们仍然坚持昨天的观点。"

但中方不慌不忙地指出，"尽管今年红豆丰收，但是我们国内需求量很大，政府对于红豆的出口量是有一定限制的。你可以不买旧货，但是如果等到所有旧的库存在我们国内市场上卖完，而新的又不足以供应，你再想买就晚了。我建议你再考虑考虑。"日方沉思良久，仍然拿不定主意。为避免再次陷入僵局，中方建议道："这样吧，我们在供应你们旧货的同时，供应一部分新货，你看怎么样？"日方经过再三考虑，也想不出更好的解决办法，终于同意进一部分旧货。但是，究竟订货量为多少？新旧货物的比例如何确定？谈判继续进行。

日方本来最初的订货量计划为2000吨，但称订货量为3000吨，并要求新货量为2000吨。中方听后连连摇头"3000吨我们可以保证，但是其中2000吨新货是不可能的，我们最多只能给 800 吨。"日方认为 800 吨太少，希望能再多供应一些。中方诚恳地说，考虑到你们订货量较大，才答应供应 800 吨，否则，连 800 吨都是不可能的，我方已经尽力而为了。日方说，既然你们不能增加新货量，那我方要求将订货量降为 2000 吨，因为那么多的旧货我回去也没法交代。中方坚决表示不同意。谈判再次中断。

过了两天，日方又来了，他没有找到更合适的供应商，而且时间也不允许他再继续拖下去。这次，日方主动要求把自己的总订货量提高到 2200 吨，其中 800 吨新货保持不变。中方的答复是，刚好有一位客户订购了一批红豆，其中包括 200 吨新货（实际那位客户只买走 100 吨）。这下日方有些沉不住气了，抱怨中方不守信用，中方据理力争："在这之前，我们并没有签订任何协议，您本人也并未要求我们替你保留。"日方自知理亏，也就不再说什么，过了一会儿，他借口出去一下，实际是往总部打电话。回来后，十分沮丧的样子，他对中方说："如果这件事我不能办好，那么回去后我将被降职、降薪，这将使我很难堪，希望您能考虑我的难处。"中方本来很强硬，听他这么一说，心就软了下来，况且刚才所说的卖掉 200 吨也是虚称，何不拿剩下的 100 吨做个人情，这对以后的合作也是有益无害的。于是，中方很宽容地对日方说："其实我们做生意的都很不容易，这样吧，我再想办法帮你弄到 100 吨新货，你看这样行吗？"日方一听喜出望外，连连感谢。最后，双方愉快地在合同上签了字。

案例来源：根据网络资料整理。

启示：

进行价格谈判，只有掌握大量充分的关于交易的商品或劳务的价格信息，才能在谈判对手的较量中占据优势，根据实际情况，为确定自己的价格谈判追求的目标和实施切实可行的价格谈判的策略与技巧进行铺垫。下面就价格谈判过程中应掌握的有关价格的相关知识进行介绍，在价格谈判中应巧妙应用。

一、影响价格的因素

商品价格是商品价值的货币表现。影响价格形成的直接因素主要有商品本身的价值、货币的价值以及市场供求状况。上述的每一因素，又是由许多子因素决定的，并处于相互联系、不断变化之中。这说明，在市场经济的条件下，价格是一个复杂的、动态的机制。

了解商务谈判的价格因素可以使我们在处理价格问题时考虑得更全面、更周到，也便于我们在通盘分析各个因素的基础上抓住主要矛盾，采取正确方法实施重点突破，掌握价格谈判的主动权。

从商务谈判的角度看，至少有这样一些影响价格的因素需要认真考虑：

1. 市场行情

市场行情是指该谈判标的物在市场上的一般价格及波动范围。市场行情是市场供求状况的反映，是价格磋商的主要依据。如果谈判的价格偏离市场行情太远，谈判成功的可能性就很小。这也说明，谈判者必须掌握市场信息，了解市场的供求状况及趋势，从而了解商品的价格水平和走向。只有这样，才能取得价格谈判的主动权。

2. 利益需求

由于谈判者的利益需求不同，他们对价格的理解也就各不相同。日常生活中，一件款式时髦的服装，年轻人可以接受；而老年人则可能偏重考虑面料质地，并据此评判价格。商务谈判中，如某公司从国外一厂商进口一批货物，由于利益需求不同，则谈判结果可能有三种：一是国外厂商追求的是盈利最大化，某公司追求的是填补国内市场空白，谈判结果可能是高价；二是国外厂商追求的是打入我国市场，某公司追求的盈利最大化，谈判结果可能是低价；三是双方都追求的是盈利最大化，谈判结果可能是妥协后的中价，或者谈判失败。

3. 交货期要求

商务谈判中，如果对方迫切需要某原材料、设备、技术，即"等米下锅"，谈判中对方可能比较忽略价格的高低。另外，某方只注重价格的高低，而不考虑交货期，也可能反而吃亏。例如，某远洋运输公司向外商购买一条旧船，外商开价1000万美元，该公司要求降低到800万美元。谈判结果，外商同意了800万美元的价格，但提出推迟交船三个月；该公司认为价格合适，便答应了对方的要求。可是，外商又利用这三个月跑了运输，营运收入360万美元，大大超过了船价少获的200万美元。显然，该远洋运输公司并没有在这场谈判中赢得价格优势。

4. 产品的复杂程度

产品结构、性能越复杂，制造技术和工艺要求越高和越精细，成本、价值及其价格就会越高，而且该产品核计成本和估算价值就较为困难，同时可以参照的同类产品也较少，价格标准的伸缩性也就较大。

5. 货物的新旧程度

货物当然是新的比旧的好，但新的自然价格比较高。其实，一些"二手货"，如发达国家的"二手"设备、家具、车辆等，只要折旧年限不是很长，经过检修，技术性能仍相当良好，售价也相当低廉。这就说明货物的新旧程度对价格有很大影响。

6. 附带条件和服务

谈判标的物的附带条件和服务，如质量保证、安装调试、免费维修、供应配件等，能为客户带来安全感和许多实际利益，往往具有相当的吸引力。人们往往宁愿"多花钱，买放心""多花钱，买便利"，因此，这些附带条件和服务，能降低标的物价格水平在人们心目中的地位和缓冲价格谈判的阻力。从现代产品的观念来看，许多附带条件和服务也是产品的组成部分，交易者对此自然重视。

7. 产品和企业的声誉

产品和企业的良好声誉是宝贵的无形资产，对价格有重要影响。人们对优质名牌产品的价格，或对声誉卓著的企业的报价，往往有信任感。因此，人们宁肯出高价买名品，也愿意与重合同、守信誉的企业打交道。

8. 交易性质

大宗交易或一揽子交易，比那些小笔生意或单一买卖，更能减少价格在谈判中的阻力。在大宗交易中，1万元左右的价格差额可能算不了什么；而在小笔生意中，蝇头小利也会斤斤计较。在一揽子交易中，货物质量不等、价格贵贱不同，交易者往往忽略价格核算的精确性或不便提出异议。

9. 销售时机

旺季畅销，淡季滞销。畅销时，供不应求，则价格上扬；滞销时，供过于求，为减少积压和加速资金周转，只能销价促销。

10. 货款支付方式

在商务谈判中，货款的支付方式，是现金结算还是使用支票、信用卡结算，或以产品抵偿；是一次性付款，还是分期付款或延期付款等，都会对价格产生重要的影响。谈判中，如能提出易于被对方接受的支付方式，将会使己方在价格上占据优势。

📅 **趣味阅读**

农夫买马

有一位农夫想要为小女儿买一匹小马，在他居住的小城里，共有两匹小马要出售。从各方面来看，这两匹小马都一样。第一个人要价500美元，想要就带走；第二个人则索要750美元。但是第二个人告诉农夫，在做任何决定之前，可以由农夫女儿试骑这匹小马一个月。他除了将小马带到农夫的家之外，还自备小马一个月吃草所需的费用，并且派出自己的驯马人，一周一次，到农夫家去教小女儿如何喂养及照顾小马。

最后他说，在第30天结束时，他会驾车到农夫家，或是将小马取回，将马厩清扫干净，或是他们付750美元，将小马留下。可想而知，农夫最后买了第二个人的小马。

案例来源：根据网络资料整理。

二、价格谈判中的价格关系

商务谈判中的价格谈判，除应了解影响价格的诸多因素外，还要善于正确认识和处理各种价格关系。

1. 主观价格与客观价格

在价格谈判中，人们往往追求"物美价廉"，总希望货物越优越好，价格越低越好，或者同等的货物，低廉的价格。似乎这样才占了便宜，才赢得了价格谈判的胜利。其实，这种主观价格，往往是买者的一厢情愿。因为，如果真的"物美"，势必"价高"，否则，商家就会亏本，无法维持生产。所以，现实交易的结果往往是：作为买方，一味追求"物美价廉"，必然要与卖方的"物美价高"产生冲突，于是卖方为表面迎合买方的"价廉"心理，便表演出了偷梁换柱的戏法，暗地里偷工减料或以次充好，把"物美"变成了与"价廉"对应的"物劣"。这种物劣价廉的粉墨登场，正是价值规律使然。

与主观价格相对立的是客观价格，也就是能够客观反映商品价值的价格。在现代市场经济条件下，商品交易的正常规则应当是遵循客观价格，恪守货真价实。只有这样，才能实现公平交易和互惠互利。

2. 绝对价格与相对价格

商品具有价值与使用价值。反映商品价值的价格，称为绝对价格；而把反映商品使用价值的价格，称为相对价格。

商务谈判中，人们往往比较强调反映商品价值的绝对价格，忽视反映商品使用价值的相对价格。其实，商品的价格，既要反映价值又要反映供求关系。而反映使用价值的相对价格，实质上反映着一种对有用性的需求。因此，相对价格在谈判中应当受到重视。在价格谈判中，作为卖方，不让买方的精力集中在产品的实际价格上，应注重启发买方关注交易商品的有用性和能为其带来的实际利益，从而把买方的注意力吸引到相对价格上来，这容易使谈判取得成功；而作为买方，在尽量争取降低绝对价格的同时，也要善于运用相对价格的原理，通过谈判设法增加一系列附带条件，来增加己方的实际利益。可见，运用相对价格进行谈判，对于卖方和买方都有重要意义。而价格谈判成功的关键往往在于正确运用绝对价格与相对价格的原理及其谈判技巧。

3. 积极价格与消极价格

产品以及其他条件越能满足对方的要求或主观愿望，对方就越觉得你的产品价格便宜，这个就是积极价格。如果对方对产品及有关条件都很不满意，那么这个产品价格一定是昂贵的，这个就是消极价格。例如，一位知识分子不肯花 50 元钱买一件衣服，但花 50 元买 2 本书却不以为然。一位年轻人不肯花 50 元买两本书，但请朋友吃饭花了 100 元却不以为然。这两个例子中，前面的"不肯"，说明对价格的反应及行为消极，属于消极价格；而后面的"愿意"，表明对价格的反应及行为积极，便是积极价格。其实，价格的高低，很难一概而论，同一价格，不同的人由于需求不同，会有不同的态度。这里，心理转变、观念转变，有时起决定作用。对于知识分子而言，如果商店的营业员向他宣传，穿上挺括的新衬衣会改善形象，有利于社会交往，从而获得许多书本上没有的东西，那位知识分子可能改变态度，决定买原来不想买的衬衣。对于那位年轻人，如果他的师长向他忠告，知识是不可缺少的精神食粮，只有不断学习新知识，充实自己、提高自己，才利于成长和发展，才能更好地适应社会的需要，那位年轻人就可能转变认识，培养起买书和学习的兴趣。

积极价格与消极价格的含义是极不确切的，它带有浓厚的主观色彩，不同的人，在不同的环境下会不同的看法。那么，谈判者所推销的产品价格是"积极价格"还是"消极价格"呢？如果是"消极价格"，怎样使那些消极条件转变为"积极因素"呢？谈判者只有正确回答这个问题，才有助于搞好谈判工作。上例中，营业员的宣传、师长的忠告，都是在做消极价格向积极价格的转化工作。

▣ 案例导读

20 世纪 90 年代初，我国一个经贸代表团访问某个发展中国家。该国连年战乱之后百废待兴，需要建设一个大型化肥厂来支持农业复兴。我们提出成套设备转让的一揽子方案后，该国谈判代表认为报价较高，希望降低 20%。我们经过认真分析，认为我们的报价是合理的，主要是该国在支付能力上有实际困难。于是，我们详细介绍了所提供的设备与技术的情况，强调了项目投产后对发展该国农业生产的意义，同时我们又提出了从设计、制造、安装、调试、人员培训到技术咨询等方面的一揽子服务和有利于该国的支付方式。对方经反复比较，终于高兴地确认我们的报价是合理的。这样，消极价格转化为积极价格，实现了双方的合作。

案例来源：根据网络资料整理。

4. 固定价格与浮动价格

商务谈判中的价格谈判，多数是按照固定价格计算的。其实，并不是所有的价格谈判都应当采用固定价格，如果周期太长，则用浮动价格。尤其是大型项目的价格确定采用固定价格与浮动价格相结合的方式很有必要。大型项目工程的工期一般持续较长，短则一两年，长则五六年甚至十年以上，有些原材料、设备到工程接近尾声才需要用，如果在项目谈判时就预先确定所有价格，显然是不合理的。一般而言，许多原材料的价格是随时间而变化的，工资通常也是一项不断增长的费用，此外有时还要受到汇率变动的影响等。因此，在项目投资比较大、建设周期比较长的情况下，分清哪些按照固定价格计算，哪些采用浮动价格，对交易双方都可以避免由于不确定因素带来的风险；也可以避免由于单纯采用固定价格，交易一方将风险因素全部转移到价格中去而致使整个价格上扬。

采用浮动价格，其涉及的有关参数不是任意的，而多由有关权威机构确定，因而可以成为谈判各方都能接受的客观依据。这样虽不能完全避免某些风险因素，但比单纯采用固定价格公平、合理得多。就浮动价格进行谈判，主要是讨论有关权威机构及有关公式的选用。

5. 综合价格与单项价格

在商务谈判中，特别是综合性交易的谈判，双方往往比较注重综合价格，即进行整体性的讨价还价，有时出现互不相让的僵局，甚至导致谈判失败。其实，此时可以改变一下谈判方式：对整个交易进行分解，对各单项交易进行逐一分析，并在此基础上进行单项价格的磋商。这样不仅可以通过对某些单项交易的调整，使综合交易更加符合实际需要，而且可以通过单项价格的进一步磋商，达到综合价格的合理化。例如，一个综合性的技术引进项目，其综合价格较高。采用单项价格谈判后，通过项目分解可以发现，其中先进技术应予引进，但有些则不必一味追求先进。某些适用的中间技术引进效果反而更好，其价格也低得多；其中关键设备应予以引进，但一些附属设备可不必引进而且可自行配套，其单项费用又可节省。这样，一个综合性的技术引进项目，通过单项价格谈判，不仅使综合项目得到优化。而且综合价格成本大幅度降低。实践表明，当谈判在综合价格上出现僵局时，采用单项价格谈判，常常会取得意想不到的效果。

6. 主要商品价格与辅助商品价格

对于某些商品，不仅要考虑主要商品的价格，还要考虑其配件等辅助商品的价格。有一些厂商的定价策略采用组合定价，对主要商品定价低、对辅助商品却定价高，并由此增加盈利。例如，某些机器、车辆，整机、新车价格相对较低，但零部件的价格却较高。使用这种机器或车辆，几年之后当维修和更换配件时，就要支付昂贵的费用。

📖 案例导读

　　20 世纪 70 年代初，美国柯达公司生产的彩色胶卷价格较高，因此销售量较低。此时，柯达公司研制出一种低成本的"傻瓜相机"，使摄影变得"你只管按快门"这样简单。而柯达公司的经营战略正是"给你一盏灯，让你去点油"。结果，人们真的纷纷购买这种廉价相机，于是大大促进了高价格彩色胶卷的销售。这都说明，对于价格，包括价格谈判，不仅要关注主要商品价格，也要关注辅助商品价格，包括配件、相关商品的价格，切不可盲目乐观，落入"价格陷阱"。

　　案例来源：根据网络资料整理。

三、"昂贵"的确切含义

在谈判过程上，如果对方在价格上挑毛病，提出价格太贵了，应该想办法搞清楚这个太贵的含义。

（1）总的经济状况不佳导致价格太贵。对方目前的经济状况不好，或是欠缺支付能力，或是计划支付的资金有限，或是他正打定主意要同其他供货者谈一谈，这些都有可能是对方觉得"太贵"的原因。如果经过观察，发现对方确实经济状况不好，在相当一段时间内都无力购买，那么最好的办法是暂时放弃。

（2）暂时的经济状况不佳导致价格太贵。如果对方称目前没有足够的现款，可以主动建议其他支付方式，如果对方仍不接受，说明这一说法是一种托词。

（3）手头没有足够的款项导致价格太贵。这多发生在中间商身上，资金没有周转到手，这种情况下无须降价，赊账就可以解决问题。

（4）想付出的款项有限导致价格太贵。这是在谈判中要求对方杀价的最常见的原因。如果对方不准备花太多钱来购买，说明没有激发起对方获得这产品的强烈愿望。

（5）对方对价格有自己的看法导致价格太贵。说明对方接受你的价格，需要动用大量事实解释，改变对方的看法。

（6）同类产品及替代品导致价格太贵。如果对方用同类产品及替代品的低廉价格与你的产品价格相比较，则要设法让他们知道你的产品的优点和能够给他们带来更多的利益，从而刺激他们享有的欲望。

（7）竞争者的价格导致价格太贵。如果对方以竞争者的价格做参照，提出的价格不合理的话，你应该解释价格不同的原因，指出对方在进行价格比较时忽略了某些方面。如果价格比竞争者高出很多，那么必须做出如下选择：或者向对方提供一些补偿，或调整价格，或坚持原价，能卖多少就卖多少，这时谈判毫无结果也在所不惜。

（8）从前的价格导致价格太贵。现在的价格高于从前的价格，对方要求恢复原来的价格，这时谈判者应解释价格上涨的原因，并指出现在的价格已经很低了，或者可以看在老关系的情面上，在其他方面提供些好处。

（9）习惯性压价导致价格太贵。面对讨价还价的老手，最好的办法是对此置之不理，或将其视为玩笑，把话题集中在产品的优点或其他问题上。

（10）出于试探价格的真假导致价格太贵。如果对方在试探你，那么价格在双方之间已基本上不是障碍了，只要以礼相待而不为之所动，自然对方不再继续坚持。

第三节 报价的方式

商务谈判报价的方式是指以何种方式提交己方的报价，包括交易条件的构成、提出条件的程序及核心内容的处理等。简单地说，报价方式解决的就是如何比较的问题。前面分析的几项报价原则，对现实谈判中的报价有着非常重要的指导意义。但在涉及某项具体的商务谈判时，还必须结合当时的实际情况，尤其是特定的谈判环境及谈判双方的相互关系，灵活地确定报价方式。

一、根据报价方式划分

根据报价方式划分，包括书面报价和口头报价。

1. 书面报价

书面报价，亦称单报价，通常是指谈判一方将本企业愿意承担的义务，以书面形式清楚地表达出来。由于谈判一方事先提供了较详尽的文字材料、数据和图表等，因而使对方有时间针对报价作充分的准备，谈判进程更为紧凑。但书面形式在客观上易成为该企业承担责任的记录，限制了企业在后续谈判中的让步和变化。况且书面形式缺少口头表达的"热情"，显得呆板而缺乏弹性。

2. 口头报价

口头报价，是指不需要提交任何书面文件，仅以口头的方式提出交易条件。因其具有很大的灵活性，谈判者可以根据谈判的进程来调整变更自己的谈判战术，先磋商后承担义务，没有义务约束感。另外，还可以充分利用情感因素，努力发挥个人的谈判艺术特长来促成交易。但是，口头报价也存在容易偏离主题，阐述不清楚甚至出错，以及对复杂问题表达困难等缺点。

在实际谈判中，谈判人员一般采用书面报价为主，口头报价为辅的报价方式。

二、根据报价战术划分

根据报价战术划分，包括西欧式报价和日本式报价。

1. 西欧式报价

西欧式报价也称为高价报价，这种方式的一般做法是，卖方首先提出留有较大余地的价格，然后根据谈判双方的实力对比和该项交易的外部竞争状况，通过给予各种优惠，如数量折扣、价格折扣、佣金和支付条件方面的优惠（延长支付期限、提供优惠信贷等），逐步接近买方的条件，建立起共同的立场，最终达到成交的目的。这种方式与前面提到的有关报价原则是一致的，只要能稳住买方，使之就各项条件与卖方进行磋商，最后的结果往往对卖方是比较有利的。

需要注意的是，实施西欧式报价喊价要狠，让步要慢。

2. 日本式报价

日本式报价也称低价报价。其一般做法是，将最低价格列于价格表中，首先以低价唤起买方的兴趣。而这种低价格一般是以对卖方最有利的结算条件为前提，并且与此低价格相对应的各项条件实际上又很难全部满足买方的要求。只要买方提出改变有关的交易条件，卖方就可以随之相应提高价格。因此，买卖双方最终成交的价格，往往高于卖方最初的要价。

日本式报价在面临严峻的外部竞争时，是一种比较艺术的报价方式。首先，它可以排除竞争对手的威胁，从而使己方与买方的谈判能够现实地发生。其次，其他卖主退出竞争之后，买方原有的优势地位就不复存在，他将不能以竞争作为施加压力的筹码。这样，双方谁都不占优势，卖方就可以根据买方在有关条件下所提出的要求，逐步地提高他的要价。

日本式报价虽然最初提出的价格是最低的，但它却在价格以外的其他方面提出了最有利于己方的条件。对于买方来说，要想取得更好的条件，他就不得不考虑接受更高的价格。因此，低价格并不意味着卖方放弃对高利益的追求。可以说，它实际上与西欧式报价殊途同归，两者只有形式上的不同，而没有实质性的区别。一般而言，日本式报价有利于竞争，而西欧式报价则比较符合人们的价格心理。多数人习惯于价格由高到低，逐步下降，而不是相反的变动趋势。

如果在谈判中，有人使用了日本式报价，应对方法是：第一，把对方的报价内容一一进行计算和比较，并直截了当地提出异议；第二，不为对方的小利所迷惑，自己报出一个一揽子交易的价格。

第四节　价格谈判的策略与技巧

价格谈判策略与技巧是指谈判人员为取得预期的谈判目标而采取的措施和手段的总和。它对谈判成败有直接影响，直接关系到双方当事人的利益和企业的经济效益。恰当地运用价格谈判策略与技巧是商务谈判取得成功的重要前提。基于此，我们研究报价的策略十分必要。

一、报价的策略

1. 报价起点策略

价格谈判的报价起点策略通常是：卖方报价起点要高，即"可能的最高价"；买方报价起点要低，即"可能的最低价"。这种做法已成为商务谈判中的惯例。同时，从心理学的角度看，谈判者都有一种要求得到比他们预期得到更多的心理倾向。实践证明，若卖方开价较高，则双方往往能在较高的价位成交；若买方出价较低，则双方可能在较低的价位成交。

对于卖方来讲，高报价的优势是：第一，卖方的报价事实上对谈判的最后结果确立了一个终极上限。在谈判中除非有极特殊、极充足的理由，否则报价之后再重新报价是要极力避免的，而且对方也不会接受你报价后的提价。第二，采取高报价则为卖方让步留有较大的余地，有利于卖方在必要情况下做出让步，打破僵局。第三，报价高低影响对手对己方潜力的评价。报价越高，对方对报价的潜力评价越高；反之，则低。第四，报价高低也直接反映出报价方的期望水平。一般来说，期望水平高的，报价也高，成功的可能性也越高，获利也越大。

买方采取低报价策略是因为：第一，买方的报价是向对方表明要求的标准，尽管双方都知道这个标准将有所调整，但报价低会给对方带来很大的心理压力。第二，买方报价的高低也反映了己方的期望水平、自信与实力。第三，报价低为谈判中的价格调整与让步留出了较大的余地。

2. 报价差别策略

由于客户性质、购买数量、需求急缓、交货期限、交货地点、付款方式等方面的不同，同一商品的购销价格不同。这种价格差别，体现了商品交易中的市场需求导向，在报价策略中应重视运用。例如，对老客户或大批量购买的客户，为巩固良好的客户关系或建立起稳定的交易联系可适当实行价格折扣；对新客户，有时为开拓新市场，也可适当给予折扣；对某些需求弹性较小的商品，可适当实行高价格策略；对方"等米下锅"，价格则不宜下降；旺季较淡季，价格自然较高；交货地点远程较近程或区位优越者，应有适当加价；支付方式，一次性付款较分期付款或延期付款，价格需给予优惠等。

3. 价格分割策略

价格分割是一种心理策略。这种报价策略主要是为了迎合买方的求廉心理，将商品的计算单位细分化，然后按照最小的计量单位报价。卖方报价时，采用这种技巧，能制造买方心理上的价格便宜感，容易为买方所接受。价格分割包括两种形式。

用较小的单位报价。例如，茶叶 200 元/千克报成 10 元/两；大米 1000 元/吨报成 1元/千克。国外某些厂商刊登的广告也采用这种技巧。如淋浴器广告"淋浴一次仅需 8 便士"，油漆广告"油漆 1 平方米只要 5 便士"。巴黎地铁公司的广告是："每天只需付 30法郎，就有 200 万旅客能看到你的广告。"用小单位报价比用大单位报价会让人觉得便宜，更容易使人接受。

用较小单位商品的价格进行比较。例如"每天少抽一支烟，每天就可订一份××报纸"。"使用这种电冰箱平均每天 0.5 元电费，0.5 元只够吃 1 根最便宜的冰棍。""一袋去污粉能把 1600 个碟子洗得干干净净"……用小商品的价格去类比大商品会给人以亲近感，拉近与消费者之间的距离。

4. 运用心理定价策略

人们在心理上一般认为 9.9 元比 10 元便宜，而且认为零头价格精确度高，给人以信任感，容易使人产生便宜的感觉。像这种在十进位以下的被人们认为较小的价格被称为心理价格。因此，市场营销中有奇数定价这一策略。例如，标价 79 元，而不标 80 元；标价19.9 元，而不标 20 元，这 1 分钱、1 角钱或者 1 元钱之差，给人"大大便宜"的感觉。心理价格在国内外都已被广泛采用。

5. 多重报价策略

多重报价就是给客户三种选择方案，而不是只有一种。如果只提供一种方案，客户就会本能地想着还价；而如果从低到高给出三种方案的报价，客户的注意力便会从"我要还价"转移到"哪种方案更合适"上。客户会开始思考，"第三种方案价格太高，第一种提供的价值不够充足，还是第二种最合适"。

怎样应用多重报价？多重报价的方法并非万无一失。客户可能会要求用最低的报价买最高报价的方案，并且诱使你分项列出每一项的单价。千万不要这样做，这样做就给了客户逐项还价的机会。另外，客户也可能要求你把第二种方案的价格下调。这种情况下，你要学会交换，要么从方案中去掉一些对客户来说不太重要的项目；要么让客户提供一些对你有用的东西作为交换，如将你介绍给公司的其他部门。不管怎样，谈判的原则是：除非有交换，不然不轻易降价。

其实，降价反而会让客户不悦。如果轻易地降低价格，会让客户觉得你的报价有很大的水分，减少对你的信任与尊重。而如果采用交换的方式，你既不会损失自己的利益，又会让客户更相信你。

6. "托儿"策略

■ 案例导读

一位机器买卖商承包了一家大型机器生产厂家的所有机器设备，他想以较高的价格把这些设备分包给其他商人。每一个来投标承包他的机器的商人都意外地在他的办公室发现一张手写后的竞价单，而那上面正是他们各自的竞争对手所出的价格。投标者为了得到这批机器，都想出一个高过那张竞价单上的价格。一个又一个的投标者来到他的办公室，这位机器买卖商都想出托词离开几分钟，也就在这段时间里投标者们都无意地看到了那张其实是那位商人自己填写的竞价单。就这样，那位商人几乎不费什么力便轻松地获得了谈判的胜利。这就是使用"托儿"策略。

有人常使用"托儿"提出更低的价位来试探对方的底线，等对方降低了高价的期望时，自己再提出比"托儿"高点的价位，这样对方不仅欣然接受这个价位，还会对你表示感谢。

案例来源：根据网络资料整理。

（1）买方的"托儿"。如果你是买方，使用"托儿"手段可以如下所述，可根据自己的情况进行选择运用：让卖方竞争者同处一室，使他们互相竞价；如果卖方有限，你也可以广散"英雄帖"，多多邀请他们参战，即使这些卖主中只有几个是合格的；实在没有竞争者，可以编出几个来写在文件上，并有机会让真正的卖主见到它；告诉卖主，一项正在进行的新的设计方案有可能要削减你所要购买的此项货物的需求；表现出你的老板因为谈判拖延而感到不高兴。

（2）卖方的"托儿"。对签字的卖主说另外有一个人想将存货都买下；提出在此之前，有人给过更好的条件；告诉买方，因缺货很可能价格要上涨；让买方知道，另外的买主已经订了货；指出存货已经不多；透露消息，说你与另一大宗客户谈判；告诉买方，因为不能赚钱，所以想卖了它。

7. 底线策略

底线策略它是一种简单而有效且符合道德规范的方法。在谈判中，如果有经验的买主正确使用这个策略，结果就会使双方都受益。

什么叫底线策略呢？为了简明起见，我们用下面的一个例子来说明。

在美国，有一位房主整修他家后院的园艺和栅栏。由于后院的布局非常特殊，这项工作显得相对复杂。他找到当地的一个园艺装修队，对方开价3万美元。无论从哪方面看，这个要价都是很合理的。尽管如此，房主仍然嫌这笔开支太大，他只出2万美元。房主想方设法让装修队认为他的资金短缺。面对这种情景，精明的装修队并没有跟他讨价还价，他们做出的反应是一边建议房主考虑修改提议，一边向房主演示可能的其他装修方式。这样一来，房主从演示中了解到他从来没有想到过的事情，诸如建栅栏、铺电线、砌砖墙、造小瀑布等，使房主对他所购买的服务有了更好的认识，他在出价时也比原来心服口服了，从而使这笔交易得以达成。

案例来源：根据网络资料整理。

一些高明的谈判专家建议，当你购买某个比较复杂的产品或服务时，你应该无一例外地考虑使用底线策略。底线策略为什么会奏效呢？原因是卖主会力求做成这笔交易。当买方说："我想买你的产品，可我只有这么多钱"时，卖主的反应往往是肯定的、友好的，他们会认真考虑买方所存在的问题，并力图解决问题，促成交易。这样谈判就会从双方竞争转变为双方合作。卖方会对买方表示理解，他会重新看待买方的实际需要。同时卖方也发现原来报价中有些项目可以省去，有的可以变更，剩下的可以由买方来调整，以符合开支计划，从而买卖双方互相帮助，达到共同目的。

底线策略之所以有效，部分原因是它利用了卖方的自负心理——人总是愿意帮助需要帮助的人。而底线策略正好给卖方一个绝好的机会，让他显示自己的商业知识和对别人的关心。买方使用底线策略未必能最终取得低价，但买方能学到很多有关产品的知识，提高自己的竞争力。

当我们已充分了解底线策略后，应该如何实施呢？当买方使用底线策略时，卖方就应该考虑采取以下措施：

（1）检验对方的声明，因为开支计划是可变的。

（2）在谈判之前准备好用第二交易方式，包括产品设计、发货方式、价目表等。

（3）如果我方一时没有针对对方策略的措施，就应向对方争取时间，研究问题之所在。

（4）查明对方的真正决策者，对方是否做出决定，要买什么样的产品。

（5）改变付款的方式和时间，买方可能现在资金短缺，但以后会有钱的。对方也许只是想拖延时间，如在过节之后付款。

（6）查明对方真正掌握财政大权的人。

（7）让对方也参与解决他自己制造的难题。

只要事先做好准备，就能把对方用底线策略制造的难题转变为机遇，在卖给对方符合需要的产品的同时创造出比预计更多的利润。成功的秘诀在于谈判之前问自己："要是对方使用底线策略，我该怎么办？"处理好对方的底线策略就能在竞争存在的同时做成买卖。买方的底线策略原则是"我想买你的东西，可我只有这么多钱"。卖方的对应策略应该是："我也想把东西卖给你，但在此之前，我们应先解决几个简单的问题。"以下的卖方底线策略符合上述交易要求：

（1）最低定价是××元。

（2）你在买××号的同时必须买些××号。

（3）这台机器只有两年的保修期。

（4）我方同意贵方要求的这一价格，条件是6个月内交货。

（5）除非你们把所有的订单交给我们，否则我们不能满足你们的要求。

（6）成交的条件是你们先预付××元预付款。

（7）这件事我们可以做到，条件是你们重新设计产品以符合我们的生产流水线。

8. 迂回战术

在商务谈判过程中，什么情况都可能出现，有时双方已经很难再听进去正面道理，正面进攻已经受挫，这时，我们就不应再强行或硬逼着他们进行辩论，而应采取迂回前进的方式。这就像在战场上一样，有时双方已经戒备森严，设防严密，正面很难突破，这时最好的进攻策略就是放弃正面作战，设法找到对方其他部位的弱点，迂回前进，一举成功。在谈判桌上也是如此，当双方互不相让，正面交锋也很难使对方让步时，就要暂时避开争论主题，寻找双方感兴趣的其他题目，从中发现对方的弱点，然后针对其弱点，逐步展开辩论，使对方认识到自己的不足之处，对你产生信服感，然后层层递进，逐步引入主题，就价格条件展开全面进攻，这时对方就会冷静地思考你的观点，也易被说服。

在商务谈判中，使用迂回策略，也有各种各样的方式。

（1）乘虚而入式。这是在双方为价格而激烈交锋中，利用对方急于进攻的心理，诱使对方透露出更多的信息，从中找出破绽，趁对方专心进攻、疏于防守之际，攻击短处。

（2）声东击西式。声东击西式是指在谈判过程中，双方出现僵局，无法取得进展，于是巧妙地变换议题，转移对方视线，从而实现自己目标的方法。

（3）旁敲侧击式。旁敲侧击式是指在谈判桌上很难取得进展时，除在谈判桌上同对方较量外，还可用间接的方法和对方互通信息，与对方进行情感和心理的交流，增加信任，使分歧尽快解决。

9. 虚假出价策略

当下，流行一种靠虚假低价来诱使人们做一项交易的风气。他们把高额利润转化成附加费或添加昂贵的部件。不管你是买者还是卖者，了解一下虚假低价能帮你在以后的谈判中节省一笔冤枉钱。

目前，汽车交易商已把虚假性低价发展起来，游艇交易商正迎头赶上。他们把车和船的基础卖价定得很低，而旧车、船的折价却很高，购买者在经过仔细检查后还认为价钱很公道，但就在你兴奋之余已落入陷阱。交易完结之前，购买者就已发现自己负担了先前许多根本不知道的附加费用。落实到每个部件时，他会发现每一样的价格都很高。以购买折价旧船的买主为例，他突然发现那些旧船有很多处需要修补，经过折腾后，这艘船就不像交易商所说的那么值钱了。

📖 案例导读

　　一对夫妇想以 4 万元卖掉他们的一辆旧车，于是在报纸上登了一则广告。有许多人感兴趣。有一个买者开价 38000 元并留下 2000 元定金，被这对夫妇接受了，他们于是回绝了其他所有买主。

　　他们等了很长时间对方还没寄支票来结束交易。他们迫不及待地打电话给那位买主。但是，那个买主却很难过地解释说他的搭档不同意 30000 元的出价。他说他们曾找过一辆相似的车，才值 34000 元……这对夫妇当然十分生气。但这时他们早已扔掉了其他感兴趣买主的名字，也不愿意重新做登广告、接电话及卖汽车讨价还价等事项。最后他们只能以 34000 元的价格卖给那个反悔的买主。

　　案例来源：根据网络资料整理。

这就是虚假出价的结果。

虚假出价也是卖者可能会遇上的一种不道德的购买策略。其大致形式就是一个买主靠出一个足够高的价格来吓退其他买主，等他和卖主处于一对一的局面时，再来讨价还价。

（1）虚假出价策略对于那些不知道自己想要什么的顾客最有效。他们不仅能够满足他们短期和长期需求的各种选择进行仔细权衡，也不会去关注未来的附加费用。有些使用虚假出价策略的公司就是冲着这类人来的。

至此，我们讨论卖方向买方的虚假出价，买方也经常向卖方虚假出价。他们的策略是承诺大批量订货，但结果从未做到这一点。比如订货时对要求轻描淡写，但售后服务时却百般刁难；承诺付款而久拖不兑现，或者承诺迅速做出决策而实际上却很慢。买方占主动的虚假出价基于同一个原则：引留意者上钩，再提出苛刻条件。

这类虚假出价在房地产交易中很常见，这对销售者来说可能是灾难性的。心怀不轨的聪明买主纠缠于理论，最终地产根本就卖不出。虚假出价的买主就是靠这种手腕迫使卖主降价出售的。

（2）有效地遏制虚假出价。作为买主，要清楚你究竟需要什么，不需要什么，不要为价格所困；让销售者宣布包含所有附加费的全部价格，为你并不立即需要的部分签订某一价格的远期合同；作为卖主，应先拿到数额相当高的不返还定金；亲自草拟出价，定出最后期限及保障条款；检查买主的讨论记录；接到过于好的生意时要持怀疑态度；在交易成交前不要轻易舍弃其他竞争者的名字；一旦可能，让不止一个人在书面的出价单上签字，这样做可以以防万一。作为买者，尽可能地把对方的总价格细分；要有一个严格控制更新产品的手续来保证某一特定更新产品被深入了解并定价；不要贪婪，没有天上掉馅饼的好事；最好的建议是离开虚假出价者。

二、应价的处理及策略

报价是谈判一方向另一方，而不是向自己提出交易的条件，因此，与某一方的报价过程相对应，必然地存在着另一方对报价的反应过程。所谓的应价，就是指谈判的一方对另一方报价所做的反应。在任何一项商务谈判中，报价与应价都构成一个事物的两个不可缺少的方面，两者相互依从，互为条件。

在谈判的双方报价之后，一般情况下，另一方不可能无条件地接受对方的全部要求，而是会相应地做出这样或那样的反应。一个老练的谈判者必须能正确应付对方提出的任何条件和要求，包括那些出乎意料的建议、要求。既然交易的条件是由双方共同来确立的，而不是仅取决于某一方的主观意愿。那么，在对方提出报价以后，己方也应该通过一定的途径提出本方的条件。对己方来说，应价不仅仅是对对方的报价提出质疑、做出评价，或者是不置可否等，它还直接或间接地表明了己方对交易条件的要求，反映着己方的立场、态度和利益。

从时间上看，应价是伴随报价而发生的，但就其实质而言，两者并无二致。因此，应价一方绝不是将自己置于被动应付的地位，而应该采取积极有效的措施对报价过程施加影响，使之朝有利于己方的方向发展，努力使己方的交易条件得到对方认可，争取谈判的主动权。事实上，应价对谈判行为过程的影响力绝不亚于报价，只要处理得当，谈判者完全可以"后发制人"，取得满意的谈判结果。

应价方对另一方的报价做出回复，有两种基础的策略可供选择：一种是要求对方降低其报价，另一种是提出己方的报价。比较而言，选择第一种策略可能更为有利。严格地说，不论运用哪种策略，都是己方对报价一方发动的反击，客观上都向对方传递了某些重要信息，包括己方的决心、态度、意愿等。不过，前一种策略表现得更为隐蔽一些，因此己方既没有暴露自己的报价内容，更没有做出任何相应的让步；而对方往往因对己方的条件缺乏足够的了解，不得不做出某种让步。

知识拓展

商贸谈判中的辩证技法

商贸谈判是现代商品经济活动的一项重要内容，它是商品经济发展到一定阶段的必然产物。在当今市场经济的国内外市场的开拓之中，商贸谈判越来越显示出其重要作用。谈判是人们在社会所持有的一种活动，是处理人际关系、解决利益冲突的一种手段，谈判就是力量，它既是一门科学又是一种艺术。谈判人员除了需要掌握一系列的理论外，还需要掌握一些实践的辩证技法。

1. 取与予

谈判是双方为了达成某种协议而进行的交往。传统的谈判观念把谈判看成一种战斗，不是你输就是我赢。结果双方把对方看成对手甚至是敌手，绞尽脑汁、千方百计地想压倒对方、击败对方，以达到自己单方的目的。其结果是：占据上风者，趾高气扬；处于下风者成了输家，屈辱不堪。即使双方达成协议，因没有融洽双方的关系，协议往往缺乏牢固性。自认为失败的一方会千方百计地寻找各种理由报复，拖延合同的履行，挽回自己的损失，其结果是两败俱伤。胜败乃兵家常事，成功的谈判应该是双赢策略，而不应该是一方的大笑，另一方苦恼。因此，在商贸谈判中应该树立正确的胜负观，"欲取先予"应是谈判的一大谋略。"欲致鱼者先通水，欲致鸟者先树木"，予是为了取，纵是为了擒，这就是辩证法。当然"予"和"取"要掌握有度，在谈判中不仅要考虑自己的利益，而且要学会妥协，通过自己的让步来换取更大利益，在利人的前提下利己。只要正确理解胜败与运用取和予的辩证方法，就会"予"得主动、爽快，"取"得自然、顺畅、更多。

2. 同与异

在谈判中，同与异是对立统一的，应该求大同、存小异。求大同，是指谈判各方在总体上的原则必须一致，摒弃细枝末节和不同意见，从而使参与谈判的各方都感到满意。它可以缓解双方的冰层，也是谈判成功的基础，否则谈判会陷入僵局或失败。存小异就是谈判各方必须做出适当的让步，使得与自己的利益要求不一致的"小异"也允许存在于谈判协议之中。

求同存异要求谈判双方在谈判过程中要将暂时存在的分歧放在一边，而从双方共同利益目标出发，进行建设性的磋商，寻求一致，达到谈判的成功。所以有人认为，"求同存异"是共渡谈判之水的良舟，必要的妥协是连接谈判沟壑的桥梁。

3. 刚与柔

刚柔相济、以柔克刚是谈判中常用的谋略，该谈判作风是指在谈判中既考虑实现自己的谈判目标，还注意同对方搞好关系。强硬型因过于刚硬而失去对方的友谊，合作无从谈起。因此要刚柔相济，其基本特点如下：

（1）将人与事分开。对人温和，对事强观。在商贸谈判中对人要和蔼，以诚待人。谈心要交心，交心要知心，知心要诚心，以信取人。对事讲原则，不过分迁就，也不过分苛求。

（2）利益和立场分开。在谈判中要重利益、轻立场。利益是立场的基础，立场是利益的保证，两者不能混为一谈。有时可改变立场以求利益最大化。

（3）核心特点是软硬兼施。也可采用"白脸""红脸"战术。排斥性和互引性相结合，讲究原则和感情的统一，以人和事，以理服人。

（4）评价标准是互利合作。成功的谈判是双方协商一致，互利互惠，双方都有利可图。刚柔相济要扬其所长，避其所短。柔而不固，相柔相济，各有侧重，相互配合，灵活应用，浑然一体。

4. 奇与正

在军事上，"正"指用兵之常法，"奇"则是用兵之变法。奇正相依，由正变奇，由奇变正，是无穷无尽的。犹如乐声不过五种，变化起来令人听不胜听；色彩不过七种，变化起来令人看不胜看；味道不过五种，变化起来令人尝不胜尝。博弈双方力量相同，但棋趣奥妙无穷，故有"世事如棋局局新"之慨。孙子指出："故兵无常势，水无常形；能因敌变化而取胜者，谓之神。"诸葛亮的"空城计"就是典型的例子。在谈判之中不拘常法，临时适变，从宜而行，出其不意，攻其不备。

例如，谈判人员的更换，更高权威者的出现，技术专家顾问、律师的到场，等等，出其不意，在对方尚无准备的情况下，打乱其计划布置，或者利用对方意想不到的事物，向对方反击，使局势朝着我方有利的趋势发展。运用和掌握这一策略，最常使用的方式是掌握令对方惊奇的信息，在必要时向对方推牌，迫使对方在事实面前做出让步、承诺、保证。在谈判中强调"以正合，以奇胜"，奇正之变，不可胜穷也。

运用之妙，存乎一心，奇与正不是一种静态的关系，而是随着时空与具体条件的变化而变化的，运用得好则"无穷如天地，不竭如江海"。

5. 先与后

在市场经济的激烈竞争中，要根据不同的谈判场合、条件确定其先后。谈判人员有识时机者"金风未动蝉先觉"，捷足先登；有深谋远虑者"将军盘弓故不发"，等待时机，后发制人。先与后各有利弊。先发能够制人，时间就是金钱、效率就是生命。一朝领先，步步领先，先下手为强。在讨价还价时先报价比后报价更具有影响力，因为先报价不仅能够为谈判规定一个难以逾越的上限（卖方的报价）或下限（买方的报价），而且还会直接影响谈判对方的期望水平，起到争取主动的作用。但先报价也有不利之处，主要表现在一方先报价之后，另一方可根据对方的报价水平调整自己的策略和报价方式，特别是报价与还价相差有较大出入时，更是如此。有时他们的叫价比你预期的要低，因为这是你经过调整了的报价。先发制人，必须有先见之明、先人而知，做到"情况明，决心大，方法对"才行，否则，先发不仅无法制人，反而会受制于人。后发也可以制人，后来者居上也是谈判中常有的现象。不过后来者必须对先入者全面地观察，认真地比较、分析，选准突破口与切入点，一矢中的。先发制人虽可以取得一定的主我和暂时的优势，但如果情况不明，贸然行动，就会暴露出许多弱点，给对方以可乘之机，使自己处于十分不利的地位。所以在情况不明时要后发制人，以逸待劳。

6. 退与进

市场竞争如同逆水行舟，不进则退。在谈判中如果出现对自己不利的局面，为了扭转这种不利的形势，促使对方降低原先的要求，我们往往需要向后退一步。退即为让步，为的是更好地前进，首先让步是尊重对方的表现，也是创造和谐友好气氛的前奏。同事之间的摩擦，邻里之间的争吵，夫妻之间的分歧，都需要做出让步，处于矛盾的双方都有责任为矛盾的转化创造条件。倘若双方都寸步不让，必然会使双方的心理差距加大，对抗情绪不断加强，使谈判陷入僵局。但如果一方高风亮节最先做出让步，而对方又通情达理，在自我反省一番后，为相互配合甚至会做出更大的让步。矛盾淡化后，问题往往也可以迎刃而解。然而，让步绝不是妄自菲薄，无原则、无限制的退让会引起对方的得寸进尺。谈判中的退让应坚持以下原则：

（1）在合理的范围内，喊价要狠，留下讨价还价的余地。

（2）不能很快做出较大的让步，因为人们并不珍惜轻而易举得到的东西。

（3）不做无谓的让步，同等级让步。

（4）让步的次数不超过三次。

凡此种种，若能综合运用，能达到因失小而得大、因退让而进取的目的。因此在谈判中要学会运用以退为进的技巧，多进行辩证思考，对进与退的关系进行辩证分析，能够做到在退时进，在进时退，进中有退，退中有进，进退结合，化害为利。这样在谈判中就一定能高屋建瓴，奇招迭出，掌握谈判的主动权，取得谈判的最后胜利。

7. 竞争与合作

商贸谈判既是合作又是竞争，谈判参与各方间存在着利益上的联系和分歧，利益分歧使各方积极地讨价还价，从而产生了激烈的竞争。利益的联系使谈判者走到了一起，变成了合作共事者。谈判双方应该把谈判看成一项双方互利的事情，都应为实现共同的利益而努力。实行市场经济以来，个别企业之间竞争有余、合作不足，甚至搞不正当竞争。在商贸谈判中想猛咬对方一口，欺诈胁迫是十分危险的。人无信不立，谈判者要以信为本，青山似信誉，绿水如财源，只有山青才能水秀，只有源远才会流长。财自道生，利缘义取，这样的竞争与合作才会有情有义、地久天长。

案例来源：张国良. 商务谈判与沟通［M］. 北京：机械工业出版社，2021.

本 章 小 结

报价是指报出价格或报出的价格，并非单指价格，而是指包括价格在内的诸如交货条件、支付手段、违约金或押金、品质与检验、运输与保险、索赔与诉讼等一系列内容。报价标志着价格谈判的正式开始，也标志谈判者的利益要求的"亮相"。

报价绝不是报价一方随心所欲的行为。报价应该以影响价格的各种因素、所涉及的各种价格关系、价格谈判的合理范围等为基础。在实际商务谈判中，报价遵循一定的依据。

报价应该遵循四个原则：确定报价起点为"最高"或"最低"价；报价必须合情合理；报价应该果断而明确；不对报价做主动的解释和说明。

议价区间是指谈判双方保留点之间的区域。谈判的最终结果会落在高于卖方的保留价格而低于买方的保留价格之间的某个点上。议价区间既可以为正数，也可以为负数。在正议价区间内，谈判双方的保留价格相互重叠，即买方愿意支付的最高价格高于卖方愿意接收的最低价格，这个重叠区域意味着双方可以达成一致同意的协议。而负议价区间使得谈判双方的保留价格之间不存在正的重叠区间，在这种情况下，谈判双方必须更换谈判方案。

报价的顺序是指在谈判过程中谈判双方谁先报价。究竟应该选择哪种方式，要根据己方的条件和每种报价的利弊进行决策。价格谈判中，报价时机也是一个策略性很强的问题。究竟是谁先报价，应该视具体情况而定。

通常情况下，作为卖方，报价起点要高，即"开最高的价"；作为买方，报价起点要低，即"出最低的价"。

商品价格是商品价值的货币表现。影响价格形成的直接因素主要有市场行情、利益需求、交货期要求、产品的复杂程度、货物的新旧程度、附带条件和服务、产品和企业的声誉、交易性质、销售时机、货款支付方式等。

商务谈判中的价格谈判，除应了解影响价格的诸多因素，还要善于正确认识和处理各种价格关系。主要有主观价格与客观价格、绝对价格与相对价格、积极价格与消极价格、固定价格与浮动价格、综合价格与单项价格、主要商品价格与辅助商品价格。

商务谈判报价的方式是指以何种方式提交己方的报价，包括交易条件的构成、提出条件的程序及核心内容的处理等。根据报价方式划分，主要分为书面报价和口头报价；根据报价战术划分，主要分为西欧式报价和日本式报价。

价格谈判策略与技巧是指谈判人员为取得预期的谈判目标而采取的措施和手段的总和。价格谈判的策略有：报价起点策略、报价差别策略、价格分割策略、运用心理定价策略、多重报价策略、"托儿"策略、底线策略、迂回战术、虚假出价策略。

所谓的应价，就是指谈判的一方对另一方报价所做的反应。在任何一项商务谈判中，报价与应价都构成一个事物的两个不可缺少的方面两者相互依从，互为条件。

◎ **思考题**

1. 什么是报价？报价应坚持哪些原则？
2. 试述先报价的优缺点。
3. 影响报价的因素有哪些？请举例说明。
4. 西欧式报价和日本式报价的区别何在？
5. 有哪些报价策略？请举例说明。

◎ **课后案例**

　　意大利某电子公司欲向中国某进出口公司出售半导体生产用的设备，派人来北京与中方洽谈。意方的设备性能良好，适合中方用户，双方很快就设备性能指标达成协议，随即进入价格谈判。中方讲："其设备性能可以，但价格不行，希望降价。"意方说："货好，价也高，这很自然，不能降。"中方说："不降不行。"意方说："东方人真爱讨价还价，我们意大利人讲义气，就降0.5%。"中方说："谢谢贵方的义气之举，但贵方价格系不合理价。"意方问："怎么不合理？"中方答："贵方以中等性能要高等价，而不是适配价。"意方又问："贵方不是对我方设备很满意吗？"中方答："是的，这是因为它适合我们的需要，但并不意味着是最先进的设备。如用贵方报的价，我们可以买到比贵方设备更好的设备。"意方说："这话说得倒使我无法回答了，我方需要考虑后再谈。"休息一会儿，双方再谈。意方报了一个改善3%的价格。中方认为还没有到成交线，要求意方再降。意方坚决不同意，要求中方还价，中方给出再降15%的条件。

　　意方听到中方条件，沉默了一会儿，从包里掏出了一张机票说："贵方的条件太苛刻，我方难以承受。为了表示交易诚意，我再降2%，贵方若同意，我就与贵方签合同；贵方若不同意，这是我明天下午2：00回国的机票，按时走人。"说完，站起来就要走。临走又留下一句话："我住在友谊宾馆×楼×号房间，贵方有了决定，请在明日中午12：00以前给我电话。"

　　中方在会后认真研究成交方案认为5.5%的降价仍不能接受，至少应降7%，也就是还差1.5%。如何能再谈判呢？于是先调查明天下午2：00是否有飞意大利的航班或欧洲的航班，以探其虚实，结果是没有。第二天，上午10：00左右，中方让翻译给意方宾馆房间打电话，告诉他："昨天贵方改善的条件反映了贵方交易的诚意，我方表示赞赏。作为一种响应，我方也可以改变原立场，只要求贵方降10%。"意方看到中方一步让了5%，而10%与其内定价格相差一些，但比15%而言，可以谈判了，于是希望马上与中方见面。中方赶到宾馆，到其房间谈起来。没有太多的寒暄，开门见山，双方认为还有差距，但均愿意成交。只有一条路——互相让步，你多我少，还是我多你少？双方推断，在此之前双方各让了5%，对等，最后一搏是否也应对等？最终双方将5%的差距（意方5%与中方的10%比）各担一半，即以降价7.5%成交。

案例来源：根据网络资料整理。

思考题：

1. 在案例中，意方采用的价格策略是什么？

2. 中方在谈判过程中成功地运用了哪些谈判的策略与技巧？

3. 这个案例对我们有什么启示？

◎ **谈判实训**

实训目的：通过实训，使学生掌握价格谈判的内涵，了解和学会运用报价的策略与技巧，体会现场买卖谈判的双赢。

实训内容：制订一份价格谈判计划。具体内容如下：

1. 准备道具：桌子、各种小道具（按需要）、一些白纸、笔、胶水、扑克牌。

2. 每三人为一组，其中A扮演售货员，B与C扮演顾客。把大家准备的商品和对商品的估价交给A，A在每个物品估价的基础上适当加些价，并做成标签贴到物品上。

3. 将所有物品摆放到桌子上，开始进行模拟交易，用扑克牌充当货币。

4. 要求B与C不能买自己提供的物品，只能买另外两人提供的物品。B与C之间不能互相告诉自己提供物品的估价。

5. 交易完成后，将大家最初的估价拿出来与真实的成交价格对比，看看赢家是谁。

6. 小组讨论：

（1）A采取的是什么样的报价方式和策略？效果如何？

（2）在讨价还价和让步阶段大家都使用了什么样的策略和技巧？你的谈判策略和技巧成功吗？

（3）A是否卖出了高于估价的价格，B与C是否买到与估价相等或者低于估价的物品。

实训要求：

1. 各小组在实训开始前要准备好道具，商品的估价尽量合理。

2. 每个小组应充分发挥每个成员的积极性，分别扮演好自己的角色。注意分工、协作与配合，互相学习，培养团队意识。

3. 建立经验交流制度：每两组完成模拟实训后，其他同学及小组间可进行经验交流，教师可针对共性问题在课堂上组织讨论和进行专门的讲解。

4. 实训完成后提交实训报告。

实训步骤：

1. 以小组为单位，分发资料。

2. 教师介绍本次实训的内容和实训情景。

3. 各组确定实训活动情景角色。

4. 各组模拟实训。

5. 各组围绕实训组织讨论。

6. 教师点评。

第八章　商务谈判的磋商与再谈判

📝 学习目标

◆ 知识目标

1. 掌握商务谈判磋商的程序。

2. 熟悉讨价、还价的内涵。

3. 理解讨价、还价及让步的方式。

4. 理解商务谈判僵局产生的原因和处理原则。

5. 掌握商务谈判僵局的处理方法，理解商务谈判僵局处理的化解方法和要求僵局。

◆ 技能目标

1. 具备在商务谈判中合理讨价还价、让步等磋商的能力。

2. 具备破解僵局的能力。

☑ 核心概念

讨价（bargaining）；还价（counter-bid；abate a price；dicker；huckster）；让步（concession）；僵局（stalemate；logjam）。

🔖 案例导入

有一对夫妇，收入并不高，却非常追求生活的格调。有一天，在翻阅杂志的时候，看到了一只作为广告背景的古玩钟，他们立刻被它迷上了。

"亲爱的，这难道不是你所见过的钟里面最漂亮的吗？把它摆在咱们的客厅里一定很美！"妻子说道。

"确实非常漂亮！"丈夫完全赞同妻子的观点，"只是不知它卖什么价钱，广告上没有标价"。

这对夫妇太爱那只钟了，他们决定去寻找它。鉴于家庭的经济状况，他们决定以500元作为钟的最高价格，只要不超过500元，他们就买下来。功夫不负有心人，经过三个月的寻找，他们终于在一个古董展销店发现了目标。

"就是它！"妻子兴奋极了。

"没错，跟杂志上一模一样，真是美极了！"丈夫显然没有忘记自己钱包的状况，"一定要记住，我们不能超过500元"。

他们走进展厅，发现古老的挂钟的标价是750元。

"算了，咱们回去吧，咱们说过不能超过500元的。"妻子说道。"话是这么说"，丈夫并没有死心，"我们可以试着让他们降点价，我们已经找这么久了，好不容易找到了，怎能轻易放弃呢?"

他们商量了一阵，决定由丈夫出面和售货员商谈。他们都知道500元成交的希望非常渺茫，丈夫甚至认为，既然已经寻找了这么长时间，那只挂钟又确实漂亮，如果能有600元买下来，也可以。

丈夫整整自己的领带，挺起胸脯走到售货员面前，说道："我看到你们一只小挂钟要卖，我也看到了它的标价。现在我告诉你我想干什么，我要给你的钟出一个价，只出一个价。我肯定你会感到震惊!"他停顿了一下，观察效果，然后鼓起勇气宣布："我的出价是250元。"出乎他的意料，钟表售货员没有被吓倒在地上爬不起来。他连眼睛都没眨一下："给您，卖啦!"

居然在1秒内做成生意，售货员很满意地说："老板整天教导我们要满足顾客的需要，并以此作为发展长期顾客的前提。你们很有诚意，我以这么低的价格卖给你们，虽然这次没赚到什么钱，但只要你们满意，觉得我们店是不会欺骗顾客的，那以后就是我们的长期顾客了，没准还会介绍别的顾客来呢? 这次老板肯定会表扬我啦!"

听到售货员的回答，丈夫第一反应是什么? 兴高采烈吗?

他决不会对自己感到满意的。"我真傻，我应该只出150元。"他的第二个反应是："是不是我的耳朵出毛病了? 要不就是这只钟有毛病!"

尽管如此，他还是把钟挂在客厅。挂钟美丽极了，与客厅的环境也非常和谐，但他总感觉这里面有什么不对头。每天晚上，他和妻子都会想起来看看钟是不是还在走。他们一天到晚忧心忡忡，以为这只挂钟很快就会散架，因为那该死的钟表售货员居然以250元的价格把这只钟卖给了他们。

案例来源：根据网络资料整理。

问题：

(1) 为什么这对夫妻以比愿意支付还低的价格买下那个钟，还会有那样痛苦的感觉，问题出在哪?

(2) 你从案例中挖掘到了什么谈判要点?

启示：

磋商阶段是谈判双方讨价还价的阶段，是指一方报价以后到成交之前的这个时间段。在这个阶段，谈判双方就价格问题展开激烈的讨论，经过多次磋商，最终达成协议，这是整个谈判的核心阶段。

在商务谈判过程中，当一方报价之后，一般情况下，另一方不会无条件地接受对方的报价，而会提出"重新报价"或"改善报价"的要求，俗称"讨价"，于是双方就价格问题开始一系列的讨价还价，进行实质磋商。"讨价还价"有三层含义：一是讨价，二是还价，三是经历多次的反复磋商，一方或双方做出让步，才能促成交易双方达成一致意见。作为买方，讨价还价应遵循"货比三家"的原则；作为卖方，在讨价还价中要极力突出自己经营的商品的优良性、合理性和公平性的特点。可以说，讨价还价的过程就是一个信息逐渐被公开，筹码不断被调整，障碍不断被清除，促进谈判目标朝着有利于己方方向发展并逐渐走向成交的过程。

第一节　讨　价

一、讨价的理论知识

1. 讨价的含义

讨价是指在谈判中的一方报价之后，另一方认为其报价离己方的期望目标太远，而要求提价一方重新报价或改善报价的行为。这种讨价要求是实质性的，即迫使价格降低，也是策略性的，其作用是引导对方根据己方的判断改变对方的期望值，并为己方的还价做准备。讨价应建立在价格评论基础之上，也是价格磋商的正式开始。

2. 价格评论的含义

买方对卖方的价格及通过解释了解到的卖方价格的贵贱性质做出批评性的反应，就是价格评论，即通过对卖方的解释进行研究、寻找报价中的不合理点，并通过对这些"虚头""水分"在讨价还价之前先"挤一挤"，这就好比总攻前的"排炮"，扫一扫路障，打掉一些明暗碉堡。

3. 讨价的次数

所谓讨价的次数，是指要求报价方改善报价的有效次数，亦即讨价后对方降价的次数。若首次讨价，就能得到对方改善报价的反应，就说明对方报价中的策略性虚假部分可能较大，价格中所含的虚头、水分较多，或者也可能表明对方急于促成交易。但是一般来说，报价者开始都会固守自己的价格立场，不会轻易还价。另外，即使报价方做出改善报价的反应，还要分析其让步是否具有实质性内容。对于买方来说，要讨价几次合适，没有永远不变的确切答案，这要根据价格分析情况与卖方的价格解释和价格的改善状况而定，只要对方没有大幅度的明显让步，就意味着还有降价的可能。因此，讨价的次数没有统一标准，但一般不止一次，多数谈判的讨价为 2~3 次。

4. 讨价前的准备

在进行讨价前，讨价方要做到心中有数，不能盲目地要求对方重新报价或修改报价。因此，在讨价前要做好以下准备：

（1）要明确对方为什么如此报价，对方的真正期望和意图是什么。

（2）要研究对方报价中，哪些是对方必须得到的，哪些是对方希望得到但不是非得到不可的，哪些是比较次要的，而这些又恰恰是诱导己方让步的筹码。

（3）要注意观察对方的言谈举止和神情姿态，弄清对方所说的与他的期望是否一致，以此来推测他的报价是否可靠。

（4）要对谈判形势进行判断，分析己方讨价的实力和能力，了解怎样才能使对方不断得到满足的同时又能得到己方的利益。

（5）根据对方报价的内容和己方所掌握的比价材料，推算出对方的虚价何在及其大小，以便己方采取相应的对策。

二、讨价的方式

讨价议案分为三个阶段，不同的阶段采取不同的讨价方式。

第一阶段：总体讨价。讨价方从总体交易条件入手，要求报价方从整体上全面改善价格，重新报价，常常用于评论之后的第一次要价，或者用于较为复杂交易的第一次要价。双方从宏观的角度，主要凭"态度"压价，笼统地提要求，不显露掌握的准确材料。对方为了表示"良好态度"，也可能调整价格。例如，某餐厅老板要把其餐厅整理转让，报价 100 万元，己方通过对该餐厅的各类设施价格解释进行评价后，提出全面改善价格的要求，这是对该餐厅的全面讨价。讨价次数可以视具体情况而定。

第二阶段：具体讨价。具体的讨价方式是就分项价格和具体报价内容要求重新报价，常常用于对方第一次改善价格之后，或不宜采用笼统讨价方式时。具体讨价的要求在于准确性与针对性，而不在于"全部"将自己的材料都端出来，在做法上是将具体的讨论内容分成几块：可以按内容分，如运输费、保险费、技术费、设备条件、资料、技术服务、培训、支付条件等；也可以按各项内容的水分大小分类，水分大的放在一类、中等的放在一类、水分低的放在一类。具体讨价策略应注意不能任意从哪块讨价，一般规律是从水分最大的那一块起讨价，然后对水分中等的那块讨价，最后对水分较小的那块讨价。正确的讨价步骤应是：讨价—改善后的新价—新的讨价的反复循环过程。例如，针对该餐厅的设施陈旧等问题，提出该设备的折价空间要加大，并针对该项设备提出"改善价格要求"。

第三阶段：最后的总体讨价。针对性讨价之后，再次进行全面讨价，直到讨价方找不到让对方降价的依据。讨价往往不是一次性能完成的，也有反复的可能。

讨价过程虽然从理论上可分为三个阶段，但从时间上看却不是很长，只要对方能及时修改自己的报价，就能很快结束。需要注意的是，这里的讨价除价格这一核心外，也包括如付款方式等其他内容。

▌案例导读

科文谈判制胜的技巧

律师科文的邻居是一位医生。有一次，这位邻居的房屋遭受台风的袭击，有些损坏。这房屋是在保险公司投了保的，可以向保险公司索赔。他想要保险公司多赔一些钱，但又知道保险公司很难对付，自己没有这种能力做到这一点，于是去请科文帮忙。科文问医生希望得到多少赔偿，以便有个最低的标准。医生回答说，他想要保险公司赔偿 300 美元，科文又问："这场台风使你究竟损失了多少钱？"医生回答："大约在 300 美元以上，不过，我知道保险公司是不可能给那么多的！"不久，保险公司的理赔调查员来找科文，对他说："科文先生，我知道，像你这样的大律师，是专门谈判大数目的，不过，恐怕我们不能赔太大的数目。请问你，如果我只赔你 100 美元，你觉得怎么样？"多年的经验告诉科文，对方的口气是说他"只能"赔多少，显然他自己也觉得这个数目太少，不好意思开口；而且，第一次出价后必然还有第二次、第三次。所以他故意沉默了半晌，然后反问对方："你觉得怎么样？"对方愣了一会儿，又说："好吧！真对不起你，请你别将我刚才的价钱放在心上，多一点儿，比方说 200 美元怎么样？"科文又从对方回答的口气里获得了情报，判断出对方的信心不足，于是又反问道："多一点儿？""好吧，300 美元如何？""你说如何？"最后，以高于邻居希望数的三倍多——950 美元了结。

　　案例来源：根据网络资料整理。

三、讨价需要注意的问题

1. 讨价前不能说出自己对价格的具体看法

一方报价后，己方只要说出自己对谈判对象价格的具体看法，即可视为已进行还价。而此时，选择权就让给了对方，己方就不能再进行讨价了。因此，当对方报价或还价后，己方的工作只能是分析对方价格中的错误或水分，而不能表明自己的具体态度；己方只能指出对方的报价高或低，至于自己想要多少，则不能说出来。例如，卖方报价：每台机器 1500 元；买方：该价格与市场行情相差太远，不切实际，请重新报价。卖方：1400 元，这是最低价；买方：1400 元不行，水分太大，我们无法接受。错误的做法是买方：每台机器也就值 1000 元。

2. 讨价要持平静信赖的态度

由于讨价不接触实质性问题，不说明自己的具体观点和看法，因而不宜采用硬压的办法，应启发、诱导对方自动地降价或提价。并且要相信对方，当对方以"算错了"等作为后退的辩护词时，己方应持欢迎的态度。

3. 讨价要适可而止

讨价虽然对自己有利，但要适可而止，绝不允许无限期地拖延下去。因为不考虑对方已对价格的改善，久拖而不还价，这一方面说明己方不了解市场行情，进而说明其无知；另一方面则说明己方没有讨价诚意。这样坚持的结果必然会使谈判破裂。因此，在讨价还价过程中必须要进行认真的评论，只要对方能把价格中预计的水分降下来 40%～50%，自己即可还价。想等对方把所有水分全部降下来再还价，一般是做不到的。因为对方要留下一部分水分作为自己讨价还价的筹码。

经过报价和讨价之后，谈判就进入还价阶段。

第二节　还　价

一、还价的理论知识

1. 还价的含义

还价也称还盘，是谈判一方根据对方的要价以及自己的谈判目标，主动回应对方的要求，提出自己的价格条件。还价以讨价作为基础，在经过一次或几次讨价之后，估计其保留价格和策略性虚报部分，推测对方可妥协的范围；然后根据己方的既定策略，提出自己可接受的价格反馈给对方。

如果说报价划定了讨价还价范围的一个边界的话，那么还价则划定与其对立的另一条边界，双方将在这两条边界所规定的区域内展开激烈的竞争。还价对对方心理的影响也是实质性的，因此需要慎重对待。还价的目的不是仅仅为了提供与对方报价的差异，而应着眼于如何使对方承认这些差异，并愿意向双方互利性的价格靠拢。还价的策略与技巧体现在还价的时机方式、顺序、起点、次数以及还价的要求等方面。还价要谨慎，若还价不妥，会把本意想尊重对方的态度，误为侮辱人，引起对方的愤怒，如买方还价低于成本价太多。

尽管讨价还价会使谈判双方情绪对立，关系紧张，甚至使谈判陷入僵局，但是在谈判过程中还价一般是不能缺少的，否则也会引起谈判者的不良情绪或想法，严重的甚至导致身体出现疾病，这是因为人们的各种需要特别是信任的需要都是通过讨价还价的谈判过程来实现的。也就是说，利益的需要可借谈判结果来满足，而信任的需要和人格的需要则主要借助谈判过程来满足。

2. 还价前的准备

在还价前要弄清对方为何如此报价。在这个阶段要做三个方面的准备工作：第一，检查对方报价的全部内容，询问对方如此报价的原因和根据，以及在各项主要交易条件上的灵活性范围；第二，注意倾听对方的解释和答复，但不要主观臆测对方的动机和意图；第三，记下对方的答复，但不要加以评论，并尽力减少答复，掌握好该说与不该说的内容。

3. 还价的主要依据

在还价过程中，还要明确还价的依据，以此确定还价的起点和幅度。还价起点和幅度的高低直接关系到己方的利益，也反映出谈判者的水平。因此，还价的总体要求是，既要力求使自己的还价给对方造成压力，影响或改变对方的判断，又要接近对方的目标，使对方有接受的可能性。还价的依据主要有以下几点：

（1）对方的报价。在还价之前必须充分了解对方报价的全部内容和虚报程度，准确了解对方提出条件的真实意图，必须摸清对方报价中的条件哪些是关键的、主要的，哪些是附加的、次要的，哪些是真实的，哪些是虚假的，如此才能有效地还价。

（2）己方的目标价格。己方的目标价格是将根据自身和他人利益需要及各种客观因素制订的，并力图经过讨价还价达成的成交价格。因此，对方的每一个报价，己方都会拿它与自己的目标价格相比较，然后根据差距决定下一步行动。对方报价离自己的价格目标越远，还价起点越低；相反，对方报价离自己的价格目标越近，还价起点越高。

（3）己方拟还价的次数。在每次还价幅度已定的情况下，当自己准备还价的次数较多时，还价的起点就比较低；当准备还价的次数较少时，还价的起点就应高一些。

（4）商品的实际成本。谈判的价格一般以交易的商品成本为起点，再加上合理的利润，至于这部分利润的多少则取决于谈判双方的讨价还价能力。

4. 还价的时机与次数

还价的时机选择得当可以减少还价的次数，改善还价的效果。一般来讲，首次还价应在要价方对讨价做出反应和改善之后进行。买方经过讨价后，看卖方改善的报价与买方拟订的成交方案之间，还有多大的差距再决定还价，通常等卖方做了1~2次调价以后，并强烈要求买方还价，买方才还价。

还价的次数取决于谈判双方手中有多少余地，例如买方第一次还价，手中余地不大，则再次还价的机会就比较少。一般来讲，小型谈判由于总价少，报价与还价之间的差额也小，故还价次数较少；大型谈判由于其总额较大，价差大，且每次让步幅度不宜过大，还价的次数相应增加。如果卖方报价中的"含水量"比较多（"含水量"影响着还价的起点和次数），还价的次数也越多；报价中所含水分比较少，则还价的次数不宜太多，以免浪费时间。另外，还价次数还与每次让步的幅度有关，让步幅度与还价的次数呈反方向变化，每次让步的幅度越大，还价的次数就越少，每次让步的幅度越小，还价的次数则越多。还价的次数与谈判者的个性和心理差异也有关系，比如喜欢大步快走的谈判人员每次还价幅度大，还价次数较少，希望尽快成交，而对于喜欢小步慢走的谈判人员，每次还价的幅度较小，还价的次数较多。

📖 案例导读

心理学家罗伯斯，有一次去买冰箱，营业员指着罗伯斯要的那种冰箱说："259.5 美元一台。"接着罗伯斯导演了一台精彩的"喜剧"。

罗：这种型号的冰箱一共有多少种颜色？

营：共有 32 种颜色。

罗：能看看样品本吗？

营：当然可以！（说着立即拿来了样品本）

罗（边看边问）：你们店里的现货中有多少种颜色？

营：现有 22 种。请问您要哪一种？

罗（指着样品本上有但店里没有的颜色）：这种颜色同我厨房的墙壁颜色相配！

营：很抱歉，这种颜色现在没有。

罗：其他颜色与我厨房的颜色都不协调。颜色不好，价钱还这么高，要不便宜一点，不然我就要去其他的商店了，我想别的商店会有我要的颜色。

营：好吧，便宜一点就是了。

罗：可这台冰箱有些小毛病！你看这里。

营：我看不出什么。

罗：什么？这一点毛病尽管小，可是冰箱外表有毛病通常不都要打点儿折扣吗？

营：……

罗（又打开冰箱门，看了一会儿）：这冰箱带有制冰器吗？

营：有！这个制冰器每天 24 小时为您制冰块，一小时才 3 美分电费。（他认为罗伯斯对这制冰器感兴趣）

罗：这可太糟糕了！我的孩子有轻微哮喘病，医生说他绝对不可以吃冰块。你能帮我把它拆下来吗？

营：制冰器没办法拆下来，它和整个制冷系统连在一起。

罗：可是这个制冰器对我根本没用！现在我要花钱把它买下来，将来还要为它付电费，这太不合理了！当然，假如价格可以再降低一点的话。

结果，罗伯斯以相当低的价格，不到 200 美元买下了他十分中意的冰箱。

案例来源：根据网络资料整理。

二、还价的方式

还价中，谈判者要确保自己的利益和主动地位，应善于根据交易的内容、所报的价格，以及讨价方式，采取不同的还价方式。

1. 按照谈判中还价的依据划分

（1）按可比价还价。这是指己方无法准确掌握所谈商品本身的价值，而只能以相似的同类商品的价格或竞争者的商品价格做参照进行还价。这种方式的关键是所选择的用以参照的商品的可比性及其价格的合理性，只有可比价格合理，还价才能使对方信服。

（2）按成本还价。这是指己方能计算出所谈商品的成本，以此为基础再加上一定比率的利润作为依据进行还价。这种还价方式的关键是所计算成本的准确性，成本计算得比较准确，还价的说服力就比较强。

以上两种性质的还价方式的选取决定于手中所掌握的比价材料。如果比价材料丰富且完备，自然应选按分析比价还价，这对于买方来讲简便、容易操作，对卖方来讲容易接受；反之，就按分析成本还价。在确定了还价的性质之后，再来结合具体情况选用具体技巧。

2. 按照谈判中还价的项目划分

（1）总体还价。总体还价即一揽子还价，是指部分报价中各部分所含水分的差异，均按同一百分比还价，一般来说，由于针对性不强，所还的价格相对较高。总体还价是与全面讨价对应的还价方式。

（2）分组还价。分组还价是指把交易内容划分成若干类别或部分，然后按各类价格中的含水量或按各部分的具体情况逐一还价。对价格高的商品在还价时可以多压一点，对认为水分比较低的分组还价时可以少压一点，对不同档次的商品或项目采用区别对待，分类处理。

（3）单项还价。单项还价一般是与针对性讨价相对应的还价方式，是指按所报价格的最小单位还价，或者对某个项目进行还价。例如，对技术费、培训费、包装费、运输费、工程设计费、技术咨询费逐项还价；再如对成套设备，按主机、辅机、备件等不同的项目还价。

如果卖方对价格解释得够清楚，又成交心切，且有耐心及时间，而买方手中比价材料丰富时，采用逐项还价对买方有利，对卖方也充分体现了"理"字，卖方也不会拒绝，他可以逐项防守。如果卖方价格解释不足，买方掌握的价格材料少，但卖方有成交的信心，且又性急，时间也紧时，采用分组还价的方式对双方都有利。如果卖方报价粗，而且态度强硬，或双方相持时间较长，但都有成交愿望，在卖方已做一两次调价后，买方也可采用以"货物"和"软件或技术费"两大块还价。不过，该价应还得巧。"巧"就是既考虑了对方改善过报价的态度，又抓住了他们理亏的地方；既考虑到买方自己的支付能力，又注意掌握卖方的情绪，留有合理的妥协余地，做到在保护买方利益的同时，使卖方感到有获利的希望，而不丧失成交的信心。

三、还价起点的确定

还价方式确定后，关键的问题是要确定还价的起点。还价起点即买方的初始报价，是买方第一次公开报出的打算成交的条件，其高低直接关系到自己的经济利益，也影响着价格谈判的进程和成败。

1. 还价起点确定的原则

（1）起点要低。还价起点低，能给对方造成压力，并影响和改变对方的判断及盈余的要求，能利用其策略性虚报部分为价格磋商提供充分的回旋余地和准备必要的交易筹码，对最终达成成交价格和实现既定的利益目标具有不可忽视的作用。

（2）还价起点要接近成交目标，至少要接近对方的保留价格，以使对方有接受的可能性。否则，太低的话，对方会失去交易兴趣而退出谈判，或者己方不得不重新还价而陷入被动。

2. 还价起点确定的参照因素

（1）报价中的含水量。价格磋商中，虽然经过讨价，报价方对其报价做出了改善，但改善的程度各不相同，因此，重新报价中的含水量是确定还价起点的第一项因素。对于所含水分较少的报价，报价起点应当较高，以使对方同样感到交易诚意；对于所含水分较多的报价，或者对方报价只做出很小的改善，便千方百计地要求己方立即还价者，还价起点就应较低，以使还价与成交价格的差距同报价中的含水量相适应。同时，在对方的报价中会存在不同部分含水量的差异，因而还价起点的高低也应有所不同，以此可增强还价的针对性并为己方争取更大的利益。

（2）成交差距。对方报价与己方准备成交的价格目标的差距，是确定还价起点的第二项因素。对方报价与己方准备成交的价格目标的差距越小，其还价起点应当较高；对方报价与己方准备成交的价格目标差距越大，还价起点就应较低。当然，不论还价起点高低，都要低于己方准备成交的价格，以便为以后的讨价还价留下余地。

四、还价的基本要求

1. 做好还价前的准备

还价不是一种简单的压低价格的过程，而是包含许多内容，如技术、质量、数量、包装、交货期限等，即使价格本身也包含着不同数量的价格、不同质量的价格等。因此，还价必须建立在企业的利益分析、市场调查和货比三家的基础上，避免还价过程中顾此失彼，从而保证自己应得的利益。

2. 明确对方报价的具体含义

己方在清楚地了解了对方报价的全部内容后，就要通过其报价的内容来判断对方的意图，在此基础上可以分析出，怎样能使交易既对己方有利又能满足对方的某些要求。也就是说，谈判人员要将双方的意图和要求逐一进行比较，弄清双方分歧之所在、估计什么是对方的谈判重点等相关内容。

3. 统筹兼顾

由于价格既涉及技术问题又涉及策略问题，包含的内容非常广泛。因此，在还价中，不能仅仅只是把目光集中在价格上，应当通盘考虑，把价格与技术、商务等各个方面结合起来，统筹兼顾，这样才能使谈判更加富有意义，也可以缓和还价中存在的难度和矛盾。

📝 课堂活动

讨价还价技巧的运用

实训目的：通过本次实训，让学生了解讨价还价的心理，掌握讨价还价的技巧。

实训内容：模范客户给销售人员打电话询价，事先准备好的答案都是"太贵了"，看销售人员的反应。

实训要求：

教师事先准备好销售公司和产品的信息材料。

实训步骤：

1. 教师将准备好的关于销售公司和产品信息的材料发给学生。

2. 选一名学生扮演客户，其余同学扮演该公司的销售人员，销售人员之间不能交流。

3. 客户分别给不同的销售人员打电话询价，销售人员报价之后得到客户的答案都是"太贵了"，看销售人员的反应，并做好记录。

4. 公布销售人员答复的情况。

5. 对销售人员的主要答复进行小组讨论。

（1）为什么这样答复？

（2）这样答复的优缺点是什么？

（3）应该掌握哪些讨价还价技巧？

6. 小组典型发言。

7. 教师点评。

成果评价：

1. 销售人员答复的情况。

2. 小组典型发言思路是否清晰，对讨论问题的分析是否到位。

3. 通过小组讨论学生学到了哪些知识？

第三节　让　　步

谈判本身是一个讨价还价的过程，也是一个理智的取舍过程。如果没有舍，也不可能取。一个高明的谈判者应该知道在什么时候抓住利益，在什么时候放弃利益。不要什么都想得到，什么都想得可能什么都得不到。只有有得有失，才可能使谈判达成协议。让步是达成协议不得不采取的措施。正因为如此，让步的技巧、策略才显得十分重要。

在商务谈判中坚持自己的主张、意见固然十分重要，但适度、适时的妥协也是极其必要的。在某些场合，妥协甚至是谈判获得成功的最关键环节。有谈判专家认为，妥协与让步是谈判哲学、智慧和艺术的综合体现，善于妥协是一个谈判者成熟的标志之一。从某种意义上讲，妥协也是一种创造性的工作。当然，并不是什么都可以妥协，在原则问题上是不允许退让半步的。但是，在非原则问题上，如果你能找到可以退让的地方，并在适当的时机运用自如，就说明你的谈判准备比较充分。通常，一个对谈判环境心中有数且知己知彼的谈判者更容易找到妥协点。因此，学会如何妥协和让步，是学习商务谈判的人员必须掌握的基本技能。

💬 **案例实践**

　　某器材设备公司打算采购一台专用设备，在收到多家报价单并经过一番市场调查后，决定邀请拥有该设备的 A 公司来进一步洽谈。A 公司的报价是 20 万元，该器材设备公司打算还价 10 万元，双方都预计最后的成交价格可能在 14 万元至 15 万元的范围内。根据以往的经验，需要经过几个回合的讨价还价才能实现这一目标。对于如何进行让步，该器材设备公司的谈判成员经过热烈的讨论后，形成三种意见。

　　第一种意见是速战速决型的做法，双方应该互谅互让，本着兼顾双方利益、消除差距、达成一致的原则，在第二回合出价 14 万元。第二种意见是强硬态度型的做法，持该意见的谈判人员认为在第二步出价 11 万元幅度都太大，应该每次的让步不能超过 0.5 万元，即从 10.5 万元、11 万元、11.5 万元依次递增。第三种意见是中和派的观点，他们认为第一种的让步节奏太快，幅度太大，而第二种的节奏又太慢，幅度太小，让步应该分三步进行，第一步增加到 11.5 万元，第二步增加到 12.7 万元，第三步增加到 13.5 万元，最后再看具体情况考虑稍微再增加一点点的让步。

　　案例来源：根据网络资料整理。

问题：
对于该器材设备公司的这三种让步方案，哪一种比较合适呢？

一、让步的含义与原则

（一）让步的含义

　　所谓让步，是指谈判双方向对方妥协，退让己方的理想目标，降低己方的利益要求，向双方期望目标靠拢的谈判过程。在商务谈判中，谈判双方都是需要做出让步的，这是谈判双方为达成协议所必须承担的义务，也是商务谈判工作中颇费心思的棘手工作。但是，如何让步就大有学问了。有经验的谈判人员往往会以很少的让步来换取对方较大的让步，并且会使对方心满意足、愉快地接受。相反，没有经验的谈判者即使做出了较大的让步，仍不能达到应有的效果，甚至前功尽弃。

（二）让步的原则

　　让步涉及买卖双方的切身利益，不可随意让步。让步可能取得正面效果，即通过适当的让步赢得谈判的成功；也可能取得负面效果，即作出了某种牺牲，却为对方创造了更为有利的条件。让步的基本原则是以小换大，为了达到这一目的，要事先充分准备在哪些问题上与对方讨价还价，在哪些方面可以做出让步、让步的幅度有多少。

📖 **趣味阅读**

多少个世纪以来，爱斯基摩人与北极狼共舞，北极狼从未在爱斯基摩人手中得到过便宜。后来，对爱斯基摩人充满兴趣的外来人，开始到爱斯基摩人的住所地观光旅游。外来人的出现，打破了爱斯基摩人的生活平衡，但也带来了一些新鲜的事物。对此，爱斯基摩人起初并没有什么太大的反感。

日复一日，外来人乘着雪橇前来造访爱斯基摩人。雪橇的后面，时隐时现地跟着一群饿极了的北极狼。爱斯基摩人告诉外来人，别搭理它们，让它们追去。看着身后虎视眈眈的北极狼，有些外来人害怕自己成为狼的果腹之物，于是投之以肉。久而久之，教会了狼追雪橇。北极狼追着雪橇，并尝到了甜头，知道追雪橇是一件稳赚不赔的买卖，于是追得更加卖力，从时隐时现变成了锲而不舍。到后来，不管是外来人的雪橇，还是爱斯基摩人的雪橇，只要狼见到了雪橇，必追之。这下子惹恼了爱斯基摩人。一怒之下，爱斯基摩人赶走了外来人。

追雪橇成癖的北极狼沿袭惯性，继续追着雪橇跑。但每次碰到的都是强硬的爱斯基摩人，追着追着，一无所获。如果追得太近，搞不好还要吃几颗枪子儿。狼慢慢地觉得，追雪橇原来没有什么意思。

久而久之，北极狼就不追雪橇了，爱斯基摩人的生活又恢复了平静。

案例来源：冯光明，冯靖雯，余锋. 商务谈判——理论、实务与技巧［M］. 北京：清华大学出版社，2019.

启示：

在谈判过程中让步是有原则的，谈判者不能以让步来讨好对方。凡事好商量，但不证明我们好欺负。外来人一味地对狼迁就，没有得到好的结果；北极狼贪得无厌，更没有好下场。

1. 让步要三思而行

在未完全了解对方的所有要求以前，不要轻易做任何让步。盲目让步会影响双方的实力对比，让对方占有某种优势，甚至对方会得寸进尺。让步要让在刀刃上，每次让步要让得恰到好处，才能使己方以较小的让步获得对方较大的满意

2. 让步要分轻重缓急

让步是种有分寸的行为，不可"眉毛胡子一把抓"。有经验的谈判人员，为了争取主动，保留余地，不要在原则问题、重大问题上让步，应选择在次要利益上让步，注意不要首先在对方尚未迫切要求的事项上让步。

3. 要选择恰当的让步时机

让步时机要恰如其分，不到需要让步的时候绝不做让步，以便使己方做出较小的让步能给对方以较大的满足。如果让步过早，会使对方以为是"顺带"得到的小让步，这将会使对方得寸进尺；如果让步太晚，除非让步的价值非常大，否则将失去应有的作用。一

般而言，主要的让步应在成交期之前，以便影响成交机会，而次要的、象征性的让步可以放在最后时刻，作为最后的"甜头"。

4. 让步要有利于创造和谐的谈判气氛

在维护己方利益的前提下，用让步来保证谈判中平等互利、和谐融洽的谈判气氛，对谈判协议的达成具有现实意义。在己方以为重要的问题上力求使对方先让步，而在较为次要的问题上，根据实际情况需要，己方可以考虑先作让步。

5. 己方的让步意图不要表现得太清楚

每个让步都应该有所图，都要指向可能达成的协议，可是又不能让对方看出己方的目标所在，要善于掩饰己方让步的真实原因。暴露己方的真实让步意图无疑会给己方以后的谈判带来利益损失和不必要的麻烦。

6. 不要做交换式的让步

让步并不需要双方相配合，以大换小、以旧换新、以小问题换大问题的做法是不可取的。不要承诺做同等幅度的让步，一报还一报的互相让步是不可取的。如果对方提出这种要求，可以己方无法负担作为借口。

7. 不要让对方轻易得到好处，没有得到某个交换条件，永远不要轻易让步

不要免费让步，或是未经重大讨论就让步。谈判中双方"交换"让步是种习惯的行为。但应注意，"交换"让步不能停留在愿望上，要保证"交换"的实现。一方在让步后，应等待和争取对方让步，在对方让步前，绝对不要再让步。不要不敢说"不"。大多数人都不敢说"不"，只要你重复说，对方就会相信你说的是真的，要坚持立场。人们往往不珍惜轻易得到的东西。必须让对方懂得，己方每次做出的让步都是重大的让步。即使做出的让步对己方损失不大，是微小的让步，也要使对方觉得让步来之不易，从而珍惜得到的让步。

8. 如果做出的让步欠考虑，要及早收回，不要犹豫

不要不好意思收回已做的让步，最后的握手成交才是谈判的结束。在谈判中收回让步，从法律的角度是允许的，但从信誉的角度看，则对自己不利。需要注意的是，收回让步时定要坦诚承认，及时收回，不可拖延，以免造成更大失误。

9. 要严格控制让步的次数、频率和幅度

在商务谈判中，让步次数不宜过多，过多不仅意味着利益损失大，而且影响谈判的信誉、诚意和效率；频率也不可过快，过快容易鼓舞对方的斗志和士气；幅度更不可过大，过大可能会使对方感到己方报价的"虚头"大，会使对方的进攻欲望更强，程度更猛烈。让步应该做到步步为营。

10. 让步的目标必须反复明确

谈判中让步不是目的，而是实现目的的手段。任何偏离目标的让步都是一种浪费。让步要定量化，每次让步后，都要明确让步已到何种程度、是否获得了预期理想的效果。

11. 不要执着于某个问题的让步

在谈判中，整个合同比某个具体问题更重要。要向对方阐明：各个问题上的所有让步要视整个合同是否令人满意而定，让步要有利于谈判的发展。

12. 在接受对方让步时要心安理得

不要一接受对方让步就不好意思，就有义务感、负债感，马上考虑是否做出什么让步给予回报，不然你争取到的让步就没有什么意义了。

二、让步的方式

让步的具体方式很多，在实际谈判中，要根据对方的反应灵活掌握，切忌一成不变地固守一种模式。让步又是一个十分谨慎的问题，每一个让步决策都能给对方带来某种好处；相应地，每个让步都可能损失己方的某种利益。因此，让步一定要慎重。

根据谈判实践，人们总结了八种商务谈判中常见的让步方式。每一种让步方式都可传递不同的信息，产生不同的效果。选择哪种让步方式，取决于谈判对手的经验、准备采取的谈判策略，以及谈判各方的反应等。以下是买方的让步方式举例。

假设买方在讨价还价中，他决定让步 80 元，分四次让出，比较典型的让步方式如表8-1 所示。

表 8-1　　　　　　　　　　　　让步次数及让步幅度

让步方式	预定让步(元)	第一期让步(元)	第二期让步(元)	第三期让步(元)	第四期让步(元)
1	80	0	0	0	80
2	80	20	20	20	20
3	80	10	17	24	29
4	80	29	24	17	10
5	80	35	26	15	4
6	80	60	15	0	5
7	80	50	30	−10	10
8	80	80	0	0	0

1. 冒险型让步方式

这种方式是一种坚定的让步方式，是在最后一步让出全部可让利益。该方式让对方感觉一直没有妥协的希望，因而被称为坚定的让步方式。如果买方是一个意志比较弱的人，当卖方采用此方式时，买方可能早就放弃讨价还价了，因而得不到利益；如果买方是一个意志坚强、坚持不懈、不达目的不罢休的人，那么买方只要不断迫使对方让步，即可达到目的，获得利益。在运用这种方式时，买卖双方往往都要冒着形成僵局的危险和可能。该让步策略的缺点是由于谈判让步的开始阶段一再坚持寸步不让的策略，可能会失去合作伙伴，具有较大的风险性。同时，容易给对方传递己方缺乏诚意的信息，进而影响谈判的结局。

2. 等额型让步方式

这是一种以相等的幅度逐轮让步的方式，又称为"色拉米"香肠式让步。这种方式的特点是使买方每次的要求和努力都能够得到满意的结果，但也会因此刺激买方坚持不懈地努力，以取得卖方的继续让步。缺点是买方每次讨价还价都有等额利润让出，这样会给对方传递这样一种信息，即只要耐心等待，还会有让步可能，而一旦停止让步，就很难说服买方，并有可能造成谈判的中止或破裂。

3. 诱发型让步方式

这是一种递增式的让步方式，也是一种不明智的让步行为。这种让步类型往往会造成卖方重大损失。因为它导致买方的期望值越来越大，并会认为卖方软弱可欺，从而助长买方的谈判气势。但这种让步方式却能够向对方传递合作、有利可图的信息。缺点是卖方的"水分"越挤越多。所以，当谈判竞争性很强时，应当有谈判高手来使用这种方式。

4. 妥协型让步方式

该让步方式是一种小幅度递减式让步方式 。这种方式显示出卖主立场越来越强硬，表示卖方愿意妥协，但是方位严密，不会轻易让步；同时也提示卖方，可挤"水分"越来越少了，符合商务谈判中讨价还价的规律。这种让步方式是商务谈判中最为普遍的一种谈判方式。其优点是比较自然，易为人们所接受。另外，由于采取了一次比一次更为审慎的让步策略，一般不会产生让步上的失误，有利于谈判双方在等价交换、利益均沾的条件下达成协议。缺点是这种让步由大到小，对于买主来说，越争取利益越小，因而往往会使买主的期望值降低，从而影响谈判结果。

5. 强势递增型让步方式

这是一种开始先做出一次大的退让，然后让步幅度逐轮急剧减少的方式。这种让步方式的特点是，它既向买方显示出卖方的谈判诚意和妥协意愿，同时又巧妙地暗示出卖方已作出了巨大的牺牲和尽了最大的努力，进一步的退让已近乎不可能，容易促使对方尽快拍板，最终能保护住自己的较大利益。该让步方式的缺点是由于这种策略表现为由多到少，容易让买方失望，一般适合由谈判高手来使用。

6. 不定式让步方式

这是一种开始让步幅度极大，接下来则坚守立场、毫不退让，最后一轮又做了小小的让步的方式。这种让步方式，充分表明了卖方的成交愿望，也表明进一步的讨价还价是徒劳的。开始的巨大让步会大幅度地提高买方的期望值，但随着之后卖方态度的转变，买方的期望值会逐步降低，从而影响谈判的顺利进行。另外，一开始就做出巨大让步，可能会使卖方丧失在较高价位成交的机会。

7. 反弹式让步方式

这是一种开始做出大的让步，接下来又做出小的让步，之后安排小小的回升，最后又被迫做一点让步的方式。这是一种较为奇特和巧妙的让步技法，往往能操纵买方心理。它既可表明卖方的交易诚意和让步已达到极限，又可通过"一升一降"使买方得到一种心理上的满足。

8. 危险型让步方式

这是一种一次性的让步方式，这种让步方式是一开始便把自己所能做出的全部让步和盘托出，以达到以诚制胜的目的。此种方式的优点是由于卖方一开始就让出自己全部可让利益，给对方以合作感、信任感，富有强大的诱惑力，故比较容易打动对方采取回报行为，促成和局。其缺点首先是这种方式操之过急，会刺激买方提高期望值从而继续讨价还价；其次，由于一次性大步让利，可能会失掉本来能够力争到的利益。

从表8-1所示的八种让步方式可以看出：不同的让步方式传递着不同的信息，对对方产生不同的心理作用，也对谈判进程和结果产生不同的影响。在实际的价格谈判中，较为普遍采用的让步方式是上面介绍的第四种和第五种让步类型。这两种类型对让步的一方可以说是步步为营，使买方的期望值逐步降低，较适应一般人的心理，因此比较容易使对方接受。第六种和第七种让步类型，对其的采用需要有较高的艺术技巧和冒险精神。如果运用得好，可以少做让步，迅速达成交易；但如果运用得不好，往往会或是使自己做更多的让步，或是造成谈判的僵局。

三、迫使对方让步的方式

对谈判人员来讲，谈判中的利益可以分为三种：一是可以放弃的利益；二是应该维护的利益；三是必须坚持的利益。对于第二种和第三种利益，特别是第三种利益，在谈判中不是可以轻易获得的，往往需要激烈的讨价还价才能迫使对方做出让步。迫使对方让步的方式主要以下几种：

（一）温和式

1. 戴高帽

"戴高帽"是以切合实际有时甚至是不切实际的好话赞扬对方，使对方产生一种友善甚至是受到恩宠的好感，进而放松思想警惕，软化对方的谈判立场，从而己方目标得以实现的做法。可以用来"戴高帽"的方面有对手的公司形象、规模和主谈人的个人能力、才干等。例如，抓住对方主谈人的年龄特征，如年长者，则夸赞其"老当益壮""久经沙场"；若年轻者，则夸赞其"年轻有为""反应灵活""精明强干""前途无量"等。又如当对方迟迟不肯答应己方要求时，己方不妨恭维对方几句："您一向是爽快人，办事利索、干脆，又够朋友，我知道您是不会为难我们的。"这些话或许有不切题之处，但作为言者，目的是感化对方，促使对方让步。

但是要注意，恭维应该恰到好处、不动声色，如果过了头，成了一种赤裸裸的拍马屁行为，不但起不到正面作用反而会让对方觉得恶心，效果适得其反。

2. 磨时间

磨时间是以时间做论战工具，即在一段时间里表示同一观点，等对方改变。可反复说理，态度和气。不讲话也突出无奈，在"无可奈何"的表情中等待着谈判时间的流逝，以此达到促使对方让步的目的，这一招，对异地或异国谈判的人压力很大。

3. 恻隐术

从心理学上分析，人们总是同情和怜悯弱者，不愿落井下石。恻隐术即通过装扮可怜相、为难状，唤起对方同情心，从而达到迫使对方让步的做法。在谈判实力悬殊的情况下，脆弱的一方往往以无助与谦卑的姿态显示对方"君临天下""救世主"的形象，无形之中就会对脆弱的一方"手下留情"。但是，恻隐术的运用要注意人格，同时在用词与扮相上不宜太过分。特别是当谈判者作为政府或国有企业代表时，除了人格之外，还有国格之分寸，在此种情景下，就不能使用这种恻隐术。

4. 抱怨

抱怨，即在商务谈判中数落抱怨，这是经常发生的现象。抱怨可以分为两大类：一类是真正的不满，另一类则是隐藏性的拒绝。前者是正常意见，后者是买主由于种种原因，包括借口拖延、蓄意反对、杀价、试探等原因而产生的，其目的很明显，即促使对方让步。

（二）强硬式

1. 情绪爆发

人们总是希望在一个和平、没有紧张对立的环境中工作和生活。当人们突然面临激烈的冲突时，在冲突的巨大压力下，往往惊慌失措，不知该如何是好。在大多数情况下，人们会选择退让，以逃避冲突和压力。人们的上述特点常常在谈判中被利用，从而产生了所谓的"情绪爆发"策略，作为逼迫对方让步的手段。

在谈判过程中，情绪的爆发有两种：一种是情不自禁的爆发，另一种是有目的的爆发。前者一般是因为在谈判过程中，一方的态度和行为引起了另一方的反感，或者由于一方提出的谈判条件过于苛刻而引起的，是一种自然的、真实的情绪发作。后者则是谈判人员为了达到自己的谈判目的而有意识地进行的情绪发作，准确地说，这是情绪表演，是一种谈判的策略。我们这里说的情绪爆发是指后者。在谈判活动中，当双方就某一个问题的商讨相持不下，或者对方的态度、行为欠妥，又或者要求不太合理时，我们可以抓住这一时机，突然之间情绪爆发，大发脾气，严厉斥责对方无理，有意制造僵局，显示出没有谈判的诚意。情绪爆发的烈度应该视当时的谈判环境和气氛而定。但不管怎样，烈度应该保持在较高水平上，甚至拂袖而去，这样才能震撼对方，产生足够的威慑作用和影响。在一般情况下，如果对方不是谈判经验丰富的行家，在这突然而来的激烈冲突和巨大压力下，其往往会手足无措，动摇自己的信心和立场，甚至怀疑和检讨自己是否做得太过分，而重新调整和确定自己的谈判方针和目标，做某些让步。

在运用"情绪爆发"这一策略迫使对方让步时，必须把握住时机和态度。无由而发会使对方一眼看穿；烈度过小，起不到震撼、威慑对方的作用；烈度过大，会让对方感到小题大做，失去真实感，从而使谈判陷入僵局。

当对方在利用情绪爆发来向己方进攻时，己方最好的应付办法：一是泰然处之，冷静处理，尽量避免与对方进行情绪上的争执。同时，把话题尽量地引到实际问题上，一方面要表示充分了解他的观点，另一方面又要耐心解释不能接受其要求的理由。二是宣布暂时休会，给对方冷静平息的时间，等对方平息下来，再指出对方行为的无礼，重新进行实质性问题的谈判。

2. 激将法

在谈判过程中，事态的发展往往取决于主谈人。因此，双方常常围绕主谈人或主谈人的重要助手出现激烈的争辩，以实现己方的目的。以话语刺激对方的主谈人或其重要助手，使其感到仍坚持自己的观点和立场会直接损害自己的形象、自尊心、荣誉，从而动摇或改变其所持的态度和条件，这种做法通常被称为激将法。

这种激将类似"将军"，不吃也得吃，躲是躲不过去的。激将的武器大多为"能力大小""权力高低""信誉好坏"等与自尊心直接相关的话。使用此计时需要注意的是，首先，要善于运用话题，而不是态度。既要让所说的话切中对方要害，又要切合所追求的谈判目标；其次，话语应掌握分寸，不应过分牵扯说话人本身，以防激怒对手并迁怒于己。

3. 竞争法

再没有什么武器比制造和利用竞争来迫使对方做出让步更奏效的了。谈判一方在存在竞争对手的时候，其谈判实力就会大为削弱，处于劣势。对于大多数卖主而言，他们总是存在或多或少的同行。他们出售同类产品，为达成交易不断开展激烈地竞争，谁都担心自己的竞争对手超过自己，即使知道自己比对手强也是一样担心。此时，如果他的谈判对手聪明地让他注意到竞争者的存在，这个聪明人就可以较容易地令对方让步。有时，对方可能并不在意竞争者，但谈判者仍可以巧妙地制造假象来迷惑对方，借此向对方施加压力。

四、影响让步方式选择的因素

在商务谈判过程中，让步是客观存在的，也是不可避免的。从某种意义上讲，让步是谈判成功的保障，没有让步就没有成功的谈判。

1. 己方所处的谈判地位

一般情况下，在货物买卖的谈判中，买方最好是采用缓慢而有节奏的让步方式，而卖方则适宜选择先急后缓的让步方式。此外，作为谈判提议的一方，往往是迫切要求谈判和局的一方，因此也应先做出较大的让步才能吸引对方；相反，作为谈判提议的接受一方，在谈判让步的初始阶段，最适宜选择少做让步，以强化己方的议价能力，维护己方的心理优势。

2. 谈判对手的谈判经验

如果谈判对手缺乏谈判经验或对谈判内容不熟悉，则适合于采用等额型、虚实型、诚恳型让步方式。如果谈判对手谈判经验丰富或对谈判内容极为熟悉，则适合于选用技术型、冒险型、坚定型让步方式。

3. 准备采取什么样的谈判方针和策略

如果己方拟采用"互惠互利"谈判方针，则适合于选用以和为贵的虚实型、诚恳型和反弹型让步方式；如果本方拟采用"以本方利益为主"的谈判方针，则适合于选用追求本方利益最大化的坚定型、冒险型、妥协型、不定式让步方式。

4. 期望让步后对方给我们的反应

如果期望己方让步后，对方会给予积极的响应，则适合于选用危险型、反弹式让步；如果只是想试探对方，则适合于选用冒险型、诱发型、强势递减型让步方式。

📝 课堂活动

让步技巧的运用

实训目的：通过本次活动让学生掌握让步策略的一般过程和方法，能以最小的让步幅度达到目标。

实训内容：

案例背景：宇飞公司欲购买一台机器，在取得了报价和经过评估之后，决定于拥有生产该机器的国外 ABM 公司进一步洽谈。在谈判中，双方集中讨论了价格问题。第一轮，ABM 公司报价 40 万美元，宇飞公司愿意出价 20 万美元。在比较了第一回合各自的报价后，双方都预计可能成交的价格范围在 24~25 万美元。他们估计还要经过好几个回合的讨价还价，双方才能就价格条款取得一致意见。那么，应该如何掌握以后的让步幅度和节奏呢？

以小组为单位，分别扮演案例中的不同客户，制定自己的让步策略，然后进行谈判。

实训要求：

1. 教师最好事先准备好与案例相关的产品和交易的相关资料。

2. 需要用到的道具。

实训步骤：

1. 教师将事先准备好与案例相关的产品和交易的相关资料发给学生。

2. 学生分组，分别扮演案例中的不同客户，建议双方谈判人员各为 3~4 人。

3. 谈判双方制订让步幅度和迫使对方让步的策略方案。

4. 双方进行谈判。

5. 分析谈判结果，总结让步过程中存在的问题，修正让步方案。

6. 小组典型发言。

7. 教师点评

成果评价：

1. 让步方案制订得是否合理、可行。

2. 谈判结果展示。

3. 修正方案是否具有针对性，是否能解决让步过程中存在的问题。

第四节　商务谈判僵局的处理

一、商务谈判僵局的含义与类型

（一）商务谈判僵局的含义

在商务谈判过程中，经常会因各种各样的原因，使谈判双方僵持不下、互不相让，出现进退两难的局面，这就是我们通常所说的谈判陷入僵局。

商务谈判僵局是指在商务谈判过程中，当双方对所谈问题的利益要求差距较大，各方又都不肯做出让步，导致双方因暂时不可调和的矛盾而形成对峙，而使谈判呈现出一种不进不退的僵持局面。谈判僵局之所以经常出现，其原因就在于来自不同的企业、不同国家或地区的谈判者，在谈判中其观点、立场的交锋是持续不断的，当利益冲突变得不可调和时，僵局便出现了。出现僵局不等于谈判破裂，但是会严重影响谈判的进程，如果不能很好地解决就会导致谈判破裂。当然,并不一定在每次谈判中都会出现僵局,但也可能一次谈判出现几次僵局。因此,当僵局出现以后,必须迅速处理。要突破谈判僵局,必须对僵局的性质、产生原因等问题进行透彻的了解和分析,并正确地加以判断,从而进一步采取相应的策略和技巧,选择有效的方案,使双方重新回到谈判桌上来。

(二) 商务谈判僵局的类型

僵局伴随整个谈判过程随时随地都有可能出现。按照人们对谈判本身的理解角度不同,有不同的分类方法。

1. 从狭义谈判上的分类

多数人认为,谈判就是交换意见、达成一致看法、签订协议的过程,这是对谈判所做的狭义上的理解,从这种狭义的角度来理解谈判,那么其僵局的种类不外乎包括谈判初期僵局、中期僵局和后期僵局三种。

(1) 谈判初期。谈判初期主要是谈判是否彼此熟悉、了解,建立融洽气氛的阶段,双方对谈判充满了期待,但如果由于误解,或者某一方谈判前准备得不够充分等,使另一方感情上受到很大伤害,就会导致僵局的出现,以至于使谈判匆匆收场,通常僵局很少在这个阶段产生。

(2) 谈判中期。谈判中期是谈判的实质性阶段,双方需要就有关技术、价格、合同条款等交易内容进行详尽的讨论、协商。在合作的背后,客观地存在各自利益上的差异,这就可能使谈判暂时向着双方难以统一的方向发展,产生谈判中期的僵局。而且,中期僵局常常具有此消彼长、反反复复的特点。有些中期僵局通过双方之间重新沟通,矛盾便可迎刃而解,有些则因双方都不愿在关键问题上退让而使谈判长时间拖延,问题悬而未决。因此,谈判中期是僵局最常出现的阶段,也是谈判破裂经常发生的阶段。

(3) 谈判后期。谈判后期是双方达成协议的阶段。在已经解决了技术、价格等关键性问题之后,还有诸如项目验收程序、付款条件等执行细节需要进一步商议,特别是合同条款的措辞、语气等经常容易引起争议。但是谈判后期的僵局不像中期那样难以解决,只要某一方表现得大度一点,稍做些让步便可顺利结束谈判。需要指出的是,后期阶段的僵局也不容轻视,如果掉以轻心,有时仍会出现重大问题,甚至使谈判前功尽弃。因为到了后期,虽然合作双方的总体利益及其各自利益的划分已经通过谈判确认,但是只要正式的合同尚未签订,总会有未尽的权利、义务、责任、利益和其他细节需确认和划分,因此不可疏忽大意。

2. 从广义谈判上的分类

谈判不仅仅是从交换意见到签订合作协议的过程,而是伴随整个合作过程自始至终的全过程。在商务谈判过程中双方观点、立场的交锋是持续不断的,当利益变得不可调和时,僵局就出现了。所以,从广义上讲,僵局的发生是伴随整个合作过程随时随地都有可能出现的。比如,项目合作过程分为合同协议期和合同执行期,因此,谈判僵局就分为协议期僵局和执行期僵局两大类。协议期僵局是双方在磋商阶段意见产生分歧而形成的僵持局面;执行期僵局是在执行项目合同过程中双方对合同条款理解不同而产生的分歧,或出现了双方始料未及的情况而把责任有意推向他人,抑或一方未能严格履行协议引起另一方的严重不满等，由此而引起的责任分担不明确的争议。这就是从广义角度来理解的僵局。

通常一个大型合作项目的谈判，又可以分为若干个子项目的谈判，这时，整个项目的合作条件很快通过谈判得以确定，而个别子项目的谈判就会出现僵持的局面。尽管这种子项目的合同标的金额占整个项目的比例不大，但是，只要其标的金额大到足以令合作双方感到有吸引力，那么，由于这种利益的划分而产生的争执也就不足为怪了。

3. 从谈判内容上的分类

按照谈判内容的不同，谈判僵局的种类也不同。也就是说，不同的谈判主题会有不同的谈判僵局。

一般来讲，不同的标准，不同的技术要求，不同的合同条款，不同的项目合同价格、履约地点、验收标准、违约责任等，都可能引起不同内容上的谈判僵局。

也就是说，只要可能写入合同文本的内容，就有可能成为谈判僵局的导火线。值得一提的是，国际商务合作经常需要以多种文字表达的合同确定下来，因此合同的措辞很值得研究，特别是对同一事件的表达方式在合作双方各自母语中各不相同，往往会有很多解释，以至于造成分歧。当谈判双方对合同的理解有分歧与争议时，应以何种文本为准常常成为谈判桌上最后的争执。需要注意的是，在所有可能导致谈判僵局的谈判主题中，价格是最为敏感的一种，是产生僵局频率最高的一个方面。因此，从内容上讲，不论是国内还是国际商务谈判，价格僵局都是经常存在的。

二、商务谈判僵局产生的原因

在谈判进行过程中，僵局无论何时都有可能发生，任何主题都有可能形成分歧与对立。表面上看，僵局出现的时机与形式、对峙程度的高低是令人眼花缭乱，不可预料的。然而，谈判陷入危机往往是由于双方感到在多方面谈判中期望相差甚远，并且在各个主题上这些差异相互交织在一起，难以出现缓解的迹象。造成谈判僵局的原因可能是多方面的，僵局并不总是由于震惊世界的大事或者重大的经济问题才出现。根据一些谈判者的经验，许多谈判僵局和破裂是由于细微的事情引起的，诸如谈判双方性格的差异、怕丢面子；个人的权力限制；环境的改变；公司内部纠纷；与上司的工作关系不好以及缺乏决断的能力；谈判一方利用己方优势强迫另一方接纳己方的意图等。僵局的产生是由其中一个或几个因素共同作用而形成的。归纳起来，主要有以下几个方面：

（一）立场观点的争执

纵观许多谈判实践，其产生僵局的首要原因就在于双方所持立场观点的不同，因而产生争执，形成僵局。

谈判过程中，如果对某一问题各持自己的看法和主张，并且谁也不愿做出让步，往往容易产生分歧，争执不下。双方越是坚持自己的立场、双方之间的分歧就会越大。这时，双方真正的利益被这种表面的立场所掩盖，而且为了维护各自的面子，非但不愿做出让步，反而会用顽强的意志来迫使对方改变立场，于是，谈判变成了一种意志力的较量，谈判自然陷入僵局。例如，卖方认为自己要价不高，而买方却认为卖方的要求太高，卖方认为自己的产品质量没有问题，而买方则对产品质量不满意等，也可能是客观市场环境的变化造成的不能让步。例如，由于市场价格的变化，使原定的让步计划无法实时，便会在谈判中坚持条件，使谈判陷入僵局。

经验证明，谈判双方在立场上关注越多，就越不能注意调和双方利益，也就越不可能达成协议。甚至谈判双方都不想做出让步，或以退出谈判相要挟，这就更增加了达成协议的困难。谈判时间的拖延，容易致使谈判一方或双方丧失信心与兴趣，最终使谈判以破裂而告终。立场观点的争执所导致的谈判僵局是比较常见的，因为人们最容易在谈判中犯立场观点性争执的错误，这也是形成僵局的主要原因。

📖 案例导读

《区域全面经济伙伴关系协定》谈判何以完美收官？

2012 年 11 月东盟 10 国发起《区域全面经济伙伴关系协定》（Regional Comprehensive Economic Partnership，RCEP）谈判，旨在通过削减关税及非关税壁垒，建立一个包括东盟 10 国、中国、日本、韩国、印度、澳大利亚和新西兰在内的 16 国统一市场的自由贸易协定。

RCEP 谈判自 2013 年正式开始至 2019 年 11 月，举行了 3 次领导人会议、19 次部长级会议，28 轮正式谈判。近 3 年谈判主要历程的简单回顾如下：

2017 年 7 月 17 日至 28 日，RCEP 第 19 轮谈判在印度海德拉巴举行。各方继续就货物、服务、投资和规则领域展开深入磋商。

2018 年 4 月 28 日至 5 月 8 日，RCEP 第 22 轮谈判在新加坡举行。在全体会议召开的同时，货物、服务、投资、原产地规则、海关程序与贸易便利化、卫生与植物卫生措施、技术法规与合格评定程序、贸易救济、金融、电信、知识产权、电子商务、法律机制、政府采购等领域都并行举行了工作组会议。各方按照 2017 年 11 月首次 RCEP 领导人会议和 2018 年 3 月 3 日部长会议的指示，继续就货物、服务、投资和规则领域议题展开深入磋商，取得了积极进展。

2019 年 11 月 4 日，第三次"区域全面经济伙伴关系协定"领导人会议在泰国曼谷闭幕。会后 RCEP 领导人发布了联合声明。声明表示，RCEP16 个国家中有 15 个国家已经完成了所有市场准入制度的文本谈判，下一步将进行法律审查以让该协议在 2020 年正式签署。而印度仍然有许多悬而未决的问题，RCEP 各成员国将共同努力，以各方都满意的方式来解决这些问题。

2020 年 7 月 5 日，印度新闻网站 The Print 援引政府高级别消息人士的话称，印度已决定不考虑加入任何中国主导的贸易协定，其中就包括《区域全面经济伙伴关系协定》（RCEP）。

2020 年 8 月 2 日至 3 日，RCEP 部长级会议在北京举行，会议推动谈判取得了重要进展。在市场准入方面，超过 2/3 的双边市场准入谈判已经结束，剩余谈判内容也在积极推进；在规则谈判方面，新完成金融服务、电信服务、专业服务三项内容，各方已就 80% 以上的协定文本达成一致，余下规则谈判也接近尾声。

2020 年 11 月 15 日，《区域全面经济伙伴关系协定》签署仪式以视频方式进行，

15 个 RCEP 成员国经贸部长在仪式上正式签署该协定。这场历经 31 轮磋商、历时 8 年的谈判终于完美收官，标志着当前世界上人口最多、经贸规模最大、最具发展潜力的自由贸易区正式启航。

在此次 RCEP 谈判中，中方代表始终谨记习近平总书记一直强调的"坚持合作共赢，把合作共赢理念体现到政治、经济、安全、文化等对外合作的方方面面"理念，坚持开放包容、互利共赢的合作理念，积极与东盟探讨自贸协定升级，在 RCEP 的基础上探讨实现更高水平的市场准入，打造更加互惠互利、开放包容的中国——东盟经贸关系。由于 RCEP 各成员国处于不同发展阶段，各方利益诉求不同，对同一问题的立场也不相同，但参加谈判的各国最终却啃下了最难啃的"硬骨头"。原因就在于：在谈判过程中，各方秉持互惠互利、合作共赢的发展理念，坚持求同存异、互谅互让，正确处理近期与长期、局部与全局利益的关系，最终各方找到了一个均能接受的利益平衡点。

案例来源：田晖. 商务谈判与礼仪［M］. 北京：清华大学出版社，2021.

（二）有意无意的强迫

谈判中，人们常常因有意无意地采取强迫手段而使谈判陷入僵局。特别是涉外商务谈判，由于不仅存在经济利益上的相争，还有维护国家、企业及自身尊严的需要。因此，某一方越是受到逼迫，就越是不会退让，谈判也就很容易陷入僵局。

强迫造成的谈判僵局是屡见不鲜的。比如在国际业务交往中，有些外商常常要求己方向派往我国的外方工作人员支付高薪报酬，或要求低价包销由其转让技术所生产的市场旺销产品或强求购买其已淘汰的设备，如此等都属强迫行为。如果己方不答应，就反过来以取消贷款、停止许可证贸易等相威胁。有时，我国有些公司或企业也用同样的方法强迫那些渴望与我们合作的外商接受其难以理解的条件。诸如此类，都是导致僵局出现的原因，因此，由强迫造成的谈判僵局是一种屡见不鲜的现象。

📖 案例导读

1995 年 12 月德国总理科尔访华期间，上海地铁二号线的合作谈判陷入了僵局。形成僵局的原因是，德国代表以撤回贷款强压中方接受比原定能接受价格高出 7500 万美元的价格。对方代表有恃无恐，在谈判桌上拍桌子威胁中方代表，扬言再不签约，一切后果由中方负责。中方代表根据手中掌握的地铁车辆国际行情，知道即使按照中方原定的报价，德国公司仍然有钱可赚。对方只是企图倚仗提供了政府贷款就漫天要价，想把德国政府贷款的优惠，通过车辆的卖价又悄悄地拿回去。中方代表坚决拒绝在协议上签字。德方代表其实根本不愿意失去这单生意，所以在以后的谈判中不得不缓和自己的态度。经过一轮又一轮的艰苦谈判，德方不但把车辆价格下调，整个地铁项目的报价也比原来降低了。

案例来源：根据网络资料整理。

（三）信息沟通的障碍

就商务谈判而言，有时谈判进行了很长时间却没什么进展，甚至陷入僵局。往往双方冷静回顾争论的各个方面，却发现彼此争论的根本不是一回事，此种谈判僵局就是由沟通障碍引起的。就谈判本身来讲，是靠"讲"和"听"来进行沟通交流的。事实上，即使一方完全听清了另一方的讲话内容并予以了正确的理解，而且也能够接受这种理解，但这并不意味着他就能够完全把握对方所要表达的思想内涵。恰恰相反，谈判双方信息沟通过程中的失真现象是时有发生的。实践中，由于双方信息传递失真而使双方之间产生误解而出现争执，并因此使谈判陷入僵局的情况屡见不鲜。这种失真可能是口译方面的，也可能是合同文字方面的，都属于沟通方面的障碍因素。

信息沟通本身，不仅要求真实、准确，而且要求及时迅速。但谈判实践中却往往由于未能达到这一要求而使信息沟通产生障碍，从而导致僵局。这种信息沟通障碍就是指双方在交流彼此情况、观点、治商合作意向、交易的条件等的过程中所能遇到的由于主观与客观的原因所造成的理解障碍，主要表现为：双方文化背景差异所造成的沟通障碍；由于职业或受教育程度等所造成的一方不能理解另一方的沟通障碍；由于心理因素等原因造成的一方不愿接受另一方意见的沟通障碍等，这些都可能使谈判陷入僵局。

📖 案例导读

> 某跨国公司总裁访问一家中国著名的制造企业，商讨合作发展事宜。中方总经理很自豪地向客人介绍说："我公司是中国二级企业……"此时，译员很自然地用"second- class enterprise"来表述。不料，该跨国公司总裁闻此，原本很高的兴致突然冷淡下来，敷衍了几句立即起身告辞。在归途中，他抱怨道："我怎么能同一个中国的二流企业合作?"可见，一个小小的沟通障碍，会直接影响到合作的可能与否。再如，某美国商人谈及与日本人打交道的经历时说："日本人在会谈过程中不停地点头，并'hi、hi'，原以为他们完全赞同我方的观点，后来才知道日本人只不过表示听明白了我的意见而已，除此之外，别无他意。"
>
> 案例来源：马克态. 商务谈判理论与实务［M］. 北京：中国国际广播出版社，2004.

（四）谈判人员素质低下

俗话说："事在人为。"人的素质因素永远是引发事由的重要因素。谈判也是如此。谈判人员素质不仅始终是影响谈判能否成功的重要因素，而且当双方合作的客观条件良好、共同利益较一致时，谈判人员素质高低往往是起决定性作用的因素。

事实上，仅就导致谈判僵局的因素而言，不论是何种原因，在某种程度上都可归结为人员素质方面的原因所致。但是，有些僵局的产生，却往往很明显地由于谈判人员的素质欠佳，在使用一些策略时，因时机掌握不好或运用不当，也往往导致谈判过程受阻及僵局的出现。因此，无论是谈判人员作风方面的原因，还是知识经验、策略技巧方面的不足或失误都可导致谈判的僵局。

（五）合理要求的差距

从谈判双方各自的角度出发，各方都有自己的利益需求。当双方各自坚持自己的成交条件，而且这种坚持虽然相去甚远，但却是合理的情况时，只要双方都迫切希望从这桩交易中获得所期望的利益而不肯做进一步的让步，那么谈判就很难前行，交易也没有希望成功，僵局自然就不能避免了。这种僵局出现的原因就在于双方合理要求差距太大，不能达成共识。在商务谈判实践中，即使双方都表现出十分友好的、真诚与积极的态度，但是如果双方对各自所期望的收益存在很大差距，那么就难免会出现僵局。

📖 案例导读

有一家百货公司，计划在市郊建立一个购物中心，而这块土地使用权归张桥村所有。百货公司愿意出价100万元买下使用权，而张桥村却坚持要200万元。经过几轮谈判，百货公司的出价上升到120万元，张桥村的还价降到180万元，双方再也不肯让步了，谈判陷入了僵局。张桥村是为了维护村民的利益，因为农民以土地为本，失去了这片耕地的使用权，他们就没有了选择。于是村里想要多集资一些钱来办一家机械厂，解决农民出路问题。而百货公司是为了维护国家利益，因为百货公司是国有企业，让步到120万元已经是多次请示上级后才定下来的，他们想在购买土地使用权上省下一些钱，用于扩大商场规模。这时谈判已陷入僵局。其实，谈判是否谁也没有过错，从各自角度看，双方坚持的成交条件也是合理的，只是双方合理要求差距太大。

案例来源：林晓华，王俊超.商务谈判理论与实务［M］.北京：人民邮电出版社，2016.

以上是造成谈判僵局的几种因素。有些谈判似乎形成了一胜一负的结局。实际上，失败的一方往往会以各种各样的方式来弥补自己的损失，甚至以各种隐蔽方式挖对方墙脚，结果导致双方都得不偿失。所以说，谈判破裂并不总是以不欢而散而告终的。双方通过谈判，即使没有成交，但是彼此之间加深了了解，增进了信任，为日后的有效合作打下了良好的基础，从这种意义来看，也并非坏事，在某种程度上倒可以说是一件有意义的好事。

因此，出现僵局并不可怕，更重要的是要正确认识和对待僵局，并能够认真分析导致僵局的原因，以便对症下药，打破僵局，使谈判得以顺利进行。

三、商务谈判僵局的利用与制造

（一）商务谈判僵局的利用原则

1. 正确认识商务谈判僵局

许多谈判人员把僵局视为谈判失败，企图竭力避免僵局。在这种思想的指导下，谈判人不是在采取积极的措施加以缓和，而是消极躲避。在谈判开始之前，其就祈求能顺利与对方达成协议，完成交易，别出意外，别出麻烦。特别是当他负有与对方签约的使命时，这种心情就更为迫切。这样一来，为避免出现僵局，就事事迁就对方，一旦陷入僵局，谈判人员就会很快地失去信心和耐心，甚至怀疑起自己的判断力，对预先制订的计划也产生动摇。这种思想阻碍了谈判人员更好地运用谈判策略，结果可能会达成一个对己方不利的协议。

谈判人员应该看到，僵局出现对双方都不利。如果能正确认识、恰当处理，就能变不利为有利。只要具备勇气和耐心，在保全对方面子的前提下，灵活运用各种策略、技巧，僵局就不是攻克不了的堡垒。

当然谈判就此暂停乃至最终破裂都不是绝对的坏事。谈判暂停，可以使双方都有机会重新审慎地回顾各自谈判的出发点，既能维护各自的合理利益又能挖掘双方的共同利益。如果双方都逐渐认识到弥补现在的差距是值得的，并愿采取相应的措施，包括做出必要的进步妥协，那么这样的谈判结果也真实地符合谈判原本的目的。即使出现了谈判破裂，也可以避免非理性的合作，而这种合作不能同时给双方都带来利益上的满足。

2. 冷静地理性思考

在谈判实践中，有些谈判者会脱离客观实际，盲目地坚持自己的主观立场，甚至忘记了自己的出发点是什么，由此而引发了矛盾，当矛盾激化到一定程度的时候即形成了僵局。谈判者在处理僵局时，要能防止和克服过激情绪所带来的干扰。一名优秀的谈判者必须具备头脑冷静、心平气和的谈判素养。只有这样才能面对僵局而不慌乱。只有冷静思考，才能理清头绪，正确分析问题。这时，应设法建立一项客观的准则，即让双方都认为是公平的又易于实行的办事原则、程序或衡量事物的标准，充分考虑到双方潜在的利益到底是什么，从而理智地克服一味地希望通过坚持自己的立场来"赢"得谈判的做法。这样才能有效地解决问题，打破僵局；相反，靠拍桌子、踢椅子来处理僵局是于事无补的，反而会带来负面效应。

3. 协调好双方的利益

当双方在同一问题上发生尖锐对立，并且各自理由充足，均无法说服对方，也不能接受对方的条件，从而使谈判陷入僵局时，应认真分析双方的利益所在，只有平衡好双方的利益才有可能打破僵局。只有使双方从各自的当下利益和长远利益两个方面来看问题，使双方的当下利益、长远利益做出调整，寻找双方都能接受的平衡点，才能最终达成谈判协议。因为如果都追求目前利益，可能都失去长远利益，这对双方都是不利的。只有双方都做出让步，以协调双方的关系，才能保证双方的利益都得到实现。

4. 避免争吵

争吵无助于矛盾的解决，只能使矛盾激化。如果谈判双方出现争吵，就会使双方的对立情绪加重，从而很难打破僵局达成协议。即使一方在争吵中获胜，另一方无论从感情上还是心理上都很难持相同的意见，谈判仍有重重障碍。所以，一名谈判高手是通过据理力争，而不是通过同别人大吵大嚷来解决问题的。

5. 语言适度

语言适度是指谈判者要向对方传播一些必要的信息，但又不透露己方的一些重要的信息，同时积极倾听。这样不但和谈判对方进行了必要的沟通，而且可探出对方的动机和目的，形成对等的谈判气氛。

6. 谈判双方加强沟通

一方面，双方多沟通信息，争取信息共享，这样会减少双方因信息占有量不均等所带来误会的可能性；另一方面，通过经常性沟通加强人际关系，减少敌视状态。此外，还应注意沟通的方式方法，如多倾听、多探求、少冲动、少辩论。

7. 欢迎不同意见

不同意见，既是谈判顺利进行的障碍，也是一种信号。它表明实质性的谈判已经开始。如果谈判双方就不同意见互相沟通，最终达成一致意见，谈判就会成功在望。因此，作为一名谈判人员，不应对不同意见持拒绝和反对的态度，而应持欢迎和尊重的态度。这种态度会使我们能更加心平气和地倾听对方的意见，从而掌握更多的信息和资料，也体现了一名谈判者的宽广胸怀。

（二）商务谈判僵局的利用原因

在商务谈判过程中，僵局的出现所形成的压力或许会使谈判另一方的信心产生动摇，从而为己方的谈判争取更有利的交易条件。因此，作为一个成熟的谈判者，可以利用僵局为己方的谈判服务。

谈判者在谈判过程中利用僵局，主要有两种原因。第一，改变已有的谈判形势，提高己方在谈判中的地位。这是那些处于不利地位的谈判者利用僵局的动机。由于谈判各方实力对比的差异，弱势一方在整个谈判过程中处于不利地位，他们没有力量与对方抗衡，为了提高自己的谈判地位，便采取制造僵局来拖延时间，以便利用时间来达到自己的谈判目标。第二，争取更有利的谈判条件。这是那些处于平等地位的谈判者利用僵局的动机。有些谈判要求，仅在势均力敌的情况下是无法达到的，为了取得更有利的谈判条件，谈判者便谋求利用僵局的办法来提高己方的地位，使对方在僵局的压力下不断降低其期望值。当自己的地位提高而对方的期望值降低以后，最后再采用折中的方式结束谈判，以便使自己得到更有利的条件。

（三）商务谈判僵局的制造

谈判者要利用僵局，首先需要制造僵局。制造僵局的基本原则是利用自己所制造的僵局给自己带来更大的利益。谈判僵局出现以后会有两种结果：打破僵局继续谈判或谈判破裂。

1. 制造僵局的一般方法

制造僵局的一般方法是向对方提出较高的要求，要对方全面接受自己的条件。对方可能只接受己方的部分条件，即做出少量让步后便要求己方做出让步。己方此时如果坚持自己的条件，以等待更有利时机的到来，而对方又不能再进一步做出更大让步时，谈判便陷入僵局。

2. 制造僵局的基本要求

谈判者制造僵局的基本做法是向对方提出较高的要求，并迫使对方全面接受自己的条件，但要注意的是，这一高要求绝不能高不可攀，因为要求太高，对方会认为己方没有谈判诚意而退出谈判。因此，目标的高度应以略高于对方所能接受的最有利的条件为宜，以便最终通过自己的让步仍然以较高的目标取得谈判成功。同时，对自己要求的条件，要提出充分的理由说明其合理性，以促使对方接受自己提出的要求。

案例导读

　　20 世纪 80 年代中期，巴西与欧美、日本等发达国家和地区就债务问题进行了长时间的谈判，一方以逼债停贷施加压力，另一方则以抗损拒还硬顶；一方批评对手"缺乏信用"，另一方指责对方"转嫁危机"。在施压与自卫发展到白热化程度时，前巴西总统若瑟·萨尔内援引《罗马法》的一项规定，以国家元首的名义宣布巴西丧失偿债能力，在一段时间内停止偿付大部分外债本息，制造了一个轰动世界的僵局。这一僵局，把西方国家弄得目瞪口呆，同时使巴西暂时摆脱了困境。过了一段时间，当巴西与各大债权国恢复谈判时，西方国家不仅改变了原先咄咄逼人的气势，调整了谈判策略，而且面对巴西现实，以减免部分债额、降低部分债息、延长部分贷款的偿付期限、将部分外债转为投资等有利于巴西经济恢复发展的许诺，结束了长达数年的谈判争吵。

　　案例来源：根据网络资料整理。

四、商务谈判僵局的处理方法

（一）打破谈判僵局的方法

　　如果在商务谈判的过程中，僵局已经很明显，双方争执不下，达不成共识，那么此时妥善处理僵局显然是直接关系到谈判成功与否的大问题。谈判者应当缓和分歧，使谈判出现转机，进一步推动谈判继续进行，具体方法有以下几种：

　　1. 运用谈判语言打破僵局

　　语言在谈判过程中起到了至关重要的作用。有这一则小故事，一位教徒问神父："我可以在祈祷时抽烟吗?"他的请求遭到神父的严厉斥责。而另一位教徒有趣地问神父："我可以吸烟时祈祷吗?"后一个教徒的请求却得到允许，悠闲地抽起了烟。这两个教徒发问的目的和内容都一样，只是图片语言表达方式不同，但得到的结果也截然相反。由此，语言表达技巧高明才能赢得期望的谈判效果。

　　当谈判出现僵局时，我们可以用话语鼓励对方："看，许多问题都已经解决了，现在就剩下这一点了。如果不能够一并解决的话，那不就太可惜了吗?"这种说法，看似很平常，实际上却能鼓动人，发挥出很大的作用。对于牵涉多项讨论议题的谈判，更要注意打破存在的僵局。例如，在一场包含六项议题的谈判中，有四项是重要议题，其余两项是次要议题。现在假设四项重要议题已有三项达成协议，只剩下一项重要议题和两项小问题了，那么，针对僵局你可以这样告诉对方："四个难题已解决了三个，剩下一个如果也能一并解决的话，其他的小问题就好办了，让我们再继续努力，好好讨论讨论唯一的难题吧！如果就这样放弃了，前面的工作就都白做了，大家都会觉得遗憾的!"听你这么说，对方多半会同意继续谈判，这样僵局就自然化解了。叙述旧情，强调双方的共同点，就是通过回顾双方以往的合作历史，强调和突出共同点和合作的成果，以此来削弱彼此的对立情绪，达到打破僵局的目的。

2. 采取横向式的谈判打破僵局

当谈判陷入僵局，经过协商而毫无进展，双方的情绪均处于低潮时，可以采用避开话题的办法，换个新的话题与对方谈判，以等待高潮的到来。横向谈判是回避低潮的常用方法。由于话题和利益间的关联性，当其他话题取得成功时，再回来谈陷入僵局的话题，就会比以前容易得多。在谈判中，先撇开争议的问题，谈另一个问题，而不是盯住一个问题不放，不谈妥誓不罢休。例如，在价格问题上双方互不相让，僵住了，可以先暂时搁置一旁，改谈交货期、付款方式等其他问题。如果在这些议题上对方感到满意了，再重新回过头来讨论价格问题，阻力就会小一些，商量的余地也就更大些，从而起到弥合分歧的作用，使谈判出现新的转机。

案例导读

甲方和乙方在谈一笔大蒜生意，乙方在中国进行了一番大蒜调查后，还是看上了甲公司的大蒜，为了以最低价拿到这份订单，乙方收集了很多不同品质的大蒜价格，充分准备后找到甲方谈判，甲方看乙方有备而来也不敢肆意抬高价格，可是在一番谈判之后甲方还是不愿降价，看出问题所在的乙方了解到甲方不仅在做大蒜生意，他们还在做大豆及各种农作物生意，乙方代表抓住了这个关键，就大蒜的问题进行了转移，提出来他们还可能在此合作后还将继续和甲方做大豆的生意，为此他们提出各种运费和运输问题，乙方说他们很愿意和甲方建立长期的合作关系，可是甲方对这次合作好像不是很在意，于是就要求甲方对于刚刚给出的价位进行考虑，甲方也知道这也不是不能接受，为了和乙方长期合作下去，甲方提出同意按乙方给出的价格发货接下了这个订单。

案例来源：根据网络资料整理。

3. 寻找替代的方案打破僵局

俗话说得好："条条大路通罗马"，在商务谈判中也是如此。谈判中一般存在多种可以满足双方利益的方案，而谈判人员经常简单地采用某一方案，而当这种方案不能为双方同时接受时，僵局就会形成。商务谈判不可能总是一帆风顺的，双方磕磕碰碰是很正常的事。这时，谁能创造性地提出可供选择的方案，谁就掌握了谈判的主动权。不过，在谈判开始就试图确定什么是唯一的最佳方案，就往往阻止了许多其他可选择的方案的产生。相反，在谈判准备时期，若能构思出对彼此有利的更多方案，往往会使谈判如顺水行舟，一旦遇到有障碍，只要及时"调转船头"，就能顺畅无误地到达目的地。打破谈判僵局也可以对一个方案中的某一部分采用不同的替代方法，可选择以下几种方案：

（1）另选商议的时间，例如，彼此约定好重新商议的时间，以便讨论较难解决的问题，因为到那时也许会有更多的资料和更充分的理由。

（2）改变售后服务的方式，例如，建议减少某些繁琐的手续，以保证日后的服务。

（3）改变承担风险的方式、时限和程度。在交易的所得所失不明确的情况下，不应该讨论分担的问题，否则只会导致争论不休。同时，如何分享未来的损失或者利益，可能会使双方找到利益的平衡点。

（4）改变交易的形态使互相争利的情况变为同心协力、共同努力的团体。让交易双方的老板、工程师、技工彼此联系，互相影响，共同谋求解决的办法。

（5）改变付款的方式和时限，在成交的总金额不变的情况下，加大定金额度，缩短付款时限，或者采用其他不同的付款方式。

4. 运用休会策略打破僵局

休会策略是谈判人员为控制、调节谈判进程，缓和谈判气氛，打破谈判僵局而经常采用的一种基本策略。谈判中，双方因观点差异、出现分歧是常有的事，如果各持己见、互不妥协，往往会出现僵持以致谈判无法继续的局面。这时，如果继续进行谈判，双方的思想还沉浸在刚才的紧张气氛中，结果往往是徒劳无益的，有时甚至适得其反，导致以前的成果付诸东流。因此，比较好的做法就是休会，因为这时双方都需要时间思考，客观地分析形势、统一认识、商量对策。

一般来说，谈判会场是正式的工作场所，容易形成一种严肃而又紧张的气氛。当双方就某一问题发生争执，各持己见，互不相让，甚至话不投机、横眉冷对时，这种环境更容易使人产生一种压抑、沉闷的感觉和烦躁不安的情绪，使双方都没有兴致继续谈判下去。在这种情况下，可暂时停止会谈或双方人员去游览、观光、出席宴会、观看文艺节目，也可以到活动室、俱乐部等地方消遣，把绷紧的神经松弛一下，缓和一下双方的对立情绪。这样，在轻松愉快的环境中，大家的心情自然也就放松了。更主要的是，通过游玩、休息、私下接触，双方可以进一步熟悉、了解，消除彼此间的隔阂；也可以不拘形式地就僵持的问题继续交换意见，寓严肃的讨论和谈判于轻松活泼、融洽愉快的气氛之中。这时彼此间心情愉快，人也变得慷慨大方，谈判桌上争论了几个小时无法解决的问题、障碍，在这里也许会迎刃而解。休会后再按预定的时间、地点坐在一起时，会对原来的观点提出新的看法。这时，僵局就会较容易被打破。

把休会作为一种积极的策略加以利用，可以达到以下目的：仔细斟酌存在争议的问题，商量解决的办法。可进一步对市场形势进行研究，以证实自己原来观点的正确性，思考新的论点与自卫方法；可以召集各自谈判小组成员集思广益，商量具体的解决办法，探索变通途径；检查原定的策略及战术；研究讨论可能的让步；决定如何应付对手的要求；分析价格、规格、时间与条件的变动；阻止对手提出尴尬的问题；排斥讨厌的谈判对手；缓解体力不支或紧张情绪；应付谈判出现的新情况；缓和谈判一方的不满情绪，商量具体的解决办法。

休会一般先由一方提出，只有经过双方同意，这种策略才能发挥作用。怎样取得对方的同意呢？首先，提建议的一方应把握好时机，看准对方态度的变化，讲清休会时间。如果对方也有休会的要求，很显然会一拍即合。其次，要清楚并委婉地讲清需要，并要让对方知晓。一般来说，参加谈判的各种人员都是有修养的，如东道主提出休会，客人出于礼貌，很少拒绝。最后，提出休会建议后，不要再提出其他新问题继续谈判，而先把眼前的问题解决了再说。

📙 案例导读

美国一家大型航空公司要在纽约城建立航空站，想要求爱迪生电力公司以低价优惠供应电力，但遭到了电力公司的拒绝，并推托说是公共服务委员会不批准，因此谈判陷入了困境。后来，航空公司索性不谈了，声称自己建电厂划得来，不依靠电力公司而决定自己建设发电厂。电力公司听到这一消息，立刻改变了原来的谈判态度，主动请求公共服务委员会从中说情，表示给予这类新用户优惠价格。到这个时候，电力公司才和航空公司达成协议。从此以后，这类大量用电的客户，都享受相同的优惠价格。

案例来源：根据网络资料整理。

5. 利用调解人调停打破僵局

在政治事务中，特别是在国家间、地区间的冲突中，由第三者出面作为中间人进行斡旋，往往会获得意想不到的效果。商务谈判也完全可以运用这一方法来帮助双方有效地消除谈判中的分歧，特别是当谈判双方进入立场严重对峙、谁也不愿意让步的状态时，找到一位中间人来帮助调解，有时能很快使双方立场出现松动。

当谈判双方严重对峙而陷入谈判僵局时，双方信息沟通就会发生严重障碍，容易导致双方互不信任、互相存在偏见甚至敌意，有些谈判又必须得取得成功，如索赔谈判，这时由第三方出面斡旋可以为双方保全面子，并使双方之间的信息交流可以更畅通，同时也兼顾了公平原则。中间人在分别听取各方解释、申辩的基础上，能很快找到双方冲突的焦点，分析其背后所隐含的利益分歧，据此寻求弥合这种分歧的途径。谈判双方之所以自己不能这样做，主要还是"不识庐山真面目，只缘身在此山中"。商务谈判中的中间人主要是由谈判者自己挑选的。不论是哪方，它所确定的斡旋者应该是对对方熟识，为对方所接受的，否则就很难发挥其应有的作用。因此这就成了谈判一方为打破僵局而主动采取的措施。在选择中间人时不仅要考虑其能否体现公正性，而且还要考虑其是否具有权威性。这种权威性是使对方逐步受中间人影响，最终转变强硬立场的重要力量。而主动运用这一策略的谈判者就是希望通过中间人的作用，将自己的意志转化为中间人的意志来达到自己的目的。

常用的方法有两种：调解和仲裁。调解是请调解人拿出一个新的方案让双方接受。由于该方案照顾了双方的利益，顾全了双方的面子，并且以旁观者的立场对方案进行分析，因而很容易被双方接受。但调解只是一种说服双方接受的方法，其结果没有必须认同的法律效力。当调解无效时可请求仲裁。仲裁的结果具有法律效力，谈判者必须执行。但当发现仲裁人有偏见时，应及时提出；必要时也可以对他们的行为提起诉讼，以保护自己的利益不受损失。需要说明的是，由法院判决也是处理僵局的一种办法，但很少使用。因为一是法院判决拖延的时间太长，这对双方都不利；二是通过法院判决容易伤害双方的感情，不利于以后的交往。因此，除非不得已，谈判各方均不愿把处理僵局的问题提交法院审理。当出现了比较严重的僵持局面时，彼此间的感情可能都受到了伤害。因此，即使一方提出缓和建议，另一方在感情上也难以接受。在这种情况下，最好寻找一个双方都能够接受的中间人作为调解人或仲裁人。

6. 更换谈判人员或者由领导出面打破僵局

谈判中出现了僵局，并非都是双方利益的冲突，有时可能是由谈判人员本身的因素造成的。双方谈判人员如果互相产生成见，特别是主要谈判人员，在争议问题时，对他方人格进行攻击，伤害了一方或双方人员的自尊心，必然会引起对方的怒气，谈判很难继续进行下去，容易形成僵局。即使是改变谈判场所，或采取其他缓和措施，也难以从根本上解决问题。形成这种局面的主要原因，是由于在谈判中不能很好地区别对待人与问题，由对问题的分歧发展为双方个人之间的矛盾。类似这种由于谈判人员的性格、年龄、知识水平、生活背景、民族习惯、随便许诺、随意毁约、好表现自己、对专业问题缺乏认识等因素造成的僵局，虽经多方努力仍无效果时，可以征得对方同意，及时更换谈判人员，消除不和谐因素，缓和气氛，就可能轻而易举地打破僵局，保持与对方的良好合作关系。这是一种迫不得已的、被动的做法，必须谨慎使用。有时在谈判陷入僵局时，调换谈判人员倒并非出于他们的失职，可能是一种自我否定的策略，因而在这种情况下调换人员也常蕴含了向谈判对方致歉的意思。

临阵换将，把己方对僵局的责任归咎于原来的谈判人员，不管他们是否确实应该担负这种责任，还是莫名其妙地充当了替罪羊的角色。这种策略为自己主动回到谈判桌前找到了一个借口，缓和了谈判场上对峙的气氛。不仅如此，这种策略还含有准备与对手握手言和的暗示，成为己方调整、改变谈判条件的一种标志，同时这也向对方发出新的邀请信号：己方已做好了妥协退让的准备，对方是否也能够做出相应的灵活表示呢？谈判双方通过谈判暂停期间的冷静思考，若发现双方合作的潜在利益要远大于既有的立场差距，那么调换人员就成了不失体面、重新谈判的有效处理，而且在新的谈判氛围中，在经历了一场暴风雨后的平静中，双方都会更积极、更迅速地找到一致点，消除分歧，甚至做出必要的、灵活的妥协，僵局由此而可能得到突破。

但是在使用此策略时，必须注意两点：第一，换人要向对方做婉转的说明，使对方能够予以理解；第二，不要随便换人，即使出于迫不得已而换，事后也需要对替换下来的谈判人员做一番工作，不能挫伤他们的积极性。在有些情况下，如协议的大部分条款都已商定，却因一两个关键问题尚未解决而无法签订合同。这时，己方也可由地位较高的负责人出来参与谈判，表示对僵持问题的关心和重视。同时，这也是在向对方施加一定的心理压力，迫使对方放弃原先较高的要求，做出一些妥协，以利协议的达成，从而取得谈判的成功。

📖 案例导读

美国一家公司与日本一家公司进行一次比较重要的贸易谈判，美国派出了自认为最精明的谈判小组，大多是33岁左右的年轻人，还有1名女性。但到日本后，却受到了冷遇，不仅总公司经理不肯出面，就连分部的负责人也不肯出面接待。在日本人看来，年轻人，尤其是女性，不适宜主持如此重要的会谈。结果，美方迫不得已撤换了这几个谈判人员，日本人才肯出面洽谈。

案例来源：根据网络资料整理。

7. 有效退让打破僵局

实现谈判目的的途径是多种多样的，谈判结果所体现的利益也是多方面的，有时谈判双方对某一方面的利益分割僵持不下时，就任由谈判破裂，这实在是不明智的。其实只要在某些问题上稍做让步，而在另一些方面就能争取更好的条件。这种辩证的思路是一个成熟的商务谈判者应该具备的。例如，从国外购买设备的合作谈判来看，有些谈判者常常因价格分歧而不欢而散，至于诸如设备功能、交货时间、运输条件、付款方式等尚未涉及，就匆匆地退出了谈判。事实上，购货一方有时可以考虑接受稍高的价格，然而在购货条件方面，就更有理由向对方提出更多的要求，如增加若干功能，或缩短交货期，或除在规定的年限内提供免费维修外，还要保证在更长时间内免费提供易耗品，或分期付款等。谈判犹如一个天平，每当我们找到了一个可以妥协之处，就等于找到了一个可以加重自己谈判的砝码。在商务谈判中，当谈判陷入僵局时，如果对国内外市场有全面了解，对双方的利益所在又把握得恰当准确，那么就应以灵活的方式来处理，例如，在某些方面采取退让的策略去换取另外一些方面的得益，以挽回本来看来已经失败的谈判，达成双方都能接受的协议。因此，当谈判陷入僵局时，我们应有这样的认识，即如果促使合作成功所带来的利益大于坚守原有立场而让谈判破裂所带来的好处，那么有效退让就是我们应该采取的策略。

8. 场外沟通打破僵局

谈判会场外沟通亦称"场外交易""私下接触"等。它是一种非正式谈判，双方可以无拘无束地交换意见，达到有效沟通、消除障碍、避免出现僵局的目的。对于正式谈判出现的僵局，同样可以用场外沟通的途径直接进行解释，消除隔阂。

有几种情况可以采用策略：谈判双方在正式会谈中，相持不下，即将陷入僵局，彼此虽有求和之心，但在谈判桌上碍于面子，难以启齿；当谈判陷入僵局，谈判双方或一方的幕后主持人希望借助非正式的场合进行私下商谈，从而缓解僵局；谈判双方的代表因为身份问题，不宜在谈判桌上让步以打破僵局，但是可以借助私下交谈打破僵局，这样可以不牵扯到身份问题。例如，参与谈判的领导不是专家，但实际作决定的却是专家。这样，在非正式场合，专家就可以不因为身份问题而出面从容商谈，打破僵局；谈判对手在正式场合严肃固执、傲慢、自负、喜好奉承。这样，在非正式场合给予其恰当的恭维（因为恭维别人不宜在谈判桌上进行），就有可能使其做较大的让步，以打破僵局；谈判对手喜好郊游、娱乐。这样，在谈判桌上谈不成的事情，在郊游和娱乐的场合就有可能谈成，从而打破僵局，达成有利于己方的协议。

运用场外沟通应注意以下问题：

（1）谈判者必须明确，在一场谈判中，谈判后期用于正式谈判的时间是不多的，大部分时间都是在场外度过的，必须把场外活动看作谈判的一部分，场外谈判往往能得到正式谈判得不到的东西。

（2）不要把所有的事情都放在谈判桌上讨论，而是要通过一连串的社交活动讨论和研究问题的细节。

（3）当谈判陷入僵局，就应该离开谈判桌，举办多种娱乐活动，使双方无拘无束地交谈，促进相互了解，沟通感情，建立友谊。

（4）借助社交场合，主动和非首席代表的有关人员（如工程师、会计师、工作人员等）交谈，借以了解对方更多的情况，往往会得到意想不到的收获。

（5）在非正式场合，可由非首席代表提出建议、发表意见，以促使对方思考，因为即使这些建议和意见很不利于对方，对方也不会追究，毕竟讲这些话的不是首席代表。

9. 利用"一揽子"交易打破僵局

所谓"一揽子"交易，即向对方提出谈判方案时，好坏条件搭配在一起，像卖"三明治"一样，要卖一起卖，要同意一起同意。往往有这种情况，卖方在报价里面包含了可让与不可让的条件，所以向他还价时，可采用把高档与低档的价格夹在一起的做法。比如把设备、备件、配套件三类价格均分出三个方案，这样报价时即可获得不同的利润指标。在价格谈判时，卖方应视谈判气氛、对方的心理情况再妥协让步。作为还价的人也应同样如此，即把对方货物分成三个档价，还价时取设备的档价、配套件的档价、备件的档价，而不是都是一个档价。这样做的优点在于有吸引力，具有平衡性，对方易于接受，可以起到突破僵局的作用。尽管在一次还价总额高的情况下该策略不一定有突破僵局的作用，但仍不失为一个合理还价的较好策略。

10. 适当馈赠打破僵局

谈判者在相互交往的过程中，适当地互赠一些礼品，会对增进双方的友谊、沟通双方的感情起到一定的作用，也是社交礼仪的体现。西方学者幽默地称之为"润滑策略"。每一个精明的谈判者都知道，给予对方热情的接待、良好的照顾和服务，对于谈判往往产生重大的影响。它对于防止谈判出现僵局是一个行之有效的途径，这等于直接明确地向对手表示"友情第一"。

所谓适当馈赠，就是说馈赠要讲究艺术，一是注意对方的习俗，二是防止贿赂之嫌。有些企业为了达到自身的利益乃至企业领导人、业务人员自己的利益，在谈判中把送礼这一社交礼仪改变了性质，使之等同贿赂，不惜触犯法律，这是错误的。所以，馈赠礼物是要在社交范围之内的普通礼物，突出"礼轻情义重"。谈判时，招待对方吃一顿地方风味的午餐，陪对方度过一个美好的夜晚，送一些小小的礼物，并不是贿赂，提供这些平常的招待也不算是道德败坏。如果对方馈赠的礼品比较贵重，通常意味着对方要在谈判中"索取"较大的利益。对此，要婉转地暗示对方礼物"过重"，并予以推辞，要传达出己方不会因礼物的价值而改变谈判的态度的信息。

11. 以硬碰硬打破僵局

当对方通过制造僵局，给己方施加太大压力时，妥协退让已无法满足对方的欲望，应采用以硬碰硬的办法向对方反击，让对方自动放弃过高要求。比如，谈判陷入僵局时谈判者可以降低自己的要求，使谈判继续进行下去，也可以离开谈判桌，以显示自己的强硬立场。如果对方想与我们谈成这笔生意，他们会再来找我们，这时，他们的要求就会改变，谈判的主动权就掌握在了我们的手里。

📖 **趣味阅读**

　　穷人甲和富人乙是邻居，有一天，富人乙家翻修屋顶，拆掉的坏土都落到了穷人甲家的院子里。正赶上那天下了一场大雨，落下来的土让穷人家的院子变得泥泞不堪。于是，穷人甲就对富人已说"邻居啊，你们返修屋顶，你房顶上的土都积在我家院里了，你能不能处理一下？"富人乙盛气凌人地说："那又怎么样，泥水自然会排掉，太阳出来就蒸发了。"穷人甲气愤地说："你怎么这么讲话？""你能怎么样"

富人乙说。穷人甲说："那我告官去！"富人乙说："官是我的朋友。"

穷人甲最后对富人乙说："我告诉你，你在两天内要是不给我解决问题，我就赔给你一条命！"富人乙听到这样的话，很快派人解决了问题。

案例来源：根据网络资料整理。

（二）运用打破谈判僵局方法的总体要求

在实际商务谈判过程中，最终采用何种方法打破僵局要考虑多方面因素的影响。总的来看，在选择方法时应注意以下几点要求：

1. 根据当时当地的谈判背景与形势灵活运用方法

在具体谈判中，最终采用何种方法应该由谈判人员根据当时当地的谈判背景与形势来决定。这些方法都可以有效地运用于不同的谈判僵局之中，但一种方法在某次僵局突破中运用成功，并不意味着在其他同样类型的谈判中也适用。只要僵局构成因素稍有差异，包括谈判人员的组成不同，各种方法的使用效果都有可能迥然不同。关键还在于谈判人员的素质、谈判能力和己方的谈判实力，以及实际谈判中的个人及小组的力量发挥情况如何等。只有那些应变能力强、谈判实力强，又知道灵活运用各种方法与技巧的谈判者才能够成功对付、处理所有的谈判僵局，从而实现谈判目标。

2. 辩证地思考问题

对于谈判的任何一方而言，坐在谈判桌前的目的是成功达成协议，而绝没有抱着失败的目的前来谈判的。谈判中，达到谈判目的的途径往往是多种多样的，谈判结果所体现的利益也是多方面的，当谈判双方对某一方面的利益分配僵持不下时，往往容易使谈判破裂，这是一种很不明智的举动，因为之所以会出现这种结果，原因就在于没有掌握辩证地思考问题的方法。一个成熟的谈判者，他应该明智地考虑在某些问题上稍做让步，而在另一些方面去争取更好的条件。从经济学的角度来讲，这样做比起不欢而散的做法要划算得多。

3. 注重打破僵局的科学性与艺术性

商务谈判僵局处理的成功与否，从根本上来讲，要取决于谈判人员的经验、直觉、应变能力等综合素质。从这种意义上讲，僵局突破是谈判的科学性与艺术性结合的产物。在分析、研究及方法的制定方面，谈判的科学成分大一些；而在具体运用上，谈判的艺术成分大一些。

总之，商务谈判是比较复杂的活动，在谈判实践中还有许多策略，在此不可能一一列举。其实有些策略需要谈判人员自己去感知，是难以用文字来表述清楚的。但是，不管怎么样，要想打破僵局，就要对僵局产生的前因后果做周密的研究，在分析比较了各种可能的选择之后，才能确定实施某种策略或几种策略的组合。

本 章 小 结

磋商阶段是谈判双方讨价还价的阶段，是整个谈判的核心阶段。讨价是指在谈判中的一方报价之后，另一方认为其报价离己方的期望目标太远，而要求提价一方重新报价或改善报价的行为。在进行讨价前，讨价方要做到心中有数，不能盲目地要求对方重新报价或修改报价。讨价的次数没有统一标准，但一般不止一次，多数谈判的讨价在 2~3 次。

讨价议案分为三个阶段，不同的阶段采取不同的讨价方式，即总体讨价、具体讨价、最后的总体讨价。讨价需要注意：讨价前不能说出自己对价格的具体看法；讨价要持平静信赖的态度；讨价要适可而止。

经过报价和讨价以后，谈判就进入还价阶段。还价也称还盘，是谈判一方根据对方的要价以及自己的谈判目标，主动回应对方的要求，提出自己的价格条件。在还价过程中，还要明确还价的依据，以此确定还价的起点和幅度。还价起点和幅度的高低直接关系到己方的利益，也反映出谈判者的水平。因此，还价的总体要求是，既要力求使自己的还价给对方造成压力，影响或改变对方的判断，又要接近对方的目标，使对方有接受的可能性。

还价的时机选择得当可以减少还价的次数，改善还价的效果。通常等卖方做了 1~2 次调价以后，并强烈要求买方还价，买方才还价。还价中，谈判者要确保自己的利益和主动地位，应善于根据交易的内容、所包的价格，以及讨价方式，采取不同的还价方式。按照谈判中还价的依据可将还价划分为按可比价还价和按成本还价；按照谈判中还价的项目可将还价划分为总体还价、分组还价和单项还价。还价方式确定后，关键的问题是要确定还价的起点。要注意还价起点确定的参照因素：报价中的含水量和成交差距。

所谓让步，是指谈判双方向对方妥协，退让己方的理想目标，降低己方的利益要求，向双方期望目标靠拢的谈判过程。让步涉及买卖双方的切身利益，不可随意让步。要依据让步的基本原则进行准备，在哪些问题上与对方讨价还价，在哪些方面可以做出让步、让步的幅度有多少。

让步的具体方式很多，在实际谈判中，要根据对方的反映灵活掌握，切忌一成不变地固守一种模式。八种商务谈判中常见的让步方式：冒险型让步方式、等额型让步方式、诱发型让步方式、妥协型让步方式、强势递增型让步方式、不定式让步方式、反弹式让步方式和危险型让步方式。

迫使对方让步的方式主要有：温和式（戴高帽、磨时间、恻隐术、发抱怨）和强硬式（情绪爆发、激将法、竞争法）。影响让步方式选择的因素有己方所处的谈判地位；谈判对手的谈判经验；准备采取什么样的谈判方针和策略；期望让步后对方给我们的反应。

商务谈判僵局是指在商务谈判过程中，当双方对所谈问题的利益要求差距较大，各方又都不肯做出让步，导致双方因暂时不可调和的矛盾而形成对峙，而使谈判呈现出一种不进不退的僵持局面。僵局伴随整个谈判过程随时随地都有可能出现。按照人们对谈判本身的理解角度不同，有不同的分类方法。从狭义上，谈判僵局分为谈判初期僵局、中期僵局和后期僵局三种；从广义上，谈判僵局可分为协议期僵局和执行期僵局两大类；按照谈判内容的不同，谈判僵局的种类也不同。不同的标准，不同的技术要求，不同的合同条款，不同的项目合同价格、履约地点、验收标准、违约责任等，都可能造成不同内容上的谈判僵局。

僵局的产生是由其中一个或几个因素共同作用而形成的。归纳起来，主要有以下几个方面：立场观点的争执；有意无意的强迫；信息沟通的障碍；谈判人员素质低下；合理要求的差距。

打破僵局的具体方法有以下几种：运用谈判语言打破僵局；采取横向式的谈判打破僵局；寻找替代的方案打破僵局；运用休会策略打破僵局；利用调节人调停打破僵局；更换谈判人员或者由领导出面打破僵局；有效退让打破僵局；场外沟通打破僵局；利用一揽子交易打破僵局；适当馈赠打破僵局；以硬碰硬打破僵局。在商务谈判中，要想打破僵局，就要对僵局产生的前因后果做周密的研究，在分析比较了各种可能的选择之后，才能确定实施某种策略或几种策略的组合。

◎ **思考题**

1. 讨价与还价有何异同点？需要注意哪些问题？
2. 影响还价起点的因素有哪些？
3. 让步时应遵循的原则及让步的方式有哪些？
4. 在商务谈判过程中，为什么会出现僵局？
5. 处理商务谈判僵局的基本原则有哪些？
6. 我们应该如何看待谈判僵局？

◎ **课后案例**

北京某进口公司（以下称为中方）某部门经理 T 先生与法国 AB 公司（以下称为法方）的比尔先生谈判计算机的技术转让交易。T 先生对法方的条件做了全面深入的分析，认为在技术内容及设备的配置上存在较为严重的问题，并针对这些问题做了详细的谈判预案，在谈判中严格地按预案谈判。

由于预案包括双方的理由与条件，以及互让的前提，加上 T 先生的谨慎与比尔先生的顽强，谈判陷入僵局。作为客座谈判的法方心中很是焦急，于是对其驻华使馆商务处向其主管汇报。恰好，驻华使馆商务处也在关注该项目的谈判，听到比尔先生的汇报后，认为中方主谈有问题，决定干预。商务处与中方联系，称："我国商务参赞希望拜会中方公司总经理。"出于礼节，中方自然会安排会面。在法方商务参赞会见中方总经理的过程中，除了寒暄之外，主要还是谈对正在谈判中的交易的关注，重点谈了法方谈判人员面临的问题。参赞先生坦率地表示："贵方的主谈 T 先生太尽职，尽职到让人难以接受的地步。按他目前的表现，我怀疑他是否有能力将谈判主持好。为了对中法双方的合作负责，请总经理先生关注该谈判，若有可能，请派更能干的人员替换 T 先生。"中方总经理听后说："谈判中双方主谈有争议是正常的事。参赞先生讲的话我听明白了，但请等我了解情况之后再决定该怎么办。请放心，我也会很关注该项交易的谈判的。"参赞表示感谢总经理的帮助，随即离去。

会见之后，总经理叫来 T 先生，问及谈判中发生了什么事。这时 T 先生才知道法方安排商务参赞的拜访是干预谈判并告了自己一状。于是把法方的谈判态度与条件和自己的表现详细地说了一遍，言下之意，法方主谈也不怎么样，自己的态度是一种回应。听了 T 先生的解释，总经理笑着说："谈判不是赌气，是妥善解决问题，推动谈判进展。法方这么做说明他们重视该交易，想成交，应该看成一个好的信息，切不可意气用事。"随之，总经理让 T 先生把目前双方的条件、态势讲了讲，再看了看 T 先生做的谈判预案，又笑了。这一笑，让 T 先生很不好意思，因为总经理讲："嘿！你手上拥有这么多可以利用的条件，形势不错嘛！不必过于紧逼，适当让一让，推动谈判，再紧一紧。该让时一定要让，否则就僵了。"

次日再恢复谈判时，法方人员看到中方总经理到场，一时不知所措，全体成员都很受感动。开场白由中方总经理做，他主要介绍了法方商务参赞的关注态度与希望，也讲了自己同样的态度，然后进入正题。他说："到今天为止双方都在坚持自己的立场，这不行，不符合参赞先生的愿望。我提个建议，看贵方能不能接受？"总经理从 T 先生的方案中挑选了三个不同的交易内容细目，一个取 A 档价，一个取 B 档价，一个取 C 档价，作为一个还价条件，请法方主谈表态。因为，T 先生将各细目均分成了三个价格档次，A 档为最佳成交价，B 档是理想价，C 档是可以接受价。此前之所以僵持，是因为 T 先生在 AB 两档价格上争。总经理这么一组合，总的是在进，但也有退，虽说代表的交易总量不大，但也是法方期盼的妥协。所以当总经理提出该建议征求比尔先生的意见时，比尔先生没有太多的犹豫就同意了。比尔先生的同意也很重要，他一说同意，就等于双方达成了一个"协议"，打破了僵局。这对相持已久、身心疲惫的双方谈判人员无疑是一种鼓舞，会场气氛一下子就轻松了。

这时，总经理说："我看你们（指比尔先生与 T 先生）有能力，手中也有条件，可以完成各自领导交给的谈判任务，我再待在这儿该影响你们工作了。"说完站起来要走。比尔先生赶紧挽留："您在，对我们是极大的鼓舞与帮助，希望您能继续留下。"总经理微笑着应道："我本来就有会要主持，只是为了传达一下我与参赞先生对会谈的关注才把会议推迟了一个小时，我该去开会了，我的意见已向 T 先生讲了，相信他会考虑我的意见的。祝你们谈判成功。"

总经理走后，T 先生与比尔先生重新开始谈判。双方在条件的坚持与退让的节奏上都做了调整。谈判进展明显加快，最终成交了。在签字仪式后的宴会中，安排座位时，双方主谈、公司总经理、商务参赞与大使及工业部领导同坐一桌。席间，参赞先生对中方工业部领导及总经理讲："这次交易谈判成功与双方主谈的努力分不开。尤其 T 先生谈判很顽强，为贵方争取了不少条件，十分聪明能干。"T 先生感到意外。总经理接过话题："这次谈判使馆给予很多支持与关注，我方表示感谢。"于是，大家一致为一线工作人员干杯，气氛融洽，为日后顺利执行合同打下了良好的基础。

案例来源：王景山. 商务谈判［M］. 西安：西北工业大学出版社，2009.

思考题：

1. 中方总经理是怎样处理谈判对手告状，进而打破僵局、推动谈判进程的？
2. 中方总经理在突破谈判僵局后，为何不留下来继续驾驭谈判？请谈谈你的看法。

◎ 谈判实训

实训目的：通过实训让学生学习如何对谈判局势进行分析判断，如何制定谈判策略。

实训内容：根据案例背景进行谈判策略的制定，具体内容如下：

1. 甲公司与乙公司就一批产品进行销售谈判。乙公司是甲公司的老主顾，在这次谈判中，乙公司一反常态要求甲公司在价格上做出非同寻常的让步。而按此价格出售原来质量等级的商品，甲公司就无利可图了。于是甲公司的谈判人员仔细研究乙公司的出价和谈判人员的表现，发现乙公司对这次谈判很有诚意，出价虽然很低，但没有像以前那样强调高品质，甲方在说服他们提高价格时，乙方人员似乎有难言之隐。

2. 甲公司谈判人员分析讨论以下问题：

（1）乙公司可能在哪些方面出现了困难？如何获取这方面的信息？

（2）什么是乙公司最关心的问题？乙公司的价格底线是多少？在哪些方面有谈判的空间？

（3）本公司能否在价格上做出让步？

（4）针对可能出现的情况制定不同的谈判策略。

3. 乙公司谈判人员分析讨论以下问题：

（1）甲公司能否在价格上做出让步？如果甲公司能在价格上做出让步，本公司可以在哪些方面做出相应的让步？

（2）针对可能出现的情况制定不同的谈判策略。

4. 模拟谈判

实训要求：

1. 教师在实训前要将甲乙公司上次谈判的资料分发给学生。乙公司确实遇到了困难，这些困难要对甲公司保密。

2. 每小组应充分发挥每个成员的积极性，分别扮演好自己的角色。注意分工、协作与配合，互相学习，培养团队意识。

3. 建立经验交流制度：每两组完成模拟实训后，其他同学及小组间可进行经验交流，教师可针对共性问题在课堂上组织讨论和进行专门的讲解。

4. 实训完成后提交实训报告

实训步骤：

1. 以小组为单位，分发资料。

2. 教师介绍本次实训的内容和实训情景。

3. 各组确定实训活动情景角色。

4. 各组模拟实训。

5. 各组围绕实训组织讨论。

6. 评委点评。

第九章　商务谈判的成交与签约

学习目标

◆ 知识目标

1. 了解谈判结束的契机和谈判成交的方式。
2. 熟悉签约的仪式、程序以及签约仪式的礼仪。
3. 掌握商务合同的内容结构和写作要求。

◆ 技能目标

1. 能够辨识谈判成交的时机。
2. 懂得签约仪式的相关礼仪、程序并能运用到实际的商务谈判签约活动中。
3. 能运用商务合同的相关知识，正确处理有关商务合同的各项事宜。

核心概念

商务合同（business contract）；法人（legal person）；签约仪式（signing ceremony）。

案例导入

罚款计算方式条款的遗漏

中国 K 公司与日本 J 公司就电容器的生产技术转让和生产设备的供应进行了谈判。K 公司是买方，J 公司是卖方。

谈判内容涉及技术内容与水平，设备供应的规格与数量，培训与指导的人数、水平、时间，交易价格，交付与检验等方面的内容。从这些内容的性质看，需要技术、商务及法律专业人才参与谈判。J 公司谈判人员有 6 人，而 K 公司则有 10 多人，为了缩短谈判时间，双方协商将人员分成两个小组，分谈判技术问题与商务问题。技术组由双方专家参加，负责谈判技术转让的细节以及设备供应的清单商务组由双方的商务人员和法律人员参加，负责谈判合同文本及商务条件。

作为一条生产线的成套项目交易，客观上谈判量较大。技术组要核对每道工艺的技术内容与水平以及总体工艺水平，还要按工序核查配置的各种设备与装置。对于双方人员的派遣（实习与指导）也要细化条件。商务组要逐条谈判合同条款，咬文嚼字，非常耗时间，加之对技术、服务、设备各种价格的认定与彼此利益攸关，双方互不相让，使谈判量增大不少。

正是在这艰难而又繁杂的谈判中，商务组遇到了难题。在谈判技术保证时，K 公司要 J 公司对其提供的技术水平作出保证，J 公司表示可以。怎么保证法呢？J 公司提出若达不到要求可以罚。如何计算罚款呢？双方讨论良久。K 公司说，技术水平以合格率评价。J 公司说可以，但有的产品仅个别参数不合格，总体指标合格，对生产线合格率计算有一定的影响。于是双方又陷入了关于生产出的产品技术规格的达标水平与全线工艺水平的关系以及这个关系对全线合格率的影响计算的谈判。讨论引出了几种情况：全部技术指标均合格的产品计算出的全线合格率；全部指标合格的产品加主要指标合格的产品计算出的全线合格率；全部指标合格产品加主要指标合格的产品加主要指标误差在容许范围的产品计算出的全线合格率。K 公司认为不同状况下计算出的合格率差异反映的技术问题不同，处罚的力度也应不同。J 公司认为不必过于细分，K 公司自然不同意。那么采取哪种方式计算全线合格率呢？J 公司认为第一种式太严，K 公司认为第三种方式太松，双方只好采用第二种方式。怎么计算处罚数额呢？商务人员认为这应由技术专家去评价其影响度，于是同意由专家组来设计处罚的计算公式，并约定分别向双方专家交代此事。仅在合同相关条款中写入"处罚的具体计算见技术附件"，此议题在商务组就告一段落。

专家组把交易的内容分成几个技术附件，分别谈判，有的分歧较小，只是工作量大，双方人员需加班加点。关于检验部分，双方专家从技术角度认真讨论了具体的检验办法，也讨论了检验不成功时技术的补救办法。从习惯上看，处罚问题属商务谈判范畴；从印象上，他们知道商务组已谈判过处罚的问题，仅剩计算办法没确定。可单单一个计算办法在技术附件中放在哪里呢？从文体上看，有点儿问题。专家们认为：那先放一放，把别的问题都谈完后再说。历尽千辛万苦，好不容易把所有的技术附件谈完，专家们总算松了一口气，整个精神放松下来，记忆的弦也随之松弛，于是留待讨论的问题就这样给忘了。

合同执行过程中相安无事，直到全线验收。由于种种原因，验收并没有一次通过。加之小公司现场人员傲慢无礼，激怒了 K 公司现场人员，于是 K 公司决定引用处罚条款。在合同中找到"处罚的具体计算见技术附件"的约定，再顺其指示查阅技术附件，结果没查到。等技术组的主谈人员与商务组的主谈人员一会面，方知是当初遗漏了。处罚是 K 公司的权利，而如何罚就无法定依据了，需双方协商。此时，K 公司可以用处罚手段压 J 公司，但要实施就有难度了。双方只好坐下来分析问题原因，寻找解决办法，K 公司尽量以合同技术约定来压对方承担责任与费用。

案例来源：李晶. 商务谈判［M］. 苏州：苏州大学出版社，2019.

启示：

商务谈判不仅是一个讨价还价、共同让步、共同协商的过程，而且谈判的结果还要以合同的方式反映出来，以文字的形式明确双方或多方的责、权、利，继而对合同进行履行和管理。

第一节　商务谈判的成交

一、谈判结束的契机

经过较长时间的讨价还价，反复磋商，谈判的中心议题已经基本解决，这时谈判已经接近尾声，应设法尽快促成谈判，达成协议，取得圆满的谈判成功，以免节外生枝。商务谈判何时终结？是否已到终结的时机？这是商务谈判结束阶段极为重要的问题。谈判者必须正确判定谈判终结的时机，只有这样，才能运用好结束阶段的策略。

（一）从谈判涉及的交易条件判定

谈判的中心任务是交易条件的洽谈，在磋商阶段，双方进行多轮的讨价还价，可以通过对交易条件解决状况来分析判定整个谈判是否进入终结阶段。

1. 考察交易条件中尚余留的分歧

从数量上看，如果双方已达成一致的交易条件占据绝大多数，所剩的分歧数量仅占极小部分，就可以判定谈判已经进入终结阶段。因为量变会导致质变，当达成共识的问题数量已经大大超过分歧数量时，谈判的性质就已经从磋商阶段转变为终结阶段或是成交阶段了。从质量上看，如果交易条件中最关键、最重要的问题都已经达成一致，仅余留一些非实质性的、无关大局的分歧点，就可以判定谈判已进入终结阶段。谈判中关键性问题常常会起决定性作用，也常常需要耗费大量的时间和精力。谈判是否成功，主要看关键问题是否达成共识。如果仅仅在一些次要问题上达成共识，而关键问题还存在很大差距，是不能判定谈判进入了终结阶段的。

2. 考察对方是否达成己方的最低目标

最低目标是指己方可以接受的最低交易条件，是达成协议的下限。如果对方认同的交易条件高于己方下限，谈判自然进入终结阶段。因为已经出现高于双方最低限度的局面，只有紧紧抓住这个时机，继续努力维护或改善这种状态，才能实现谈判的成功。虽然己方还想继续争取到更好的交易条件，但是已经在前期取得的谈判成果无疑又是值得珍惜的。此时不可强求最佳成果而重新形成双方对立的局面，进而错失有利的时机。因此，谈判交易条件已达成己方的最低目标时，就意味着终结阶段的开始。

3. 考察双方在交易条件上是否具有一致性

如果谈判双方在交易条件上全部或基本达成一致，而且对个别问题如何作技术处理也达成了共识，就可以判定终结阶段的到来。首先，双方在交易条件上达成一致不仅指对价格已达成共识，而且包括对其他相关问题所持的观点、态度、做法、原则都达成共识。其次，双方也要认可个别问题的技术处理。因为个别问题的技术处理如果不恰当、不严密、有缺陷、有分歧，就会使谈判者在协议达成后提出异议，使谈判重燃战火，甚至使达成的协议被推翻，从而使劳动成果付诸东流。因此，在交易条件基本达成一致的基础上，个别问题的技术处理也达成一致意见时，才能判定谈判终结的到来。

(二) 从谈判的时间判定

谈判的过程必须在一定的时间内终结，当谈判时间即将结束，自然就进入终结阶段。受时间的影响，谈判者调整各自的战术方针，抓紧最后的时间做出有效的成果。时间谈判的判定有三种依据。

1. 双方约定的谈判时间

在谈判之初，双方一起确定整个谈判所需的时间，谈判进程完全按约定的时间安排，当谈判已接近规定的时间时，自然进入谈判终结阶段。双方约定谈判时间的长短要依据谈判规模大小、谈判内容多少、谈判所处的环境形势以及双方政治、经济、市场的需要和本企业利益。如果双方实力不是差距很大，利益差异不是很悬殊，双方有较好的合作意向并且能够紧密配合，就容易在约定的时间内达成协议，否则就比较困难。按约定时间终结谈判可促使双方提高工作效率，避免长时间地纠缠一些问题而争论不休。如果在约定时间内不能达成协议，一般也应该遵守约定的时间将谈判告一段落，或者另约时间继续谈判，也可宣布谈判破裂，双方再重新寻找新的合作伙伴。

2. 单方限定的谈判时间

由谈判一方限定谈判时间，随着时间的终结，谈判随之终结。在谈判中占有优势的一方，或是出于对己方利益的考虑需要在一定时间内结束谈判；或是还有其他可供选择的合作者，因此请求或通知对方在己方希望的时限内终结谈判。单方限定谈判时间无疑对被限定方具有某种约束，被限定方可以服从，也可以不服从，关键要看交易条件是否符合己方谈判目标，如果认为条件合适，又不希望失去这次交易机会，可以服从，但要防止对方以时间限定为由向己方提出不合理的要求。另外，也可利用对手对时间限定的重视性，向对方争取更优惠的条件，以对方的优惠条件来换取己方在时间限定上的配合。如果以限定谈判时间为手段向对方施加不合理要求，那么就会引起对方的不满抵触情绪，破坏平等合作的谈判气氛，从而造成谈判破裂。

3. 形势突变的谈判时间

本来双方已经约好谈判时间，但是在谈判进行过程中形势突然发生变化，如市场行情突变、外汇行情大起大落、公司内部发生重大事件等，谈判者就会突然改变原有计划，比如要求提前终结谈判。谈判的外部环境总是在不断发展变化，谈判进程不可能不受这些变化的影响。

(三) 言辞标志

当谈判一方想终结谈判时，他会以最少的言辞阐明自己的立场，表达希望终结谈判的意愿。例如，谈判者说："好，这就是我方最优惠的条件，现在就看贵方的态度了。"谈判者在此时提出的意见非常明确和完整，没有不明之处，没有新的议案和新的见解。从语调和姿态来看，谈判者完全是一种做最后决定的语调，并且坐直身体，文件也放在一边，目光坚定，回答问题也尽量地简短；向对方阐述目前的条件对双方是最有利的，并且再强调对对方有利的原因。

如果谈判中出现了以上谈判进入终局的标志，谈判者应该积极领会，抓住谈判终局中的有利时机，促进成交。

二、谈判结束的方式

在实际的商务活动中，并不是所有的商务谈判都是以签约或者成交来结束的，很多谈判会由于双方无法取得一致而暂时中止，甚至最终破裂。因此，谈判的结束方式有三种：成交、中止和破裂。

(一) 成交

成交就是谈判双方达成协议，交易得到实现。成交的前提是双方对交易条件经过多次磋商达成共识，对全部或绝大部分问题没有实质上的分歧，其内容主要有以下特征：第一，全部达成协议。第二，修改原谈判目标，就其一致的部分达成协议。例如，某数控机床包括五种产品的工艺诀窍，在谈判过程中总的技术费用谈判遇到困难，买方要求卖方将总的技术费分解到五种产品分项费用上，结果，买方据判断与卖方仅就三种产品的技术费用达成协议而成交，另两种产品放弃了，这就是全部与部分成交的终结谈判。但是，并不是所有的谈判都可以部分成交而终结谈判。

(二) 中止

中止是谈判双方因为某种原因未能达成全部或部分成交协议而由双方约定或单方要求暂时终结谈判的方式。因为是中止，所以在一段时间后，谈判还是有继续进行的可能，而且双方此前为谈判所做的努力以及谈判中止前所获得的成果还是基本能够得到保留的，这也为今后谈判的恢复提供了可能性。

1. 谈判中止的原因

导致中止的原因主要有三个方面。

(1) 谈判环境的变化。如果在谈判过程中，谈判的经济、政治或者法律环境发生变化，导致谈判的一些必要条件无法得到保证或者双方的谈判目标无法达成，那么谈判的进程一般会受到阻碍。如果这些变化对于谈判的影响足够大，谈判往往不得不中止，等待环境向有利于谈判的方向发展时再恢复。

(2) 谈判主体内部的变化。如果在谈判过程中，谈判的一方或双方企业内部发生了所有权或者高层人事变动，那么谈判往往会暂时中止，以考虑是否有更换谈判主体或者主要谈判者的必要，并且等待这种变化的效应不再影响谈判进程时恢复。

(3) 谈判双方的冲突或者僵局短期内无法解决。如果在谈判过程中谈判双方发生了比较激烈的冲突，短期内双方很难平静或者冲突带来的负面效应短期内很难消除时，一般建议先中止谈判，等到冲突的后果不再影响谈判进程时再恢复谈判。此外，如果谈判过程中产生的僵局长期无法打破，在短期内不会有打破的迹象，那么也应该暂时中止谈判，重新思考双方的利益分歧，寻求弥合的可能，并等待合适的机会恢复谈判。

除此以外，一些其他的原因也可能导致谈判的中止。例如，谈判者的变更等会导致谈判的中止。无论是哪一种原因导致的谈判中止，都只是谈判的暂时结束而不是永久结束，谈判还有恢复的可能。所以，谈判双方在谈判中止的时间内，不应该消极等待，而是理性分析谈判中止的原因，时刻观察环境的变化，并且寻求有效途径，使得谈判早日恢复。

2. 谈判中止的类型

谈判中止的两种类型：客观性谈判中止与主观性谈判中止。客观性谈判中止是指谈判各方在谈判过程中，由于阻碍谈判成功的客观原因，导致谈判不能达成协议而暂时中止谈判。主观性谈判中止是指谈判各方在谈判中由于意见分歧而暂时中断谈判。如果谈判出现了主观性谈判中止，应正确分析原因，根据己方的需要，采取措施，重新谈判。在谈判进入终结阶段，还应看到这是一个阶段，在这整个阶段中可能还有诸多问题要谈，每个谈判的问题均可能产生"中止"的现象，但这不是谈判的终结性标志。

（三）破裂

谈判破裂是因为谈判双方分歧严重而导致交易的失败。谈判破裂是商务谈判不可避免的现象。谈判破裂的前提是双方经过多次努力之后，没有任何磋商的余地，至少在谈判范围内的交易已无任何希望，谈判再进行下去已无任何意义。谈判破裂依据双方的态度可分为友好破裂结束谈判和对立破裂结束谈判。明智的谈判者在谈判破裂的情况下，均应争取友好破裂，避免对立破裂。友好破裂是指双方在体谅之中结束不成交的谈判，要求谈判手们能相互理解、立足长远，双方都本着尊重、客观、留有余地的态度。对立破裂是指谈判双方在一种不冷静的情绪中结束未达成一致的谈判。导致对立破裂的原因有：双方条件差距很大，互相指责对方；一方以高压方式强迫对手接受交易条件；对对方的态度、行为强烈不满，情绪激愤等。无论哪种原因，除非是谈判策略的运用，否则对立破裂对谈判的重建都是十分不利的，谈判中应尽量避免。

三、成交意向的判断与表达

（一）成交意向的判断

如果说成交行为是一种明示，那么对方的成交信号就是一种暗示，成交信号有可能在谈判过程中随时出现。那么，对方的成交意向是否很难把握呢？常见的成交信号的判断方法有以下几种：

1. 谈吐判断法

我们可以通过对手的言辞判断其成交的意向。常见的言辞信号包括：当对方过多谈论具体的问题，或者开始以价格为中心展开了谈话、提出关于交易物的具体要求，或是对产品价格、质量等方面仍有问题。那么此时，我们可以判断，对方是有可能希望成交的。

📖 **案例导读**

一位顾客在某电动车专卖店，就一台新款电动车向销售人员了解价格。

客户："这台电动车的蓄电池使用寿命是多久，保修期多长？"

销售人员："我们这款电动车的蓄电池是 GEL 型胶体电池，性能稳定、电池寿命长。如果按照我们的产品说明书使用得当，使用 3 年是没有问题的。而且我们店在规定保修期基础上为您延保一年。购买这种高品质、售后服务好的产品是您最明智的选择，如果您打算购买的话，我们马上就可以到仓库取货。"

　　案例来源：根据网络资料整理。

2. 表情判断法

对手的面部表情，或是其情绪，也利于我们作出判断。使用这种判断方法，要求谈判者掌握一定的心理学知识，遵循人的心理规律，深刻洞察对手的表情变化。在观察表情的同时，注意倾听，从对手的语言和文字中综合地进行判断。

3. 情势判断法

情势判断法要求我们能够对场上的谈判情形和局势做正确的评估和判断，不能被对方的假象所迷惑。当出现一些情形时，我们可以考虑将其看作成交的信号。比如对方开始索取产品的样本、估价单、比较交易条件时；或是谈判中对方不再接见其他公司的谈判人员，又或者对方主动向己方介绍其采购人员和其他人员时。使用情势判断法，我们应注意观察对方的言行，善于分析商务谈判的情景和谈判的气氛。

（二）成交意向的表达

当你对自己的选择感到十拿九稳时，可以向对方表达自己的成交意向。我们可以使用不同的方法表达己方的成交意向。常见的成交信号的表达方法有以下几种：

1. 明朗表达法

当你看出对方有意向，但对方可能未做决定，或是主要问题已经基本解决，绝大多数条件已经成熟，但对方尚有一些异议时，我们可以直截了当地用简练的语言表达己方的成交意向。成交时，我们要注意态度诚恳、自然、主动、不卑不亢，并针对对方的真实动机，提出对方的需求问题。

2. 含蓄表达法

有些时候，我们的谈判对手可能会比较"难缠"，他也许很精明、机警敏锐，或是刚愎自用，抑或是地位显赫，面对此类谈判对象，我们可以采用含蓄、委婉一些的语言或是行为来引导、提示对方，让对方接收到我们的成交信号。这种可用在我们对对方的意向拿捏不准，或是对方看起来没有交易热情的时候。我们要针对性地进行含蓄表达，从而创造有利的成交气氛。需要注意的是，含蓄表达法并不适用于特别迟钝或特别敏感的对手。

3. 暗示表达法

暗示表达法可以不显山、不露水，用语言、行为的暗示，引导顾客进入成交后的场景，婉转地让顾客知晓我们成交的意愿。请大家来感受一下这几句话："上次那家工厂没有立刻和我们签约，结果不到一个星期就又回来找我们了，说选了半天还是得我们家的设备最好。""这款设备到您工厂后，你们的生产效率肯定领先同行一大截。不过请一定记得要定期保养，这样可以保证设备的轴承不容易断裂。如果使用过程出现了什么问题，可以随时给我们的售后打电话或是直接找我。"这几句话中，卖方假定了成交后带来的好处，假定了所有问题都已经解决，或是向对方说明不成交带来的损失。

四、谈判终结前应注意的问题

(一)　回顾总结前阶段的谈判

在交易达成前,应进行最后的回顾和总结。其主要内容有以下几点:

(1) 是否所有的内容都已谈妥,是否还有一些未能解决的问题,以及对这些问题的最后处理方案。

(2) 所有交易条件的谈判结果是否已经达到己方期望的交易结果或谈判目标。

(3) 最后让步的项目和幅度。

(4) 采用何种特殊的结尾技巧。

(5) 着手安排交易记录事宜。

回顾的时间和形式取决于谈判的规模。它可以安排在谈判结束后的休息时间里,也可安排在一个正式会议上。谈判者在对谈判的基本内容回顾总结之后就要对全面交易条件进行最后确定,双方都需要做最终的报价和最后的让步。

(二)　最终报价及最后让步

最终报价时,谈判者要非常谨慎。因为报价过早会被对方认为还有可能做出让步,因而对方会继续等待再获取利益的机会;报价过晚对局面已不起作用或影响太小。为了选好时机最好把最后的让步分成两步走:主要让步在最后期限之前提出,刚好给对方留下一定的时间回顾和考虑;如果有必要的话,次要让步应作为最后的甜头,安排在最后时刻做出。

在商务谈判中应严格把握最后让步的幅度。最后让步幅度的大小成为预示最后成交的标志。在决定最后让步幅度时,主要看对方接受让步的这个人在其组织中的级别。合适的让步幅度是:对职位较高的人作出的让步刚好能满足他维护其地位和尊严的需要;对职位较低的人,以使对方的上司不至于指责他未能坚持为度。最后的让步与要求同时存在。除非己方的让步是全面接受对方的最后要求,否则必须让对方知道,不管己方在做出最后让步之前,还是在做出最后让步的过程中,都希望对方予以响应,作出相应的让步。谈判者向对方发出这种信号的方法是:谈判者做出让步时,可示意对方这是他本人的意思,这个让步很可能使自己受到上级的批评,所以要求对方予以相应的回报;不直接给予让步,而是指出虽然他愿意这样做,但要以对方的让步作为交换。

(三)　谈判记录及整理

在谈判中,双方一般都要做洽谈记录。重要的内容要点应交换整理成简报或纪要,向双方公布,这样可以确保协议不致以后被撕毁。因为,这种文件具有一定的法律效力,在以后可能发生的纠纷中尤为重要。在一项长期而复杂、有时甚至要延伸到若干次会议的大型谈判中,每当一个问题谈妥之时,都需要通读双方的记录,查对是否一致,不应存在任何含糊不清的地方,这在激烈的谈判中尤为重要。

一般谈判者都会争取自己一方做记录,因为谁保存记录,谁就掌握一定的主动权。如果对方向己方出示其会谈记录,那就必须认真检查、核实。在签约前,谈判者必须对双方的谈判记录进行核实。一是核实双方的洽谈记录是否一致，二是要查对双方洽谈记录的重点是否突出、正确。检查之后的记录是起草书面协议的主要依据。

五、谈判结束阶段策略

（一）暗示对方

在谈判即将结束的时候，抓住最佳时机向对方发出信号，暗示对方尽快结束谈判。常见的谈判成交暗示信号主要有以下几种：

（1）一再向对方保证，现在结束是对对方最有利的，并告诉对方一些理由。

（2）谈判人员在阐明自己的立场时，应挺直腰背，双臂交叉，文件放在一起，两眼盯着对方，不卑不亢，态度坦然。

（3）回答对方的任何问题时应尽可能简单，常常只回答一个"是"或"否"，使用短语，很少谈论据，表明确实没有折中的余地。

（4）谈判人员用最少的言辞阐明自己的立场，话语中表达出一定的承诺，而且没有讹诈的成分。如"好了，这就是我最后的主张，现在就看你的了"。

（二）场外交易

场外交易策略是指当谈判进入结束阶段，双方将最后遗留的个别问题的分歧意见放下，东道主安排一些旅游、酒宴、娱乐项目，以缓解谈判气氛，争取达成协议的做法。在谈判后期，如果仍然把个别分歧问题摆到谈判桌上来商讨，往往难以达成协议，原因有三点。

（1）经过长时间的谈判，人们已感到很厌烦，继续严肃地谈下去不仅影响谈判人员的情绪，而且还会影响谈判协商的结果。

（2）谈判桌上紧张、激烈、对立的气氛及情绪迫使谈判人员自然地去争取对方的让步，首先作出让步的一方会认为让步使其丢了面子，且可能会被对方视为已投降或战败。

（3）即使某一方主谈人或领导人头脑很清楚且冷静，认为做出适当的让步以求尽快达成协议是符合己方利益的，但因同伴态度坚决、情绪激昂而难以当场做出让步的决定。场外轻松、友好、融洽的气氛和情绪则很容易缓和双方剑拔弩张的紧张局面，轻松自在地谈论自己感兴趣的话题、交流私人感情，从而有助于化解谈判桌上遗留的问题，双方往往也会最大限度地相互做出让步而促成协议。

🔲 案例导读

在某项重大的技术改造项目中，我方有部分工程项目初步确定与 A 国和 B 国合作。当我方认为应当结束实质性谈判时，A 国和 B 国的外商在工程的总造价上坚决不让步。于是，我方经过反复商议，决定到中国香港考察由 C 国负责的香港同类工程。中国香港的这个工程是目前世界上经营得最成功的。由于我方决定去香港考察，而 C 国方面又对我方表现出相当的热情与兴趣，因此一直关注这一切的 A 国和 B 国终于按捺不住了，预感到如再不做出最后让步就要失去这个项目了。于是，A 国负责这个项目的总经理先是打电话给我方要求安排会谈，而后又带了三个人赶到中国香港欲和我们接触；而 B 国公司也派了两个人紧急来港，并一再要求会见我方代表，我方则多次以日程安排得紧张为由予以婉拒。最后，我方代表在离港前才在机场大厅单独与 A 方代表会见。A 国和 B 国唯恐项目被 C 国抢去，很快主动提出以优惠条件签约。

　　案例来源：彭庆武. 商务谈判［M］. 大连：东北财经大学出版社，2008.

第二节　商务谈判的签约

　　商务谈判的签约是谈判双方将达成的目标、条件和意见，以契约（合同、协议书）的方式肯定下来，经双方签字后成为具有法律效力的谈判文件的过程。商务谈判中，在谈判成交之后，会举办签约仪式，在签约仪式上对商务谈判合同进行最终签署，完成签约后，便是对商务合同的履行。

一、签约的仪式

　　签字仪式的规模应根据其合同的分量和影响来安排。普通合同的签订，仪式相对简单，只需要谈判负责人或主谈人与对方签字即可，地点可选在谈判处或举行宴会的饭店。重大合同的签订，则多由领导出面签字，仪式相对隆重，主办方应安排好签字仪式，仪式繁简取决于双方的态度，有时需专设签字桌，安排高级领导，会见对方代表团成员，请新闻界人士参加等。国际商务谈判的签字活动，若有使、领馆的代表参加，联系工作最好由外事部门经办；如果自己与有关使、领馆人员熟悉，也可以直接联系，但亦应向外事部门汇报请求指导，这样做既不失礼，又便于顺利开展工作。

（一）签约人与参加人

　　签约人通常由谈判各方商议确定，但各方签约人的身份应大体相等，所以有时主谈人不一定就是签约人，所以要注意确定比较合适的签字人。在商务谈判中合同一般应由企业法人签字，政府部门代表不宜签字，若合同需由企业所在国政府承诺时，其外贸合同同时加拟一份"协议"或"协定书""备忘录"，由双方政府部门代表签字，该文件是合同不可分割的一部分。国内商务谈判中如有涉及政府部门的担保或其他关系时，也可以参照此法。

　　在目前的商务活动中，协议签字人的身份一般分为下列四种情况：

　　（1）成交金额不大，内容一般的合同由业务员和部门经理签字。

　　（2）成交金额较大，但内容一般的合同由部门经理签字。

　　（3）成交金额大，而且内容又很重要的合同由公司总经理或法人代表签字。

　　（4）涉及政府政策，或涉及面较广的合同，由政府代表、企业代表共同签字。

　　签约人的选择主要出于对合同履行的保证。复杂的合同涉及面广，有了上级有关政府部门的参与后，执行中若产生问题容易协调，对合同的顺利执行有所保证。另外，有的地区和国家的厂商习惯在签约前，让签约人出示授权书，授权书由其所属企业的最高领导人签发，若签字人就是企业的最高领导，可以不要授权书，但是要以某种方式证实其身份。

（二）签约仪式的准备

1. 代签合同正副文本的准备

谈判结束后，双方应组织专业人员按谈判达成的协议做好文本的定稿、翻译、印刷、校对、装订等工作。东道主应为文本准备提供方便。虽然在谈判过程中，双方都会对达成的交易做记录，但难免存在前后不一致或出现纰漏的情况。因此在拟订合同条款后，双方务必要对最终的条款进行细致的审核。若在审核中发现问题，应及时互相通告，调整签约时间，双方互相谅解，不至于因此而造成不必要的误会。

2. 签字场所的选择

场所的选择一般视参加签字仪式的人员规格、人数多少及协议内容的重要程度等因素来确定。一般可选择在客人所住宾馆或东道主的会客厅、洽谈室内。有时为了扩大影响，也可选择在某些新闻发布中心或著名会议、会客场所举行，并邀请新闻媒体进行采访。无论选择在什么地方，都应征得对方的同意。

3. 签字场所的布置

我国及多数国家举行的签字仪式，通常是在签字厅内设置一张长方形桌作为签字桌，桌面上覆盖深色台布，桌后放置两把座椅，供双方签字人就座，主左客右，座前桌上摆放由各方保存的文本，文本前分别放置签字用的文具，签字桌中间摆一旗架，悬挂双方的国旗。如果双方同是国内企业，则分别摆放座签，并写上企业名称，旗架或座签的摆设方向与座位方向一致。签字场所的布置一般由东道主进行安排。

4. 座次排列

签约仪式中，作为排序基本有以下三种方式：

（1）并列式。签字桌在室内面门横放，双方出席仪式的全体人员在签字桌之后并排，双方签字人员居中面门而坐，客方居右，主办方居左。

（2）相对式。与并列式签约仪式的排座基本相同，但相对式排座将双方参加签约仪式的随员席移至签字人的对面。

（3）主席式。签字桌仍须在室内横放，签字席仍须设在桌后面对正门，但只设一个，并且不固定其就座者。举行仪式时，所有各方人员，包括签字人在内，皆应背对正门、面向签字席就座。签字时，各方签字人应以规定的先后顺序依次走上签字席就座签字，然后应立即退回原处就座。适用于多边签约仪式。

二、签字仪式的程序

双方参加签约仪式的人员进入签字厅后，签约人入座，其他人员分主方和客方按照身份顺序排列于各方的签字人员座位之后。双方的助签人员分别站立在各自签约人员的外侧，协助翻揭文本及指明签字处。

各国的签约程序大同小异，通常采用的是"轮换制"，具体做法是：首先签署应由己方所保存的文本，然后再签署应由他方所保存的文本。依照礼仪规范，每一位签字人在签完本国/本企业保存的文本后，由助签人员互相传递文本，再在对方保存的文本上签字，然后由双方签约人交换文本，相互握手。

当签约仪式结束后，应让双方最高领导及宾客先退场，然后东道主再退场。另外，一般情况下，商务合同在正式签约后，必须提交，有关机构进行公证，公证之后才正式生效。有时签约后，备有香槟酒，共同举杯庆贺。

三、签字仪式的礼仪

签约现场是庄严肃穆的，在整个签约过程中，不能在仪式过程中进行交头接耳、高声喧哗，手机也必须关机或设置为静音模式。所有参与签约仪式的人着装也必须庄重严肃。在出席签字仪式时，签字人应当穿着具有礼服性质的深色西装或西装套裙，应配以白色衬衫和深色皮鞋。

在签字仪式上的礼仪人员可以穿自己的工作制服或旗袍等类礼仪性服装。签约过程中，应当着对方主谈人的上司或其同事的面称赞其才干。这样能减少对方因为收获少而导致的心理失衡，使对方逐渐由不满意转为满意。

四、签约应注意的事项

（1）当签约的对方提出签约仪式要求时，己方应尽力配合，不要为签约仪式产生误会或不快。

（2）重大合同签约仪式参加人员较多时，要注意安全。如入场凭证、交通的调度、安全警卫均要照顾周到。

（3）涉外合同的签字，最好事先带上外交翻译。

（4）签约人员要有时间观念，切忌签约时迟到。

第三节　商务合同的签订

一、商务合同的概念与特征

（一）商务合同的概念

合同即通常所说的契约。合同不同于协议，协议一般笼统和更原则些，合同则较具体和详细。换言之，合同是当事人之间确立、变更、终止民事权利义务关系的协议。

商务合同是指缔约当事人在商务活动中为了实现一定经济目的，在自愿、互利的基础上，经过协商一致，确定双方权利和义务关系的一种协议。商务活动双方当事人就商务合同的内容经过协商达成一致，商务合同即告成立。谈判的合同在签署之前，应对其合法性进行审核。合同是当事人意思表示一致的结果，是合法的民事行为，合同依法成立，就具有法律约束力。

（二）合同的基本特征

（1）内容必须真实。即合同的内容必须真实地反映谈判过程中所达成的各相关原始协议，合同内容如有疏漏或分歧，必须坚持双方补正或取得共识，任何一方不得单方面在合同中反映个人意愿。因此，合同不管由谁起草，或共同起草，都应实事求是、真实地反映双方意愿，不可疏忽大意，更不能掺杂施假。

（2）文字表达必须规范。合同的文字不能像口头语那样即兴、随机而言，书面合同的文字表达，应当把双方口语化的意思表达用规范性的条文确定下来，使谈判的含义明确、具体，便于实际操作和履行。

（3）合同合法有效。合法性是合同的生命，合同要特别重视将谈判的内容，按照法律要求，整理、加工成为符合法律要求的生效文件。谈判者在书写合同时，不仅要使内容合法，而且要在形式上符合法律规定，注意：①正式合同要有双方谈判代表签字，法人作为合同当事人的要加盖公章。②合同有附件的，应注明是合同的有效部分，具有与合同正文同等的法律效力。③书面合同必须清楚、整洁，不得随意涂改或模糊不清等。

（4）合同的语言文字必须严密、准确。合同的语言必须严密、准确，意思表达清晰、明朗，且前后一致；合同用语不能笼统，要具体、写细、写透，但行文要精练、明白易懂。

（5）反映专业特点。合同要体现不同专业领域的特点、习惯和要求，合同不能不加鉴别地套用统一格式，搞得不伦不类，使合同难以发挥规范当事人之间权利与义务关系的作用。

🖿 案例导读

购房之合同陷阱

近年来，"购房热"使商品房买卖合同纠纷也跟着火了起来。而万科作为最大的房地产公司之一，也难以避免这种纠纷的发生。

2010年，万科公司在其开发的"万科悦府"别墅楼盘销售宣传册中写明每套别墅都"并排规划了有双泊车位的车库以方便停车，该车库远高于市场现有车库空高，以高扬的气派作为尊崇生活的开场"。万科公司高调宣扬的双泊车位设计正好符合大多数购房者的选购条件。当时楼盘尚在建设中，购房者李先生被万科公司的广告深深吸引了，同时他根据房屋销售人员的介绍、书面的宣传资料及户型展示模型等信息购买了一套房屋，并一股脑地交付了押金。

2014年，购房者李先生看到成品房后，发现实物并不如广告上宣传的那样，与销售人员当时说的一系列条件也大相径庭。于是李先生找到万科销售人员，但与万科公司进行多次沟通未果，便将万科公司告上法庭。万科公司方面声称自己并没有违反合同，并指出合同附件5补充协议第23条规定："甲乙双方均同意合同及其附件所约定的内容为确定双方权利与义务之最终有效依据；双方在交易过程中口头表达的意向和信息并不构成合同的内容，双方也不受其约束；甲方在商品房宣传资料、销售手册、楼盘模型、广告、样板房及其他与该商品有关的资料中的内容仅作为参考，不构成合同要约，即甲方的宣传资料、售楼书、广告宣传的内容在合同中已作另外约定的，以合同约定为准。"法院在调解未果的情况下，只能以事实为依据，以法律为准绳，判决驳回原告李先生的诉讼请求。

案例来源：田晖. 商务谈判与礼仪［M］. 北京：清华大学出版社，2021.

启示：

谈判人员在自身遵守契约精神的前提下，不可轻信对方的口头承诺，一定要具有高度的法治意识，在涉及切身利益的事项上要运用法律手段建立契约关系，在缔约前要将涉及己方利益的所有具体问题和承诺写进合同中，在履约阶段以合同为依据、以法律为准绳。

二、商务合同的种类

商务合同是一种经济法律行为，一方面规定了当事人可以依法享有合同中的权利，另一方面也规定了当事人应该履行的义务和责任。因此，任何一方不履行合同，都要承担法律上的经济责任。

（一）按照形式分

我国的各类公司和个人的商务谈判合同必须采用书面形式，其作用在于，可以在双方发生争议时起到证明作用。因此，参加谈判的业务人员必须具备起草合同的知识和技能。

常见的书面合同，按照形式可以分为以下几类：

1. 正式合同

正式合同也称全式合同，一般有一定的具体格式。正式合同条款较多，内容全面、完整，并且对交易双方的权利、义务以及出现争议后的解决方案都有明确的规定，买卖双方只要按谈好的交易条件逐项填写，经双方签署后即可。卖方制作的称为销售合同，买方制作的称为购货合同。书面合同的正本通常为一式两份，签署后双方各保留一份，作为履约和处理争议的依据有时需要三份正本。

2. 成交确认书

成交确认书也称简式合同，如销售确认书或订单，内容比较简单。通过往来函电或口头谈判的交易成交后，一方可寄给对方成交确认书，列明达成交易的条件，作为书面证明。卖方制作的称为销售确认书，买方制作的称为购货确认书或订单。正本一式两份（或三份），发出的一方填制并盖章（签字）后寄给对方，经对方签字确认后保存一份，并将另一份（或两份）寄回，实际操作中可以用传真传过去，签字（盖章）后再传回来。

3. 协议

协议在法律上是合同的同义词。如果合同冠以协议或协议书的名称，只要它的内容对买卖双方的权利和义务已做了明确、具体的规定，它就与合同一样对买卖双方都有约束力。

4. 备忘录

备忘录是进行交易磋商时用来记录磋商内容、以备今后核查的文件，它也是书面合同的形式之一。如果双方当事人经过磋商，对某些事项达成一致或一定程度的理解，并冠以备忘录的名称记录下来，它在法律上不具有约束力。如果双方当事人把磋商的交易条件完备、明确、具体地记入备忘录，并经双方签字，那么这种备忘录的性质和作用就与合同无异，在法律上具有约束力。

（二）按贸易方式的性质和内容的不同分

按贸易方式的性质和内容的不同可将合同分类。

1. 销售或购货合同

这类合同俗称买卖合同。由生产国直接出口，消费国直接进口，单进单出逐笔成交的贸易方式称逐笔售定。在进行这种贸易时，原则上应订立书面合同，明确规定各项条款。

2. 技术转让合同

以引进专利或转让专利申请权、专有技术和秘密、商标和许可证等为对象的贸易，其使用的合同有技术转让、技术咨询服务和许可证贸易合同。这类合同内容繁琐，专业性强，涉及面广，有效期限较长。

3. 合资或合营合同

投资当事人按一定的法律和法规建立的合资经营企业、合作经营企业、合作开采自然资源，其特点是共同投资、共同经营、共同管理、合作开采、共负盈亏、共担风险。这类贸易方式的合同内容复杂，涉及诸方面的法律，如合资经营企业法律、法规，并涉及土地、资源、工业、设施、税收、外汇、技术引进、专利转让、许可证、劳动等的法令和政策。

4. 补偿贸易合同

国际贸易中一方从另一方引进设备、技术或原料，不支付现汇，而是在约定期限内以引进设备制造的产品或企业所获利益予以补偿，称补偿贸易方式。这种贸易方式所适用的合同有易货（两国间不使用货币的商品交换，其特点是进口和出口相结合，换货的总金额相等，不需用外汇支付，现代国际贸易中已很少使用）和补偿贸易合同。

5. 国际工程承包合同

一般来说，按事先规定的章程和交易条件采用公开竞争的方式——招标——进行交易，称公开竞争贸易方式。这种贸易方式所使用的合同有招标合同和商品交易所成交合同。中标后，签订国际承包合同。由于这类合同的国际性，其内容十分复杂，技术性强，风险又大，承包商和业主（发包人）要遵循不同国家的法律、法规和政策，在操作过程中务必十分谨慎。

6. 代理协议

国际贸易中利用中间商搜集信息、刊登广告、寻求客户、招揽订单、推销产品、开拓市场，或开展售后服务，中间商收取佣金的方式称为居间贸易方式。这种贸易方式所适用的契约有经销、寄售、代理等。代理在法律上指一人授权另一人代理行动的关系。前者叫委托人，后者叫代理人。两者签订的代理协议应从法律上明确各自的权利和义务。

7. 来料加工合同

承揽贸易方式是指来料加工、来件装配、来样加工装配，亦称加工贸易。这种承揽贸易方式所适用的契约有来料装配合同和来料加工合同。

8. 多种贸易方式相结合的合同

经济全球化是信息技术和知识经济发展的必然结果。伴随着经济全球化的澎湃浪潮，跨国公司迅速发展，国际资本流动规模空前，金融全球化的进程明显加快，在这种新的形势下，国际合作项目越来越多，传统的贸易方式已远不能满足多方合作的需要，故在国际间普遍采用多种贸易方式相结合的方式进行合作。因而，如何综合应用多种贸易方式是当前非常迫切需要研究的课题。例如，利用国际投资、信贷、租赁，来引进技术，进口设备，或进件装配、产品返销、偿还贷款这类多种经济合作方式。这些贸易方式相结合的合同应包括：涉外信贷合同、国际 BOT 投资合同、国际租赁合同。

三、商务合同的内容

（一）商务合同的内容

商务合同的种类很多，内容也有很大的差别，但是，在任何商务合同中，以下内容都是不可缺少的，主要有：

（1）合同当事人的名称或姓名、国籍、主营业所或住所。本条款的作用在于明确合同中享有权利和义务的法律主体，即履行合同的责任者。

（2）合同签订的日期、地点。合同签订的日期涉及合同生效的问题，表示合同发生效力的时间，双方在合同上签字即告生效；合同签订的地点与适用法律有关，当某个合同没有规定选择适用的法律时，一旦发生争论，一般适用合同缔结的法律。因此，我国企业与外商订立合同时，应尽力争取在我国境内订立。

（3）合同的类型和合同标的的种类与范围。"标的"是指合同当事人双方权利和义务共同指向的对象。

（4）合同标的的技术条件、质量、数量、标准、规格。由于"标准"有许多种，如国标、行标、企标等，所以，要明确以哪个国家的标准为准，注明该标准的颁布年代和版本。

（5）合同履行的期限、地点和方式。合同的期限，是指合同双方当事人实现权利和履行义务的时间限制；合同履行的地点，是指合同双方当事人在什么地点履行各自的义务；合同履行的方式，是指合同双方当事人以什么样的方式去履行各自的义务和责任。

（6）价格条款、支付金额、支付方式和各种附带费用。价格条款不仅涉及标的的价格，而且还涉及与标的有关的双方的责任、风险划分等问题；支付方式涉及能否安全、迅速、完整地实现合同双方当事人的经济利益。

（7）合同的转让、变更、解除或终止。合同转让既关系到当事人双方的权利和义务，又关系到第三者的权利和义务，所以合同能否转让、转让的条件必须在合同中订明；合同的变更、解除或终止是维护合同当事人在特定情况下权益的重要手段。

（8）违反合同的赔偿和其他责任。

（9）合同发生争议时的解决办法与法律适用。

（10）合同使用的文字及其效力。在国际商务活动中，用什么文字作为合同的表述很有讲究，因为各国语言不同，对某一问题或概念的表述有时很难一致。因此，按照国际惯例，合同文字应当使用双方当事人的法定文字，并且两种文本具有同等效力，当两种文本在解释上有不一致时，应以当地一方或东道国语的文本为准。

（二）商务合同的构成

商务谈判合同的构成一般包括约首、正文、约尾和附件四个部分。

1. 约首

约首就是合同的序言，应包括协议的名称、签订协议双方名称或姓名，订立合同的目的与合同性质类别，签订合同的日期与地点，合同的成立、生效以及合同中有关词语的定义与解释等。这一部分是正文的基础和前提。

2. 正文

正文是表述协议的重要条件和实质性内容，是商务合同的核心。它表述合同的实质性内容与之有关的重要条件，明确记载签约各方的权利和义务。由于正文是反映各方交易条件和规定各方权利和义务的部分，所以它是合同最重要的部分。正文内容通常包括合同目标和范围、数量与质量及其规定、价格与支付条款及相应条件，以及违约责任、不可抗力等的规定。正文部分是合同的关键构成部分，书写时应准确、具体、严谨。

3. 约尾

约尾是合同的结束部分，内容包括合同文本的份数、合同的有效期限、通信地址、合同的签署与批准等。若合同有附件，还应有关于附件的说明。若为涉外合同，还应包括合同使用的文字及其效力的说明和规定。

4. 附件

附件是对合同有关条款作进一步的解释与规范，对有关技术问题作详细阐述与规定，对有关标的操作性细则作说明与安排的部分。附件是合同不可分割的重要组成部分，与合同正文具有同等的法律效力。

四、商务合同的签订

在签约完成之后，双方都应按照约定履行商务合同。商务合同的履行，是指商务合同生效后，当事人按照商务合同的规定，全面完成各自承担的义务。商务合同的履行是商务合同法律约束力的具体表现，当事人应当按照约定全面履行自己的义务。

在合同履行时应注意：（1）要注意时效性，防止和规避违约。（2）合同生效，及时交合同管理与履行部门执行。（3）加强验收手续。无论是货、服务均应有书面验收资料。合同依法成立即具有法律的约束力，应严格履行合同条款。

但有时候，在合同的履行过程之中，由于一方或者多方的原因，或是不可抗力的因素，会发生条款甚至条款之间关系方面的争论，这就是合同纠纷。处理合同纠纷时，我们一般通过以下几个途径：

1. 协商处理

协商处理是解决合同纠纷的一种有效方式，指争议发生后，由争议双方自行磋商，各方都作出一定让步，在各方都认为可以接受的基础上达成谅解，以求得到问题圆满解决。使用这种纠纷处理的方式，可使双方气氛较好，不用第三者介入。争议如能解决，可不经仲裁或司法诉讼，省时省力。

2. 调解处理

调解处理也时常被人们用于化解矛盾、处理纠纷，是指当纠纷发生后，由第三者从中调停，促进双方当事人和解，化解矛盾求得合同纠纷解决。调解作为一种由第三者进行说服的调停工作，目的是希望双方互谅互让，平息争端，自愿让步达成协议。

3. 仲裁处理

仲裁，又称公断。合同当事人的任何一方，对合同的纠纷均可请求裁定，由仲裁机关作出裁决，即称仲裁。但前提是合同中有仲裁条款或事后达成书面仲裁协议。仲裁具有行政和司法的双重性质。

4. 诉讼处理

诉讼则是当出现合同纠纷时，当事人中的任何一方均可向法院提起诉讼，通过司法手段解决争端。

案例实践

究竟谁违约

A 建筑公司与 B 采沙厂双方代表在多次的商务谈判后，达成合作协议，由 B 采沙厂为 A 建筑公司提供 1000 车沙石，双方为此签订了合同。其中合同规定"由 B 采沙厂负责找车将沙石运送到 A 建筑公司的工地，沙石和运费为每车 800 元"。B 采沙厂最开始用装载量为 114 吨的货车为 A 建筑公司运沙石，运送一段时间后，重新拿合同看了看，决定用 80 吨车为 A 建筑公司运送沙石。A 建筑公司发现装载量少了之后，认为 B 采沙厂违约，拒不支付费用。B 采沙厂称自己是完全按合同履行。

案例来源：根据网络资料整理。

思考：

究竟谁违约，问题出在哪里？

本 章 小 结

谈判者必须正确判定谈判终结的时机，可以从谈判涉及的交易条件判定、从谈判的时间判定、言辞标志三个方面进行判定。谈判的结束方式有成交、中止和破裂三种。

常见的成交信号的判断方法有谈吐判断法、表情判断法和情势判断法。当你对自己的选择感到十拿九稳时，可以向对方表达自己的成交意向。我们可以使用不同的方法表达己方的成交意向。常见的成交信号的表达方法有明朗表达法、含蓄表达法、暗示表达法。

商务谈判的签约是谈判双方将达成的目标、条件和意见，以契约（合同、协议书）的方式肯定下来，经双方签字后成为具有法律效力的谈判文件的过程。签约人通常由谈判各方商议确定，但各方签约人的身份应大体相等，所以有时主谈人不一定就是签约人，所以要注意确定比较合适的签字人。同时要注意签约仪式的准备、程序和礼仪。

商务合同是指缔约当事人在商务活动中为了实现一定经济目的，在自愿、互利的基础上，经过协商一致，确定双方权利和义务关系的一种协议。常见的书面合同，按照形式可以分为正式合同、成交确认书、协议、备忘录。按贸易方式的性质和内容的不同可分为销售或购货合同、技术转让合同、合资或合营合同、补偿贸易合同、国际工程承包合同、代理协议、来料加工合同、多种贸易方式相结合的合同。商务谈判合同的构成一般包括约首、正文、约尾和附件四个部分。在签约完成之后,双方都应按照约定履行商务合同。商务合同的履行,是指商务合同生效后,当事人按照商务合同的规定,全面完成各自承担的义务。

◎ **思考题**

1. 如何把握谈判结束的时机?
2. 如何布置签约现场?
4. 撰写一份商务合同。

◎ **课后案例**

中日索赔谈判中的议价沟通与说服

我国从日本 S 汽车公司进口大批 FP-148 货车,使用时普遍发生了严重的质量问题,致使我国蒙受巨大经济损失。为此,我国向日方提出索赔,谈判一开始,中方简明扼要地介绍了 FP-148 货车在中国各地的损坏情况以及用户对此的反映。

中方在此虽然只字未提索赔问题,但已为索赔说明了理由和事实根据,展示了中方的谈判气势,恰到好处地拉开了谈判的序幕。

日方对中方的这一招早有预料,因为货车的质量问题是一个无法回避的事实,日方无心在这一不利的问题上纠缠。日方为避免劣势,便不动声色地说:"是的,有的车子轮胎炸裂、挡风玻璃炸碎、电路有故障,有的车架偶有裂纹。"

中方觉察到对方的用意,便反驳道:"贵公司代表都到现场看过,经商检和专家小组鉴定,铆钉非属震断,而是剪断,车架出现的不仅仅是裂纹,而是裂缝、断裂!而车架断裂不能用'有的或偶有,最好还是用比例数据表达,更科学、更准确……'"

日方淡然一笑说:"请原谅,此数据尚未准确统计。"

"那么对货车质量问题负责公司能否取得一致意见?"中方对这一关键问题紧追不舍。

"中国的道路是有问题的。"日方转了话题,答非所问。

中方立即反驳:"诸位已去过现场,这种说法是缺乏事实根据的。"

"当然,我们对贵国实际情况考虑不够……"

"不,在设计时就应该考虑到中国的实际情况,因为这批车是专门为中国生产的。"中方步步紧逼,日方步步为营,谈判气氛渐趋紧张。

中日双方在谈判开始不久,就在如何认定货车质量问题上陷入僵局。日方坚持说中方有意夸大货车的质量问题:"货车质量的问题不至于到如此严重的程度吧?这对我们公司来说,是从未发生过的,也是不可理解的。"

此时，中方觉得该是举证的时候，便将有关材料向对方一推说："这里有商检、公证机关的公证结论，还有商检拍摄的录像。如果……"

"不！不！对商检公证机关的结论，我们是相信的，我们是说贵国是否能够做出适当让步。否则，我们无法向公司交代。"日方在中方所提质量问题的攻势下，及时调整了谈判方案，采用以柔克刚的手法，向对方踢皮球。但不管怎么说，日方在质量问题上设下的防线已被攻克了，这就为中方进一步提出索赔价格要求打开了缺口。

随后，双方在 FP-148 货车损坏归属问题上取得了一致的意见。日方一位部长不得不承认，这属于设计和制作上的质量问题。

初战告捷，但是我方代表意识到更艰巨的较量还在后头。索赔金额的谈判才是根本性的。随即，双方谈判的问题升级到索赔的具体金额上——报价、还价、提价、压价、比价，一场毅力和技巧较量的谈判竞争展开了。

中方主谈代表擅长经济管理和统计，精通测算。他翻阅了许多国内外的有关资料，甚至在技术业务谈判中，他也不凭大概和想当然，认为只有事实和科学的数据才能服人。此刻，在他的纸上，在大大小小的索赔项目旁，写满了密密麻麻的阿拉伯数字。这就是技术业务谈判，不能凭大概，只能依靠科学准确地计算。

根据多年的经验，他不紧不慢地提出："贵公司对每辆车支付加工费是多少？这项总计又是多少？"

"每辆车 10 万日元，共计 5.84 亿日元。"日方接着反问道："贵国报价是多少？"

中方立即回答："每辆 16 万日元，此项共计 9.5 亿日元。"

精明能干的日方主人淡然一笑，与其副手耳语了一阵，问："贵国报价的依据是什么？"

中方主谈人将车辆损坏后各部件需如何修理、加工、花费多少工时等逐一报价。"我们提出的这笔加工费并不高。"接着中方代表又用了欲擒故纵的一招："如果贵公司感到不合算，派人维修也可以。但这样一来，贵公司的耗费恐怕是这个数字的好几倍。"这一招很奏效，顿时把对方镇住了。

日方为中方如此精确的计算所折服，自知理亏，转而以恳切的态度征询："贵国能否再压低一点？"此刻，中方意识到，就具体条目的实质性讨价还价开始了。

中方答道："为了表示我们的诚意，可以考虑贵方的要求，那么，贵公司每辆出价多少呢？"

"12 万日元。"日方回答。

"13.4 万日元怎么样？"中方问。

"可以接受。"日方深知，中方在这一问题上已作出了让步。于是双方很快就此项索赔达成了协议。日方在此项目费用上共支付 7.76 亿日元。

案例来源：秦勇，张黎. 商务谈判教程［M］. 北京：中国发展出版社，2017.

问题：

1. 通过本案例，如何理解中方在成交阶段使用的策略？
2. 该谈判给你什么启示？

◎ **课后实训**

请模拟举办一次合同签字仪式。

所需要的实训条件：

（1）可选择在模拟谈判室、模拟会议室等场所进行。

（2）需准备的道具：文本、文件夹、旗帜、签字笔、签字单、吸水纸、酒杯、香槟酒、横幅、照相机、摄像机、桌子等。

实训方式与手段：

实训拟分组进行，每位同学分别扮演一个角色演示一次，每组轮流。

实训要求与标准：

（1）草拟一份签字仪式的准备方案。

（2）布置模拟签字厅。

（3）模拟演示签字仪式。

（4）参加实训的双方须简单演示见面礼仪，在着装上适当修饰。

第十章 商务谈判策略

学习目标

◆ 知识目标

1. 了解商务谈判策略的特征与作用。

2. 理解商务谈判策略的步骤。

3. 掌握优势条件下、劣势条件下、均势条件下的谈判策略。

◆ 技能目标

具备在商务谈判过程中合理使用不同策略的能力。

核心概念

商务谈判策略（business negotiation strategics）；投石问路策略（strategy of water-testing）。

案例导入

日本航空公司的谈判策略

日本航空公司欲从美国麦道公司引进 10 架新型麦道飞机，他们组成了谈判小组去美国洽谈购买事宜。日航代表飞抵美国稍事休息，接到麦道公司电话预约，约定于次日在麦道公司会议室开始谈判。

谈判开始时，日航代表看起来非常疲倦，慢慢地喝着咖啡，似乎在缓解时差带来的不适，麦道公司的主谈看到对方显露出疲惫之态，认为己方有可乘之机，寒暄过后，迅速切入谈判主题。

从早上 9 点到晚上 11 点，三架放映机相继打开，字幕、图表、数据、电脑图案、辅助资料和航行画面应有尽有，展示出麦道飞机的性能和价格都是无可挑剔的。孰料日航三位谈判代表始终沉默，一言不发。

麦道的领队感到疑惑，问道："难道你们不明白？你们有什么疑问吗？"

日航领队回答："这一切都不明白。"

麦道主谈急切地追问："这是什么意思？请具体说是从什么时候开始'不明白'的？"

日航助谈略带歉意地说："对不起，从一开始就不明白。"

麦道领队气得差点将"笨蛋"二字脱口而出，他泄气地坐在门边，说："那么，你们希望我们再做些什么呢?"

日航领队略带歉意地笑一笑说:"能请你们再放一遍吗?"

麦道公司虽然满腔怒火,可是也别无选择,只得照办,在接下来的两个小时的重复介绍中麦道公司已全无最初的热情。日本方面在开局阶段采用的大智若愚策略,一开始限制了对方的进攻,打乱了对方的阵脚。谈判风格素以具体、明确、干脆著称的美国人如何会想到日本人会有这一招呢?

谈判进入交锋阶段,老谋深算的日本人突然显得听觉不灵,反应迟钝,甚至无法听清对方在说些什么,让麦道公司的谈判人员十分恼火,感觉是在跟愚笨的人谈判,早已准备好的论点、论据根本没用,选择的说服策略也无用武之地。结果麦道公司只想尽早结束这种与"笨人"纠缠不清的谈判,于是他们干脆把球踢给了对方:"我们飞机的性能是最佳的,报价也是合情合理的,你们有什么异议吗?"

此时,日航主谈似乎由于紧张,出现了语言障碍。他结结巴巴地问对方:"第……第……第一点是……是……价……"美方代表马上接上去说:"是价格吗?"日方代表点点头。接着日方代表又说:"第……第二点是……性……"美方连忙说:"是性能吗?只要你方提出性能改进要求,我方一定遵守。"

至此,日方似乎什么也没有说,而对手美国麦道公司却在帮助日方跟自己交锋。他们先是帮助日方把想说而没有说出的话解释清楚,接着问出对方后面的话,而且对此不假思索地做出了许诺。结果,日方制造了第二次沟通障碍,有效地限制了麦道在价格谈判中的进攻,使麦道把谈判的主动权交给了对方。

面对麦道的轻易让步,日航却更加得寸进尺地想得到更多的好处。这是一项价值数十亿美元的大宗贸易,还价应当按照国际惯例取适当的幅度,日方的主谈却故意装作全然不知,一开口就要对方降半价。麦道主谈听了不禁大吃一惊,再看看对方的表情是认真的,心想既然已经许诺了降价,为了表示诚意就爽快地让价吧,于是便说:"我们可以给你们一个5%的折扣。"双方的报价差距很大,都竭力为自己的报价辩解,陈述了大量的报价理由,第一轮交锋在激烈的争论中结束。这是日方制造的第二次僵局。

经过短暂的沉默,日方第二次报价:削减10%,麦道方还价是5%,于是双方又继续唇枪舌剑地辩驳,可是经过一番交锋后,谁也没有说服谁。麦道公司的主谈此刻对成交已不抱太大希望,开始失去耐心,提出:"我们双方在价格上差距太大,有必要为成交寻找新的方法,你们如果同意,两天后双方再谈一次。"

日方代表经过慎重权衡,认为价格还可以再低一点,但不能削价太多,否则会激怒美国人,可能会导致谈判破裂,空手而归无法向公司交代,因此他们决定适可而止。

谈判重新开始,日航一下子降了2%,还价8%;麦道公司增加了2%,只同意削价7%,谈判又形成了僵局。经过了长时间的沉默,麦道公司的主谈决定终止交易,开始收拾文件。恰在此时,"口吃"了几天的日航主谈突然消除了语言障碍,十分流利地说道:"你们对新型飞机的介绍和推销让我们很感兴趣,如果同意降价8%,我们就起草购销11架飞机的合同。"(这增加的一架几乎是削价得来的)说完他微笑起身，把手伸给了麦道公司的主谈。"同意。"麦道公司的谈判代表也笑了，起身与三位日本谈判代表握手："祝贺你们用最低的价格买到了世界上最先进的飞机。"的确，日航代表把麦道飞机的价格压到了前所未有的低价位。

案例来源：杨剑英，常军. 商务谈判理论与实务 ［M］. 南京：南京大学出版社，2020.

问题：

（1）日航代表在案例中运用了哪些策略？

（2）你认为这些策略是如何帮助他们取得成功的？

启示：

商务谈判是一种合作，又是一种竞争，具有很大的不确定性，如何在实际谈判中实现已方的既定谈判目标，关键在于根据实际情况制定和运用谈判策略。谈判策略的运用是商务谈判双方或多方聪明智慧的无声竞赛，运用得当的策略是实现商务谈判目标的润滑剂。因此，谈判者一方面要以坦诚、谅解的态度对待谈判，另一方面也要学会运用谈判中的各种竞争手段，以更好地实现谈判目标。

第一节　商务谈判策略概述

一、商务谈判策略的含义及特征

（一）商务谈判策略的含义

迄今为止，在国内外商务谈判领域对于"商务谈判策略"一词尚无公认的定义。仁者见仁，智者见智，角度和出发点不同，对商务谈判策略的理解和解释也就各有不同。

先说"策略"一词。"策略"一词最早见于《人物志》。《人物志·接识》中说："术谋之人，以思谋为度，故能成策略之奇。"意思是说，专事方法谋略的人，以思考、探究计策、方法、谋略作为准绳，因此才能形成高明绝妙的策略。

"策略"本意为计策、谋略，随着人类社会经济的发展，"策略"的内涵也在不断地丰富和发展，并由此而引申出不同的定义。

《辞海》对策略的解释为：策略是指为实现战略任务而采取的手段。

《现代汉语词典》对策略的解释为：根据形势的发展而制定的行动方针和斗争方式。

我国的《小百科全书》对策略的解释为：在解决问题的过程中，指导人们寻求方法的计划、方案、技巧或窍门。

从语言学的角度讲，策略是根据形势发展而制定的行动方针和斗争方式；从企业经营学的角度来看，策略是企业为了实现其经营目标，对企业外部环境的变化与竞争力量的消长趋势所制定的对策。

结合以上定义，可以认为，商务谈判策略概指商务谈判人员为实现既定的商业目标，根据已有的条件，充分利用已有的优势，调动一切有利于自己的因素而制定的计划、方案、办法和措施。从商务谈判的角度来看，商务谈判策略是谈判者在谈判过程中，为了达到己方的某种预期目标所采取的行动方案和对策。

商务谈判策略是一个集合概念和混合概念。一方面它表明，商务谈判中所运用的单一方式、措施、技巧、战术、手段等，都只是商务谈判策略的一部分。对于策略，谈判人员可以从正向来运用，也可以从反向来运用，既可以运用策略的一部分，也可以运用谈判策略几部分的组合。另一方面，它还表明商务谈判中所运用的方式、技巧、措施、战术、手段等是交叉联系的，难以再深入分割与分类。

多数商务谈判策略是事前决策的结果，是科学制定策略本身指导思想的反映，也是谈判实践的经验概括。它规定谈判者在一种能预见和可能发生的情况下，应该做什么，不能做什么。谈判中所采取的许多策略，都要经历酝酿和运筹的过程，也是集思广益的互动过程。只有经过这一过程，才能选择准确、恰当的商务谈判策略。

（二）商务谈判策略的特征

商务谈判策略不仅需要遵循一定的规定，一般来讲，商务谈判的过程具有以下五个特征：

1. 主观性

这一特征主要是针对谈判者而言的。不同的谈判人员对于局势的把握和问题的处理各有不同，做出的决策和行动也就不同，具有一定的实践意义和个性特征。

2. 客观性

这一特征主要包括企业所在地的法律环境、政治情况以及当时的气候或不可预知的突发情况等客观事实。

3. 信息性

在信息时代，得信息者得天下。在商务谈判的筹备阶段就应该展开对信息的收集、整理、分析工作，通过模拟谈判，找出信息缺失点。在正式谈判的过程中，应该不断更新谈判双方的各种相关信息，为具体条款的签署提供参考。在协议签订阶段还应该注意收集谈判各方在不同国家的注册信息等基础资料，力争做到万无一失。协议签订之后还应不定期地了解合同执行情况的信息，为以后的长期合作打下坚实基础。

4. 动态性

由于商务谈判过程复杂多变，使整个谈判的开局、交锋和协议签订过程充满了变数，尤其是对于价格一揽子方案的磋商过程，应该放眼大局，动态处理。

5. 时效性

不管再有效的策略都不可能一直产生效果，因此商务谈判策略也具有时效性。同样的地点和人员，在不同的时间，对于商务谈判的局势采取的对策也截然不同，利用时效性特征，可以在磋商过程中从容不迫，游刃有余。商务谈判策略的时效性主要表现在以下几个方面：

（1）某种策略适合在商务谈判过程中的某个阶段使用。例如，疲劳战术适合对远距离出差的谈判方使用，并且一般在谈判进程的初期或签约阶段使用。

（2）在特定的时间或时刻之前使用，如最后通牒策略规定了具体的日期和时刻。

（3）在特定的环境下使用才会有预期的效果。

案例导读

　　美国钢铁大王戴尔·卡耐基曾经有这样一次谈判。有一段时间，他每个季度都有10天租用纽约一家饭店的舞厅举办系列讲座。在某个季度开始时，他突然接到这家饭店的一封要求提高租金的信，对方将租金提高了2倍。当时举办系列讲座的票已经印好了，并且已经都发出去了。卡耐基当然不愿意支付提高的那部分租金。几天后，他去拜见饭店经理。他说："收到你的通知，我有些震惊。但是，我一点也不埋怨你们。如果我处在你们的位置，可能也会写一封类似的通知。作为一名饭店经理，你的责任是尽可能多为饭店谋取利益。如果不这样，你就可能被解雇。如果你提高租金，那么让我们拿一张纸写下将给你带来的好处和坏处。"接着，他在纸中间画了一条线，左边写"利"，右边写"弊"，在利的一边写下了"舞厅，供租用"。然后说："如果舞厅空置，那么可以出租供舞会或会议使用，这是非常有利的，因为这些活动给你带来的利润远比办系列讲座的收入多。如果我在一个季度中连续20个晚上租用你的舞厅，这意味着你失去一些有利可图的生意。现在让我们考虑一个'弊'。首先你并不能从我这里获得更多的收入，只会获得的更少，实际上你是在取消这笔收入，因为我付不起你要求的价，所以我只能被迫改在其他的地方办讲座。其次，对你来说，还有一弊。这个讲座吸引了很多有知识、有文化的人来你的饭店。这对你来说是个很好的广告，是不是？实际上，你的花5000美元在报上登个广告也吸引不了比我讲座更多的人来这个饭店。这对于饭店来说是很有价值的。"卡耐基把两项"弊"写了下来。然后交给经理说："我希望你能仔细考虑一下，权衡一下利弊，然后告诉我你的决定。"

　　第二天，卡耐基收到一封信，通知他的租金只提高到原来的1.5倍，而不是2倍。卡耐基一句也没有提自己的要求和利益，而始终在谈判对方的利益以及怎样实施才对对方更有利，但是却成功地达到了自己的目的。

　　案例来源：根据网络资料整理。

二、商务谈判策略的作用

　　充分认识和把握商务谈判策略的特征，有助于谈判人员在实践中灵活有效地谋划策略、使用策略。到目前为止，出现了很多商务谈判策略，但是没有发现单一性很突出的商务谈判策略。因为商务谈判是一种复杂的心理活动过程，是一种纷繁的经济现象和社会交往现象，需要从客观实际出发，从不同的角度，用不同的眼光去看待和思考策略、使用不同的策略。

　　1. 恰当的商务谈判策略是实现谈判目标的桥梁

　　谈判双方因为对彼此都有需求，所以会愿意坐在同一张谈判桌上进行洽商。但是，买方和卖方之间的利益要求是有差别的。如何协调这种差别，缩短实现目标的距离，那就需要运用谈判策略发挥作用。在商务谈判中，不可能完全不运用策略，但并不是只要使用了策略就是可行的。策略可以促进或阻碍谈判的进程，即运用得当的策略可以促进交易的尽快达成；运用不当的策略，在很大程度上起副作用或反作用，延缓或阻碍谈判目标的实现。

2. 商务谈判策略是实现谈判目标的有力工具和利器

把商务谈判策略看作一种"工具"和"利器"，是为了让谈判人员认识、磨炼和灵活地运用它。不同的工具用途是不一样的。如果商务谈判人员拥有的工具多，选择大，则容易出精活、细活。俗话说："手艺妙须家什好。"在商务谈判中，如果谈判人员的策略只有几招就容易被竞争对手识破，也就难以顺利地实现自己的目标。一般情况下，谈判高手能够在众多的谈判策略中选用适合的策略来实现己方的目标。因此，谈判人员掌握的策略应该是"韩信点兵，多多益善"，多注重平时积累。

3. 商务谈判策略具有引导功能

在谈判过程中双方会就各自的利益展开辩论，但是谈判不是一场比赛，不要求决出胜负；也不是一场战争，要将对方消灭。相反，谈判是一项互惠互利的合作事业。因此，在谈判中为了协调不同利益，以合作为前提，避免冲突。形象地比喻谈判双方是"乘坐在同一条船上的人"，谈判最终实现的结果应该是共赢，而不是一方受益一方受损。那么，谈判人员应该在坚持各自目标利益的前提下，共同努力，把船划向成功的彼岸。所以，商务谈判策略被理解为引导谈判顺利发展的航标。

许多高明老练的谈判人员在商务谈判过程中经常会借助各种策略，引导并提醒对方"现实一点，顾大局、识大体"，只有共同把蛋糕做大了，分蛋糕的人得到的实惠就更多。

4. 商务谈判策略是谈判中的"筹码"和"资本"

在商务谈判中，参与谈判的各方都希望建立己方的谈判实力，强化己方在谈判中的地位，突出己方的优势，而要建立自己的谈判实力，必须有谈判的"筹码"和"资本"，要拥有谈判的"筹码"和"资本"，己方必须既做好充分的准备，又对对方有足够的了解，做到知己知彼。掌握了较多的"筹码"和"资本"之后，就会成竹在胸，灵活自如地运用各种策略。

5. 商务谈判策略具有调节、调整和稳舵的作用

在商务谈判过程中，为了缓和紧张的气氛，增进彼此的了解，有经验的谈判者会选用一些策略来充当"润滑剂"。比如，在谈判开局阶段通过彼此的问候谈论一些中性的话题来调节气氛。在大家比较累的时候，采取场外娱乐性策略来增进了解。当谈判出现僵局的时候，运用化解僵局的策略来使谈判继续进行等。当谈判偏离主题的时候，会借用适当的策略回到正题，避免局部问题偏离大的方向，防止走弯路。在商务谈判中，如果方向掌握不好，误入歧途，谈判将达不到目的，既耽误时间又浪费精力。因此，商务谈判策略能起"稳舵"的作用。

虽然商务谈判策略是制约谈判成败得失的一个重要的砝码，但并非所有的商务谈判策略都同时具备上述作用和功能。而且，同一个策略在不同的情境下使用，其作用也有差异。

三、商务谈判策略的制定程序

在商务谈判中，自始至终都是商务谈判策略挥洒自如、纵横捭阖的过程。一般情况

下，按照商务谈判的过程，商务谈判策略的制定程序主要包括八个步骤，具体如图 10-1
所示。

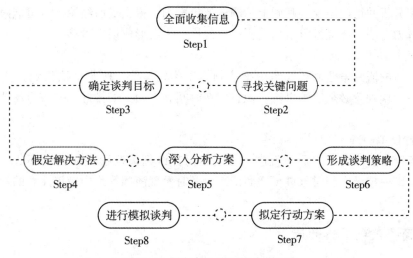

图 10-1　制定商务谈判策略的步骤

1. 全面收集信息

信息收集是商务谈判策略的逻辑起点。凡是与该谈判有关的人事、财产、物资的情况
和问题都应该分化组合，全面分析之后再归纳整理，从中找出最有利于己方的策略形势。
制定商务谈判策略的目的，是判断谈判进程中进退的最有利时机，寻求应当采取的手段或
方式，借以达成最有利的协议。除了必须具备的分析能力和习惯外，还必须针对谈判中的
消长趋势随机应变。

2. 寻找关键问题

进行信息整理与科学分析之后，就要有目的地寻找关键问题，即抓住主要问题。因为
只有找到关键问题，才能使其他问题迎刃而解。寻找关键问题包括节点问题分析、谈判对
手分析、发展趋势分析、僵局处理分析和协议签订分析等方面。

3. 确定谈判目标

确定谈判目标关系到谈判策略的制定，以及对谈判的整体方向、价值和行动的把握。
确定谈判目标，应根据己方的条件和谈判的环境要求，对各种可能的行动进行动态分析和
判断，以便取得满意结果。应在确定初步目标的前提下，提出最高实现目标和最低实现目
标，以明确己方的最后底线和让步区域。

4. 假定解决方法

假定解决方法是制定策略的关键步骤之一。对假定解决方法的要求是在能满足目标的
基础上解决问题。方法是否有效，要经过比较才能鉴别。谈判人员假定的解决方法首先应
切实可行，其次要富有创意，最后要备有应急预案。

5. 深入分析方案

在假定解决方法的基础上，根据"有效、可行"的要求，依据谈判进程制定策略执

行方案，并对少数可行性策略进行深入研究，为最终选择打下基础。运用定性与定量相结合的分析方法，权衡利弊得失，尽快制定出策略方案。

6. 形成谈判策略

在深度分析并得出结论的基础上，确定评价准则，得出最后结论。尽可能限定约束条件，群策群力对谈判环境进行全面分析，反复推敲之后形成谈判策略。

7. 拟定行动方案

有了具体的谈判策略，还要考虑把谈判策略落到实处，按照从抽象到具体的思维方式，列出各个谈判者必须做的事情，把它们在时间和空间上安排好，并进行反馈控制和追逐决策。

8. 进行模拟谈判

以上各准备阶段完成之后，就进入了制定商务谈判策略程序的关键环节——模拟谈判。应该分别模拟己方和对方进行磋商谈判，及时发现谈判策略中应该注意的地方，进行策略调整。

四、商务谈判策略的选用

在商务谈判实践中，对于策略的选用不能生搬硬套，而应融会贯通，并根据实际情况灵活运用。纸上谈兵，最终害人害己。尤其是在对策略进行组合运用时，更要注意各项策略之间的特性与关联性，一切以具体的实践情况为依据做出判断，并要有针对性地选取合适的策略。

（一）选择商务谈判策略

商务谈判策略的运用过程离不开商务谈判策略的选择。从商务谈判实践经验上看，选择策略的决定因素主要有四个方面：谈判人员、谈判内容、谈判过程和谈判组织。

1. 谈判人员

谈判人员主要是指负责谈判的个人或群体。影响策略选择的因素有个人地位、社会经验、谈判态度和性格特点等方面。

个人地位主要是对谈判人员社会和企业地位的考虑。一般而言，对于社会地位较高的人，应依据其在社会中的地位选择有针对性的策略，以稳重为宜，留下退路。

社会经验，主要是出于对双方谈判能力的考虑。若对手经验丰富，自己也擅长谈判，选择的策略应灵活多变；如果己方经验不丰富，则运用的策略以简单为宜，易于控制；若对手也无经验，则策略越简单越好。

谈判态度主要是对谈判心理的考虑。对于态度友好、渴望成功和工作业绩并追求晋升一类的谈判对象，既可以柔对柔，又可以刚对柔。对于一般态度偏冷、对成败态度漠然的对象，在以柔克刚的同时，应辅之以刚克刚的方针策略，迫其配合谈判，并向己方预期的方向靠近。

性格特点主要是出于对谈判人员个性的考虑，对于急躁直率的谈判对象，应多考虑运用从容不迫、稳扎稳打的策略；对温文尔雅的对象，则应多采用你来我往、细水长流以及有备无患等策略。

2. 谈判内容

对于谈判内容，主要从交易规模和谈判的具体事项两方面进行理解。

就交易规模而言，如果是成套项目谈判，由于内容较为复杂，交易价值与规模较大，为谈判策略的选用提供了较大的空间，故选择策略要讲究变化、灵活生动。如果是单项交易谈判，因为涉及内容比较单一，谈判信息较少，因而运用策略的范围较为有限，往往需要有针对性地选取相应策略，或退或进，有取有予，在大局范围内争取更大的收获。

在进行合同条文谈判时，尤其应注重律师的作用，力求做到谈判条文严谨、审慎、缜密、滴水不漏，经得起反复推敲。在进行技术附件谈判时，要充分发挥技术专家的作用，运用策略既要有灵活性，又要有原则性。在技术原则上坚定不让，在策略技巧上灵动活泼。价格谈判是所有参与人员的首要工作，为达到谈判预期目标，策略的选择应该不拘一格，效果多样。

3. 谈判过程

这里对谈判过程的论述分为谈判开局、磋商交锋和协议签署三个阶段。

谈判开局阶段在时间上包括从交易双方的初次会晤到对于交易条件的解释和评论。在这一阶段，选择策略的目的在于铺垫，为下面的谈判进程打下牢固基础，因此以含蓄为宜。当然，如果己方明显处于优势地位，也可以采取开门见山、直接相告的策略。

磋商交锋阶段指交易双方就合同条款、技术附件的内容进行全面的谈判，并对交易价格进行讨价还价和对各种条件进行协商的阶段。该阶段谈判涉及的内容广泛，争论议题较多。由于谈判范围宽，策略空间大，此阶段是运用商务谈判策略最为集中的时间段，需要因地制宜、因时制宜、因人而异，相互配合、多方协调，全面运用谈判策略。

协议签署阶段大致包括从第一次还价到交易的价格条件和文字条件谈判结束的时间。该阶段选用策略应注重果断决策和攻心为上。如果遇到谈判僵局，在谈判时出现谈判破裂的可能，但双方都有合作的诚意时，应及时考虑补救策略，以求调动对方各层次人员的积极性，共同挽救谈判危机。如果该阶段变成不战不和的拖延局面，则应考虑一揽子计划相互补充策略和长远合作策略，有进有退，以促成合作协议的顺利签署。

4. 谈判组织

进行谈判组织，要考虑是单方还是多方的谈判。前者通常是指对方均为一个人或一个组织；后者则常指多人或多个组织相互进行谈判。

单方谈判时，个体特征比较强，常用到相互呼应、缓兵之计、黑白脸、夸大错误，甚至私下会晤等策略。当然，这些策略的运用也要因时因地而异。

多方谈判属于集体谈判，一般是复杂的或交易规模较大的交易谈判。此时，谈判范围大，延展时间长，策略空间大，可以选用的策略也比较多。上述在谈判人员、谈判内容和谈判过程中论及的各种策略均适用于这类谈判。运用策略强调灵活多变，针对性强，策略种类则可以不拘一格，视情况发挥。

（二）我国商务谈判策略的选用及特征

商务谈判必须考虑谈判人员的工作经历、社会阅历、生活经验等个性特征，以针对不同谈判对象有的放矢地实施谈判策略。而谈判人员的个性化特点与其国别特征以及谈判行为是密切相关的。作为我国的谈判人员，首先要了解我国商务谈判活动的谈判行为，以便立足自我，在国际商务谈判中知己知彼，做到心中有数。

在对商务谈判行为进行研究时，有学者以北京、温州和邯郸3个城市的几十家企业102组商务模拟谈判为依据进行分析，发现我国商务谈判者的个人特征、谈判策略以及谈判气氛等因素对谈判结果会产生影响，并提出我国商务谈判行为具有以下基本特征：

1. 谈判经验丰富的谈判人员的特征

买方人员谈判经验越丰富，越不会主动解决问题，也常常采取不合作的谈判态度。对于卖方人员来说，当他所面临的谈判对手谈判经验非常丰富时，卖方的合作态度会增强，会采取有解决问题倾向的谈判策略。这说明，对于经验丰富的我国商务谈判人员而言，丰富的谈判经验使他在谈判过程中处于相对强势的地位，他们不会轻易地对谈判对手采取合作的态度，他们倾向于采用令对手眼花缭乱的谈判技巧，从而在谈判中取胜。

2. 持不信任态度的谈判人员的特征

持不信任态度的买方，合作态度更积极，在谈判中采用有解决问题倾向的策略的概率更高。一般来说，在谈判初期，即使具有一般意义上的信任特征的买方和卖方也不会轻易相信谈判对手。作为一个理性的谈判者，他们都会抱着非常谨慎的态度，不断探测对方、了解对方，可能双方都会提出过高的期望或目标，甚至出现"漫天要价、坐地起价"的现象，经过反复磋商，双方也不断地了解对方，最终会在一个平衡点上达成共识，在双方认可的基础上签订合同。可以说，谈判过程也是建立信任的过程，一场谈判从开始到最终签订合同的过程也是谈判双方由不信任到信任、由不合作到合作的过程。

3. 面对喜好风险的对手，谈判人员的特征

在我国商务谈判过程中，买方喜好风险的个人特征对卖方采取具有解决双方问题倾向的策略有消极作用。这种情况部分说明了在我国商务谈判过程中，谈判者喜好风险的个人特征并不受谈判对手的欢迎，会带来谈判对手的抵触和不合作。谈判中，喜好风险的人不受欢迎，这一特征与我国的商务文化有关，我国商务文化是属于风险回避型的文化。一般而言，我们会对不确定性采取回避的态度。在商务活动中，我国人不喜欢冒大的风险，倾向于在平稳中求发展。在谈判过程中，如果一方感觉到另一方非常喜好风险，人们一般会认为这一类型的人会带来较大的不确定性，这些风险回避者在谈判过程中会本能地抵触风险偏好者，对他们一般不会采取合作的态度进行谈判。因此，商务谈判者在实施商务谈判策略时应该给谈判对手留下踏实、稳重的印象，这样会促使谈判对手采取合作的态度，他们在谈判中采取解决问题策略的倾向性会更强。

4. 个人魅力在我国商务谈判过程中的作用

如果买方的个人魅力非常强，卖方会采取积极的合作态度，使用有解决问题倾向的谈判策略，积极促使双方保持良好的谈判气氛，从而使买方对谈判结果满意度有所提高。所以，现实中谈判人员应该从各个方面提升自身的修养和个人魅力，为谈判对手留下良好的印象非常有利于双方的合作，更容易达成令人满意的谈判结果。

5. 谈判者之间的相似性在商务谈判过程中的作用

通常，买方与卖方的相似性越强，卖方愿意与买方在今后继续保持商务合作的倾向性越低。对于我国商务谈判者而言，在短期内与跟自己相似的谈判者合作会带来积极的效果，但谈判者并没有继续与同自己性格相似的人合作下去的意愿。或许对于我国人而言，长期与自己相似的人打交道并不是一件令人舒服的事情。

6. 合作更利于双赢

关于谈判策略的作用，有数据分析表明，当买方采取合作的态度，本着解决双方问题的原则进行谈判时，会提高卖方的利润和对谈判结果的满意程度。同时，在谈判中，谈判双方之间的互动机制非常明显：买方采取有解决问题倾向的策略会促使卖方也采取合作的态度，也使用有解决双方问题倾向的策略。一方面，当然要考虑自己的谈判目标和利益所在；另一方面也要从对方的角度考虑某些问题，本着互利互惠的原则、相互合作的态度，采取有解决双方问题倾向的策略更容易达成令人满意的谈判结果。

7. 谈判气氛在商务谈判中的作用

数据分析的结果显示，良好的谈判气氛会促使谈判双方谈判结果满意度的提高，会促使谈判双方愿意在今后继续与对方保持长期的商务合作关系。所以，现实中商务谈判人员在谈判过程中应该努力营造一种积极谈判的气氛，使谈判在友好的气氛中进行，这样有利于达成双方都比较满意的谈判结果，有利于双方在今后继续保持长期的商务合作关系。

📖 案例导读

在《中美上海公报》将要发表的前夕，美国的国务卿罗杰斯对已达成协议的公报草案不满，说要在上海闹一番。周恩来总理考虑再三，决定去拜访罗杰斯。当周总理来到罗杰斯居住的上海某饭店时发现，罗杰斯被安排住在13层，而西方人特别忌讳数字13。周总理面对满脸怒容的罗杰斯以及他手下的专家们，说道："几十年来，国务院做了不少工作。我尤其记得，当我们邀请贵国乒乓球队访华时，贵国驻中国使馆就英明地打开绿灯，你们的外交官很有见地。"罗杰斯转怒为笑，说："周总理也很英明。我真佩服你们想出邀请乒乓球队的招儿，太漂亮了！"

"有件很抱歉的事，我们疏忽了，没有想到西方风俗对数字'13'的避讳。"周总理转而风趣地说，"我们中国有个笑话，一个人怕鬼的时候，越想越可怕。等他心里不怕鬼了，到处上门找鬼，鬼也就不见了。西方的'13'就像中国的鬼。"众人哈哈大笑。

周总理走后，罗杰斯的助手问："怎么办？还找麻烦吗？"罗杰斯摇摇头说："算了吧，周恩来这个人，真是令人倾倒。"为了说服罗杰斯，周总理先采用赞美的方法，消除他的怒气，紧接着用诙谐幽默的语言，风趣机智地讲了中国"怕鬼"与"不怕鬼"的故事，引出了众人的笑声，在笑声中取得了对方的谅解。

案例来源：林望道．张嘴就来［M］．长春：北方妇女儿童出版社，2016.

第二节　优势条件下的谈判策略

一、不开先例策略

（一）不开先例策略的原理

不开先例策略是指在谈判中，握有优势的当事人一方为了坚持和实现自己所提出的交易条件，以没有先例为由来拒绝让步促使对方就范，接受自己条件的一种强硬策略。

在谈判中，当双方产生争执时，谈判双方都希望既能达成共识又不伤彼此的和气，不开先例就是一个两全其美的好办法。如果卖方处于优势，对于有求于己的供应商也可以采用此策略。例如，当谈判一方提出一些过高的要求时，另一方可以说"本公司过去从无此先例；如果此例一开，我无法向上级和以往的交易伙伴交代"，或者说，"这样做，对别的用户就没有信用，也不公平了，以后就难办了"等，以回绝对方的要求。该策略是谈判者保护自己的利益，阻止对方进攻的一道坚实的屏障。

在商务谈判实践中运用不开先例策略，就是利用先例的力量来约束对方，使其就范。先例的类比性是指谈判者所采用的先例与本次谈判在交易条件、市场行情、竞争对手等方面的相似程度。谈判者可以根据先例与本次谈判的类比性，用处理先例的方式来处理本次商务活动。如果谈判者所采用的先例和本次谈判没有类比性，那么对方会指出先例与当下谈判的不同点，先例的处理方式不适合于本次谈判。这样，先例就起不到约束对方的作用，自然也就没有力量。可见，先例要有力量，其与本次谈判的类比性是分不开的。先例的力量不仅来源于先例的类比性，还来自对方的习惯心理。因为人们处理问题时往往都是以过去的做法为标准，同样的事情过去是怎样做的现在就该怎样做。过去的习惯成了唯一、正确的不可更改的处理行为规范。有了这样的习惯心理，先例便自然而然地具有力量了。

除此之外，己方所说的先例的力量还来自对方对先例的无知。先例之所以能够在谈判中让对方就范，关键在于对方常常难以获得必要的情报和信息来确切证明己方所说的先例是否属实。当对方难以了解事情的真相而对己方所说的先例没有真正破解时，对方只能凭主观判断，要么相信，要么不相信，再加上己方使用的一些辅助手段的作用，对方不得不相信先例，从而成为先例的"俘虏"。

（二）不开先例策略的实际应用

不开先例策略的核心是运用先例来约束对方。这里的先例主要是指同类事物在过去的处理方式。商务谈判中采用的先例主要有三种情况：与对方过去谈判的先例；与他人过去谈判的先例；外界同行的谈判先例。谈判者在运用不开先例策略时必须充分运用好各种先例，使之为自己的谈判成功服务。使用不开先例策略的情形有以下几种：

（1）谈判内容属于保密性交易活动。

（2）所交易的商品属于垄断交易商品。

（3）市场有利于己方而对方急于达成交易。

（4）对方提出的交易条件己方难以接受。

这里需要指出的是，运用不开先例策略的目的在于利用先例来约束对方接受己方提出的交易条件。这一策略运用得成功与否取决于谈判者所采用的先例的力量大小和提出的交易条件的适度性，两者之间有着正相关的密切联系。因此，在实际操作中，谈判者不仅要反复衡量交易条件，注意交易条件的适度性，让对方有接受的余地，而且要反复强调不开先例的事实与理由，通过加强先例的真实性和可信度，让对方对己方所说的先例深信不疑。同时，还要运用类比性强调先例，着重强调本次交易与先例在交易条件、市场行情、竞争情况、相关因素等方面的相似性，通过强化先例的类比性使先例的力量得到充分发挥。

📝 案例实践

某电脑经销商（甲方）与电脑供货商（乙方）在关于一批电脑价格上所进行的谈判中，电脑供货方（乙方）就采用了不开先例策略。

甲：贵方的报价是每台 3600 元，确实超过了我们的价格上限，如果你们真有诚意成交，每台电脑的价格下浮 500 元如何？

乙：贵方的要求让我们很为难。上个月有客户一次进货 300 台，我们都是这个价格，要是这次破例给你们降价，不仅会让我们有损失，关键是以后与其他客户的生意就更难做了。希望贵方能理解，这种配置和质量的电脑每台 3600 元的价格真是不高，不能再降价了。

在这个关于电脑价格的谈判实例中，供货商面对经销商希望降价的要求维持己方的交易条件，坚决不降价，采取了不开先例的谈判策略。因为对供货商来说，以前签订的合同都是每台 3600 元，如果这次降价，就是在价格问题上开了一个先例，会使供货商在以后与其他采购者交易时，也不得不提供同样的优惠条件，这显然是不符合供货商的利益的。所以供货商采用了不开先例的谈判策略，让对方知难而退，难以在价格问题上得到更多的利益。

（三）不开先例策略的破解

在商务谈判中，面对谈判对方采用不开先例技巧时，己方应积极采用策略进行破解。

1. 收集信息，吃透先例

不开先例的力量来自先例的类比性和人们的习惯心理，正是由于这个原因才使先例具有一定的约束性。只有收集到必要的情报资料和清除对先例的无知，方可揭穿先例的虚假性，使对方这一技巧的使用归于失败。

当然，既然不开先例是一种谈判技巧，提出的一方就不一定真是没开过先例，也不能保证以后不开先例。因此，使用这一技巧时，必须注意对方是否能获得必要的情报和信息来确切证明不开先例是否属实。如果对方有事实证据表明你只是对他不开先例，那就会弄巧成拙，适得其反了。

2. 克服习惯性心理的束缚

一个成功的谈判者要勇于打破常规，提出自己的经验，以免被习惯、经验捆住了手脚。应有"市无常形"的观念，以市场变化了的诸多条件作为开展谈判的根本依据。

3. 证明环境条件发生变化，以使"不开先例"不再适用

如上例中的电脑供货商不肯降价，经销商可以这样说："是的，你过去一直是以3600元成交的。但是，从这个月开始，全国各品牌电脑都有不同程度的降价，我方也正是基于此点而提出降价的，我们提出的要求显然是合理的。"该经销商就是通过指出以往交易与本次交易的差异性（市场行情已经变化）来证明之前做法的非通用性，从而有效反击了对方"不开先例"的说辞。事实上，提出不开先例的一方并不一定就真是没开过先例，也不能保证以后绝不开先例，因此另一方可明确表示不相信对方的说辞与证据，讲明事物在不断发展变化，绝无不开先例之说的道理；或采用规定期限的技巧来应对，从而破解了对方的不开先例策略。

二、先苦后甜策略

（一）先苦后甜策略的原理

先苦后甜是符合人们的心理发展规律的，且先苦后甜则会让人产生强烈的消极情绪，而且苦更能衬托甜。先苦后甜策略是指谈判一方在谈判中先用苛刻的虚假条件使对方产生疑虑、压抑、无望等心态，以大幅度降低对手的期望值，而后逐步给予对方优惠或让步以使其满意地签订协议，从而使己方获取较大的利益的一种谈判技巧。人们常用的"漫天要价，就地还钱"就是应用的该策略。

先苦后甜策略在商务谈判中发挥作用的原因在于，人们对来自外面的刺激信号总以先人之见作为标准并用来衡量后人的其他信号。若先人信号为"甜"，再加一点"苦"，则感到更"苦"；若先人信号为"苦"，稍加一点"甜"，则感到很"甜"。在谈判中，人们一经接触便提出许多苛刻条件的做法恰似先给对方一个"苦"的信号，后来的优惠或让步尽管很小也会使人感到已经占了很大的便宜，从而欣然在对方要求的条件上做出较大的让步。

例如，在一次商品交易中，买方想让卖方在价格上多给些折扣，而估计自己如果不增加订购数量，对方恐怕难以接受这个要求，然而买方又不想再增加订购数量。怎么办呢？于是，买方可以运用先苦后甜法。买方可同时在其他几个方面，如价格、质量、运输条件、交货期限、支付条件等提出较为苛刻的要求，并草拟了有关条款作为洽谈业务的蓝本。然后在讨价还价的过程中，买方有意让卖方感到其在好几项交易条件上都"忍痛"做了重大让步。这样，在卖方感到满意的情况下，买方便提出了价格折扣问题。结果没费多少口舌，卖方就表示接受了。这里，卖方之所以能接受买方的价格折扣要求，重要的一条就是卖方觉得在价格上做让步之前已经从买方那里在其他方面占了便宜。而事实上，这些"让步"是买方本来就打算给予卖方的。

使用先苦后甜策略的目的在于树立强硬的价格形象。当对方不太了解市场行情时，其也许在获得己方的一两次让步就不会再争取让步，从而使己方可以获得丰厚的利益。

(二) 先苦后甜策略的实际应用

但是需要注意的是，在实际应用中，先苦后甜的应用是有限度的，在决定采用时是要注意分寸，也就是说提出的条件不能过于苛刻。一般而言，开始向对方所提的要求要掌握好分寸，不能过于苛刻，不能与同行的惯例和做法相距甚远；否则，对方会觉得己方缺乏诚意，以至于中止谈判。

在实际谈判中，最好将谈判组成员进行分工。例如，可以让第一个人先出场。提出较为苛刻的条件和要求，给对方酿些"苦酒"，并且表现出立场坚定，毫不妥协的态度，扮演一个十足的"鹰派"角色唱"红脸"。然后，随着谈判活动的展开深入，"鹰派"角色自然会出现与对方相持不下、争得不可开交的时候，第二个人便可登场了。他和颜悦色，举止谦恭，给人一个和事佬的形象，扮演一个温和的"鸽派"角色唱"白脸"。他显得通情达理，愿意体谅对方的难处。虽然其面有难色，但表示愿意通过做"鹰派"角色的工作，从其立场上一步步地后退。实际上，最终所剩下的那些条件和要求，正是他们所要达到的目标。

💬 **案例实践**

休斯买飞机

美国大富豪霍华·休斯是一位成功的企业家，但他也是个脾气暴躁、性格执拗的人。有一次，他要购买一批飞机。由于他要购买飞机的数额巨大，因而对飞机制造商来说是一笔好生意。但霍华·休斯提出要在协议上写明他的具体要求，这些要求的内容多达34项，其中11项要求必须得到满足。由于他立场强硬，方式简单，拒不考虑对方的面子，因而激起了飞机制造商的愤怒，对方也拒不相让。谈判过程中，双方的冲突很激烈。最后，飞机制造商宣布不与他进行谈判。休斯不得不派他的私人代表出面洽商，指出只要能满足34项要求中的11项要求，就可以达成他认为十分满意的协议。该代表与飞机制造商洽谈后，竟然谈妥了霍华·休斯希望载入协议34项要求中的30项，当然包括那11项要求。当休斯问他的私人代表如何取得这样辉煌的战果时，他的代表说："那很简单，在每次谈不拢时，我就问对方到底是希望与我一起解决这个问题，还是留待与霍华·休斯来解决。结果，对方自然愿意与我协商，条款就这样逐项地谈妥了"。

由于霍华·休斯的脾气暴躁、性格执拗给飞机制造商留下了糟糕的谈判印象，但他们只是拒绝与其本人谈判，最主要的原因就在于霍华·休斯购买的飞机数量巨大，能给飞机制造商带来丰厚的利益。霍华·休斯的私人代表出马后很容易地谈妥了所有的具体要求。纵观整个谈判过程，实际上霍华·休斯是在不经意地使用先苦后甜策略。

案例来源：郭鑫. 商务谈判 [M]. 成都：西南财经大学出版社，2017.

（三）先苦后甜策略的破解

在谈判对方运用先苦后甜策略时，可以采用以下两种对策进行破解。

1. 了解对手的真正需要

运用先苦后甜策略者总是先提出一些刻薄的要求，以向对方施加压力，降低对方的期望水平并动摇其信心。因而，谈判中要想使此策略奏效，当对方提出一大堆刻薄的要求时，谈判者应善于通过调查研究分辨出哪些是对方的真正需要，哪些是对方故意提出的虚假条件，把谈判重点放在对方真正关心的需要上。如果对方关心的真正需要与利益的机制并不矛盾，就应尽量予以满足；如果有利害冲突，就应在坚持原则的前提下本着互惠互利的原则协调解决。

2. 针锋相对，表示退出或拒绝谈判

若对手实施先苦后甜策略时，我方应针锋相对。当对方提出苛刻条件时，我方可以采取针锋相对策略，让对方感觉他采取的措施未必合适，降低对方的信心。在迫不得已的情况下，还可以采取退出或拒绝谈判策略。当然，采取这种处理方式需三思而后行，往往在不得已的情况下方可使用。

三、价格陷阱策略

（一）价格陷阱策略的原理

价格是谈判中十分重要的谈判内容。在商务谈判中有许多谈判都是价格谈判；即使不是价格谈判，双方也要商定价格条款。由于价格最直接地反映了谈判者双方自身的利益，因而价格谈判策略的应用具有一定的诱惑性和冒险性。

价格陷阱策略是指谈判中的一方利用市场价格预期上涨的趋势以及人们对之普遍担心的心理，把谈判对手的注意力吸引到价格问题上来，使其忽略对其他重要条款的讨价还价。例如，在购买设备谈判中，卖方提出年底之前设备的价格将根据市场行情大约上涨5%。如果对方打算购买该设备，在年底前签协议就可以以目前的价格享受优事，协议的执行可按年底算，如果该设备此时的市场价格确实涨价的可能性比较大，那么卖方的这一建议就很有吸引力，买方就有可能趁价格未涨之际匆忙与卖方签约，这种做法看起来似乎是照顾了买方的利益。实际上并不一定如此，买方甚至可能因此吃大亏，主要有以下三个原因：

第一，买方在签署协议时，往往没有对包括价格在内的各项合同条款从头到尾进行仔细、认真的谈判，实际上只是在卖方事先准备好的标准式样合同上签字，很少能做大的修改、补充。这样，买方应争取的各项优惠条件和让步就很难写入这种改动余地很小的合同中。第二，买方由于协议签订得仓促，有很多重要问题会忽视。卖方也常常会由于事先已"照顾了买方的利益"而在谈判中坚持立场，寸利不让，买方也会为了达成协议而过于迁就对方。第三，谈判人员签订价格保值协议时，常常为抓住时机顾不上请示上级或公司董事会的同意而贸然签约，这会给以后的协议执行带来问题。

由此可见，价格诱惑的实质就是卖方利用买方担心市场价格会涨的心理，把买方的注意力吸引到价格问题上来，从而忽略对其他重要条款协议的讨价还价，取得在这些方面的让步与优惠。对于买方来说，尽管避免了可能由涨价带来的损失，但可能会在其他方面付出更大的代价，牺牲了更重要的实际利益。

（二）价格陷阱策略的实际应用

价格陷阱策略是在虽然价格看涨，但到真正上涨还需要很长时间的情况下运用的。该策略的实质是利用人们的心理习惯。首先利用人们买涨不买落的购买心理，如在房地产市场上许多消费者在房价下跌时，会产生一种价格还会进一步下跌的心理预期，反而不急于购买，而是持币待购，产生观望情绪；当价格上涨时，会产生价格继续上涨的心理预期，由于担忧和恐惧，许多人反而会争先购买。其次，利用人们价格中心的心理定势。由于价格是涉及双方利益的关键点，所以商务谈判中价格条款往往是商务谈判中最重要的条款。正是这一点易使人们产生一种价格中心的心理定势，即认为只要在谈判中达到价格优惠的目的，就基本算是谈判成功了。其实大型谈判涉及的内容很多，还有许多并不次于价格的一些谈判内容，如果因价格陷阱的影响而忽视了这些问题，反而是得不偿失了。

（三）价格陷阱策略的破解

价格陷阱策略的破解：第一，不要轻信对方的宣传，切忌被对方价格上的优惠所迷惑，所有列出的谈判要点都要与对方认真磋商，不随意迁就。第二，不要轻易改变自己确定的购买目标和计划，要相信自己的判断力，该讨价还价就讨价还价，该反击就果断反击，绝不手软。第三，不要在时间上受对方所提期限的约束而匆忙做出决定。坚持得越久，最终得到的实惠和好处就越多。第四，买方要根据实际需要确定订单，不要因被卖方在价格上的诱惑所迷惑而买下一些并不需要的辅助产品和配件。第五，谈判前要做好充分的市场调研，准确把握市场竞争态势和价格走势，不要受对方的价格诱惑所影响。第六，买方内部要反复协商，推敲协议条款，充分考虑各种利弊关系。签订协议之前还要再一次进行确认。为确保决策正确，适当请示上级领导、召开谈判小组会议都是十分必要的。

四、最后期限策略

（一）最后期限策略的原理

最后期限策略是在商务谈判中处于有利地位的一方常常使用的技巧。它是指谈判一方向对方提出达成协议的时间期限，超过这一期限，提出时间期限的谈判方将退出谈判，以此给对方施加压力，使其在规定期限内尽快做出决策，从而解决问题的一种谈判技巧。大多数谈判，特别是双方争执不下的谈判，基本上都是到了谈判的最后期限或者临近这个期限才会出现突破进而达成协议的。这是由于每个交易行为中都包含时间因素，时间限制的无形力量往往会使对方在不知不觉中接受谈判条件。因此，越接近谈判期限，双方的不安与焦虑感便会越强。这种不安与焦虑在谈判终止的那一天将会达到顶点。这也正是运用最后期限策略的最佳时机。

（二）最后期限策略的实际应用

为了使最后期限策略发挥应有的效果，谈判者对谈判截止前可能发生的一切必须负责，这是前提条件。只有在有新的状况发生或理由充足的情况下才能延长期限。如果对方认为你是个不遵守既定期限的人或者你有过随意延长期限的经历，那么最后期限就对对方发挥不了什么作用，即使期限已到，对方也不会感觉到不安与焦虑，因为他们早已算准了你不把期限当作一回事。对方或许会在有意无意中透露谈判期限，那么你只需慢慢地等，等着最后一刻的到来。当最后期限越来越近时，对方的紧张不安感会越来越强。在其最后期限即将到来时，你就可以慢条斯理地提出种种要求，由于时间迫切，对方很可能对你的提议不会有任何异议。

1. 适合使用最后期限策略的情形

当谈判中出现以下几种情况时，可以使用最后期限策略：

（1）对方急于求成，如急需某项生产物资。

（2）对方存在众多竞争者，且竞争达到一定的激烈程度。

（3）己方不存在众多竞争者，竞争不激烈。

（4）己方最能满足对方某一特别主要的交易条件。

（5）对方谈判小组成员存在意见分歧。

（6）发现与对方因交易条件差距悬殊，达成协议的可能性不大。

2. 最后期限的提出应符合的要求

使用最后期限策略的目的是促使对方尽快达成协议，而不是使谈判破裂，因此最后期限的提出应符合以下几点要求：

（1）所规定的最后期限是对方可接受的，即期限的规定是由于客观情况造成的。无理的、来不及给对方思考时间的最后期限常会导致该策略使用失效。

（2）所规定的最后期限必须是严肃的，尽管该期限将来是可以更改或作废的，但到最后期限到来以前，提出最后期限的一方要表明执行最后期限的态度是坚决的。

（3）提出最后期限时，语言要委婉，既要达到目的，又不至于锋芒毕露。

3. 最后期限策略应用中的注意事项

在谈判时，不论提出期限要求的是哪一方，期限一旦决定就不可轻易更改。最后期限策略的应用应注意以下几点：

（1）最后期限是一条双行道。设定最后期限是一个有力的谈判工具。因为没有最后期限，另一方就能用延迟策略给你施压以争取更好的交易。但是，当一方设定最后期限而打破谈判僵局时，会加快其退让而限制了其实现最好交易的能力。能认识到最后期限给双方带来同等影响的谈判者会用最后期限策略来避免出现代价高昂的僵局，我们最好的做法是在谈判之初而非僵局形成后才设定最后期限。

（2）透露己方的最后期限。把己方的最后期限透露给对方，如果没有透露，将会通过加速己方的让步来达成协议，其结果是己方得到一个对自己不利的交易。如果双方都知道有一个最后期限，那双方会努力在那个最后期限前达成协议。

（3）不要透露己方的时间成本。可以把最后期限透露给对方，但不要把时间成本透露给对方，否则会给己方带来被动。如国外某市市政府与其警务人员的一次劳资谈判的最后期限被定在某年的 6 月 30 日，双方都试图拖到最后那天再结束谈判。双方已经同意了合同中的两个条款：一个条款是为一组雇员增加薪水，另一个条款则是为了市政府的利益而减少其他组雇员的薪水。如果市政府过了最后期限而没有达成协议，市政府就会有一定的经济损失，不幸的是这点被工会知道了。于是，到最后期限那一天，市政府认可了大量对工会有利的条款。

（4）不要泄露己方谈判协议的最佳选择。除非己方的最佳替代方案是很强的，否则即使设定了最后期限，也不要泄露己方谈判协议的最佳选择。例如上面的例子，即使该市市政府要为其没有在最后期限前达成协议而付出代价，但其谈判协议的最佳选择也是强于工会的，因为只有双方签订协议，有一半的雇员才会得到加薪。

（5）适当做一些小的让步。在运用最后期限策略的同时可以向对方展开心理攻势，做一些小的让步来配合，给对方造成机不可失、时不再来的感觉，以此来说服对方，避免因最后期限给对方形成咄咄逼人的感觉，使双方在达成协议的态度上更加灵活一些。

📑 案例实践

失败的签约

德国某大公司谈判代表应日方邀请去日本进行访问，以草签协议的形式洽谈一笔生意。双方都很重视。

德方派出了由公司总裁带队，财务、法务等有关部门负责人及总裁夫人组成的庞大代表团，代表团抵达日本时受到了热烈的欢迎。在前往宾馆的途中，日方人员询问德方公司总裁夫人："这次是你们第一次光临日本吧？一定要好好旅游一番。"总裁夫人说："我们对日本文化仰慕已久，真希望有机会能领略一番。但是，实在遗憾，我们已经订了星期五回国的返程机票。"结果，日方把星期二、星期三的全部时间都用来安排德方人员旅游观光。在星期四开始交易洽商时，日方又搬出了堆积如山的资料，"诚心诚意"地向德方提供一切信息。尽管德方每个人都竭尽全力寻找不利己方的条款，但尚有6%的协议条款无法仔细推敲就已到了签约时间。德方代表进退两难：若不签约，高规格、大规模的代表团兴师动众来到日本，最后却空手而归，显然名誉扫地；若签约，可协议中有许多条款尚未仔细推敲。万般无奈，德方代表选择了后者，匆忙签订了协议。

案例来源：根据网络资料整理。

在这个案例中，日本人将最后期限策略的使用发挥得淋漓尽致。其通过不经意的交谈了解了德国代表团回国的日期，从而以安排旅游观光来挤压谈判时间。最后在谈判桌上搬出大堆资料的"诚心诚意"仍是为了对谈判时间进行压缩。德国代表团对繁琐的谈判已经没有足够的时间了，只得匆忙签署协议，从而损失了可能争取到的利益。

(三) 最后期限策略的破解

对于对方提出的最后期限，己方可通过以下几种方法加以破解：

(1) 重视对方提出的最后期限并制定相应的策略。不管对方提出的最后期限是真是假，都不能把这个最后期限认为是可有可无之事。因为对方提出这一最后期限必定事出有因，应认真对待，并根据对方提出的最后期限制定己方的应对策略。

(2) 有耐心，不可轻易让步。应该相信，所谓最后期限绝不是机不可失、时不再来的，更为重要的是，在规定的最后期限内所进行的谈判是否能达到己方所努力争取的效果，一定不要放弃原则，不要在"最后通牒"下草率达成协议。

(3) 想方设法越过对方的直接谈判人员，通过与其同行、上级的交往中摸清最后期限是真是假，借机采取相应的对策。

五、声东击西策略

(一) 声东击西策略的原理

声东击西，是指制造要攻打东边的声势，实际上却实施攻打西边的行动，是使对方产生错觉以出奇制胜的一种战术。《淮南子·兵略训》中提道："故用兵之道，示之以柔，而迎之以刚；示之以弱，而乘之以强；为之以歙，而应之以张；将欲西，而示之以东。"(唐) 杜佑《通典·兵六》也谈道："声言击东，其实击西。"

一般人的心理是，由间接途径或偶然得到的消息比直接得到的信息更可信，更有价值。将声东击西作为策略运用到商务谈判中，常指己方为达到某种目的和需要，有意识地将洽谈的议题引导到无关紧要的问题上，从而给对方造成一种错觉，使其做出错误的或违反事实本来面目的判断。该策略具有灵活机动、富于变化，既不强攻，也不轻易放弃，迂回前进的特点，为谈判行家常用，且效果良好。但由于许多人对该策略比较熟悉，运作不周容易被人识破。

(二) 声东击西策略的实际应用

在商务谈判中，该策略是在对方谈判代表缺乏谈判经验、容易轻信他言、不掌握市场行情或急于了解己方立场的情形下使用的。一般在以下情况下可以尝试使用声东击西策略：

(1) 转移问题时，为迷惑对方，转移对方视线，隐蔽己方真实意图，延迟对方采取行动，可使用声东击西策略。例如，己方实际上关心的是价格问题，又明知对方在运输方面存在困难，则己方可以集中力量帮助对方解决运输困难问题，使对方在价格上做出较大的让步，从而达到声东击西的目的。

(2) 转移对方的注意力，使对方在谈判上失误，为以后若干议题的洽谈扫清道路。

(3) 诱使对方在对己方无关紧要的问题上进行纠缠，使己方抽出时间对重要的问题进行深入的调查研究，迅速制订新的方案。

（4）对方是一个多疑者，并且逆反心态严重。

（5）借口资料丢失，必须凭记忆把它们汇集起来，从而偷梁换柱，篡改数据或其他内容。这样做的目的都在于干扰对方，打乱对方的阵脚，以便乘虚而入，达到目的。

（6）故意在谈判室或走廊上遗失备忘录、便条或文件夹，或者把这些物品故意放到对方容易找到的纸篓里，还可以让第三者打来让对方相信的虚假电话。

采用声东击西策略的关键是要清楚地了解对方是否察觉到自己的动机，如果对方已经察觉己方真正的目的，那么声东击西策略就无用武之地了。

📖 **趣味阅读**

"烛之武退秦师"的谈判策略

在春秋时期，郑国弱小，秦、晋两大国联军围郑，郑文公派烛之武和秦穆公谈判。烛之武见了秦穆公说："我虽为郑国大夫，却是为秦国利益而来。"秦穆公听后冷笑，不予相信。但烛之武接着进行剖析说道："秦、晋联合围郑，郑国已知必亡，然郑在晋东，秦在晋西，相距千里，中间隔着晋国，如果郑亡，秦能隔晋管辖郑地吗？郑只会落于晋人之手。一旦郑被晋所吞，晋国的力量便超过秦国。晋强则秦弱，为替别国兼并土地而削弱自己，恐非智者所为。如今，晋国增兵略地，称霸诸侯，何尝把秦国放在眼里？一旦郑亡，便会向西犯秦。"秦穆公听后连连点头称是，请烛之武坐下交谈。烛之武继续剖析："如果蒙贵王恩惠，郑得以继续存在，以后若秦在东面有事，郑将作为东道主，负责招待过往的秦国使者和军队，并提供行李给养。"秦穆公听后非常高兴，遂和烛之武签订盟约。烛之武之所以能够瓦解秦、晋联军，是因为他了解秦、晋两国势均力敌且互有威胁、互有猜忌的局势。在谈判中，烛之武假言郑已知自己要灭亡了，因而将要灭亡的国家对什么都已无所谓，使秦穆公造成错觉，以为烛之武真是"为秦国利益而来"。然后逐层剖析，陈述秦、晋联军对秦的利益影响，表面上"声东"，处处为秦着想，其实隐藏了为郑国解燃眉之急的"西"。

案例来源：张弘，蒋三庚. 商务谈判［M］. 北京：高等教育出版社，2018.

（三）声东击西策略的破解

对方使用声东击西策略时难免会露出破绽，己方可以采用以下几种方法来破解：

（1）谈判者应具备高超的观察力和应变力，关注对方的一举一动且洞察其举动的真实意图，并据此制定灵活有效的应对策略。

（2）用心收集和准备充足的谈判资料，以便在对方声东击西时以不变应万变的态势对待，以免落入对方设下的圈套。

（3）若确切掌握对方急切与己方达成协议的心理，且己方已胜券在握，可间接揭露对方的真实目的，指出其做法很不利于双方今后的合作。

第三节　劣势条件下的谈判策略

一、吹毛求疵策略

(一) 吹毛求疵策略的原理

在讨价还价时，对方的目标越高对己方越不利。对方的目标很高，要价往往居高不下，成交价格也就很难降低。吹毛求疵策略是为了迫使对方降低心理期望值，在商务谈判中针对对方的报价，寻找对方产品缺陷或相关问题，通过使对方认同所挑剔的理由确实成立，从而做出让步的策略。吹毛求疵策略的实质就是要降低对方的目标，寻找对方的弱点，降低对方的心理预期。

(二) 吹毛求疵策略的实际应用

在具体应用吹毛求疵策略时，应注意以下两点：

1. 掌握足够的产品知识、以行家的口气挑剔产品

如果你要购买大件或价格较高的产品，并想通过采用吹毛求疵策略来达到降价的目的，至少要先使自己成为半个行家，知道什么是对方产品的主要缺点。如果你在挑剔时不择要点，甚至把产品的优点说成是缺点，而对真正的缺点却视而不见，对方就会据此判断你是彻底的外行，从而高开价格且不肯轻易让步。遇到不诚信的卖家，有时甚至会以次充好，让你上当。但是，任何人最多是某个方面的行家，不可能是所有产品的行家。我们也没有那么多的时间和精力在买某种产品之前先把产品研究透彻。聪明的解决办法是一边谈判，一边学习，多问卖家为什么，从卖家的回答中获得有关产品方面的专业知识。

2. 在谈判的中后期使用吹毛求疵策略

如果谈判一开始就挑剔对方的产品，聪明的卖家就会知道你有较强的购买意向，从而减少让步。因此，此策略使用的最佳时间是在谈判的中后期。在使用了其他策略把价格谈到一定程度后再找产品瑕疵，迫使对方再做些让步。当然，如果产品的瑕疵较大而影响到了质量，也可以在谈判前期使用，以迫使对方一开始就在价格方面做出较大的让步。

使用吹毛求疵策略能使己方充分地争取到讨价还价的余地。如果能善于运用，无疑会使己方大受其益。但是，如果对一些优质产品、名牌产品不恰当地贬低，则可能会激怒对方。

(三) 吹毛求疵策略的破解

当对方使用吹毛求疵策略时，己方可以采用以下几个方式破解：

(1) 对己方的产品要有信心。俗话说："褒贬是买家。"买方对产品提出这样或那样的问题是讨价还价的需要，说明买方有成交的愿望。

(2) 己方要有耐心。如果对方提出的问题及要求不切实际，会渐渐地露出马脚而失去对己方的影响。因此，己方要有耐心。

（3）对于某些问题和要求，要能避重就轻或视而不见地不予理睬；当对方是在浪费时间、无中生有地提出问题时，一定要正面解释。

（4）向对方建议一个具体而又彻底可行的解决办法，不要与对方去争论那些与交易关系不大的问题；也可以向对方提出某些虚张声势的问题来增强自己的谈判力。

（5）千万不要轻易让步，以免对方不劳而获。对方的某些要求可能只是虚张声势，因此己方应该尽量削弱对方的声势，不要让其轻易得逞，同时己方也可以提出某些虚张声势的问题来增强己方的议价空间。

二、先斩后奏策略

（一）先斩后奏策略的原理

先斩后奏策略也称为人质策略，是指在商务谈判中实力较弱的一方通过一些巧妙的办法先成交后谈判，从而迫使对方让步的技巧。其实质是让对方先付出代价，并以这些代价作为"人质"，扭转自己在谈判中的被动局面，让对方衡量所付出的代价和中止成交所受损失的程度，被动地接受既成交易的事实。

（二）先斩后奏策略的实际应用

1. 买方常用的手段

（1）买方先让卖方根据自己的需要和样品进行加工生产组织货源，而当卖方产品积压或将货源组织上来后，买方又提出了苛刻条件，让卖方处于被动状态。

（2）买方先获得了卖方的商品，然后以各种理由要求降低商品价格或推迟付款时间。

（3）买方先赊购产品，到期后借口自己资金不足无力偿付要分期付清货款，使得卖方处于被动地位。

2. 卖方常用的手段

（1）卖方先获得买方的预付款，然后找理由提价或延期交货。

（2）卖方先提供部分买方急需的产品，然后借故停止供应，从而向对方提出抬高价格等新的要求。

（3）卖方收取优质产品的货款，却交付质量较次的货物。

在商务谈判中，应该客观看待先斩后奏的策略，有些企业采用缺乏商业道德的做法并不值得提倡，但是作为商务谈判者要防备和学会识别这种策略和技巧，以免陷入对方的陷阱。

📖 **趣味阅读**

荷伯的妻子打算另买一处房子，所以每到周六、周日她都约上荷伯去看房子。最后，不胜其烦的荷伯告诉他妻子："买房子事宜由你全权处理，只要买好了，告诉我一声，我与孩子搬进去就是了。"荷伯很得意，认为"把球打到了她的场上"。几周之后，妻子打电话给他，说她买了一所房子。荷伯以为听错了，修正她说，"你是看中了一所房子。"妻子说："已经写了合同，但得你同意才行"，荷伯便放下心来，与妻子一同去看房子。在路上，妻子告诉他，邻居朋友们都知道他们要搬家了，他们双方的父母也都通知了，甚至连新房的窗帘都已经做好了，孩子们都选择了自己的房间，告诉了他们的老师，新家具也已订购了。结果怎么样呢？正如荷伯所说："我妻子告诉我的是一个已经完成了的事实，为了维持我的面子，我只得同意，而且毫无怨言。"

案例来源：根据网络资料整理。

（三）先斩后奏策略的破解

在谈判中，当对方采用先斩后奏策略时，如果己方不积极主动地加以反击，就会使自己陷入生米煮成熟饭而无可奈何的境地；如果能及时实施得当的应对措施，就会扭转被动局面。己方可以采用以下几种应对措施：

1. 不给对方先斩后奏的机会

先斩后奏策略能被交易方所采用并且有成效，其原因之一是双方所签订协议的内容有疏漏之处，给其中一方钻了空子。谈判者要预防对方违约、毁约，就一定要使所签订协议的内容尽可能完备，使对方无机可乘，让对方没有"先斩"的机会，并以严厉的处罚条款来制约对方的违约行为。

2. 采取法律行动

面对对方先斩后奏的做法，谈判经验和法律知识贫乏的人往往以"私了"了事，殊不知这样做更加助长了对方的侥幸心理，对方还会得寸进尺。正确的做法是拿起法律武器，通过诉讼裁决加以解决。尽管整个审判过程会费时、费力，但是最终结果总是于己有利的。

3. 以牙还牙，针锋相对

当对方故意制造既成事实而威逼己方就范时，己方也可以采取同样的手段来对付对方，"以其人之道还治其人之身"，尽可能相应地掌握对方的"人质"，目的是使对方因占不到便宜而不得不按所签订协议要求办事或重新进行公平的谈判。

三、权力有限策略

（一）权力有限策略的原理

权力有限策略是指在商务谈判中，实力较弱的一方的谈判者被要求向对方做出某些条件过高的让步时，宣称在这个问题上授权有限，无权向对方做出这样的让步，或无法更改既定的事实，以使对方放弃所坚持条件的策略。

该策略是谈判者在被迫做出让步时采用的一种拖延战术，也是谈判者抵抗到最后所惯用的一张"王牌"。这里所说的"权力有限"有两层含义：一是谈判者被授予的权力确实有限，不得不使用权力有限策略，出现这种情况对双方都不利，因为其会使谈判时间延长，从而降低谈判效率；二是谈判者故意使用权力有限策略，以期赢得时间来积聚力量进行最后的抵抗。当第一种情况出现时，谈判者要保持冷静，及时与上级联系，解决因权力有限造成的问题；当后一种情况出现时，则要注意运用技巧，委婉地向对方表明"权力有限"，以免表达不当而引起对方的反感，使谈判陷入僵局，甚至破裂。

受到限制的权力才是真正有力量的权力。权力有限策略的使用是谈判者巧妙地利用权力有限与对方进行讨价还价的一种策略。当双方人员就某些问题进行协商，一方要求对方做出某些让步时，另一方向对方宣称在这个问题上授权有限，无权向对方做出这样的让步或无法更改既定的事实。实力较弱的一方的谈判者常常带着许多限制去进行谈判，这在一定程度上比大权独揽的谈判者处于更有利的地位。因为，谈判者的权力受到了限制，其立场可以更加坚定，可以向对方说："您的情况我很理解，但需要向有关部门领导汇报。""不，这不是我个人的问题，我不能在超越权力范围的事情上让步。"运用该技巧的最大好处在于既维护了己方的利益又不伤对方的面子：一方可以利用权力限制而与高层决策人联系请示之机更好地商讨处理问题的办法；还可以迫使对方向己方让步，在权力有效的条件下与己方进行洽谈。权力有限作为一种策略，不完全是事实，而只是一种对抗对手的盾牌。

（二）权力有限策略的实际应用

谈判经验告诉我们，谈判者在谈判桌上声明自己可以做出一切决定是不明智的，也是很危险的。因为这时如果对方有充分的理由要求己方让步时就只能接受让步，而无理由找借口来回绝。这其实等于丢掉了自己的保护伞，是不可取的做法。利用权力限制因素来阻止对方进攻的技巧也不能频繁使用，用多了对方会怀疑己方的诚意，甚至会置之不理。因此，在应用权力有限策略时必须掌握适当的时机，恰当地进行应用。

该策略适宜在对方要求的条件过高或己方需要对方在后期做出更大让步的情形下使用。运用该技巧时应注意以下几点：

（1）权力有限作为一种谈判策略，只是一种对抗对方的盾牌。运用该谈判策略时要严密，以使对方难辨真伪。

（2）如果要撤销原先已方所说的权力有限，可以说已请示领导，领导的意见如何即可。

（3）应用该策略时，不要让对方感到我们没有决策权、不具备谈判的能力。

（4）不要让对方失去与你谈判的诚意和兴趣。

（三）权力有限策略的破解

对权力有限策略可以从两个方面进行破解：第一，为了防范对方在谈判的关键时刻应用权力有限策略，己方在正式谈判开始时应迂回地询问对方是否有拍板定案的权力。如果有就谈；如果没有，应提出相应的要求，要么要求对方更换谈判代表，要么要求停止谈判。第二，当对方宣称权力有限时，要求对方尽快通过电话等方式与其领导联系，尽快解决权力有限的问题；或者坚持对等的原则，表示己方也保留重新考虑任何问题或修改任何允诺的权力，以有效抑制对方滥用权力有限技巧对己方施加压力。

📖 案例导读

中国某公司与日本某公司谈判某项交易。在谈判开始后，双方人员彼此做了介绍，并马上投入了技术性的谈判。中方商务人员利用谈判休息时间，对日方技术人员表示赞赏："您技术熟悉、表述清楚，水平不一般，我们就欢迎这样的专家。"该技术人员很高兴，表示他在公司的地位很重要，知道的事也多。中方商务人员顺势问道："贵方主谈人是你的朋友吗？""那还用问，我们常在一起喝酒，这次与他一起来中国，就是为了帮助他。"他回答得很干脆。中方又挑逗了一句："为什么非要你来帮助他，没你就不行吗？"日方技术员迟疑了一下："那倒不是，但这次希望他能成功，这样他回去就可晋升部长职务了。"中方随口跟上："这么讲我也得帮助他了，否则，我将不够朋友。"

通过一番谈话，中方断定对方主谈为了晋升，一定会全力以赴要求谈判的良好结果。于是，在谈判中巧妙地加大压力，谨慎地向前推进，成功地实现了目标，也给了对方某种满足。

案例来源：根据网络资料整理。

四、疲惫策略

（一）疲惫策略的原理

疲惫策略是商务谈判中一种惯用的谈判策略。疲惫策略是指谈判一方为了达到谈判目的，利用消耗对方精力的办法使对方在谈判中失利的一种策略。该策略充分利用了人的这种心理：当人的身心处于正常状况时，判断力会很正常，能够适时地进行自我抑制；相反，当人的身体处于疲劳状态时，就会波及精神方面，影响判断力的正常发挥，使工作兴趣和责任心大大减弱。因此，在谈判者的身体处于疲劳状态时，谈判者最易为逃避压力、急于结束而对他人的用心或话题不加思考而轻率做出决定，甚至有时由于理性水准的降低而做出违背心意的事。该技巧的应用抓住了人们喜欢简单、快速、直接地解决问题，而不喜欢解决问题的过程复杂、繁琐、反复的心理。此策略在对方成交心切或不耐烦时尤为适用。

在商务谈判中，实力较强一方的谈判者常常表现出咄咄逼人、锋芒毕露、居高临下、先声夺人的气势。针对这种谈判者，疲惫策略是一个十分有效的应对技巧。许多回合的疲劳战可使趾高气扬的谈判者的锐气逐渐被消磨，同时使己方从不利和被动的局面中扭转过来。当对方精疲力竭时，己方可乘此良机反守为攻，抱着以理服人的态度摆出己方的观点，力促对方做出让步。

心理学研究表明，人的心理特点及其素质有很大的差别，例如，在性格、气质方面，每个人都不一样。而人们个性上的差异又使人们的行为染上独特的色彩。通常情况下，性格急躁、外向，对外界事实富于挑战特点的人往往缺乏耐心和忍耐力，一旦气势被压住，自信心就会丧失，很快就会败下阵来。己方遏制对方气势的最好办法就是通过采取回避、巧妙周旋的办法，暗中摸清对方的情况，寻找其弱点，逐渐消磨对手的锐气，达到以柔克刚的效果。

（二）疲惫策略的实际应用

疲劳策略是通过马拉松式的谈判，本已存在的会场气氛、精力等自然障碍，再加上"疲劳"战术的运用，人为地拖延谈判时间，把对方的休息和娱乐时间也安排得满满的，看似隆重礼遇，实际上也许只是一种圈套。这时，影响谈判结局的决定性因素是谈判人员的精力，而不是高明的辩论技巧。

在商务谈判过程中，谈判人员可以从以下几个方面应用疲劳策略：

（1）连续紧张地举行长时间的无效谈判，以拖延谈判和达成协议的时间。

（2）在谈判中使问题复杂化，并不断提出新问题进行讨论。

（3）在谈判中采取强硬立场，制造矛盾，或将已谈好的问题推翻重来，反复讨论。

（4）在谈判间隙举行投对方所好的活动，使对方保持浓厚的兴趣直至疲劳。

（5）热情、主动的利用一切机会与对方攀谈，甚至在休息时间拜访对方，使对方缺少必要的休息。

实行疲劳策略，要求己方事先有足够的思想准备和人力准备。运用此策略最忌讳的就是以硬碰硬，以防激起对方的对立情绪，使谈判破裂。更为重要的是，要知道这种策略的存在，并提防别人使用。

▌案例导读

日本某企业与美国外商进行进口设备的谈判，美国外商代表应邀到该企业会谈。美方商务谈判代表团一下飞机就被日方接去赴宴，而后，日方大大小小的负责人纷纷亮相与之会面，表现得相当热情，仿佛是多年未曾谋面的老朋友一样。晚上日方又为美方安排了欢迎舞会及茶点，直至深夜。第二天还没睡醒，日方代表就来敲门，可能安排游览当地名胜古迹或拜会更高一级的领导。晚上又是上级部门或有关部门领导宴请，希望建立长期合作伙伴关系，日方人员轮流与之友谊干杯，为合作干杯。就这样不断地使美方处于高度紧张与兴奋状态之中，根本得不到好好休息。当美方谈判人员感到疲劳之时，谈判才真正开始。

案例来源：根据网络资料整理。

（三）疲惫策略的破解

针对疲惫策略可以通过两个方面破解：一是尽量使谈判在正常的工作时间内进行，确保谈判人员有定时和足够的休息时间；二是到外地进行谈判时应该制定相应的规章制度，谈判以外的时间要由己方自己安排，而不能按对方的计划行事，对对方的过度安排要学会说"不"。

五、攻心策略

（一）攻心策略的原理

谈判是双方为了各自获得最大利益而进行思想交流的过程，而思想是人的心理活动内在反应和外在结果。谈判人员在谈判桌上做出的提议、发表的意见、采取的策略和最终做出的决定都受人们的心理活动的影响，甚至心理活动会主导谈判结果。谈判心理是谈判人员在谈判过程中对各种客观事物的主观反应。人的行为受其心理因素的影响十分明显，正确利用心理因素，对促成谈判的成功是非常关键的。攻心策略是一种心理战术，基本主旨是从心理和感情的角度影响对方，促使对方接受解决分歧的方案。

（二）攻心策略的实际应用

在商务谈判中，攻心策略的具体实施方式主要有以下几种：

1. 制造满意感

制造满意感是一种使对方在精神上感到满足的策略。因此，谈判人员在谈判过程中要做到礼貌、优雅，关注对方提出的各种问题，并尽力给予解答。解答内容要以有利于对方理解自己的条件为准，即使对方重复提问也应耐心地解答，并争取做些证明，使自己的解答更令人信服。需要接待对方时，要办事周到，使对方有被尊重的感觉；必要时可请高层领导出面接见，以给对方"面子"；谈判的内容最好是叙述双方的友谊，分析对方做成该笔交易的意义等。

莎士比亚曾经说过："人们满意时，就会付出高价。"因此，谈判者应给对方制造满意感，使对方因获得满意感而减少进攻，从而加强己方的谈判力。

2. 举行小圈子会谈

小圈子会谈是指由双方主谈加一名助手或翻译进行小范围会谈，会谈地点可以在会议室、休息厅或其他地方。宴会、景点游玩也可以成为小圈子会谈的形式。小圈子会谈有加强心理效果、突出问题的敏感性，以及突出任务的重要性和责任感的作用；还易于创造双方信任的气氛，使双方谈话更自由，便于进行各种方案的探讨。

3. 摆鸿门宴

在商务谈判中，鸿门宴主要是指做某件事表面是一回事，而本质却另有所图。鸿门宴的用意是促使对方前进，尽快达成协议。双方在酒席上容易缓解气氛，减少心理上的戒备和双方对立的情绪，甚至瓦解对方的谈判立场。

4. 实施恻隐术

恻隐术是一种己方通过装扮可怜以唤起对方的同情心，从而达到阻止对方进攻的做法。其常用的表现形式有以下几种：

（1）说可怜话。例如，在对方要求己方让步而己方不愿意再让步时，可以说："按照这个价格签合同，我回去就要被炒鱿鱼了！""我已经退到悬崖边，再退就要掉下去了。"

（2）扮可怜相。例如，在谈判过程中表现出痛苦的状态。

恻隐术的运用要注意不损自己的人格，同时在用词和扮相上不宜太出格。尤其是谈判人员作为政府或国有企业代表时，除了注意不能有损个人人格外，还不能有损国家的形象。除此之外，还应看对象，如果对方毫无同情心，那么己方的这些行为不但不会奏效，反而会受到对方的讥笑。

5. 奉送选择权

这是一种故意摆出让对方任意挑选自己可以接受的两个以上的解决方案中的某一个而自己并不反悔，以使对方感到己方的大度和真诚，从而放弃原来的想法，并根据己方的方案来谈判的做法。奉送选择权的具体做法为：谈判一方就某个议题提出几种方案由对方选择；就几个议题同时提出解决方案，由对方选择；提出互为选择条件让对方选择。

使用该策略时，应注意以下两点：

（1）各种方案的分量。首先，应在自己成交或接受的范围内留有一定的余地；其次，每个方案的表现形式可以有差别，但是实际的分量应尽量相当，即使有差距也不要太大，主要体现在物与钱或简与繁等方面的差别上。

（2）抛出选择方案的时机。其一般应选在双方经过激战之后，或谈判相持较长时间之后，或在谈判结束前夕。否则，对方非但不会领情反而会认为你软弱可欺或调整余地很大。

6. 做出愤怒等情绪爆发行为

己方做出愤怒等情绪爆发行为可使对方手足无措而感到强大的心理压力。这种方式在对方是新手或软弱型谈判人员的情况下较为有效。

7. 恭维对方

恭维对方可以唤起对方的自尊心、虚荣心，使对方失去自我控制的能力，或为显示其能力而做出退让。在商务谈判过程中，谈判人员应该根据对方的特点适当地对对方进行恭维。

📖 **案例导读**

满意的合作

日本某公司设计出一种高级羽绒服，号称"宇宙服"。这种"宇宙服"由82人联合研制设计而成，其中还有两位登上过太空的美国宇航员。这种"宇宙服"的质量要求相当高、制作难度相当大，一件衣服光布料就有8种之多。

该公司总裁为了选择制衣技术高、制作成本低的合作伙伴，先在泰国、韩国等找了一圈，没有找到十分满意的合作对象。无奈之下，他决定到上海碰碰运气。不过，他对上海的制衣技术有所怀疑。

他到了上海某羽绒服厂，双方就合作事宜进行谈判。为了战胜其他竞争对手，争取合作的成功，该羽绒服厂领导决定以事实说服这位总裁。他们果敢地接受了试样任务，在很短的时间内做出了五套样服。日商看了样品的质量后十分惊叹和满意，当即表示愿意与该厂合作。双方经过进一步的谈判后达成协议，在该厂建立中日"宇宙服"生产车间，由日方无偿提供所有的专用设备并供给全部原料、辅料，生产的成品100%销往日本。

案例来源：郭鑫. 商务谈判［M］. 成都：西南财经大学出版社，2017.

（三）攻心策略的破解

如果对方使用了攻心策略，我们可以从以下几个方面进行破解：

（1）保持冷静、清醒的头脑。谈判者在对方发起攻心战时千万不要让自己的心理失去平衡。当自己出现情绪不安、心情烦躁时，可采取休息，甚至中止谈判等办法，让自己的心情得以平静，保持头脑清醒，而不能盲目采取行动。特别是当对方初次与自己谈判时，应只谈事实，不涉及个人感受，要时刻提醒自己不能凭感情情绪化地处理谈判中的一切重要问题。

（2）如果对方对我方过于热情，要弄清对方恭维的真正目的，坚持任何情况下都要做到不卑不亢、不为所动。要学会区别对方是发自内心地佩服自己，还是出于某种目的而恭维自己。

（3）对对方充满感情的话语要进行归纳和重新梳理，使之成为情绪化的表白；在表示自己了解对方的感受的同时，也应表明自己所持的态度和立场。

第四节　均势条件下的谈判策略

一、投石问路策略

（一）投石问路策略的原理

投石问路策略，即当己方对对方的商业习惯或真实意图等情况了解不多时，通过巧妙地向对方提出针对性问题，并引导对方尽量做出正面的或全面的回答，从中得到诸如成本、价格等方面的一般不易获得的信息资料，以便在谈判中做出正确的决策的一种策略。

比如，有一买家想要购买 2000 件产品，他就先问如果购买 100 件、1000 件、2000 件、4000 件和 8000 件产品的单价分别是多少。一旦卖主给出了这些单价，敏锐的买家就可以从中分析出卖主的生产成本、设备费用的分摊情况、生产能力、价格政策、谈判经验丰富与否。最后买家能够得到比购买 2000 件产品更好的价格，因为很少有卖主愿意失去数量这样大的一笔交易。

投石问路的关键在于选择合适的"石"，即提出的假设应该是己方所关心的问题，而且是对方无法拒绝回答的。在商务谈判过程中，如果提出的问题正好是对方所关心的，那么也容易将己方的信息透露给对方，反而为对方创造了机会。因此，使用投石问路策略应该要谨慎，不要过度。

（二）投石问路策略的实际应用

买家使用投石问路策略，通常可以"问"出很多有价值的信息资料。这样，获得的资料越多，就越能够做出有利的选择。一些精明的商业代表在采购物资时，经常采用投石问路策略，通过许多假设性的问题，获得很多颇有价值的资料。比如，可以选择以下问题：

（1）假如我们的订货数量加倍或减半呢？

（2）假如我们签订一年的合作合同呢？

（3）假如我们自己提供原材料呢？

（4）假如我们将保证金增加或减少呢？

（5）假如我们提供加工工具呢？

（6）假如我们要买你们几种产品，而不仅仅是这种呢？

（7）假如我们是在淡季签订的订单呢？

（8）假如我们采购如下 10 种产品呢？

（9）假如我们分期付款呢？

（10）假如我们技术支持自己负责呢？

（11）假如我们改变合同内容呢？

（12）假如我们改变产品规格呢？

这其中的任何一个问题都可以让买家了解到对方的商业习惯和动机，卖主想要拒绝回答也是比较难的，所以，大多数的卖家宁愿降低价格也不愿忍受这种疲劳战术下连番轰炸式的提问。在某些情况下，也可采用投石问路策略委婉地表态或加以拒绝。例如，在一次我国有关工业加工设备机械的贸易谈判中，中方主谈人员面对外方代表给出的高得出奇的价格，巧妙地采用了冲突问题的方法来"投石问路"并加以拒绝。中方代表主要提出来四个问题：第一，不知贵国中生产此类设备的企业一共有几家？第二，不知贵公司设备的价格远高于贵国内某品牌的依据是什么？第三，不知世界上生产此类产品的公司一共有多少家？第四，不知贵公司的产品价格高于世界知名品牌（世界名牌）的依据又是什么？这些问题使得外方代表感到非常吃惊，他们不便回答也无法回答，他们非常明白自己的报价高得有些过分，所以便设法自找台阶，把价格大幅度降了下来。

此外，应用投石问路策略必须掌握好时机，该策略一般适用于谈判开始时的摸底阶段。因为在摸底阶段使用该策略有助于了解对方的要求和意向，在此基础上选择最佳的成交条件和方式有利于谈判取得成功。如果谈判已十分深入，再运用此策略只会引起分歧，会打扰正常的谈判程序，甚至导致之前议定的条款发生变化而影响谈判的顺利进行。谈判人员在应用投石问路策略时应该注意以下三个方面的问题：

1. 恰当提问

如果所提问题限定的回答方式能够得到使对方接受的判断，那么这个问题就是一个恰当的问题，反之就是个不恰当的问题。例如，在经济合同的再谈判过程中，买方与卖方在交货问题上激烈辩论。卖方晚交货两个月，同时只交了一半的货物，买方对卖方说："如果你们再不把另一半货物按时交来，我们就向其他供货商订货了。"卖方问："你们为什么要撤销合同？如果你们撤销合同重新订货，后果是不堪设想的，这些你们明白吗？"在这里卖方提出"你们为什么要撤销合同"，是一个不恰当的问题，因为这个问题隐含着一个判断，即买方要撤销合同。这样，买方无论如何回答，都得承认要撤销合同。这是强人所难，逼人就范。谈判就自然不欢而散。所以，谈判必须准确地提出争论的问题，力求避免包含着某种不合适的前提、假定或暗含敌意的问题。

2. 有针对性地提问

在谈判中，一个问题的提出，要把问题的解决引导到交易能否做成这一方向上去，并尽可能地给予足够的时间使对方做出尽可能详细的正面回答，为此，谈判者必须根据对方的心理活动运用各种不同的方式提出问题。例如，当需方不感兴趣、不关心或犹豫不决时，供方应该问一些引导性的问题：你想买什么东西？你愿意出多少钱？你对我们的消费调查报告怎么看？你对我们的产品有什么不满意的地方？提出这些引导性的问题后，供方可以根据需要找出一些理由来说服对方，促使交易合同最终签订。

3. 少问多听

提问问题应尽量简洁，尽量避免暴露提出问题的真实意图，不要与对方进行激烈争辩，更不必陈述己方的观点。

📖 案例导读

2005 年 7 月的一天，一向清静的北京钓鱼台国宾馆东门外弥漫着一股紧张忙碌的气氛。中断了整整 13 个月的朝核问题六方会谈，终于在这里拉开了帷幕，开始进行第四轮六方会谈。作为朝核问题的主要当事国，朝鲜与美国的举动格外受到关注。

这一次，朝鲜和美国显然在事前做好了充分的准备。朝方首席会谈代表金桂冠在开幕式讲话中表示，朝鲜已经做好为半岛无核化做出决断的准备；美国则表示，如果第四轮会谈再无法取得实质性进展，就可能不再参加六方会谈。据记者了解，美方代表团做好了在北京住上几周的准备，美国首席代表希尔还为此特意准备了几件衬衣，看来美国有一股破釜沉舟、不取得谈判成功誓不罢休的劲头。与以前不同的是，此轮会谈不再采用各方代表立刻坐在一起正式开会的形式，而是先召开准备会议，由各方一对一地进行磋商，然后才坐到一起。

也许是朝鲜和美国对这次会谈都有更高的期待和热情，过去会谈前朝美从不进行双边磋商，而这次不同，25 日下午，朝美双方便进行了难得的、长达一个半小时左右的双边会晤。事后，美国国务院发言人在谈到这次一对一接触时说："会谈的气氛有点像商业气氛。"但他随即又解释说："但这不是一次讨价还价的会议。"

分析人士认为，朝美两国在会谈开始前进行接触，为正式会谈做好准备和协调，是六方会谈历史上的第一次，双方均使用了投石问路的策略。可见投石问路的实施，并不局限于商务性质的谈判，在多种谈判活动中均有应用。

案例来源：根据网络资料整理。

实施投石问路策略时，卖方应注意：第一，找出买方的真正需要。因为买方提出那么多"如果"，绝不会有那么多选择。第二，并不需要回答每一个问题，并且不要对对方提出的"如果"马上估价。应该给自己留有充分的时间，问清楚对方到底需要什么样的货物，能出价多少。第三，立即反问对方是否准备马上订货，如果需要订货，可要求买方提供保证，以利于交易的顺利进行。

（三）投石问路策略的破解

（1）当买方提问时，不要匆忙回答对方的问题，而要争取充分的时间进行思考，弄清对方的意图，以及对方是否急于成交。

（2）对方投出"石子"时，可以立即回敬其一个"石子"，即要求对方以订货作为条件。例如，当买方询问产品数量与价格之间的优惠比例时，可以立即让他订货，这样他就不能轻易提问。

（3）并非买方提出的每个问题都要正面回答或马上回答。假如对方的问题切中己方要害，而己方还没有找出回答的方式，则可以答非所问。

（4）反客为主，让对方投出的"石子"为己方探路。例如，买方询问订货数量与优惠价时，你可以反问："你希望优惠多少呢？"其实，买方的"石子"可以为商务谈判人员创造许多有利的机会，卖方抓住买方此时想知道更多信息的心理来提出一些自己的建议和目标，以促进谈判的进程，尽快达成交易。这从另一方面也提醒谈判人员自己"投石"时要小心谨慎，不要中了对方的圈套。

二、红白脸策略

（一）红白脸策略的原理

红白脸策略是指在商务谈判过程中，以两个人分别扮演"红脸"和"白脸"角色，或一个人同时扮演这两种角色，使谈判进退更有节奏，效果更好。红白脸策略也叫软硬兼施策略，是指在商务谈判过程中对于原则问题毫不退让，对于细节问题适当让步。通常在谈判时，面对咄咄逼人的谈判对手，可以在坚持原则的前提下，做一些顺水推舟的工作，等到对方锐气减退时，己方再发动反攻，力争做到反败为胜。这里的"白脸"是强硬派，在谈判中态度坚决，寸步不让，咄咄逼人，几乎没有商量的余地；这里的"红脸"是温和派，在谈判中态度温和，拿"白脸"当武器来压对方，与"白脸"积极配合，尽力撮合双方合作，从而达成于己方有利的协议。"白脸"一般是"放炮"人物，而"红脸"则是收场人物。

（二）红白脸策略的实际应用

在运用红脸白脸策略时，应注意以下几点：

（1）从扮相分工来看，一般来说"红脸"由主谈人充当，"白脸"由助手充当，因为收场或拍板的一般由主谈人来完成。

（2）从扮相特征来看，两种扮相应基本符合本人的性格特征。扮"红脸"的人应思路宽广，言语平缓，圆滑，经验丰富。扮"白脸"的人应该反应迅速，抓住时机，力主进攻，言辞尖锐。如果让不相宜的人去扮演这两种角色，那么就会出现该"硬"的话说不上去，该"收"的场面收不回来的现象，或者该说的也说了，但与其语气或人物性格特征相差较远，因而达不到预期效果。当然，这并不是指从外表上看要与扮相多么一致，如"白脸"就要一副凶相，虎着脸，高门大嗓的，"红脸"就要一副绅士气派。主要是看谈判人员的内在功夫和把握角色的能力。

（3）这两种角色一定要相互配合好，否则会出乱子。如果"白脸"发起强攻，声色俱厉，"红脸"就要善于把握火候，让"白脸"好下台，及时请对方就范。否则，如果让"白脸"过了头，反而使己方处于被动，谈判有可能会陷入僵局。

（4）如果一个人同时扮演"红脸"和"白脸"，就要机动灵活。发动强攻时应给自己余地，避免把自己架起来。

需要说明的是，由于磋商交锋阶段是商务谈判双方博弈的集中阶段，各项策略往往是相互配合、交替使用的，在时间序列上也有先有后，应该在模拟谈判或实践中反复加以演练。

在运用软硬兼施策略时有两忌：忌蛮横与忌脱节。

（1）忌蛮横。这里是指扮演"白脸"的人虽然要态度强硬、凶狠，但出言应该在理，不能无理，更不能在外相上失态、落俗，这样会招致对方的鄙视，策略效果不攻自破。

（2）忌脱节。这里是指"红白脸"之间要相互配合。当"白脸"在台上表现时，"红脸"应跟踪其谈判进展，在僵局时及时出现，在矛盾尖锐时，适时出面调节气氛，使"白脸"进可攻、退可守。当"红脸"在谈判时，"白脸"也要时时跟踪谈判进展，时时插入，给"红脸"添色，衬托出"红白脸"的反差气氛，从而强化策略效果。如果二者脱节，互不支持配合，策略效果会大减，甚至导致谈判全局失败。

（三）红白脸策略的破解

（1）不理会红脸和白脸的倡导者，坚持自己的要求和风格。

（2）以牙还牙。以"白脸"对付"白脸"，以"红脸"对付"红脸"。

（3）退席，或向其上司抗议。

三、欲擒故纵策略

（一）欲擒故纵策略的原理

欲擒故纵策略是指双方实力在某一方面有明显差距，对于志在必得的交易谈判，故意通过各种措施，让对方感到自己满不在乎，从而压制对手，确保己方在预想条件下达成协议的做法。

欲擒故纵策略是运用较多的基本谈判策略，因为该策略攻守结合，功效较大。欲擒故纵策略的实质是打击对手的自信心，因此，在谈判中表现的一些虚假态度及散布的一些迷惑对手的信息，均应考虑到对方的心理特点，适时而动。

（二）欲擒故纵策略的实际应用

欲擒故纵策略的具体做法是使自己的态度保持在不冷不热、不紧不慢的地步。比如在日程安排上，不能非常急迫，主要配合对方。在对方态度强硬时，让其表演，不慌不忙，不给对方以回应，让对方摸不着头脑，制造心理战术。本策略是手段，"擒"是目的。"纵"不是"消极"的"纵"，而是积极、有序的"纵"；通过"纵"激起对方迫切成交的欲望而降低其谈判的筹码,达到"擒"的目的。

在运用这一策略时应该注意以下几点:

(1)要给对方以希望。谈判中表现得若即若离,每一"离"都应有适当的借口,不要让对方轻易达到目的,也不能让对方轻易放弃。当对方再一次得到机会时,就会倍加珍惜。

(2)要给对方以礼节。注意言谈举止,讲话要注意掌握火候,"纵"时的用语要有尊重对方的成分,不可有羞辱对方的行为,避免从情感上伤害对方,转移矛盾的焦点,使"纵"失控。

(3)要给对方以诱饵。要使对方觉得确实能从谈判中得到实惠,这种实惠足以把对方重新拉回到谈判桌上,不至于让对手一"纵"即逝。

📖 案例导读

深圳一家公司欲从港商处引进一种比较先进的机械设备。港商得知买方欲更新设备、扩大生产规模,十分需要这种设备,在谈判中提出了很高的开盘价。我方谈判代表在谈判桌上与对方展开了激烈的较量,但由于港商态度坚决,没有取得任何进展。

如果没有这种设备,深圳公司扩大再生产的计划将无法实现,如果答应港商的条件我方则要被重重地宰一刀,这是我方所不情愿的。就在我方进退两难之际,公司谈判代表突然宣布谈判暂时中止,我方对港商的条件需要请示董事会,请求港商等待我方的答复。谁知一拖就过去了半个月,港商慌了,再三请求恢复谈判,我方均回复说董事会成员一时难以召集,无法达到法定人数,因此无法召开董事会讨论这一问题。又过了一个星期,港商又来催问,我方仍是如此答复,这下港商慌了手脚,急忙派人打听消息,结果令他大吃一惊。原来深圳公司正在着手与日本一家公司商谈同类商品的进口问题,双方对达成这笔交易很感兴趣。须知在商场上时间就是金钱,市场就是生命。

港商眼看着要失去一个十分重要的市场,对自己产品的竞争十分不利,马上转变了态度,表示愿意用新的价格条件同我方继续商谈。我方看目的已经达到,就同意了港商的要求。在谈判桌上,港商如同斗败了的公鸡,连连退步,谈判达成协议时港商大呼赚头少得可怜,而深圳公司则大大节省了一笔外汇支出,靠施缓兵计取得了重大胜利。

案例来源:根据网络资料整理。

四、旁敲侧击策略

(一)旁敲侧击策略的原理

旁敲侧击策略是指在谈判过程中的场外交涉时,以间接的方法与对方互通信息,与对方进行心理与情感的交流,使分歧得到解决,从而达成协议。

每种商务谈判都有两种交换意见的方式:一种是在正式会谈时直接把问题提出来讨

论；另一种是在非正式会谈的场外交涉中与对方间接地沟通信息。在谈判中，谈判者一般都面临双重压力：一方面必须装出很不妥协的姿态给己方的人看；另一方面又必须在对方认为合理的情况下和对方达成交易。因此，在正式会谈前应不断地试探对方，了解底细，争取向己方的谈判目标靠拢。在非正式交涉中，与对方间接地沟通能使信息在最少摩擦的情况下传达给对方，同时也能趁对方高兴时了解其真实意图。此时倘若提出的一些条件被对方拒绝，既不会有失掉面子的忧虑，也不至于引起对方的指责，而导致谈判出现僵局甚至破裂。并且可以此为依据对原有的有些偏差的目标进行修正，为进行最后阶段的会谈做好充分的准备。

在非正式的场外交涉中，大家可以无拘无束地谈话，可以谈时局，可以谈足球，可以谈妻子孩子等，也可以谈双方公司不合理的规章制度，以引起共鸣，增进彼此的感情。这些谈话就像润滑油一样，可使问题得到顺利解决。由此可见，旁敲侧击有时能成"大气候"。

（二）旁敲侧击策略的实际应用

旁敲侧击策略的内容和方式是多种多样的，但是关键是要制造友好的谈判氛围。因此，谈判人员在应用旁敲侧击策略时要先从正面、反面、侧面多个角度进行思考，选择最恰当的表达角度，并尽量用共同语言或表情礼貌地表达。当对方感到亲切、轻松、自在时，提出一些条件或问题，以争取满意的结果。

作为旁敲侧击策略的防御方，则应当提高警觉，不要做单方面的告白。因为对方制造友好轻松的气氛可能不是真心的，主要是为了使己方做出让步。尤其是爱喝酒的谈判者应当三思而行。目前在中国内地谈判宴会上仍然少不了要喝酒，特别是在中国北方喝得更凶，东北就有"感情深，一口闷；感情铁，喝出血"之说。如果你没有足够的酒量喝过对方，就应该尽量不喝或意思一下，以来日方长相推托，以免酒后吐真言，泄露了己方的商业秘密。可喜的是，在我国南方广州、深圳及其他开放城市已出现了谈判宴会上酒类饮料自选的局面，因此应用旁敲侧击策略不需要过多地在酒类上下工夫。

优秀的谈判者应该认识到，并非所有的事情都必须在谈判桌上提出讨论，场外的非正式交涉占有极重要的地位。运用旁敲侧击策略，可以沟通信息，了解对方的要求，及时研究出可行的解决办法。

五、休会策略

（一）休会策略的原理

休会策略即暂停谈判的策略。当谈判进行到一定阶段或遇到某种障碍时，由谈判一方或双方提出中断会谈，以便双方有机会重新研究、调整对策和恢复体力。其实质是谈判人员为控制、调节谈判进程，缓和谈判气氛，打破谈判僵局而经常采用的一种基本策略。

（二）休会策略的实际应用

休会可以达到的目的如下：

（1）仔细考虑争议的问题，构思重要的问题。

（2）可以进一步对市场形势进行研究，以证实自己原来观点的正确性，思考新的论点与自卫方法。

（3）可以召集各自谈判小组成员，探索变通途径。

（4）检查原定的策略和技术。

（5）研究讨论可能的让步。

（6）决定如何对付对手的要求。

（7）分析价格、规格、时间与条件的变动。

（8）应对谈判出现的新情况。

（9）缓解一方或双方体力，缓和紧张情绪。

应用情形：谈判出现低潮；会谈出现新情况；出现一方不满；谈判进行到某一阶段的尾声。

应用此策略需要注意的问题包括：

（1）提出休会的一方要说明休会的必要性并经过对方的同意。不要不打招呼擅自离开谈判桌。

（2）要确定休会时间。休会时间的长短要视双方冲突的程度、谈判人员的精力状况以及解决问题所需时间而定。

（3）休会前可做一个简短的总结，回顾一下谈判的成果。

（三）休会策略的破解

如果遇到对方采用休会策略，而己方不想休会时，可以采用以下方法：

（1）当对方因谈判时间拖得过长，或精神疲惫要求休会时，可适当延长会议时间，这样意志薄弱的对手就容易妥协。

（2）当己方提出让对手措手不及的问题时，可以考虑继续谈判，而不是休会。

（3）当己方处于有利地位，对方压力较大时，可对对方的休会建议故意不理，直至对方让步。

本 章 小 结

商务谈判策略概指商务谈判人员为实现既定的商业目标，根据已有的条件，充分利用已有的优势，调动一切有利于自己的因素而制定的计划、方案、办法和措施。从商务谈判的角度来看，商务谈判策略是谈判者在谈判过程中，为了达到己方的某种预期目标所采取的行动方案和对策。商务谈判的过程具有主观性、客观性、信息性、动态性及时效性的特征。

充分认识和把握商务谈判策略的特征，有助于谈判人员在实践中灵活有效地谋划策略、使用策略。其作用如下：恰当的商务谈判策略是实现谈判目标的桥梁；商务谈判策略是实现谈判目标的有力工具和利器；商务谈判策略具有引导功能；商务谈判策略是谈判中的"筹码"和"资本"；商务谈判策略具有调节、调整和稳舵的作用。

商务谈判策略的制定程序主要包括以下八个步骤：全面收集信息；寻找关键问题；确定谈判目标；假定解决方法；深入分析方案；形成谈判策略；拟定行动方案；进行模拟谈判。

商务谈判策略的运用过程离不开商务谈判策略的选择。从商务谈判实践经验上看，选择策略的决定因素主要有四个方面：谈判人员、谈判内容、谈判过程和谈判组织。我国商务谈判行为具有以下基本特征：谈判经验丰富的谈判人员的特征；持不信任态度的谈判人员的特征；面对喜好风险的对手，谈判人员的特征；个人魅力在我国商务谈判过程中的作用；谈判者之间的相似性在商务谈判过程中的作用；合作更利于双赢；谈判气氛在商务谈判中的作用。

优势条件下的谈判策略包括不开先例策略、先苦后甜策略、价格陷阱策略、最后期限策略、声东击西策略。

劣势条件下的谈判策略包括吹毛求疵策略、先斩后奏策略、权力有限策略、疲惫策略、攻心策略。

均势条件下的谈判策略包括投石问路策略、红白脸策略、欲擒故纵策略、旁敲侧击策略、休会策略。

◎ **思考题**

1. 请结合书中商务谈判策略的定义，用自己的语言对其进行阐述。
2. 制定商务谈判策略应遵循哪些程序？
3. 优势条件下的谈判策略有哪些？
4. 劣势条件下的谈判策略有哪些？
5. 均势条件下的谈判策略有哪些？

◎ **课后案例**

积压的苹果卖出好价钱

北方某省的苹果丰收了，果农们踊跃地将苹果送到了某水果进出口公司，使得本来就库存量不大的某水果进出口公司进一步增加了库存，形成了积压。如此多的水果让该水果进出口公司的业务员很犯愁，如何设法销售出去呢？正在这时，有个外商前来询问。该水果进出口公司认为这是一个极好的机会，下决心一定要把握住这次机会既要把水果卖出去，还要想方设法卖个好价钱。为此，他们做了周密的布置。在向外商递盘时将其他各种水果的价格按照当时国际市场的行情逐一报出，唯独将苹果的价格提高了。外商看了报价，当即提出疑问："其他水果的价格与国际市场行情相符，为什么苹果的价格要那么高？"我方代表很坦然地说道："苹果报价高是因为今年苹果的收购量低而库存量小，加上前来求购的客户很多，所以价格只能上涨。中国人有句话叫"僧多粥少"，说的就是这个意思。"该外商对我方讲的话将信将疑，谈判暂时中止了。

随后的几天，又有客户前来询盘，该水果进出口公司以同样的理由、同样的价格向他们做出回复。又有许多客户来询盘，还是得到同样的回复。该外商想，这是怎么回事？真的像他们所说的那样吗？若是真的需求量大而库存小，那么就要尽快签订购货合同，否则有可能价格还会提高。该外商还是心中没有底。虽说他对苹果报价心存疑问，想去了解真正的产量与需求量等问题，但是他在此地没有办法了解这些问题，只能靠间接的途径去了解。而其他的途径就是向其他客户去查询，可询问的结果与自己得到的信息是一致的。于是该外商赶快与该水果进出口公司签订了购销苹果合同，唯恐来迟了无货可供。

最后的成交价当然是买方的报价且没有降低。这样一来，其他客户纷纷仿效，因此，在很短的时间内，该水果进出口公司把积压的苹果销售一空，而且还卖了个好价钱。

案例来源：郭鑫. 商务谈判［M］. 成都：西南财经大学出版社，2017.

思考题：
本案例中，水果进出口公司采取了何种商务谈判策略？

◎ **谈判实训**

实训目的：通过实训使学生熟悉商务谈判策略的实际应用。
实训内容：
1. 案例背景：
谈判 A 方：某品牌脐橙公司（卖方）。
谈判 B 方：某水果进出口公司（买方）。
2. 谈判前，要求双方：
（1）制订各自的谈判计划。
（2）收集公司相关背景资料。
3. A 方与 B 方谈判人员模拟谈判。
实训要求：
1. 教师在实训前要将 A、B 两方的现有合作资料分发给学生。两方的内部资料分发给不同的谈判小组，相互保密。
2. 每小组应充分发挥每个成员的积极性，分别扮演好自己的角色。注意分工、协作与配合，互相学习，培养团队意识。
3. 建立经验交流制度。每两组完成模报实训后，其他同学及小组间可进行经验交流，教师可针对共性问题在课堂上组织讨论和专门的讲解。
4. 实训完成后提交实训报告
实训步骤：
1. 分组并指定各组负责人，分发资料。
2. 教师介绍本次实训的内容和实训情景。

3. 各组确定实训活动情景角色。

4. 各组进行谈判前的分析讨论并制订方案。

5. 各组模拟实训。

6. 各组围绕开局实训结果组织讨论。

7. 教师点评。

第十一章 商务谈判的礼仪

学习目标

◆ 知识目标

1. 了解礼仪的起源与发展。

2. 理解商务礼仪的含义与特征。

3. 熟悉商务谈判者的仪容仪表要求。

4. 掌握商务谈判应遵循的礼仪。

◆ 技能目标

1. 具备基本的形象意识和职业形象塑造能力。

2. 能够在商务谈判及商务社交中，体现商务谈判者应具备的举止和风度。

核心概念

礼仪（etiquette；rite；protocol）；商务礼仪（business etiquette）；礼节（courtesy）。

案例导入

曾 子 避 席

"曾子避席"出自《孝经》，是一个非常著名的故事。曾子是孔子的弟子，有一次他在孔子身边侍坐，孔子就问他："以前的圣贤之王有至高无上的德行、精要奥妙的理论，用来教导天下之人，人们就能和睦相处，君王和臣下之间也没有不满，你知道它们是什么吗？"曾子听了，明白老师孔子是要指点他重要的做人道理，于是立刻从坐着的席子上站起来，走到席子外面，恭恭敬敬地回答道："我不够聪明，哪里能知道？还请老师把这些道理教给我。"

在这里，"避席"是一种非常礼貌的行为。当曾子听到老师要向他传授时，他站起身来，走到席子外向老师请教，是为了表示他对老师的尊重。曾子懂礼貌的故事被后人传颂，很多人都向他学习。

案例来源：于文霞，陈世伟，孙继春. 商务礼仪［M］. 济南：山东科学技术出版社，2017.

启示：

我国是文明古国，素有"礼仪之邦"的美称。几千年光辉灿烂的文化，培养了中华民族高尚的道德，也使得"讲'仪'重'礼'"的优良文明礼貌传统流传至今。礼仪是一个人乃至一个民族、一个国家文化修养和道德修养的外在表现形式，是做人的基本要求。孔子曰："不学礼，无以立。"意思是一个人要想有所成就，必须从学"礼"开始。

第一节 商务礼仪概述

礼仪是一门较强的行为科学，现代社会对礼仪的要求越来越广泛，礼仪的规范化也越来越受到人们的重视，各行各业的从业人员对礼仪知识的需求也越来越迫切。因此，企业希望自己的每一位员工都能够在任何商务交往的场合中体现公司的礼仪文化，以及作为企业员工应具备的礼仪标准。

中华民族素有"礼仪之邦"的美誉，可谓历史悠久，我国历史上第一位礼仪专家孔子就认为礼仪是一个人"修身养性持家立业治国平天下"的基础。礼仪是普通人修身养性、持家立业的基础，是一个领导者治理好国家、管理好公司或企业的基础。

随着社会的发展，行业发展面临着日趋激烈的竞争，能否在竞争中保持优势地位，独树一帜，不断发展壮大，因素固然很多，其中，良好的品牌形象无疑会起到非常重要的作用。从某种意义上说，现代的市场竞争是一种形象竞争，企业树立良好的形象，将成为企业发展不可忽视的一笔，其中高素质的员工，高质量的服务，以及每一位员工的礼仪修养无疑会在企业与所有的合作伙伴之间架一座桥梁。

如果每一位都能做到待人接物知书达理，着装得体，举止文明，彬彬有礼，谈吐高雅，公司就会赢得社会的信赖、理解、支持。反之，如果大家言语粗鲁，衣冠不整洁，举止失度，待人接物冷若冰霜，就会有损企业形象，就会失去顾客，失去市场，在竞争中处于不利的地位。人们往往可以从某一个小事情上，衡量一个企业的可信度，服务质量和管理水平。因此我们也认为，礼仪将在现代社会不断发展壮大的过程中起到至关重要的作用。

对于个人而言，在忙碌的工商社会里，常因工作关系，与同事或陌生人接触频繁，成千上万与我们交谈过的人，留给我们深刻印象的，恐怕还是少数那些举止有节、礼貌周到的人。他们彬彬有礼的言行举止，无形中在我们心里，种下未来工作、业务的发展契机。这些人一部分是自幼受家庭熏陶而来；另一部分是进入社会工作后，用心学习来的。但社会上大多数人仍依着自己所知有限的礼数来做人处世，常做出失礼的言行而不自知，因而失去多少工作或升迁的机会。我们想过良好的行为举止，带给我们的将会是什么？

礼仪本身具有很强的凝聚情感的作用。礼仪的重要功能是对人际的调解。如果人们都能够自觉主动地遵守礼仪规范，按照礼仪规范约束自己，就容易使人与人之间感情得以沟通，建立起相互尊重、彼此信任、友好合作的关系，进而有利于各种事业的发展。

总之，礼仪与智慧和学识同等重要，无"礼"寸步难行，有"礼"走遍天下！

一、礼仪的起源及含义

（一）礼仪的起源

中华民族是人类文明的发祥地之一，文化教育传统源远流长。礼仪作为中华民族文化的基础，有着悠久的发展历史，经历了一个从无到有、从低级到高级、从零散到完整的过程。笼统地说，礼仪的发展史可以分为礼仪的萌芽时期、礼仪的草创时期、礼仪的形成时期、礼仪的发展和变革时期、礼仪的强化时期、礼仪的衰落时期、现代礼仪时期和当代礼仪时期 8 个时期。

1. 礼仪的萌芽时期（公元前 5 万—公元前 1 万年）

礼仪起源于原始社会中、晚期（约旧石器时期），至今有 100 多万年的历史。此时出现了早期礼仪的萌芽。例如，生活在距今约 1.8 万年前的北京周口店山顶洞人就有了"礼"的观念和实践。山顶洞人缝制衣服以遮羞御寒，把贝壳穿起来挂在脖子上来满足审美要求。族人死了，要在死人身上撒赤铁矿粉，并举行原始宗教仪式，这是迄今为止在中国发现的最早葬仪。

2. 礼仪的草创时期（公元前 1 万—公元前 22 世纪）

公元前 1 万年左右，人类进入新石器时期，人类不仅能制作磨光石器，而且诞生了农业和畜牧业。在此后数千年的岁月里，原始礼仪渐具雏形。例如，仰韶文化时期的遗址发现及有关资料表明，当时人们已经开始注意尊卑有序、男女有别了，如长辈坐上席，晚辈坐下席，男子坐左边，女子坐右边等礼仪日趋明确。

3. 礼仪的形成时期（公元前 21 世纪—公元前 771 年）

公元前 21 世纪至公元前 771 年，原始社会开始进入新石器时代，精致打磨的石器取代了旧石器时代笨重的石器和木棍，使农业、畜牧业、手工业生产跃上一个新台阶。随着生活水平的提高，生产力的提高使劳动者拥有了更多的剩余消费品，进而产生了剥削，最终不可避免地诞生了阶级，人类开始向奴隶制社会挺进。

到了夏代（公元前 21 世纪—公元前 15 世纪），社会开始从中国原始社会末期向早期奴隶社会过渡。在此期间，尊神活动升温。

在原始社会，由于缺乏科学知识，人们不理解此自然现象。他们猜想，照耀大地的太阳是神，风有风神，河有河神……因此，他们敬畏"天神"，祭祀"天神"。"禮"字的构成也有其奥妙，左边的"礻"指神灵，右边的"豐"是一种专门用于祭祀活动的盛满美食的器皿，所以"禮"的意思是端着仙品向神灵表示敬意。

周朝时期，礼仪建树颇多，特别是周武王的兄弟、辅佐周成王的周公，对周代礼制的确立起了重要作用。他制作礼乐，将人们的行为举止，道德情操等统统纳入一个尊卑有序的模式之中。全面介绍周朝制度的《周礼》，是中国流传至今的第一部礼仪专著。《周礼》详细介绍了 6 类官名及其职权。六官分别为天官、地官、春官、夏官、秋官、冬官。其中，天官主管宫事、财物等，地官主管教育、市政等，春官主管五礼、乐舞等，夏官主管军旅、边防等，秋官主管刑法、外交等，冬官主管土木建筑等。

春官主管的五礼即吉礼、凶礼、宾礼、军礼、嘉礼，是周朝礼仪制度的重要方面。吉礼，是指祭祀的典礼；凶礼，指丧葬礼仪；宾礼，是指诸侯对天子的朝觐及诸侯之间的会盟等礼节；军礼，主要包括阅兵、出师等仪式；嘉礼，包括冠礼、婚礼、乡饮酒礼等。由此可见，许多基本礼仪在商末周初已基本形成。

在两周，青铜礼器是个人身份的象征，礼器的多寡代表身份地位的高低，形制的大小显示权利的等级。当时，贵族有佩戴成组饰玉的风气，而相见礼和婚礼（包括纳采、问名、纳征、请期、亲迎等"六礼")成为定式，流行民间。此外，尊老爱幼等礼仪，也已明确确立。

4. 礼仪的发展和变革时期（公元前 770—公元前 221 年，东周时期）

西周末期，王室衰微，诸侯纷起争霸。公元前 770 年，周平王东迁洛邑，史称东周。继承西周的东周王朝已无力全面恪守传统礼制，出现了所谓"礼崩乐坏"的局面。

春秋战国时期是我国奴隶社会向封建社会转型的时期。在此期间，相继涌现出孔子、孟子、荀子等思想巨人，发展和革新了礼仪理论。

孔子（公元前 551—公元前 479 年）是中国古代的大思想家、大教育家，他首开私人讲学之风，打破了贵族垄断教育的局面。由他编订的《仪礼》，详细记录了战国以前贵族生活的各种礼节仪式。《仪礼》与《周礼》、孔门后学编的《礼记》，合称"三礼"，是中国古代最早、最重要的礼仪著作。

孔子认为"不学礼，无以立""质胜文则野，文胜质则史。文质彬彬，然后君子"。他要求人们用道德规范来约束自己的行为，要做到"非礼勿视，非礼勿听，非礼勿言，非礼勿动"。他倡导的"仁者爱人"，强调人与人之间要有同情心，要互相关心、彼此尊重。总之，孔子较系统地阐述了礼及礼仪的本质与功能，把礼仪理论提高到了一个新的高度。

孟子（约公元前 372—公元前 289 年）是战国时期儒家学派的主要代表人物。在政治思想上，孟子把孔子的"仁学"思想加以发展，提出了"王道""仁政"的学说和"民贵君轻"说，主张"以德服人"；在道德修养方面，他主张"舍生而取义"，讲究"修身"和培养"浩然之气"等。

荀子（约公元前 298—公元前 238 年）是战国末期的大思想家。他主张"隆礼""重法"，提倡礼法并重。他说："礼者，贵贱有等，长幼有差，贫富轻重皆有称者也。"荀子还指出："礼之于正国家也，如权衡之于轻重也，如绳墨之于曲直也。故人无礼不生，事无礼不成，国家无礼不宁。"

5. 礼仪的强化时期（公元前 221—公元 1796 年）

公元前 221 年，秦王嬴政最终吞并六国，统一中国，建立起中国历史上第一个中央集权的封建王朝，在全国推行"书同文""车同轨""行同伦"。秦朝制定的集权制度成为后来延续两千余年封建体制的基础。

西汉初期，叔孙通协助汉高祖刘邦制定了朝礼之仪，突出发展了礼的仪式和礼节。西汉思想家董仲舒（公元前 179—公元前 104 年）把封建专制制度的理论系统化，提出"唯天子受命于天，天下受命于天子"的"天人感应"说。他把儒家礼仪具体概括为"三纲五常"。"三纲"即君为臣纲，父为子纲，夫为妻纲；"五常"即仁、义、礼、智、信。汉武帝刘彻采纳董仲舒"罢黜百家，独尊儒术"的建议，使儒家礼教成为定制。

汉代时，孔门后学编撰的《礼记》问世。其中，有讲述古代风俗的《曲礼》、有谈论古代饮食居住进化概况的《礼运》，有记录家庭礼仪的《内则》，有论述师生关系的《学记》，还有教导人们道德修养的途径和方法，即"修身、齐家、治国、平天下"的《大学》等。总之，《礼记》堪称集上古礼仪之大成，上承奴隶社会、下启封建社会的礼仪汇集，是封建时代礼仪的主要源泉。

盛唐时期，《礼记》由"记"上升为"经"，成为"礼经"三书之一（另外两部为《周礼》和《仪礼》）。

宋代时，出现了以儒家思想为基础，兼容道学、佛学思想的理学，程颐、程颢两兄弟（世称"二程"）和朱熹为其主要代表。"二程"认为："父子君臣，天下之定理，无所逃于天地间。"朱熹进一步指出："仁莫大于父子，义莫大于君臣，是谓三纲之要，五常之本。人伦天理之至、无所逃于天地间。"

家庭礼仪研究硕果累累，是宋代礼仪发展的另一个特点。在大量家庭礼仪著作中，以北宋史学家司马光的《涑水家仪》和以《四书集注》名扬天下的南宋理学家朱熹的《朱子家礼》最为著名。明代时，交友之礼更加完善，而忠、孝、节、义等礼仪日趋繁多。

6. 礼仪的衰落时期（1796—1911年）

满族入关后，逐渐接受了汉族的礼制，并且使其复杂化，导致一些礼仪显得虚浮、繁琐，如清代的品官相见礼，当品级低者向品级高者行拜礼时，轻则一跪三叩，重则三跪九叩。清代后期，清王朝政权腐败，民不聊生，古代礼仪盛极而衰。伴随着西学东渐，一些西方礼仪传入中国，北洋新军时期的陆军便采用西方军队的举手礼等，以代替不合时宜的打千礼等。

7. 现代礼仪时期（1911—1949年，民国时期）

1911年末，清王朝土崩瓦解，孙中山先生于1912年1月1日在南京就任中华民国临时大总统。孙中山先生和战友们破旧立新，用民权代替君权，用自由、平等取代宗法等级制；普及教育，废除祭孔读经；改易陋俗，剪辫子、禁缠足等，从而正式拉开了现代礼仪的帷幕。民国期间，由西方传入中国的握手礼开始流行于上层社会，后逐渐普及民间。

20世纪三四十年代，中国共产党领导的苏区、解放区重视文化教育事业及移风易俗，进而谱写了现代礼仪的新篇章。

8. 当代礼仪时期（1949年至今）

1949年10月1日，中华人民共和国宣告成立，中国的礼仪建设从此进入一个崭新的历史时期。中华人民共和国成立以来，礼仪的发展大致可以分为以下3个阶段：

（1）礼仪革新阶段（1949—1966年）。1949—1966年，是中国当代礼仪发展史上的革新阶段。在此期间，摒弃了束缚人们的"神权天命""愚忠愚孝"以及严重束缚妇女的"三从四德"等封建礼教，确立了同志式的合作互助关系和男女平等的新型社会关系，尊老爱幼、讲究信义、以诚待人、先人后己、礼尚往来等中国传统礼仪中的精华得到了继承和发扬。

（2）礼仪退化阶段（1966—1976年）。1966—1976年，许多优良的传统礼仪被抛弃。礼仪受到摧残，社会风气逆转。

（3）礼仪复兴阶段（1976年至今）。特别是1978年党的十一届三中全会以来，改革开放的春风吹遍了祖国大地，中国的礼仪建设进入新的全面复兴时期。从推进文明礼貌用语到积极树立行业新风，从开展"18岁成人仪式教育活动"到制定市民文明公约，各行各业的礼仪规范纷纷出台，岗位培训、礼仪教育日趋红火，讲文明、懂礼貌蔚然成风。

党的十八大以来，中国特色社会主义和中国梦深入人心，践行社会主义核心价值观、传承中华优秀传统文化的自觉性不断提升。《新时代公民道德建设实施纲要》指出：充分发挥礼仪礼节的教化作用。礼仪礼节是道德素养的体现，也是道德实践的载体。要制定国家礼仪规程，完善党和国家功勋荣誉表彰制度，规范开展升国旗、奏国歌、入党入团入队等仪式，强化仪式感、参与感、现代感，增强人们对党和国家、对组织集体的认同感和归属感。充分利用重要传统节日、重大节庆和纪念日，组织开展群众性主题实践活动，丰富道德体验、增进道德情感。研究制定继承中华优秀传统、适应现代文明要求的社会礼仪、服装服饰、文明用语规范，引导人们重礼节、讲礼貌。

（二）礼仪的含义

礼仪作为一种社会现象，是与人类文明同时产生、同步发展的。礼仪约束着人们在不同场合的言行举止，是人与人之间建立和谐关系的基础。

1. 礼仪的概念

礼，是礼貌（礼貌语言、礼貌行为）、礼节（礼貌的具体表现）、礼俗的统称，是指社交活动中表示尊敬、谦恭、友善等的言语、动作和姿态。

在现代，礼仪是指人们在一定的社会交往场合，为表示相互尊敬、友好而约定俗成的、共同遵循的行为规范和交往程序。礼仪是礼和仪的合一："礼"即礼貌、礼节、礼俗，"仪"即仪容、仪表、仪态和仪式。

礼貌：指人们在日常活动中表示尊重和友好的行为规范，展现得体的风度和风范。礼貌包括礼貌语言和礼貌行为。

礼节：指人们在日常生活和社交场合相互问候、致意、祝愿、慰问以及给予必要协助与照料的惯用形式，是礼貌的具体表现形式。

礼俗：指婚丧、祭祀、交往等场合的礼节。传统的礼俗有冠礼、生辰礼、婚礼、祭拜礼、座次礼、丧葬礼等。

仪容：通常是指人的外貌，重点指人的容貌。在人际交往过程中，每个人的仪容都会引起交往对象的关注，并会影响对方对自己的整体评价。在个人仪表问题中，仪容是重点中的重点。仪容美的基本表现形式是貌美、发美、肌肤美，主要要求为整洁干净。

仪表：通常是指人的服饰、姿态、风度等。

仪态：是指人的姿势、举止和动作。注重仪态要注意以下4个方面：

①仪态文明。要有修养，讲礼貌，不应在他人面前有粗野的动作和行为。

②仪态自然。既要庄重，又要表现得大方得体，不要虚张声势、装腔作势。

③仪态美观。这是高层次的要求，它要求仪态要优雅脱俗、美观耐看，能给人留下美好的印象。

④仪态敬人。即要力戒失敬于人的仪态，要通过良好的仪态来体现敬人之意。

仪式：是指在一定场合举行的、具有专门程序、规范的活动，常用于较大或较隆重的场合。纵观古今中外对礼仪的理解，可包括以下3个方面的含义：

①礼仪是一种行为规范或行为模式。

②礼仪是一种大家共同遵守的行为准则。

③礼仪能约束人们的欲望，维护社会秩序，实现人际关系的和谐。

2. 礼仪的分类

礼仪由礼仪的主体、客体、媒体以及环境四个最基本的要素构成。主体是指礼仪活动的操作者和实施者，它既可以是人，也可以是物。客体是指礼仪活动的指向者和承载者，它既可以是人，也可以是物，也可以是精神的；既可以是具体的，也可以是抽象的；既可以是有形的，也可以是无形的。媒体是指礼仪活动所依托的一定媒介，由人体礼仪媒介、物体媒介、事体媒介等构成。环境是指礼仪活动得以形成的特定时空条件，可以分为礼仪的自然环境与礼仪的社会环境。

依照礼仪构成的四要素，礼仪可以分为政务礼仪、商务礼仪、服务礼仪、社交礼仪、公关礼仪、涉外礼仪、日常礼仪和节庆礼仪等。政务礼仪是国家公务员在行使国家权力和管理职能时应当遵循的礼仪。商务礼仪是企业从业人员以及其他一切从事经济活动的人士在商务往来中应当遵守的礼仪。服务礼仪是各类服务行业的从业人员在自己的工作岗位上应当遵守的礼仪。社交礼仪是社会各界人士在一般性的交际应酬中应当遵守的礼仪。公关礼仪是社会组织的公关人员或其他人员在公关活动中为树立和维护组织的良好形象、构建组织和内外公众和谐的关系应当遵守的礼仪。涉外礼仪是人们在同外国人打交道时应当遵守的礼仪。日常礼仪是日常交往中人们应当遵守的礼仪。节庆礼仪是节日和庆祝日时人们应当遵守的民俗礼仪。

二、商务礼仪的概念及特征

（一）商务礼仪的含义

商务礼仪是人们在商务交往中的一种行为艺术，是一个含义丰富的概念，它涵盖了工作场合所需要的各种技巧，覆盖了所有的工作空间；教养体现细节，细节展现素质。因此，商务礼仪是指商务人员在商务交往活动中，用以维护企业和个人形象，对交往的对象表示尊重与友好的行为规范和准则。例如：拿名片、见面握手等，大到各种场合着装、拜访客户等。

商务礼仪的核心是一种行为准则，用来约束日常商务活动的方方面面。商务礼仪的核心作用是为了体现人与人之间的相互尊重。它是人们在商务活动中对交往对象表示尊重和友好的一系列行为规范和活动程序，是礼仪在商务活动中的具体体现和运用。

（二）商务礼仪的内容

商务礼仪包括商务礼节和商务仪式两方面的内容。商务礼节是人们在商务交往活动中，为表示尊重对方而采取的规范形式。商务仪式是按照一定程序和规范进行的商务活动形式。

在商务活动中，遵循一定的商务礼仪规范，不仅有利于营造良好的交易氛围，保证交易与合作的成功，而且能体现个人与企业的良好素质，树立与巩固个人和企业的良好形象，对于企业文化建设、客户关系建立、公共关系处理、市场拓展开发等具有积极意义。

（三）商务礼仪的特点

随着知识经济和信息技术的快速发展，经济全球化增强，现代商务环境的变化越来越快，商务交流的手段越来越多，商务礼仪也出现了一些不同于以往的新特点。掌握这些新特点无疑会为我们的商务活动提供正确的理念和规范。

1. 普遍认同性

商务礼仪是在商务活动领域被共同认可、普遍遵守的规范和准则，具有普遍认同的特点。例如，握手礼是现代全世界通用的见面礼仪，随着经济全球化进程的加快，商务礼仪的普遍认同性使商务礼仪成为不同国家、不同民族、不同地区人们之间开展商务活动、进行商务交往的"通行证"。

2. 形式规范性

商务礼仪的表现形式在一定程度上具有一定的规范性。例如在正式的商务场合，男士一般要穿西装，并且要符合一定的穿着规范，否则就会贻笑大方。对于许多商务仪式，对其程序的要求必须符合一定的规范性，例如签字仪式、轮船下水仪式等都有一定的约定俗成的程序要求。如果执意要违反这个规范或符号，就会在与他人交往时传达错误的信息，轻的会使自己陷入尴尬的境地，重则会伤害他人的感情。因此，人们要想在商务场合表现得得体恰当、彬彬有礼，就必须遵守各项礼仪规范。

商务礼仪各种规范的表现形式也要具有很高的审美品位，可给人带来视觉、听觉、感觉等立体和全方位的审美享受。

3. 时代变化性

事物都是不断发展变化的，商务礼仪也伴随着时代的发展而发展变化，在现代快节奏、高效率的经济生活环境之下，现代商务礼仪也抛弃了过去很多的繁文缛节，向着更加简洁、务实的方向发展。

4. 地域差异性

不同的文化背景，产生不同的地域文化，从而决定着商务礼仪的内容和形式。比如，不同国家、不同地区、不同民族见面问候致意的形式就不一样，有脱帽点头致意的形式、有拥抱的形式、有双手合十的形式、有手抚胸口的形式、有握手致意的形式等。

再如，在宴请方面，中国人请客时桌子上的食物如果被客人吃干净，主人会觉得很没面子，好像饭菜不够丰盛；而在西方国家，主人见此情景会非常高兴，因为这表示准备的饭菜很受客人欢迎。这些礼仪形式的差异是由不同地方风俗文化决定的，我们要尊重这些差异。

5. 文化交融性

商务礼仪的发展与演进，体现了国际上通行的礼仪实践惯例与世界各民族不同的礼仪习俗相结合而形成的鲜明特征。例如，在正式的商务场合，按照国际惯例，男士要穿深色西服套装，这一规范在不同的地域实现了和当地文化的交融：作为商务正装的深色西服套装，在阿拉伯国家可以穿长袍替代，在我国也可以穿中山装替代，同样体现了对交往对象的尊重和对本民族文化的尊重。

三、商务礼仪的原则

商务礼仪是在商务活动中体现相互尊重的行为准则。商务礼仪的核心是一种行为准则，用来约束我们日常商务活动的方方面面。在商务活动中遵循一定的礼仪能够为企业和相关人员带来利润和商业上的成功。相反，在商战中，"不学礼，无以立"。

（一）平等原则

在具体运用礼仪时，允许因人而异，根据不同的交往对象，采取不同的具体方法。但是，与此同时必须强调：在礼仪的核心点，即尊重交往对象、以礼相待这一点上，对任何交往对象都必须一视同仁，给予同等程度的礼遇。不允许因为交往对象在年龄、性别、种族、文化、职业、身份、地位、财富等方面的差异而厚此薄彼，区别对待，给予不同待遇。这便是社交礼仪中平等原则的基本要求。

（二）遵守原则

在交际应酬之中，每一位参与者都必须自觉、自愿地遵守礼仪，以礼仪去规范自己在交际活动中的一言一行，一举一动。对于礼仪，不仅要学习、了解，更重要的是学了就要用，要将其付诸个人社交实践。任何人，不论身份高低、职位大小、财富多寡，都有自觉遵守、应用礼仪的义务，否则，就会受到公众的指责，交际就难以成功，这就是遵守的原则。没有这一条，就谈不上对礼仪的应用、推广。

（三）自律原则

从总体上来看，礼仪规范由对待个人的要求与对待他人的做法这两大部分构成。对待个人的要求，是礼仪的基础和出发点。学习礼仪、应用礼仪，最重要的就是要自我要求、自我约束、自我控制、自我对照、自我反省、自我检点，这就是所谓自律的原则。

古语云："己所不欲，勿施于人。"若是没有对自己的首先要求，人前人后不一样，只求诸人，不求诸己，不讲慎独与克己，遵守礼仪就无从谈起，就是一种蒙骗他人的大话、假话、空话。

（四）敬人原则

孔子曾经对礼仪的核心思想有过一次高度的概括，他说："礼者，敬人也。"所谓敬人的原则，就是要求人们在交际活动中，与交往对象要互谦互让，互尊互敬，友好相待，和睦共处，更要将对交往对象的重视、恭敬、友好放在第一位。在礼仪的两大部分中，有关对待他人的做法这一部分，比对待个人的要求更为重要，这一部分实际上是礼仪的重点与核心。而对待他人的诸多做法之中最要紧的一条，就是要敬人之心常存，处处不可失敬于人，不可伤害他人的个人尊严，更不能侮辱对方的人格。掌握了这一点，就等于掌握了礼仪的灵魂。在人际交往中，只要无失敬于人之意，哪怕具体做法一时失当，也不能算是失礼。

（五）宽容原则

宽容原则的基本含义，是要求人们在交际活动中运用礼仪时，既要严于律己，更要宽以待人。要多容忍他人，多体谅他人，多理解他人，而千万不要求全责备，斤斤计较，过分苛求，咄咄逼人。在人际交往中，要容许其他人有个人行动和独立进行自我判断的自由。对不同于己、不同于众的行为要有耐心、能容忍，不必要求其他人处处效法自身，与自己完全保持一致，这实际上也是尊重对方的一个主要表现。

（六）真诚原则

礼仪上所讲的真诚原则，就是要求在人际交往中运用礼仪时，务必待人以诚，诚心诚意，诚实无欺，言行一致，表里如一。只有自己表现出对交往对象的尊敬与友好，才会更好地被对方所理解，所接受。与此相反，倘若仅把礼仪作为一种道具和伪装，在具体操作礼仪规范时口是心非，言行不一，弄虚作假，投机取巧，或是当时一个样，事后一个样；有求于人时一个样，被人所求时又是另外一个样，则有悖礼仪的基本宗旨。将礼仪等同于"厚黑学"，肯定是行不通的。

（七）适度原则

适度原则就是要求应用礼仪时，为了保证取得良好效果，必须注意技巧，合乎规范，特别要注意做到把握分寸，大方得体。这是因为凡事过犹不及，运用礼仪时，假如做得过了头，或者做得不到位，都不能正确地表达自己的自律、敬人之意。当然，讲究礼仪要真正做到恰到好处，恰如其分，要勤学多练，积极实践，不断总结反思。

（八）从俗原则

由于国情、民族、文化背景的不同，在人际交往中，实际上存在着"十里不同风，百里不同俗"的情况。对这一客观现实要有正确的认识，不要自高自大，唯我独尊，简单否定其他人不同于己的做法。必要之时，要入乡随俗，与绝大多数人的习惯做法保持一致，切勿目中无人，自以为是，指手画脚，随意批评，否定其他人的习惯性做法。遵守从俗原则的这些规定，会更加有助于人际交往。

▣ 知识拓展

受人欢迎的 20 个原则

1. 学会倾听。
2. 不要向朋友借钱。
3. 尊敬不喜欢你的人。
4. 打球时不要一直赢。
5. 不必什么都用"我"做主语。
6. 不要把过去的事全告诉别人。

7. 为每一位上台唱歌的人鼓掌。

8. 对事不对人；对事无情，对人要有情；做人第一，做事其次。

9. 不要期望所有人都喜欢你，那是不可能的，让大多数人喜欢就是成功。

10. 自己开小车，不要特地停下来和一个骑自行车的同事打招呼，人家会以为你在炫耀。

11. 有时要明知故问："你的钻戒很贵吧！"有时，即使想问也不能问，比如"你多大了？"

12. 把未出口的"不"改成"这需要时间""我尽力""我不确定""当我决定后，会给你打电话"等。

13. 同事生病时，去探望他，很自然地坐在他的病床上，回家再认真洗手。

14. 坚持在背后说别人好话，别担心这样的好话传不到当事人耳朵里。

15. 如果你知道停电、停水通知，请通知你的邻居或同事。

16. 不要把别人的好视为理所当然，要知道感恩。

17. 自我批评总能让人相信，自我表扬则不然。

18. 有人在你面前说某人坏话时，你只微笑。

19. 与人握手时，可多握一会儿，真诚是宝。

20. 尊重传达室的师傅和做卫生的阿姨。

四、商务礼仪的作用

商务礼仪在促进商务活动蓬勃发展中起着巨大作用，已越来越引起人们的重视。在商务活动中，遵循一定的礼仪，不仅有利于营造良好的交易氛围，促进相互合作与交易的成功，而且能体现个人与组织的良好素质，有助于树立与巩固企业的良好形象。

(一) 塑造形象

礼仪最基本的功能就是规范各种行为。商务礼仪能展示企业的文明程度、管理风格和道德水准，塑造企业形象。良好的企业形象是企业的无形资产，可以为企业带来直接的经济效益。一个人讲究礼仪，就会在众人面前树立良好的个人形象；组织成员讲究礼仪，就会为自己的组织树立良好的形象，赢得公众的赞誉。现代市场竞争除了体现在产品竞争上，还体现在形象竞争上。一个具有良好信誉和形象的企业，很容易获得社会各方的信任和支持，从而有利于其在激烈的市场竞争中立于不败之地。

(二) 传递信息

公民的公共文明水平，可以折射出一个社会、一个国家的文明程度。员工的公共文明水平，可以折射出企业文化的好与坏。良好的礼仪可以更好地向对方展示自己的长处和优势，表达出对对方的尊敬、友善以及真诚。在商务活动中，恰当的礼仪可以获得对方的好感、信任，进而推动事业的发展。

（三）沟通协调

随着社会的发展，商务人员的交往面越来越广，各种商务交往中逐渐形成的行为规范和准则，指导着商务人员的行为，协调着人与人之间的关系及人与社会的关系，使人们友好相处。遵守礼仪规范，按照礼仪规范来约束自己，可使人际间得以更有效地沟通，从而建立起相互尊重、彼此信任、友好合作的关系。

（四）提高效益

礼仪是生产力，它所带来的社会和经济效益是不可估量的。在商务交往中，正确使用商务礼仪，可以促使商务活动顺利进行，促进双方开展业务合作，给企业树立良好声誉，从而帮助企业建立广泛合作关系，提高企业的经济效益和社会效益。

（五）促进文明

礼仪是人类社会进步的产物，是人类摆脱野蛮、进入有序文明时代的标志。《礼记》中记载："凡人之所以为人者，礼义也。"学习礼仪、应用礼仪，有助于形成良好的社会风气，营造和谐的社会氛围，建立互敬互让的人际关系，提升个人的礼仪修养，促进社会的文明发展。

随着我国在世界经济和政治舞台上扮演着越来越重要的角色，彰显着越来越重要的作用，礼仪成为我国与世界各国交往的名片，成为国家形象、城市形象、企业形象和区域投资环境的组成部分。

🕮 案例导读

周恩来总理的礼仪风范

周恩来（1898—1976年）是中华人民共和国第一任总理兼外交部部长，其杰出的外交礼仪修养为全世界所倾倒。美国前总统尼克松说："周恩来的敏捷机智大大超过了我能知道的其他任何一位世界领袖。这是中国独有的、特殊的品德，是多少世纪以来的历史发展和中国文明的精华结晶。他待人很谦虚，但沉着坚定。他优雅的举止，直率而从容的姿态，都显示出巨大的魅力和泰然自若的风度。他从来不提高讲话的调门，不敲桌子，也不以中止谈判相威胁来迫使对方让步。他手里有'牌'时，说话的声音反而更加柔和了……"美国前国务卿基辛格博士在回忆录中这样描绘："他面容瘦削，颇带憔悴，但神采奕奕，双目炯炯，他的目光既坚毅又安详，既谨慎又满怀信心。他身穿一套剪裁精致的灰色毛料服装，显得简单朴素，却甚为优美。他举止闲雅庄重，使人注目的不是魁伟的身躯（像毛泽东或戴高乐那样），而是他外弛内张的神情，钢铁般的自制力，就像是一根绞紧了的弹簧一样。"周恩来享有很高的国际声誉。凡是与他接触过的人，无不被他的人格、智慧和风度所折服。相反，苏联共产党总书记赫鲁晓夫的举止就有损于他自己和苏联的国际形象。赫鲁晓夫在出席联合国大会时，经常站起来打断别人的发言，甚至当西班牙代表发言时，他竟脱下皮鞋，敲打桌子。当时人们评论他的举止"像一个粗鲁不懂规矩的乡下人"。公众对周恩来的认可和赞扬，已超越了政见，超越了意识形态，超越了时空。周恩来的形象，集聚了中华民族的优良品德。

案例来源：张静波. 第一任外交部长：周恩来 ［EB/OL］. （2007-4-27）［2021-6-13］. www. news. sohu. com/20070427/n249739928. shtml.

第二节　商务形象礼仪

在日常的人际交往中，两个人初次见面，第一印象中的55%是来自外表，包括衣着、发型等；第一印象中的38%来自一个人的仪态，包括举手投足之间传达出来的气质、说话的声音、语调等；而只有7%的内容来源于简单的交谈。也就是说，第一印象中的93%都是关于外表形象的。

礼仪在现代社会活动中越来越重要。它已经成为衡量一个人、一个组织，甚至一个国家的整体素质的准绳。商务人员的礼仪水准如何，不仅反映着他个人的气质、学识、道德、修养，还可以通过它折射出其背后所代表的组织的形象。仪容、仪表、仪态构成了个人礼仪的主要内容，决定了个体在社会活动和商务活动中的表现。因此，商务人员必须树立礼仪意识，自觉学习礼仪知识，并学以致用，在各种社会活动和商务活动中不断提高自己的个人礼仪修养，塑造良好的个人与组织形象，最终为个人和组织赢得机会与发展。

在商务交往中，良好的个人形象会提高自己的印象分，并进而赢得更多合作的机会，从而创造更多的财富。因此，我们必须从现在开始重视仪容仪表知识的学习，养成良好的仪容修饰习惯。

一、仪容礼仪

仪容，一般指人的容貌，广义上还包括头发、手部，以及穿着某些暴露出的部分。在人际交往中，每个人的仪容都会引起交往对象的关注，特别是在初次见面时，它将是对方评价自己的一个重要指标。

仪容美的基本要素是貌美、发美、肌肤美，主要要求整洁干净。美好的仪容一定要能让人感觉到其五官构成彼此和谐并富有表情，发质发型使其英俊潇洒、容光焕发，肌肤健美使其充满生命的活力，给人以健康自然、鲜明和谐、富有个性的深刻印象。人们对容貌进行清洁护理，无论是浓妆还是淡抹，其基本要求是干净清爽、整齐简约、庄重自然、积极健康。

（一）职场妆容修饰的原则

仪容修饰的原则，主要包括整洁原则、卫生原则和端庄原则。

1. 整洁原则

商务人员要保持整洁、洁净、清爽，要做到勤洗澡、勤换衣、勤洗脸，手部要保持干干净净，身体无异味，并经常注意去除眼角、口角及鼻孔的分泌物。戴眼镜者还应注意，眼镜上的多余物也要及时揩去，商务男士要定期修面。

2. 卫生原则

注意口腔卫生，早晚刷牙，饭后漱口，牙齿洁白，口无异味。在应酬前忌食蒜、葱、韭菜、腐乳等让口腔发出刺鼻气味的食物。不能为了消除不良气味而当着客人的面咀嚼口香糖。

3. 端庄原则

仪容的修饰应保持简练、庄重、大方，给人以美感，赢得他人的信任。不要为了追赶潮流，体现个性，而在仪容修饰上标新立异、过度修饰，这样会令人质疑你的工作态度和职业修养。

（二）职场妆容的基础修饰

1. 面部修饰

在正式的商务谈判场合下，女士的面部仍是应以化淡妆为主，不提倡浓妆（如果参加晚宴，可以适当浓重一些）。对面容最基本的要求是：时刻保持面部干净清爽，无汗渍和油污等不洁之物。

2. 头发清洁护理

一般情况下，每周清洗头发两到三次，以保持头发整洁，没有头屑。发型应该美观、大方，一般不要把头发染成其他颜色，商务女士不要采用过分复杂的发型。长发女士在谈判时应将头发盘成优雅的发髻，如使用发卡或发带，应选择庄重大方的款式；短发女士一般应将头发简单地别在耳后，而不应太厚重。

3. 手臂的修饰

手臂是肢体中使用最多、动作最多的部分，要完成各种各样的手语、手势。如果手臂的形象不佳，整体形象将大打折扣。手臂的修饰，可以分为手掌、指甲与汗毛三个部分。在日常生活中，手掌是接触他人和物体最多的部位，从清洁卫生的角度来讲，手应当勤洗。餐前便后、外出回来及接触到各种东西后，都应及时洗手。指甲应定期修剪，但不宜在公共场合修剪指甲。在他人面前，尤其是外人和异性面前，腋毛是不应为对方所见的。

📖 趣味阅读

自刘劭《人物志》之后，品鉴风气转而以"才性名理"来品鉴个人。这种标准，不再以道德指标为唯一依归，而是站在审美的角度，以美感为标准来对人的才性或情性等种种姿态来进行品鉴。

《人物志·九征第一》指出，"故心质亮直，其仪劲固；心质休决，其仪进猛；心质平理，其仪安闲。夫仪动成容，各有态度；直容之动，矫矫行行；休容之动，业业跄跄；德容之动，颙颙卬卬……夫色见于貌，所谓徵神，徵神见貌，则情发于目……物生有形，形有精神；能知精神，则穷理尽性"。

这就是说，人的精神气象，往往必须借着人体外在的仪动姿容来表现。而表现于外的形态，也同样呈现出内在的心神，所以由外知内，由显知隐，此即观察个人才性的必经途径，因此形神之间具有密切的关联性。在当时的品鉴传略中就有不少名士容貌记载：

　　"马融……为人美辞貌，有俊才。"（《后汉书·马融传》）

　　"郭泰……身长八尺，容貌魁梧。"（《后汉书·郭泰传》）

　　"卢植……身长为八尺二寸，音声如钟。"（《后汉书·卢植传》）

　　"荀悦……性沉静，美姿容。"（《后汉书·荀悦传》）

　　"赵壹……体貌魁伟，身长九尺，美须豪眉，望之甚伟。"（《后汉书·赵壹传》）

　　他们对容貌的追求，虽仍含求名求仕的实用目的，但已与儒家的标准大不相同了。此风流及晋代，人物品评之风进一步扩展到仪容审美的领域，抛开礼法的约束，赋予仪容追求的独立意义，人物品评即从清议走向抽空灵传神，多以抽象精神评论人物的风姿仪容，容貌也成了一项重要的品评内容。这种以形展神、征神见貌的思想，更造成当时对仪容之美的讲究，《世说新语》便是这一风气的集中反映。

　　《世说新语》第一次专门辟有《容止》一门来叹赏时人的仪容美，"容止"，不仅有行为、举止的意思，还有容貌、外貌的内涵。《孝经》说："容止可观，进退可度。"唐玄宗注："容止，威仪也。"《礼记·月令》说："有不戒其容止者。"郑玄注："容止，犹动静。"荀粲就公然宣称："妇人德不足称，当以色为主。"裴楷颇不以为然，谓："此乃是兴到之事，非盛德之言。"（《世说新语·惑溺》，下引《世说新语》只注篇名），容止与孔门四科并驾齐驱，彼可言德才，此则专记容貌之美。在此之前，还没有哪个朝代像晋人一样关注自己身体的美，从容貌、肤色、体形到神态都成为美的欣赏对象，美回归到最初的感官愉悦上，美脱去了伦理道德的枷锁。连曹操这样的一代枭雄也自以为"形陋"，不敢接见匈奴使者，要派容貌秀美的崔琰代替自己，宁愿自己"捉刀立床头"。忠心为国的陶侃认为庾亮有罪，"诛其兄弟，不足以谢天下"，然而当他看到庾亮的"风姿神貌"时"一见便改观，谈宴尽日，爱重顿至"，诛伐之心顿消，政治上的敌对，竟被对手的美好容貌所化解。可见士人的"风姿神貌"在当时社会的人物品评中占有何等的重要性。

　　《容止》通篇都可见到人物姿容的美感表现：

　　潘安仁、夏侯湛并有美容，喜同行，时人谓之"连璧"。（《容止》九）

　　骠骑王武子是卫玠之舅，俊爽有风姿，见玠叹曰"珠玉在侧，觉我形秽"！（《容止》十四）

　　王大将军称太尉"处众人中，似珠玉在瓦石间"。（《容止》十七）

　　这些记录中，每一个名士都对形貌有一番讲究，他们有的是容貌整丽、连璧美容，有的是琳琅珠玉、蒹葭倚玉树，甚至是轩轩如朝霞举，这些魏晋名士们重视形体姿容的美感，俊美的仪容也成为他们获得社会好评的指标。

　　案例来源：彭昊.《世说新语》中士人仪容审美标准探析［J］. 怀化学院学报，2007（4）.

二、仪态礼仪

仪态，又称"体态"，是指人的身体姿态和风度，姿态是人身体所表现的样子，风度则是内在气质的外在表现。英国哲学家培根说过："相貌的美，高于色泽的美，而优雅合适动作的美，又高于相貌的美。"在社交中，仪态是极其重要有效的交往工具，它向人们展示出一个人的道德品质、人品学识、文化品位等方面的素质和能力。有优良的仪态礼仪表情达意，往往比语言更让人感到真实、生动，所以，我们在社交场合中须举止优雅，做到仪态美。

仪态是指人在行为中的姿势和风度。姿势是指身体所呈现的样子；风度则是属于内在气质的外化。仪态是一种不出声的"语言"，能在很大程度上反映一个人的内在品质、知识能力和个人修养。一个人的一举一动、一颦一笑、说话的声音、对人的态度等都能反映出一个人的仪态。

（一）站姿

站立是人们生活交往中一种最基本的仪态，它指的是人在站立时呈现出的具体姿态。"站如松"是指人的站立姿势要像松树一样端正挺拔。这是一种静态美，是培养优美仪态的起点。站立时，上下看要有直立感，即以鼻子、肚脐为中线的人体大致垂直于地面；左右看要有开阔感，即肢体和身段给人舒展的感觉；侧面看也要有直立感，即从耳朵到脚踝骨所形成的直线也大致垂直于地面。

1. 站姿的要求

（1）头正。抬头，两眼平视前方，嘴微闭，收颌直颈，表情自然，稍带微笑。

（2）肩平。两肩平正，微微放松，稍向后下沉。

（3）臂垂。两肩平整，两臂自然下垂。女士可前搭手，男士一般两手置于体侧，中指对准裤缝。

（4）胸挺。胸部挺起，使背部平整。

（5）腹收。腹部往里收，不能随意凸起，腰部正直，臀部向内、向上收紧。

（6）腿直。两腿立直。

2. 具体的站姿

（1）男士的站姿。男士站立时，要表现出刚健、强壮、英武、潇洒的风采。

具体要求是：下颌微收，双目平视，身体立直，挺胸抬头，挺髋立腰，吸腹收臀，两膝并严，两脚靠紧，双手置于身体两侧，自然下垂，这是标准的立正姿势。也可以脚跟靠近，脚掌分开呈"V"字形，或者两腿分开，两脚平行，但不可超过肩宽，双手叠放于身后，掌心向外，形成背手，背手有时会给人盛气凌人的感觉，在正式场合或者有领导和长辈在场时要慎用。

（2）女士的站姿。女士站立时，要表现出轻盈、娴静、典雅、优美的韵味。

具体要求是：身体立直，挺胸收腹；双手自然下垂，也可相叠或相握放在腹前，两膝并严，两脚并拢，也可以脚跟并拢，脚尖微微张开，两脚尖之间大致相距 10 厘米，其张角约为 45°，形成"V"字形，或者两脚一前一后，前脚脚跟紧靠后脚内侧足弓，形成"丁"字形。

（3）站姿的调整。

①同别人站着交谈时，如果空着手，男士可以双手相握或叠放于身后，女士可以双手

相握或叠放于腹前。

②身上背着背包时，可利用背包摆出高雅的姿势，比如用手轻扶背包或夹着背包的肩带。

③身着礼服或旗袍时，绝对不要两脚并列，而要两脚一前一后，相距 5 厘米左右，以一只脚为重心。

④向他人问候、做介绍、握手、鞠躬时，两脚要并立，相距约 10 厘米，膝盖要挺直。

⑤等待时，两脚的位置可以一前一后，保持 45°，肌肉放松而自然，但仍保持身体的挺直。

⑥站立过久时，可以把脚后撤一小步，后面的脚跟可以稍微抬起一点，身体的重心置于前面的脚上。

3. 站立时禁忌的姿势

（1）手的错位。站立时双手可以随谈话的内容做一些适当的动作，来帮助对方理解谈话的内容，但双手的动作宜少不宜多，宜小不宜大，切不可做一些乱指乱点、乱动乱摸、乱举乱扶、将手插入裤袋、左右交叉抓住胳膊压在胸前、摆弄小东西、咬手指甲等不合礼仪要求的动作。

（2）脚的错位。双脚站累时可以把身体的重心从两脚挪到任何一只脚上，但不可把两膝弯曲，双脚摆成外八字，用脚做一些乱指乱点、乱踢乱画、乱蹦乱跳、勾东西、蹭痒痒、脱鞋子或者半脱不脱、脚后跟踩在鞋帮上、一半在鞋里一半在鞋外等不合礼仪要求的动作。

（3）腿的错位。站立时双腿不可叉开过宽，不可交叉形成别腿，或把脚踩、蹬、勾在别的东西上以及把腿搭在或跨在别的东西上，使腿部错位，更不可抖动双腿或一条腿。

（4）上身错位。上身表现自由散漫、东倒西歪，或随意倚、靠、趴在别的东西上，或肩斜、胸凹、腹凸、背驼、臀撅，显得无精打采、萎靡不振。

（5）头部错位。脖子没有伸直，使得头部向左或向右歪斜，头仰得过高或压得过低，目光斜视或盯视，表情僵硬等。

（二）坐姿

坐姿是指就座之后所呈现的姿势。"坐如钟"是指人在就座之后要像钟一样稳重，不偏不倚。它也是一种静态美，是人们在生活工作中采用得最多的一种姿势。

1. 坐姿的具体要求

（1）入座时讲究先后顺序，礼让尊长，切勿争抢。

（2）一般从左侧走到自己的座位前，转身后把右脚向后撤半步，轻稳坐下，然后把左脚与右脚并齐。

（3）穿裙装的女士入座，通常应先用双手拢平裙摆，再轻轻坐下。

（4）在较为正式的场合，或者有尊长在座的情况下，一般坐下之后不应坐满座位，大体占据 2/3 的座位即可。

2. 坐定的要求

（1）头部端正。坐定时要求头部端正，可以扭动脖子，但不能歪头，眼睛正视交谈对方，或者目视前方，目光柔和，表情自然亲切。

（2）上半身伸直。上半身自然伸直，两肩平正放松，两臂自然弯曲，两手既可以放在大腿上，也可以放在椅子或沙发扶手上，掌心一定要向下。

（3）下半身稳重。两腿自然弯曲，两脚平落地面，在极正规的场合，上身与大腿、大腿与小腿，均应当为直角，即所谓"正襟危坐"。

3. 坐定的姿势

（1）男士的坐姿。男士坐定以后，头部和上半身的要求和站姿一样。具体的坐姿有：

①双腿、双脚并拢，形成"正襟危坐"。

②双腿、双脚可以张开一些，但是不能宽于肩部。

（2）女士的坐姿。女士落座后，头部和上半身的要求也和站姿一样，但更强调要双腿并拢。具体的坐姿有：

①双腿、双脚并拢"正襟危坐"。

②双腿并拢，双脚"V"字形或"丁"字形"正襟危坐"。

③双腿并拢，双脚并拢或者呈"V"字形、"丁"字形，双膝向左或向右略微倾斜。

④一条腿压在另一条腿上，上面的腿和脚尖尽量向下压，不能跷得过高，否则有失风度。

4. 坐定时禁忌的姿势

（1）身体歪斜，如前倾、后仰、歪向一侧等。

（2）头部不正，如左顾右盼、摇头晃脑等。

（3）手部错位，如双手端臂，双手抱于脑后，双手抱住膝盖，用手浑身乱摸、到处乱敲，双手夹在大腿间等。

（4）腿部失态，如双腿叉开过大、抖动不止、架在其他地方、高跷"4"字形腿（也就是一只脚放在另一条腿的膝盖上，脚踝骨接触膝盖，鞋底朝向身体外侧）、直伸开去等。

（5）脚部失态，如坐定后脱下鞋子或者脱下袜子，用脚尖指人或脚尖朝上使别人能看见鞋底，把脚架在高处、跷到自己或别人的座位上双脚摆成内八字，双脚上下或左右抖个不停等。

（三）手姿

手姿，又叫手势。由于手是人体最灵活的部位，所以手姿是体语中最丰富、最具有表现力的传播媒介，做得得体适度，会在交际中起到锦上添花的作用。古罗马政治家西塞罗曾说："一切心理活动都伴有指手画脚等动作。手势恰如人体的一种语言，这种语言甚至连野蛮人都能理解。"作为仪态的重要组成部分，手势应该正确地使用。

1. 手姿的基本要求

（1）手姿动作宜少，不宜过多。

（2）手姿动作宜小，不宜过大。

（3）一般情况下掌心不宜向下。

（4）谈到别人时要掌心向上，手指自然并拢，指尖朝向别人，切忌不能用食指指点别人。

（5）指到自己时应掌心向内，拍在胸脯上，切忌不能用拇指指自己。

（6）他人面前切忌用手做不雅的动作。如：掏耳朵、搔头皮、抠鼻孔、擦眼屎、剔牙齿、摸脚丫、挠痒痒、剪指甲等。

（7）他人面前切忌用手做不稳重的动作。如：双手乱摸、乱动、乱举、乱放、乱扶，或是咬指尖、抬胳膊、折衣角、挠脑袋、抱大腿等。

2. 几种常用的手姿

社交中几种常见的手势有以下几点：

（1）指示性手势。指示性手势主要用于指示具体事物或数量，其特点是动作简单、表达专一，一般不带感情色彩。规范的手势应当是手掌自然伸直，掌心向内或向上，手指并拢，拇指自然稍稍分开，手腕伸直，使手与小臂成一直线，肘关节自然弯曲，大、小臂的弯曲以 140° 为宜。在做手势时，要讲究柔美、流畅，做到欲上先下、欲左先右，避免僵硬死板。同时，要配合眼神、表情和其他姿态，使手势协调大方。此外，根据不同的场景，指示性手势可以进行以下变形。

（2）横摆式。在表示"请进""请"时常用横摆式。横摆式的手势是五指并拢，手掌自然伸直，掌心向上，肘微弯曲，腕低于肘。开始做手势应从腹部之前抬起，以肘为轴轻缓地向一旁摆出，到腰部并与身体正面成 45° 时停止；头部和上身微向伸出手的一侧倾斜，另一手下垂或背在背后，目视宾客，面带微笑，表现出对宾客的尊重、欢迎。

（3）前摆式。如果右手拿着东西或扶着门时，这时要向宾客做向右"请"的手势时，可以用前摆式。前摆式的手势是五指并拢，手掌伸直，由身体一侧由下向上抬起，以肩关节为轴，手臂稍曲，到腰的高度再向身前右方摆出，摆到距身体 15cm，并不超过躯干的位置时停止，目视来宾，面带笑容；也可双手前摆。

（4）双臂横摆式。当来宾较多时，表示"请"可以动作大一些，采用双臂横摆式。双臂横摆式的手势是两臂从身体两侧向前上方抬起，两肘微曲，向两侧摆出，指向前进方向一侧的臂应抬高一些、伸直一些，另一手稍低一些、弯曲一些；也可以双臂向一个方向摆出。

（5）斜摆式。请客人落座时，手势应摆向座位的地方，手要先从身体的一侧抬起，到高于腰部后，再向下摆去，使大、小臂成一斜线。

（6）直臂式。需要给宾客指方向时，采用直臂式。直臂式的手势是手指并拢，手掌伸直，屈肘从身前抬起，向抬到的方向摆出，摆到肩的高度时停止，肘关节基本伸直。注意指引方向，不可用一手指指出，显得不礼貌。

（7）发出招呼信息的手势。发出招呼信息时，正确而有礼貌的手势动作是高抬手臂，掌心朝下，轻挥手腕，如果掌心朝上则是无礼而蛮横的行为。

（8）表示喜恶态度的手势。一般来说，手势动作还可表示喜恶态度，例如：右拇指向上翘表示赞扬；伸出左手的小指表示"坏"或蔑视；食指与中指相交叉呈 V 状表示胜利。

（9）引起对方注意的手势。食指伸直，其余的手指内曲，这既表示指物，又是提醒对方注意的手势，一般在所讲事物很重要，或者表示警告的时候使用。必须强调的是，手势动作是一种较为复杂的伴随语言，深受文化差异的影响，应首先了解其在不同民族中所表达的特定含义，才能有效地发挥手势语的交际作用。

3. 手势运用的原则

手势语能反映出复杂的内心世界，如运用不当便会适得其反，因此，在运用手势时要注意以下几方面的原则：首先，要简约明快，不可过于繁多，以免喧宾夺主。其次，要雅观自然，因为拘束低劣的手势，有损于交际者的形象。再次，要协调一致，即手势与全身协调，手势与情感协调，手势与语言协调。最后，要因人而异，不可千篇一律地要求每个人都做几个统一的手势动作。

（四）面部表情

表情，泛指一个人的面部所呈现出来的具体形态，指的是人通过面部形态变化所表达的内心思想感情。所谓神态，是指人所表现出来的神情态度。在一般情况下，二者往往是通用的，实际上，它们所指的主要是人的面部所表现出来的态度变化。在商务交往中，热情友好、待人诚恳的商务人员有必要正确运用好自己的表情，唯有这样，商务人员的友善与敬意才会真正被交往对象所理解。友好诚恳的表情不仅是商务人员的一种职业要求，而且应当是商务人员待人接物所必备的一种修养。

商务人员在人际交往中所应用的表情语言相当丰富，认真的眼神和真诚的微笑，无论如何都应当是商务人员的基本表情。

1. 眼神

眼神也称目光语，它在交际中是通过视线接触所传递的信息。人与人的沟通，眼神是最清楚、最正确的信号，因为人的瞳孔不能自主控制。一个人的态度和心情，往往会通过眼神自然地流露出来。人们在相互交往中都在不自觉地用眼神说话，也在有意无意地观察他人的眼神。比如，深切地注视是一种崇敬的表示；眉来眼去、暗送秋波是情人交流感情的形式；横眉冷对是一种仇视的态度，而眼球移动迟钝、痴呆则是一种深情或忧愁的表现等。眼神主要由注视的时间、视线的位置和瞳孔的变化三个方面组成。

（1）注视的时间。据调查研究发现，人们在交谈时，视线接触对方脸部的时间占全部谈话时间的30%～60%。超过这一平均值，可认为对方对谈话者本人比谈话内容更感兴趣；低于这一平均值，则表示对方对谈话内容和谈话者本人都不怎么感兴趣。不难想象，如果谈话时心不在焉、东张西望，或者由于紧张、羞怯不敢正视对方，目光注视时间不到谈话时间的1/3，这样的谈话，必然难以被人接受和信任。当然，还要考虑文化背景，如与南欧人交谈时，注视对方过久可能会被对方认为是一种冒犯行为。

（2）视线的位置。人们在社会交往中，不同场合和对象，目光所及之处也是有差别的。有的人在与陌生人打交道时，往往因为不知道把目光怎样安置而窘迫不安。已被人注视而将视线移开的人，大多怀有相形见绌之感；仰视对方，一般体现尊敬、信任的含义；频繁而又急促地转眼球，是一种反常的举动，常被用作掩饰的一种手段。当然，如果死死地盯着对方或东张西望，不仅是极不礼貌的，而且也显得漫不经心。根据视线所落的区域不同，将注视分为以下三种：

①公务注视。常见于洽谈、磋商、谈判等正式场合，这种凝视给人一种严肃认真的感

觉。注视的位置在对方的脸部，以双眼为底线，上到前额的三角部分。谈公务时，如果你注视对方这个部位，就会显得严肃认真，对方也会感到你有诚意，你就会把握谈话的主动权和控制权。

②社交注视。这是一种在各种社交场合经常使用的注视方式，注视的位置在对方唇心到双眼之间的三角区域，当你的目光看着对方脸部这个区域时，会营造出一种社交气氛，让人感到轻松自然。这种凝视主要用于茶话会、舞会及各种类型的友谊聚会。

③亲密注视。亲密注视是亲人之间、恋人之间及家庭成员之间使用的注视方式，凝视的位置在对方双眼到胸之间。总之，我们在与不同的人交往，并注视对方时，应把握分寸、恰到好处、善于调节、因人而异，以显示自己较高的文化修养，从而为双方友好关系的建立创造一个无声的良好氛围。

（3）瞳孔的变化。瞳孔的变化即视觉接触时瞳孔的放大或缩小。心理学家往往用瞳孔变化大小的规律来测定一个人对不同事物的兴趣、爱好、动机等。兴奋时，人的瞳孔扩张到平常的 4 倍大；相反，生气或悲哀时，消极的心情会使瞳孔收缩到很小，眼神必然无光。所谓"脉脉含情""怒目而视"等大多与瞳孔的变化有关。据说，古时候的珠宝商人已注意到这种现象，他们能窥视交往对象的瞳孔变化而猜测对方是否对珠宝感兴趣，从而决定是采用高价还是低价。可见，在与人交际、谈话时，应注视对方的眼睛，观察对方的瞳孔，在将自己的心情袒露给对方的同时，也可获知对方真实的感觉，从而达到心灵的交流。

2. 微笑

人的面部表情除眼神外，最明显的标志是哭和笑。为了显示商务人员应有的素养，应当开展微笑社交，这也是商务人员应有的礼貌修养的外部表现。在社会交往中，微笑不但能强化有声语言沟通的功能，增强交际效果，而且还能与其他肢体语言相配合，代替有声语言的沟通。如微笑着向别人道歉，会消除对方的不满情绪；微笑着接受批评，能显示你勇于承认错误但又不诚惶诚恐；微笑着拒绝别人，代表你的大度，不会使人感到难堪，等等。微笑作为一种表情，它不仅仅是形象的外部表现，而且反映着人的内在精神状态。一个奋发进取、乐观向上的人，一个对本职工作充满热情的人，总是微笑着走向生活，走向社会。

美国希尔顿旅馆的董事长康纳·希尔顿常常这样问下属："你今天对顾客微笑了没有?"他还要求职员们记住："无论旅馆本身遭遇的困难如何，希尔顿旅馆服务员脸上的微笑永远是属于旅客的阳光。"果然，服务员脸上永恒的微笑，帮助希尔顿旅馆度过了 20 世纪 30 年代美国空前的经济萧条时期，在全美国旅馆倒闭了 80% 的情况下，跨入黄金时代，发展成为全球显赫的旅馆企业。

微笑是一种魅力，在社会交往中，亲切、温馨的微笑，可以有效地缩短双方的距离，创造良好的心理气氛，使"强硬的"变得温柔了，"困难的"变得容易了，甚至还会反败为胜。然而，要笑得好，笑得自然，并不是一件容易的事。对亲密的人笑得过火，会显得不稳重；硬挤出来的淡淡的笑，则会给人一种虚伪的感觉。微笑要发自内心、亲切自然。微笑也可以训练，日本航空公司的空中小姐，仅微笑这一项，就要训练半年之久。可见，重要的是自身的心理调适。如果每一个商务人员都牢固树立"顾客是上帝"的观念，如果人与人之间都能以兄弟姐妹般来相待，那么面容上就不难保持发自内心的微笑。总之，可以肯定地说，不善微笑便不善社交，善意的、恰到好处的微笑，可使自己轻松自如，使别人心旷神怡。因此，要不断进行微笑的练习。

三、仪表礼仪

广义的仪表是指人的外表，包括容貌、姿态、服饰、风度、个人卫生等，狭义的仪表特指人的衣着和饰物。一个人的仪表不但可以体现他的文化修养，也可以反映他的审美情趣。穿着得体可以赢得他人的信任，给人留下美好的印象，为自己的发展创设良好的机遇。相反，穿着不当往往会降低自己的身份和品位，损害自己的公众形象。仪表同样也是商务人员精神面貌的外在表现，良好的仪表也是尊重对方、讲求礼貌、互相理解的具体表现。

（一）　商务人员的着装原则

职场中得体的着装应该符合 TPO 原则。TPO 是时间（Time）、地点（Place）、场合（Occasion）三个英文单词的首字母缩写，是指人们在选择着装的搭配时，应当注重时间、地点、场合这三个客观因素。

1. 时间原则

时间既包含一天的早、中、晚三个时段，也包含季节的变化及不同历史时期的变化。

在通常情况下，人们早间在家中和户外的活动居多，着装都应以方便、随意为宜，可以选择运动服、便装、休闲装等，这样会透出几分轻松温馨之感。日间是工作时间，着装要根据自己的工作性质和特点，总体上以庄重、大方为原则。如果安排有社交活动或商务活动，则应以典雅、端庄为基本着装格调。晚间的宴请、舞会、音乐会等正式社交活动居多，人们的交往空间距离相对会缩小，服饰给予人们视觉与心理上的感受程度相对增加，因此，晚间着装要讲究一些，礼仪要求也要严格一些。晚间着装以晚礼服为宜，以形成高雅大方的礼仪形象。

许多西方国家都有一条明文规定：人们去歌剧院观看歌剧一类的演出时，男士一律着深色晚礼服，女士着装也要端庄雅致，以裙装为宜，否则不准入场。这一规定旨在强调社交场合的文明与礼仪，同时也体现着西方国家所具有的尊重他人、着意营造优美环境与氛围的社会文化。季节的变化是大自然的规律，人们在着装时应遵循这一规律，做到冬暖夏凉、春秋适宜。夏季以轻柔、凉爽、简洁为着装原则，切忌拖沓繁琐、色彩浓重，以免给自己与他人造成生理与心理上的负担；冬季应以保暖、轻便为着装的原则；春、秋两季着装的自由度相对大一些，总体上以轻巧灵便、薄厚适宜为着装原则。此外，着装要有时代感，不宜过于老气，也不宜过于前卫，要顺应时代的潮流和节奏，过分复古或过分新奇都会令人侧目，并与公众拉大心理距离。

2. 地点原则

服饰的地点原则实际上是指环境原则。特定的环境应配以与之相适应、相协调的服饰，以获得视觉与心理上的和谐感。在静谧肃穆的办公室里穿一套随意性极强的休闲装，穿着拖鞋，或者在绿草茵茵的运动场穿一身挺括的西装，穿着皮鞋；在严肃的写字楼里，女士穿着拖地晚装送文件，男士穿着沙滩花短裤与客户交谈……这些场景都会因环境的特点与服饰的特性不协调而显得人景两不宜。没有统一制服的单位，职员们的服装一般应尽可能与工作环境相协调，不宜过分追求时髦。

特别是商务人员，因为经常出入社交场所，服装通常要求高雅、整齐、端庄、大方，以中性色彩为主，不突出形体的线条，职业女性在衣着穿戴上不宜太华丽。肉色蕾丝上衣，丝绒高开衩长裙，会使别人认为此人女性化色彩过重，太敏感、易情绪化，甚至会有人背后称之为花瓶。太美艳的装扮难免会遭到同行的妒忌和异性的骚扰。当客户走进高雅洁净的办公场所时，白领女性的穿戴会影响其对这家公司的印象。

刚参加工作的商务人员切忌穿着太清纯，如果穿着印有向日葵图案的 T 恤、草编凉鞋、恋人送的玻璃手镯去参加商务会议，会使人显得幼稚、脆弱。同样，办公室着装也不能太前卫，漂染黄发、穿戴夸张会使人觉得你自由散漫、缺乏合作精神。

3. 场合原则

服饰的场合原则是指服饰要与穿着场合的气氛相协调。场合原则是人们约定俗成的惯例，具有深厚的社会基础和人文意义。服饰所蕴含的信息内容必须与特定场合的气氛相吻合，否则会引起人们的猜忌、厌恶和反感，导致交往空间距离与心理距离的拉大和疏远。参加重大的商务活动时，着一套便服或打扮得花枝招展，会使人感觉没有诚意或缺乏教养。所以，有必要选择与场合相适宜的服饰造型，实现人景相融的最佳效果。

1983 年 6 月，美国前总统里根出访欧洲四国时，由于他在庄重严肃的正式外交场合没有穿黑色礼服，而穿了一套花格西装，引起西方舆论一片哗然。有的新闻媒体批评里根不严肃，缺乏责任感，这其实与其演艺生涯有关；有的新闻媒体评论里根自恃大国首脑、狂妄傲慢，没有给予欧洲伙伴应有的尊重和重视。如果一个人的服饰不符合一定的场合要求是会引起误会的。在商务工作中，要避免浓妆艳抹、衣饰华丽，也不可蓬头垢面、衣饰庸俗，要恰如其分地打扮自己，表现出商务人员的优雅气质，表现出个人内在的涵养。一项研究表明，客户更青睐那些穿着得体的商务人员，身着商务制服和佩戴领带的业务员所创造的业绩要比身着便装、不拘小节的业务员高出约 60%。添置衣服或许要花一些钱，但它就像一项高明的投资一样，迟早会为你带来丰厚的回报。商务服饰的礼仪要求与规范是一种文化，能够反映一个国家的经济水平、文化修养、精神与物质文明发展的程度。服饰还是一种无声的语言，能表达一个人的社会地位、文化品位、审美意识以及生活态度等。

商务场合，男士穿着西装、女士穿着套裙是最符合国际规范的服饰。

（二）男士西装的着装规范

西装是举世公认的国际服装，它美观大方，穿着舒适，已发展成为当今世界上最标准、最通用的礼服，适合各种礼仪场合。

西装的样式有很多，领型有大、小驳头之分；上衣前门有单、双排扣之分；上衣扣眼有一粒、两粒和三粒之分；口袋有明暗之别；套件还有两件和三件之不同。用作礼服的西装应是由上、下装同色的深色毛料精制而成，男士穿着礼服时，应系领带，穿黑皮鞋，必要时还要配折花手帕。

选择西装以宽松适度、平整、挺括为标准，重要的不是价格和品牌，而是包括面料、裁剪、加工工艺等在内的许多细节。在款式上，西装应样式简洁，注重服装的面料、裁剪和手工。在色彩选择上，以单色为宜，建议至少要有一套深蓝色的西装。深蓝色显示出高雅、理性、稳重；灰色比较中庸、平和、显得庄重、得体而气度不凡；咖啡色是一种自然而朴素的色彩，显得亲切而别具一格；深藏青色比较大方、稳重，也是较为常见的一种色调，比较适合黄皮肤的东方人。

西装纽扣的功能主要在于装饰。西装有单排扣和双排扣之分，穿单排三粒扣西装，一般扣中间一粒或上两粒；穿单排两粒扣西装，只扣第一粒或全部不扣，若在正式场合，则要求把第一粒纽扣扣上，在坐下时方可解开；穿双排扣西装，应将纽扣全部扣上。西裤作为西装的另一个主要部分，要求与上装互相协调，以构成和谐的整体。裤腰大小以合扣后能伸入一手掌为标准，西裤的长度应正好触及鞋面。腰带一般 2.5~3cm 的宽度较为美观，腰带系好后留有皮带头的长度一般为 12cm 左右，过长或过短都不符合美学要求。西装的口袋一般不放东西，最多放一块手帕；走路时，也不要把双手插在上装或裤子的口袋里。就整套西装来说，所有设计在外部的口袋都只是一种装饰，真正能够放置物品的只有上装的前胸暗袋，可以放置钱夹或名片夹。西装穿着讲究"三个三"，即三色原则、三一定律、三大禁忌。

1. "三个三"

（1）三色原则是指男士在正式场合穿着西装时，全身颜色必须限制在三种以内，超过三种会显得不伦不类，失于庄重和保守。

（2）三一定律是指男士穿着西装外出时，鞋子、腰带、公文包三者的颜色必须协调统一，最理想的选择是三者皆为黑色。

（3）三大禁忌是指男士在正式场合穿着西装时，不能出现以下三个错误：一是袖口上的商标未拆。袖口上的商标应该是在买西装时就由售货人员拆掉，不然就有故意显摆之嫌。二是在正式的场合穿着夹克打领带。在正式场合，夹克如同休闲装，穿夹克打领带是不被允许的，领带与西装才是配套的。三是男士在正式场合穿着西装时袜子出现问题。在商务交往中宜穿深色棉袜，有两种袜子以不穿为妙，一是尼龙丝袜，二是白色袜子。

2. 衬衫的选择与穿着

能与西装相配的衬衫颜色很多，最常见的是白色或其他浅色。

与西装搭配的衬衫，领子应该是有座硬领，领围以合领后可以伸入一个手指头为宜。袖子的长度以长出西装袖口 1~2cm 为标准，衬衫领应高出西装领 1cm 左右。在穿着衬衫时，长袖或短袖硬领衬衫应扎进西裤里面，短袖无座软领衬衫可以不扎。在日常生活中，长袖衬衫不与西装上装合穿时，衬衫领口的扣子可以不扣，让其敞开，但一般只能敞开一粒扣子。袖口可以挽起，但一般只能按袖口宽度挽两次。如果衬衫与西装上装合穿，或者虽不合穿，但要打领带时，则必须将衬衫的扣子全部都扣好，不能挽起衣袖，袖口也应该扣好。注意领口和袖口要干净。

白色的衬衫配深色的西装，花衬衫配单色的西装，单色衬衫配条纹或带格西装都比较合适；方格衬衫不应配条纹西装，条纹衬衫同样不要配方格西装。在办公室中穿着的衬衫，颜色以单色为理想选择。白色是最佳也是最安全的选择，浅颜色也可以，不宜穿淡紫色、桃色、格子、圆点和宽条纹的衬衫，面料最好以纯棉为主。

3. 领带的选择与穿着

领带是西装的灵魂，在西装的穿着中起着画龙点睛的作用。

经常更换不同的领带，往往也能给人以耳目一新的感觉。领带有温莎结、半温莎结（十字结）和亚伯特王子结等打法。面料以真丝为最优，使用最多的花色品种是斜条图案领带。实际上，领带上的图案是有意义的，如碎花代表体贴，圆点代表关怀，方格代表热情，斜纹代表果断。系好领带后，应该认真整理，使之规范、定型。领带上片的长度以系领带者呈标准姿势站立时，领带尖正好垂至腰带扣中央下沿为最佳，不能太短，更不能比下片还短；也不能太长，太长很不雅观。如果配有西装背心或毛衣、毛线背心，领带须置于它们的里面，且下端不能露出领带头。领带配饰包括领带棒、领带夹、领带针、领带别针等，有各种型号，主要功能是固定领带。除经常做大幅度的动作或作为企业标志时使用领带夹外，其他情况最好不用领带夹。佩戴时应注意，领带夹的位置不能太靠上，以从上往下数衬衫的第四颗和第五颗纽扣之间为宜。西服的扣子扣好后，领带夹是不应该被看见的。领带选择的基本原则是衬衫、领带与西装三者之间要和谐、调和。比如，西装和领带的花纹不能重复。如果衬衫是白色，西装是深色，领带就不能是白色，而应是比较明快的颜色；如果衬衫是白色，西装的颜色朴实淡雅，领带的颜色就必须华丽一些。当然，除了衬衫、领带、西装的色彩协调应充分考虑外，这三者的色彩关系还应顾及穿着者的肤色、年龄、职业、性格特征等。

（三）女士套裙的着装规范

如果说西装是男性服饰的标志，套裙则是女性服饰的标志。套裙飘逸摇曳、婀娜多姿，使人产生美妙的视觉感受和心理感受。作为职业女性，其工作场合的着装有别于其他场合的着装，尤其是代表着一个企业、一个组织的形象时，更要追求大方、简洁、素雅的风格。套裙以它严肃、多变却不杂乱的颜色，以及新颖而不怪异的款式，成为职业女性最规范的工作装。

1. 套裙的选择与穿着

套裙有两件套和三件套之分，套裙的上装以西装的式样居多，也有圆领、V字领、青果领、披肩领等式样；款式有单排扣、双排扣之分；造型上有宽松的、束腰的，还可以由各种图案镶拼组合而成。根据面料，套裙有半毛制品、亚麻、丝绸、纯棉之分。丝绸是上乘的面料，但价格昂贵；纯棉的面料也可以，但洗过后必须熨烫平整。

不得体的裙装，不管多么新颖时髦也不会给人以美感。在生活中，我们常常会看到身材高大肥胖的女士，上穿一件淡红色紧身衣，下穿一条一步裙，露出肥厚的前胸和粗壮的大腿，令人担心那身衣服随时会崩裂；而身材矮小的女士，却上穿一件深色蝙蝠衫，下穿一条长长的黑色呢子裙，宽松肥大的衣裙把整个人都装了进去，越发显得瘦弱憔悴。同样，纤细瘦弱的女士穿上紧身裙装则会显得干瘦、缺乏魅力。

要穿着得体，就要宽松适当，长短适中，套裙造型与体形特征互补互衬。比如，高大丰满的女士穿一套上衣长度过腰、裙子长度及膝的西装套裙是比较合体的。矮个女士最适合穿上下色调统一的套裙，因为单色套裙使人显得高挑、纤细。选择套裙时，应当充分考虑利用裙子的装饰美化作用，扬美遮丑以使自己体形的完美部分得到充分展示，不足之处得到掩饰。比如：有的女士上身较长，双腿较短，看起来体态重心偏下，不够匀称，这样的体形可以选择上装仅及腰部、裙子长及小腿的套裙，利用裙装的上短下长，掩盖腿部粗短的缺点；肩窄臀宽的人，应注意使用垫肩，使肩部看上去宽些，也可以在肩部打褶以增加宽度，还可以选择束腰的服装以衬托肩部的宽大；腰粗的人应选肩部较宽的衣服，以产生肩宽腰细的效果，不宜穿腰间打褶的衣服，不要把衬衫扎进裙子里。

2. 女性正装穿着的规范与禁忌

（1）忌着装暴露。在正式场合穿着过露、过紧、过短和过透的衣服，如短裤、背心、超短裙、紧身裤等，就容易分散顾客的注意力，同时也显得不够专业，还要注意切勿将内衣、衬裙、袜口等露在外衣外面。

（2）忌内衣外穿。穿着居家服很舒适，但是在公共场合这样穿着则显失礼。在家里接待来宾和客人时，不能只穿睡衣、内衣、短裤或浴袍。

（3）忌裙、鞋、袜子不搭配。鞋子应穿高跟或半高跟的牛皮鞋，颜色以黑色为主，与套裙色彩一致的皮鞋也可以选择。袜子一般为尼龙袜或连裤袜，颜色宜为肉色、黑色、浅灰、浅棕等几种常规选择颜色，切勿将健美裤、九分裤等裤装当成长袜来穿。袜子应当完好无损，可以在皮包内放一双备用丝袜，以便当丝袜被弄脏或破损时可以及时更换，避免难堪，切勿穿着脱丝的丝袜。

（4）忌光脚或三截腿。在国际交际中，穿着裙装却不穿袜子，往往会被人视为故意卖弄风骚，因此，光脚是不被允许的。穿半截裙子时，若再穿半截袜子，袜子和裙子中间露出一段腿肚子，会导致裙子一截，袜子一截，腿肚子一截，这在国外往往会被视为没有教养。

（5）忌穿黑色皮短裙。由于文化背景、风俗习惯、审美观念的差异，黑色皮短裙及其附加的装扮，是欧美国家特殊服务行业通用的标志。

（四）饰品的选择与佩戴礼仪

饰品，也称首饰、饰物，它是人们在穿着打扮时所使用的装饰物，它可以在服饰中起烘托主题和画龙点睛的作用。服装饰物包括两大类：一类是以实用性为主的附件，如帽子、鞋子、袜子等；另一类是以装饰性为主的饰物，如项链、戒指、耳环等。下面对装饰性饰物的选择和佩戴进行介绍。

1. 饰品佩戴的原则

饰物的佩戴应遵循以下几项原则：

（1）点到为止，恰到好处。装饰物的佩戴不要太多，美加美并不一定等于美。珠光宝气，挂满饰物，除了让别人感觉你在炫耀和表现出庸俗外，没有呈现丝毫美感。

（2）扬长避短，显优藏拙。装饰物是起点缀作用的，要通过佩戴装饰物突出自己的优点，掩盖缺点。如脖子短而粗的人，不宜戴紧贴着脖子的项链，而应带细长的项链，这样会从视觉上把脖子拉长。个子矮的人，不宜戴长围巾，否则会显得更加矮小。

（3）突出个性，不盲目模仿。佩戴饰品要突出自己的个性，不要别人戴什么，自己就戴什么，别人戴着好看的东西不一定适合自己。如西方女性嘴大、鼻子高、眼窝深，戴一副大耳环显得漂亮，而东方女性适合戴小耳环，以突出东方女性含蓄、温文尔雅的特点。

2. 饰品的佩戴礼仪

（1）项链的选择与佩戴。项链是女性最常用的饰品之一。它既可装饰人的颈项、胸部，使女性更具魅力和性感，又能使佩戴者的服饰更显富丽。如果对项链的色彩、质地、造型等功能没有一个正确的认识，佩戴效果就会适得其反。一般来讲，金项链以"足赤"而给人一种华贵富丽的感觉；珍珠项链则以白润光洁而给人以高雅的美感，它们可以与各色服装相配，给人以华美的总体印象，但若与衣服的颜色过于接近，则会失去装饰的功能。从项链的造型来看，细小的金项链只有与无领的连衣裙相配才会显得清秀，而挂在厚实的高领衣装外，就会给人清贫寒酸的印象。矮胖圆脸的人，佩戴一串下垂到胸部的项链，会使人感到似乎增加了身高，加长了脸形；而脖子细长的人，以贴颈的短项链，尤其以大珍珠项链最为合宜。另外，衣着的面料、颜色、式样及场合也常常影响着各种质地、造型的项链的佩戴。

（2）耳环的选择与佩戴。耳环虽小，却是戴在一个明显而重要的位置上，可以直接刺激他人的注意力，所以，美观大方的耳环对人的风度气质的影响很大。耳环的种类很多，常见的有钻石、金银、珍珠等。耳环的形状各异，有圆形、方形、三角形、菱形等。一般来讲，纯白色的耳环和金、银耳环可以配任何衣服，而鲜艳色彩的耳环则需与衣装相一致或接近。

从质地方面来看，佩戴熠熠闪亮的钻石耳环或洁白晶莹的大珍珠耳环，必须配以深色高级的天鹅绒旗袍或高档礼服，否则会显得格格不入；金、银耳环对服装则没有很多的限制。选择耳环主要考虑自己的脸形、发型、服饰等方面。例如，长脸形特别是下颌较尖的脸形应佩戴面积较大的扣环式耳环，可使脸部显得圆润丰满；方脸形宜选择面积较小的耳环。服饰色彩比较艳丽，耳环的色彩也应艳丽，商务女士不宜选择较大的耳环，最好佩戴简洁的耳钉。

（3）戒指的选择与佩戴。戒指不仅是一种重要的饰品，还是特定信息的传递物。尽管它有钻石、珍珠、金、银等不同质地，有浑圆、方形、雕花、刻字等不同造型，但其佩戴的方法是一致的，表达的含义也是特定的。戒指通常戴在左手上，一般来说，戴在食指上，表示尚未恋爱，正在求偶；戴在中指上，表示已有意中人，正在恋爱；戴在无名指上，表示已正式订婚或已经结婚；戴在小指上，则表示誓不婚恋，独身主义。在不少西方国家，未婚女子的戒指戴在右手而不是左手上；修女的戒指总是戴在右手无名指上，这意味着她已经把爱献给了上帝。一般情况下，一只手上戴一枚戒指，戴两枚或两枚以上的戒指是不合适的。总而言之，佩戴饰品要少而精，以体现自己的个性为主，不能认为项链选得越粗越好，戒指戴得越多越好，否则会弄巧成拙。男性首饰的佩戴要力求舒适、大方，给人一种稳重、潇洒的感觉。

第三节　商务谈判礼仪

💬 **案例实践**

接待疏漏失生意

泰国政府某招标机构为一项庞大的建筑工程向美国工程公司招标。经筛选，最后剩下四家候选公司。为了慎重起见，泰国方面派遣代表团到美国与这四家候选公司逐一洽谈，然后确定合作对象。

泰国代表团到达芝加哥时，芝加哥的工程公司没有仔细核对飞机抵达的时间，未及时派员到机场迎接泰国客人。泰国代表团初来乍到，好不容易找到一家旅馆安顿下来。泰方拨通了芝加哥工程公司总经理的电话，听了那位总经理的道歉后，还是同意在第二天 11 时在其办公室洽谈。

第二天，美方总经理按时到达办公室等候，直到 13 时后才接到泰方的电话，泰方说："我们一直在旅馆等候，始终没人来接我们。这样的接待我们实在不习惯，因此，订了 15 时的机票准备飞往下一个目的地。"

出席商务谈判的人员，文明的语言和得体的举止，不但能展示自己良好的教养和风度，而且能够赢得对方的尊重、信任和敬意。

案例来源：根据网络资料整理。

一、商务谈判迎送礼仪

中国古代著名思想家荀子说过："人无礼则不立，事无礼则不成，国无礼则不宁。"没有良好的礼仪，会被看作自负、骄傲、愚蠢和无用的表现，对于商务人员更是如此。迎来送往是常见的社交活动，也是商务谈判中的一项基本礼仪。在谈判中，对应邀前来参加谈判的，无论是官方人士、专业代表团，还是民间团体、友好人士，在他们抵离时，一般都要安排相应身份的人员前往迎送，重要客商或初次来的客商，要由专人迎接；一般的客商、常来的客商，不接也不为失礼。

（一）确定迎送规格

迎送规格，应当依据前来谈判人员的身份和目的、己方与被迎送者之间的关系以及惯例决定，主要迎送人的身份和地位通常应与来者相差不多，以对口对等为宜。如果当事人因故不能出面可适当变通，由职位相当的人员或副职出面。当事人因故不出面，应出于礼貌，向对方做出解释。只有当对方与己方关系特别密切，或者己方出于某种特殊需要时，方可破格接待。除此之外，均宜按常规接待。

（二）掌握抵达和离开的时间

迎候人员应当准确掌握对方的抵达时间，提前到达机场、车站或码头，以示对对方的尊重，绝不能让客人等候。客人经过长途跋涉到达目的地，如果下飞机、轮船或火车，就看见有人在等候，一定会感到十分愉快。如果客人是第一次来这个地方，则能因此而获得安全感。如果迎候人员迟到了，对方会立即陷入失望和焦虑不安之中。不论事后怎样解释，都很难使对方改变对迎候人员失职的印象。

同样，送别人员也应事先了解对方离开的准确时间，提前到达来宾入住的宾馆，陪同来宾一同前往机场、码头或车站，也可直接前往机场、码头或车站恭候来宾，与来宾道别。在来宾临上飞机、轮船或火车之前，送行人员应按一定顺序同来宾一一握手告别。飞机起飞或轮船、火车开动之后，送行人员应向来宾挥手致意，直至飞机、轮船或火车在视野里消失，送行人员方可离去。

不到机场、码头或车站送行，或者客人抵达后才匆忙赶到迎接，对来宾来说都是一种失礼。来宾一登上飞机、轮船或火车，送行人员立即离去，也是不恰当的，尽管只是几分钟的小事情，但有可能因小失大。

（三）做好接待的准备工作

在得知来宾抵达日期后，应首先考虑到其住宿安排问题。对方尚未启程前，先问清楚对方是否已经自己联系好住宿，如未联系好，或者对方是初到此地，可为其预订宾馆房间，最好是等级较高、条件较好的宾馆。

客人到达后，通常只需稍加寒暄，即应陪客人前往宾馆，在去宾馆途中或在到达宾馆后简单介绍一下情况，征询一下对方意见，即可告辞。客人到达的当天，最好只谈第二天的安排，另外的日程安排可在以后详细讨论。

二、商务谈判会见礼仪

会见是谈判过程中的一项重要活动。身份高的人会见身份低的人称为接见，身份低的人会见身份高的人称为拜会。接见与拜会在我国统称为会见。会见就其内容来说，分为礼节性的、政治性的和事务性的三种。在涉外商务谈判活动中，东道主应根据来访者的身份和访谈目的，安排相应的部门负责人与之进行礼节性会见。

（一）介绍礼仪

介绍是指向交谈的对象说明自己或他人的情况，使原本不认识的人相互认识。介绍可分为自我介绍、为他人介绍、集体介绍。

1. 自我介绍

自我介绍是指将自己介绍给交往对象。合乎礼仪的自我介绍有利于展示、宣传自我，并给他人留下良好的印象。一般情况下，要想掌握好介绍的艺术，必须注意以下几点：

（1）自我介绍的时机。要想使自我介绍能够给对方留下深刻的印象，应首先考虑当时的特定场合，若是对方正忙于工作，或是正与他人交谈，或大家的精力集中在某人或某件事情上时，作自我介绍有可能打断对方，效果一定不会太好。若发现对方心情欠佳或疲惫不堪时，也不要上前打搅，如果对方正在一个人独处或在轻松愉快的情况下，把自己介绍给对方，肯定会获得良好的效果。

（2）自我介绍的方式。自我介绍的方式一般包括工作式和礼仪式。工作式的自我介绍主要适用于工作场合，其内容包括本人姓名、供职的单位及其部门、担负的职务或从事的具体工作等。例如"您好，我叫王××，是香格里拉酒店营销部的经理"。礼仪式的自我介绍一般适用于讲座、报告、演出、庆典、仪式等一些正规而隆重的场合，其内容主要包括姓名、单位、职务等。此外，还包括一些谦辞、敬语，以示自己礼待交往对象。例如"尊敬的各位来宾、各位领导，大家好！我是张××，是通达物流公司的总经理。现在我代表我们公司热烈欢迎各位光临我们的开业仪式现场，谢谢大家的支持"。

（3）自我介绍需要注意的问题。自我介绍作为一种推销自身形象和价值的方法，在介绍时需注意以下几点：

①注意时间。要抓住时机，在适当的场合进行自我介绍，要趁对方有空闲，而且情绪较好，又有兴趣时作自我介绍，这样就不会打扰到对方。自我介绍时应根据实际需要、不同的交往目的来决定介绍的繁简，一般而言要简洁。为了节省时间，作自我介绍时，还可利用名片、介绍信加以辅助。

②讲究态度。进行自我介绍，态度一定要自然、友善、亲切、随和，应落落大方、彬彬有礼。如果自我介绍模糊不清、含糊其辞，并流露出羞怯、自卑的心理，且语言使用不当，会给人留下不好的印象，因而也会影响彼此间的进一步沟通。

③真实诚恳。进行自我介绍要实事求是，真实可信，不可自吹自擂，夸大其词。自我评价一般不宜用"最""第一"等表示极端赞颂的词，也不必有意贬低，关键在于把握分寸。

④注意顺序。跟外人打交道时，介绍的标准化顺序，一般是所谓的位低者先行，即地位低的人先作介绍。

若想使自我介绍成功率高，还需特别留意介绍的时机。一般而论，在下面四种情况下，作自我介绍是比较容易成功的：一是目标对象有空之时，你想认识的那个人往往有空的时候才会对你的自我介绍比较关注；二是没有外人在场时，若目标对象忙着应付外人可能记不住你说的话；三是周围环境比较幽静时，在嘈杂的环境下作自我介绍，目标对象往往扭头就忘；四是较为正式的场合，如写字楼、会客室等比较正式的场合，自我介绍的氛围比较好，容易引人关注。

2. 介绍他人

介绍他人是指作为第三方为彼此不相识的双方引荐。其中，被引荐的双方为被介绍人，介绍他人的人为介绍人。介绍人通常由商务活动中的东道主、身份较高的人士、礼仪专职人员担任。在为他人作介绍时，不仅要熟悉双方的情况，而且还要特别注意介绍的礼仪顺序、介绍的基本姿势和介绍的方式。

（1）介绍的顺序。第一，为双方介绍的顺序，若被介绍的双方都是个人，则介绍的顺序为：先将男士介绍给女士，先将晚辈介绍给长辈，先将职位低者介绍给职位高者，先将后到者介绍给先到者。第二，为集体介绍的顺序，若被介绍的其中一方人数众多，则一般应按照职位高低的顺序依次介绍贵宾，按照座位顺序、顺时针或逆时针顺序依次介绍没有明显的职位高低之分或长幼之分的人，切勿"跳跃式"地进行，以免显得厚此薄彼。

（2）介绍的基本姿势。在介绍他人前，介绍人首先应当征求被介绍双方的意见，经被介绍人应允后，介绍人即可上前介绍。介绍时，介绍人应站在被介绍双方的中间，面带微笑，抬起右臂，掌心向上，四指并拢，拇指张开，指向被介绍的一方，眼睛注视另一方，然后开始介绍。例如"张董事长，请允许我介绍一下，这位是我们公司的财务部经理李明"。介绍完一方后，再按同样的方法介绍另外一方。

（3）介绍的方式。根据不同的实际情况和需要，介绍他人时的方式也有所不同。一般来说，有以下几种情况方式：

①简介式。简介式适用于一般社交场合，内容只有双方姓名一项，有时只提到双方姓氏。例如："我来介绍一下，这位是张教授，这位是刘教授，你们认识一下吧。"

②标准式。标准式介绍适用于正式场合，内容以双方的姓名、单位、职务等为主。例如："我来为两位引见一下。这位是通达服装公司销售部经理李××小姐，这位是天乐云文化传播有限公司总经理林××先生。"

③强调式。强调式介绍除了介绍被介绍者的姓名外，往往还会刻意强调一下其中一位被介绍者与介绍者之间的特殊关系，以便引起对方的重视。例如："这位是我的女儿刘××，请杨总多多关照。"

④引见式。引见式介绍适用于普通的场合，介绍者所要做的是将被介绍的双方引到一起即可。例如在单位联谊会上，主人可以这样说："大家都是单位的职工，但有的不在一个部门，请大家相互认识一下吧。"

⑤推荐式。推荐式介绍适用于比较正规的场合，介绍者是经过精心准备而来的，目的是将某人举荐给他人，介绍时通常会对前者的优点加以重点介绍。例如："这位是王××先生，他是一位出色的企业管理人才，对企业管理很有研究，李总，你们细谈吧！"

（4）介绍他人时的注意事项。介绍人应当清晰、准确、完整地表述被介绍人的身份和姓名，而不可含糊其辞，如将讲师介绍成教授、将副厂长介绍成厂长等。为他人介绍的时间应当控制在两分钟以内，切勿滔滔不绝。介绍人在做介绍时应当热情友好，不要给人一种敷衍了事的感觉。介绍人做介绍的时间和态度应当平等、均衡，不可厚此薄彼。被介绍时，被介绍人一般都应起立，以示尊重。若确实不便起立，则应向对方点头致意或举起右手致意。介绍完毕后，被介绍双方应礼貌握手，并使用"您好""很高兴认识您""认识您非常荣幸"等语句相互问候。

3. 被人介绍

被人介绍时，除女士和年长者之外，一般应起立面向对方，距离较近可以握手，较远可以举右手致意。但在宴会桌或是谈判桌上可不必起立，被介绍者只要微笑点头即可。

称呼礼仪要求如下：

（1）讲究礼节的要素之一是正确、清楚地道出每个人的姓名和头衔。如果不注意，张冠李戴或称谓错误，不仅使对方不高兴，引起反感，还会影响谈判的顺利进行。不同国家民族及其语言、风俗习惯不同，反映在称呼方面，也有不同的礼节。

（2）按照国际惯例，在交际场所，一般称男子为先生，称已婚女子为夫人，称未婚女子为小姐，如无法判断女方婚否，用小姐比贸然称之为夫人更妥当。对知识界人士，可以直接称呼其职称或在职称前冠以姓氏，但称呼其学位时，除博士外，其他学位（如学士、硕士）不能作为称谓来用。

（3）在对外交往中，对男子一般称先生。对英国人则不能单独称先生，而应称"某先生"；美国人容易接近，熟悉后就可直呼其名。对女性，一般称夫人、女士、小姐。在日本，对女性一般不称女士，而称"先生"。在我国，德高望重的女士，有时也被称为"先生"。美国、墨西哥、德国等国家，没有称"阁下"的习惯。我国对于年纪比较大的人，习惯上不直呼其名，而应称"某先生""某翁""某老"等以示特别尊重。称呼的基本原则是：先长后幼，先上后下，先疏后亲，先外后内，这样较为礼貌、周到和得体。在商务场合中，无论亲疏远近，都应该以职务相称。

📅 **趣味阅读**

各国称呼礼仪

德国人十分注重礼节。初次见面，一定要称其职衔。如果对方是博士，则可以频繁地使用"博士"这个称谓。同美国人打交道时在称呼上不必拘礼。美国人在非正式场合，不论男女老幼或地位高低，都习惯于直呼对方名字。但在正式场合，如果与对方初识，还是先用正式称谓，等相互熟悉了或对方建议直呼其名时再改变。

日本人习惯用"先生"来称呼国会议员、老师、律师、医生、作家等有身份的人，对其他人则以"桑"相称。在正式场合，除称呼"先生"和"桑"外，还可称其职务，以示庄重，对政府官员要用其职务加上"先生"来称呼。阿拉伯人对称呼不大计较，一般称"先生""女士"即可。由于受宗教和社会习俗等方面的影响，同阿拉伯女性接触时不宜主动与之打招呼，多数情况下可以微笑或点头示意即可。

案例来源：崔叶竹，杨尧. 商务谈判与礼仪［M］. 北京：清华大学出版社，2020.

（二）握手礼仪

握手是商务场合的一种重要礼节，它可以传达理解、信任、尊敬、祝贺、鼓励、感谢、致歉、惜别等感情。在商务场合正确地与人握手，能够促进商务活动的顺利开展。

1. 握手的场合

在商务场合的以下情况中需要与对方施握手礼：迎接客人来到时；送别客人时；久别重逢时；遇见熟人时；被相互介绍时；拜访告辞时；拜托别人帮助自己时；对别人表示理解、支持或安慰某人时；表示感谢、恭喜、祝贺时。

2. 握手的顺序

握手时，讲究伸手的先后顺序。一般而言，商务场合的握手顺序主要取决于性别、职位身份，遵循"尊者为先"的原则。女士优先：女士先伸出手，男士才能伸手与之相握。职位高者优先：职位高者先伸出手后，职位低者才可伸手相握。迎送客时先分前后：迎客时，主人应该先伸出手，主动与客人握手，以表示欢迎；送客时，主人不可主动握手，而应待客人伸手握别时才可与之握手，否则会有逐客之嫌。先到者优先：先到者与后到者握手时，应由先到者先伸出手。

3. 握手的姿势

握手的姿势如下：距离对方约一步（1 米左右），双足立正，上身略微前倾，向对方伸出右手，四指并拢、拇指张开，与对方的手相握，礼毕后松开。为了表示真诚和热烈，可以握住对方的手上下轻轻摇晃几下。

4. 握手的要领

在商务场合握手时，除了姿势正确外，还应把握以下三方面要领。第一是神态。握手的时候应当带微笑地注视对方的眼睛，并表现得专注、热情、友好而自然。第二是力度。握手的力度应当适中，令对方感到坚定，有力即可，不可过小或过大。若力度过小，则会让对方感觉自己被敷衍；力度过大，则会让对方感受到粗鲁。第三是时间。握手的时间通常以 3~5 秒为宜，不可过短或过长。若时间过短，则表明双方完全出于应酬或没有进一步加深交往的意向；时间过长（尤其是第一次见面时），则会令自己显得不懂礼仪。

5. 握手的禁忌

（1）忌与异性用双手握手。

（2）忌用左手握手。

（3）忌交叉握手。

（4）忌出手太慢。

（5）忌在对方无意的情况下强行与其握手。

（6）忌戴手套与他人握手，如果女士戴有装饰性的手套则可以不摘。

（7）忌在受伤不干净时与他人握手。此时，可以礼貌地向对方说明情况并表示歉意。

（8）忌握手后立刻用纸巾或手帕擦手。

（9）忌握手时戴着墨镜，患有眼疾或眼部有缺陷者例外。

（10）忌在握手时将另外一只手插在口袋里。

（11）忌在握手时长篇大论、点头哈腰、滥用热情，显得过分客套。

（12）忌在握手时把对方的手拉过来、推过去或者上下、左右抖个没完。

（13）忌拒绝与对方握手。即便对方没有顾及礼仪次序，也要宽容地与对方握手。

▣ 案例导读

1972 年 2 月 21 日上午 11 时 30 分，尼克松总统专机抵达北京首都机场，夫人与总统并排手挽手顶着寒风稳步踏上专机舷梯。然后尼克松总统抢先一步走下舷梯，主动伸出右手，周总理小步向前，也伸出手来，两只手热烈有力地紧握在一起。

"总理马上迎上去，我也跟上去。我知道自己不能站得太近，也不能站得太远。"

冀朝铸说，此前，周总理特地要求，"小冀近一点，每句话都得很准确地听清楚，准确地翻译"。然后，冀朝铸替尼克松翻译出了那句话有名的话："我是跨越太平洋与中国人民握手。"

那紧紧的握手的确有太多的象征意义。广为人知的是，1954年在日内瓦会议上，杜勒斯拒绝与周恩来握手的那一幕。"当时要谈一个全球和平的条约，各个国家元首、政府领导互相握手、认识，都很友好，看到杜勒斯过来，总理理所当然地走过去，伸出手，杜勒斯看到就走了。当时为总理做翻译的是浦寿昌，我也在场。"冀朝铸说。此事给中美关系投下了巨大阴影，尼克松显然心知肚明。"尼克松就是要向全世界表示，这次握手不是中国主动的，是美国主动的，洗刷了对总理的侮辱。"冀朝铸说。

1971年10月8日，外公在会见塞拉西时，曾不无调侃地提出这样一个问题："社会主义魔鬼与资本主义魔鬼见面，到底好不好呢？"现在，世界人口最多的社会主义国家领袖与世界最大的资本主义国家领袖在同一间房子里见面了。他们彼此端详着对方。尼克松回忆道："我们被引进一个陈设简单、放满了书籍和文稿的房间。在他座椅旁边的咖啡桌上摊开着几本书。他的女秘书扶他站起来。我同他握手时，他说：'我说话太不利索了。'每一个人，包括周在内，都对他表示他所应得的尊敬。他伸出手来，我也伸过手去，他握住我的手约一分钟之久。这一动人的时刻在谈话的记录里大概没有写进去。他有一种非凡的幽默感。尽管他说话有些困难，他的思维仍然像闪电一样敏捷。这次谈话本来料想只会进行10分钟或15分钟，却延续了将近一个小时。"

案例来源：孔东梅. 改变世界的日子——与王海容谈毛泽东外交往事［M］. 北京：中央文献出版社，2006.

（三）名片礼仪

名片是人们用来交际或送他人作纪念的一种具有介绍性的媒介物，是一个人的身份、地位的象征，是一个人的尊严、价值的一种外显方式，也是使用者要求社会认同、获得社会理解与尊重的一种方式。

名片的用途有：介绍自身、维系联系、显示个性、拜会他人、馈赠附名、代替请柬、喜庆告友、祝贺升迁。

1. 如何交换名片

（1）递送名片。递送名片通常有三种方式。自己的名片应放在名片夹中，装在西服的内袋或公文包的外侧袋里，方便取出。自己要递出的名片与收到的他人名片要尽量分开放置，以免使用时错拿他人的名片。递出的名片应干净、平整，不可有折皱、破损、污渍，最好不要有涂改之处。

（2）遵循"先客后主，先低后高"的原则。即地位低者先把名片递给地位高者，年轻的先把名片递给年老的，客人先把名片递给主人。

（3）名片最好用双手郑重地递给对方。除非是对有"左手忌"的国家（如印度、缅甸、泰国、马来西亚、阿拉伯国家及印度的许多地区，他们传统地认为左手是肮脏的），来客要仅用右手递送名片。

（4）递出名片时，应立正，面向对方，双手执名片两角，要使文字的下面朝向对方，方便对方阅读。

（5）双方同时递接名片时，应当用右手递出，左手接回。

（6）有时向多人递送名片时，可按照"由尊而卑，由近而远"的顺序依次递送。不要"跳跃式"递送，否则会给人以厚此薄彼之感。

（7）用餐过程中，不要超过餐桌递送名片。

（8）递上名片后，还应该说"初次见面，请多指教""非常高兴认识你""希望今后保持联络"等话。

2. 接收名片

（1）接收他人的名片时，要及时起立，态度恭敬地用双手接过来。还应该说"谢谢""非常高兴认识你"。

（2）接收名片时，需要表示感谢，并立即阅读，以示尊重。

（3）遇不懂之处可立即请教对方。如果有不认识的字，要立刻问清楚，以免日后念错对方姓名或单位名称等，令对方不快。

（4）阅读完毕可适当赞美，然后应将名片妥善收放。

（5）接受他人名片后，须把自己的名片回赠对方。如果未带，可跟对方解释。

（6）无论是自己的名片还是他人的名片，都不要拿在手里随意摆弄，更不要不小心掉在地上或沾染污渍。

（7）未经他人同意，不可在他人名片上随意书写。

3. 索要与拒绝索要名片。

（1）如何索要名片。

①交易法。主动递上自己的名片，"将欲取之，必先予之"，如"吴经理，非常高兴认识您，这是我的名片，请您多指教"。

②明示法。向对方（同年龄、同级别、同职位）提议交换名片，如"李经理，好久不见了，我们交换一下名片吧，这样联系更方便"。

③谦恭法。询问对方（向长辈、领导、上级），如："汪老，您的报告对我启发很大，希望有机会向您请教，以后怎样向您请教比较方便呢?"

④暗示法。询问对方，如："今后如何与您联系?"

（2）如何拒绝他人索要名片。

①名片如果已发完：以道歉的态度承诺改日补上，如"抱歉，我的名片用完了，改日给你送去"。

②不想递交。以道歉的态度婉转拒绝，如"对不起，我忘拿名片"。

4. 制作名片

一是使用材料。名片通常以耐折、耐磨、美观、大方、便宜的纸张作为首选材料，如白卡纸、再生纸等。选用布料、塑料、化纤、木料、钢材甚至黄金、白金、白银等材料制作是毫无必要的，将纸质名片烫金、镀边、压花、过塑、熏香也是不合适的。在尺寸的选择上，现在最常用的名片规格是 90mm×55mm。名片太大会放不进名片包、名片夹，太小的话也未必合适。

二是名片色彩。定制名片宜选用单一色彩的纸张，并且以米白、米黄、浅蓝、浅灰等庄重朴实的色彩为佳。切勿选用过多过杂的色彩，让人眼花缭乱，妨碍信息的接收。一般来讲，名片的色彩总体上要控制在三种颜色之内。

三是名片内容。一般我们可称为"三个三"，即三大项，每项三个小点。第一项是所在单位，我们一般把它放在名片的左上角，三个要点是单位全名、所在部门、企业标志；第二项是称谓，印在正中间，这是名片最重要的内容，三个要点是姓名、行政职务、单位技术职务；第三项是联络方式，一般印在名片的右下角，三个要点是地址、邮政编码、办公室电话号码。

（四）致意礼

1. 常见的几种表达方式

致意，也称为"袖珍招呼"，它是已相识的友人之间在相距较远或不宜多谈的场合用无声的动作语言相互表示友好与尊重的一种问候礼节。施礼者用点头微笑、挥手、欠身、脱帽等方式向受礼者表达问候。

一般而言，致意有以下几种方式：

（1）挥手致意。行礼者将右臂伸直，掌心朝向对方，轻轻摆一下手。这种方式适于向较远距离的熟人打招呼。

（2）点头致意。行礼者与相识者在同一场合见面或与仅有一面之交者在社交场合重逢，微微向下点头。

（3）微笑致意。行礼者与友人相遇，双方微笑，以示友好。

（4）欠身致意。即身体上部微微向前一躬。这种致意方式表示对他人的恭敬，其适用的范围较广。

（5）脱帽致意。戴着礼帽或其他如毡帽的男士，遇到友人特别是女士时，应微微欠身，摘下帽子，并将其置于与肩膀平行的位置，同时与对方交换目光。离开对方时，脱帽者才可使帽子"复位"。若在室外行走中与友人迎面而过，只要用手把帽子轻掀一下即可。如要停下来与对方谈话，则一定要将帽子摘下来，拿在手上，等说完话再戴上。男士向女士行脱帽礼时，女士应以其他方式向对方答礼。女士是不行脱帽礼的。

（6）拱手礼。又称作揖礼，是我国一种传统的见面礼。其正确做法是行礼时，双腿站直，上身直立或微俯。左手在前、右手握拳在后，两手置于胸前，有节奏地晃动两三下，并微笑着说出问候。

（7）合十礼。其一般性的行礼姿势是，行礼时应面对受礼者，两个手掌在胸前合并齐，掌尖和鼻尖基本相对平齐，手掌向外向下倾斜，微微向下，以示虔诚，头略低，面带微笑。受礼者应以同样礼节还礼，但遇到不同身份的人时，行此礼姿势也有所不同。

上述几种致意方式，在同一时间对同一对象，可以用一种，也可以几种并用，依自己对对方表达友善恭敬的程度而定。

2. 基本原则

致意是一种不出声的问候，它随着生活节奏的加快而日益流行，是一种日常人际交往中使用频率最高的见面礼。致意时应诚心诚意，表情和蔼可亲。

在公众场合，致意的基本规则是男士先向女士致意，晚辈先向长辈致意，未婚者先向已婚者致意，学生先向老师致意，职位低者先向职位高者致意。女士唯有遇到长辈、老师、上司和特别敬佩的人以及见到一群朋友时，才需首先向对方致意。当然，在实际交往中无须拘泥于以上的顺序原则。长者、上司为了倡导礼仪规范，为了展示自己的平易、随和，主动向晚辈、下级致意会更有影响力，遇到别人向自己先致意时，要必须马上用对方所采取的致意方式回应对方，绝不可置之不理。

一般来说，致意是一种无声问候，因此向对方致意的距离不能太远，也不能在对方的侧面或背面。当然，有时相遇侧身而过时，施礼者在用非语言信号致意的同时，也可伴之以"您好""早上好"等问候语，使致意增加亲密感，此时，受礼者应以同样的方式回礼。

三、商务谈判宴请礼仪

为了促进谈判双方的关系和联络感情，谈判双方经常会相互宴请，可以说，商务宴请是谈判接待中的一项重要任务，采用适当的宴请规格，懂得因人施礼的原则，不仅能够在餐桌上更好地联络双方感情，为谈判的顺利进行增添色彩，还能够给人留下非常好的印象，为今后的再次合作打下良好的基础，因此，了解相关的宴请礼仪是非常必要的。

（一）宴请方式的种类

宴请方式包括宴会、招待会和工作餐三种。

1. 宴会

宴会即坐下进食，由招待员顺次上菜。按举行的时间，可以将宴会分为早宴、午宴和晚宴。一般来说，晚上举行的宴会较之白天的更加隆重。按照举行的性质，宴会一般分为正式宴会和便宴两种。

（1）正式宴会。正式宴会多用于规格高而人数少的官方活动。正式宴会的宾主均按身份排位就座。正式宴会十分讲究排场，在请柬上往往注明对客人服饰的要求，而许多宾客也正是从服饰规定上判断宴会的隆重程度。正式宴会对餐具、酒水、陈设，以及招待员的装束、仪表和服务方式要求很严格。通常情况下，正式宴会中，中餐用四道热菜，西餐用二三道热菜，另外还要有汤、冷盘、点心和水果等。在许多国家的正式宴会上还会有开胃酒。

（2）便宴。便宴是招待宾客的一种非正式宴请形式，多适用于宾主的日常性友好交往。这种宴请，以午宴或晚宴居多。举行此类宴会时，宾主可不排座次，可不作正式讲演，一般是相互之间随意而亲切的叙谈。西方国家的午间便宴有时不上汤，不上烈酒。

2. 招待会

招待会是指各种非正式和较为灵活的宴请形式。这种宴请形式通常不排座位，可以自由走动，备有食品、酒水饮料及冷食（有时也备热菜）。常见的招待会形式有冷餐会、酒会和茶会等。

（1）冷餐会。它又称自助餐。这种宴请形式的特点是灵活方便，易于操作。冷餐会一般不排座位，菜肴以冷食为主，也可用热菜，连同餐具陈设在餐桌上供客人自取。客人可以自由活动，可以多次取食。酒水可陈放在桌上，由客人自取，也可由招待员端送。

（2）酒会。它又称鸡尾酒会。这种招待宴请形式比较活泼，便于宾主之间进行广泛的接触和交谈。酒会的招待品以酒水为主，略备小吃，不设座椅，仅设小桌或茶几，以便客人随意走动。酒会举行的时间比较灵活，中午、下午和晚上均可。请柬上往往注明整个活动延续的时间，客人可在这段时间内的任何时候到达和退席，来去自由，不受拘束。

（3）茶会。这是一种更为简便的招待形式，举行的时间一般在下午四点左右，也有在上午 10 点举行的。茶会通常设在客厅，厅内设茶几和座椅，不排座位。如果是为某宾客举行的茶会，在入座时，可有意将主宾同主人安排在一起，其他人随意就座。茶会备点心和地方风味小吃，也有不用茶水而用咖啡的茶会，对其的组织安排与茶会相同。

3. 工作餐

工作餐是近年来较为流行的一种非正式简便宴请形式，按用餐时间可以分为早餐、工作午餐和工作晚餐。它的特点是利用进餐时间，边吃边谈问题。在活动繁多，安排其他类型宴请有困难的时候，往往采取这种宴请形式。

需特别注意的是，宴请不要选择在对方的重大节假日，有重要活动或有禁忌的日子举行，而且场所的大小、规模的选择要与宴请人的身份和人数相符。

（二）桌次安排

商务宴请中，桌次是一个不可忽视的问题。恰当地使用桌次的安排能够显示与会人员的地位和主人的尊敬之意，能取得较好的效果。

正式宴会一般均排席位，也可只排部分客人的席位，其他人员只排座次或者自由入座。无论哪种做法都要在入席前通知到每个入席者，现场还需要有人引导。宴会用桌可为圆桌、长桌或方桌，桌数较多时，要在现场悬挂桌次图，在每张桌子上摆放桌次牌，桌子之间的距离要适中，各个座位之间的距离要相等，给人以整体美感。按照国际上的惯例，主桌一般应安排在最前面或居中的位置，遵循"面门为尊、以右为敬、居中为重、远门为上"的原则。

（三）就餐前后注意事项

1. 就餐前注意事项

（1）客方应该提前 5～10 分钟到达用餐地点，等待主人接待，但是不要提前太早到达。

（2）其他人到达时应当起立致意。

（3）用餐时跟随主人到餐桌。

（4）就座前吐掉口香糖。

（5）就座前用纸巾或者手帕抹掉口红。

2. 餐巾使用方法

（1）就座后马上将餐巾平铺在自己并拢的大腿上。

（2）就餐期间离开时，将餐巾放在椅子上以表示中途暂时离开

（3）用餐完毕离开餐桌时，将餐巾随意折叠放置于餐碟左方。

（4）用餐期间与人交谈前应先用餐巾轻轻擦一下嘴。

3. 就餐注意事项

（1）等待菜品上齐，待主方负责人拿起餐具准备开始时方可用餐。

（2）用餐期间不补妆、不梳头，如确实有需要则可以去洗手间。

（3）钱包、皮包等不可放置于餐桌上。

（4）胳膊肘部不搭在桌子上。

（5）将菜品首先给点该菜品的人食用。

（6）讲话之前先咽掉口中的食物。

（四）就餐禁忌

（1）不管筷子上是否有残留食物，都不要去舔、吸。谈话时停止或者放下筷子，不要边说话边挥舞筷子，更不能将其用作其他用途，如剔牙、挠痒等。

（2）不要直接把公勺往嘴里送。即便是自己的勺子，也不要塞到嘴里，或者反复吮吸、舔食。食物太烫时，不能用嘴吹凉。

（3）餐巾即口布，是用来擦手、擦嘴的，而不是用来擦拭筷子、擦汗、擦鼻涕的。

（4）不提倡给别人夹菜。非夹不可时，应用公筷。

（5）取食菜肴时，不要翻来覆去，或在菜盘内挑挑拣拣，甚至夹起来又放回去。

（6）作为客人不要只吃一道菜，即使不喜欢的菜也应适当品尝，特别是别人点的菜。

（7）不非议别人点的菜。即使你是无心的，也会让点菜者不快。

（8）忍不住打嗝、咳嗽时，赶紧用餐巾捂嘴，头转向一边，事后对身边的人致歉。

（9）餐桌上要避免一些不雅的举止，如打哈欠、抠鼻礼、抓头皮，以及当众清嗓子、吐痰、擤鼻涕。

（10）一定要在餐桌上剔牙时，用一只手或餐巾遮挡，剔出来的残渣包到纸巾里，绝不能"二次回炉"。

（11）食物残渣、骨、刺，不能直接从嘴里吐在食碟上，应用筷子或手协助。

（12）边咀嚼食物边说话，或者品尝食物时发出明显的声响都是失礼的表现。

四、商务馈赠礼仪

我国历来注重礼尚往来，在人际交往中，礼品既可以成为"敲门砖"，也可以作为告别礼。恰当的送礼，不仅让受礼者感到轻松愉快，也让送礼者送得身心愉悦。因此送礼是

人际交往与沟通中的一门重要学问。

（一）馈赠礼品的目的

商务人员可以出于以下目的而馈赠礼品：

1. 促进交际

在商务交往中，向交往对象中的关键人物或部门赠送合适的礼品，可以起到寄情言意的效果，促进交际目的的实现。

2. 联络感情

进行商务交往的个人之间、单位之间或个人与单位之间往往都会产生一定的联系，为了联络感情、巩固彼此的关系，往往可以互赠礼品，以表情意。

3. 酬谢帮助

有时，为了答谢他人给予的帮助，也可向给予帮助的人馈赠礼品。此时，礼品的贵贱、厚薄可表达受助者的感激程度。

（二）礼品的选择

1. 注重真情

礼品是维系感情的载体。在通常情况下，礼品的贵贱、厚薄往往是交往的诚意和情感程度的重要标志。然而，礼品的好坏不是用金钱来衡量的，一个好的礼物并不一定是价值不菲的。"千里送鹅毛"的故事被标榜为礼轻情意重的典范。

2. 因人而异

礼品的选择最重要的是以对方愉快接受为尺度。这就需要了解对方的品位、生活方式等。一般来说，对家贫者，以实惠为佳；对富裕者，以精巧为佳；对恋人、爱人、情人，以纪念性为佳；对朋友，以趣味性为佳；对老人，以实用为佳；对孩子，以启智新颖为佳；对外宾，以特色为佳。

3. 避开禁忌

（1）禁以毛巾送人。俗语中有"送巾断根"之称，民俗中办完丧事才送毛巾，意为生死从此两断，有断绝、永别之意。

（2）禁以刀剪送人。其有"一刀两断""一剪两断"之意。

（3）禁以雨伞送人。"伞"与"散"谐音，以伞赠人，表示情意已散的意思。

（4）禁以扇子送人。其有甩掉、抛弃之意。

（5）禁以镜子送人。因为镜子容易打碎，其有"破镜难圆"之意。

（6）禁以钟送人。"钟"与"终"谐音，其含有送终的歧义。

（三）馈赠礼品

馈赠礼品时，商务人员还应当讲究相关礼仪，否则将难以发挥馈赠的作用，甚至可能适得其反。

1. 选择合适的馈赠时机

　　馈赠礼品应选择合适的时机，包括时间的选择和机会的择定。时间的选择贵在及时，超前或滞后都不能实现预期的目的或效果；机会的择定贵在切合受赠者对情感的需要，在"门可罗雀"时赠礼与"门庭若市"时赠礼的效果会有天壤之别。

　　一般而言，在重要节日（如春节、中秋节等）、对方的纪念日（如公司成立纪念日等）、喜庆日（如结婚、晋升等日），或者在拜访、探病、送别等时候赠送礼品，更易被接受或更能显出情感的真挚，并使双方的感情更为融洽。

　　2. 选择合适的馈赠场合

　　赠送礼品应在合适的场合进行。通常情况下，赠送具有象征意义的特殊礼品（如锦旗、牌匾等）适合在大庭广众之下进行，而其他礼品则不合适当众赠送。

　　3. 选择合适的馈赠方式

　　赠送礼品最好当着受赠者的面进行，以便有意识地向其传达自己选择礼品时的用心，并观察受赠者对礼品的感受或态度。

　　若由于某些原因而不能亲自送上礼品，则可以邮寄赠送或托人赠送。邮寄赠送时，一般应附上一份礼笺，在礼笺上说明赠送礼品的理由，并署名；托人赠送时，可随礼物送去信函或名片，并向受赠者解释不能当面赠送的理由，请其谅解。

　　4. 选择合适的礼品包装

　　赠礼时，应选择合适的包装对礼品略加修饰，使礼品在外观上显得更加精致、高雅，令人赏心悦目，并能使受赠者感受到赠送者的用心。相反，如果赠礼时不讲究礼品包装，则不仅会使礼品在外观上逊色，而且会使其内在价值大打折扣，给人一种不用心、随意的感觉。

　　包装礼品时应当注意以下几点：包装前，应先去掉礼品上的价格标签；包装材料的颜色、图案和包装后的形状不可触犯受赠者的风俗禁忌，如给信奉基督教的人赠礼时，要避免在包装上系十字状的丝带。

　　（1）讲究一定的馈赠顺序。若有多人在场，且需要向在场的所有人赠送礼品时，则应讲究一定的顺序。一般而言，可按照先女士后男士、先年长后年轻、先职位高者后职位低者的顺序进行。

　　（2）注意赠礼时的言行举止。赠送礼品时，应起身站立，面带微笑，目视受赠者，双手将礼物递送给对方，并说一些礼节性的话，如"张总，这是我们公司为您准备的一份薄礼，希望您能喜欢"等。同时，还应说明送礼的原因，以免受赠者产生心理负担。

（五）礼品的受赠

　　当他人赠送礼品时，作为受赠人的商务人员应当根据具体情况礼貌地接受或者拒绝。

　　1. 接受

　　受赠的商务人员在接受他人的礼品时，应当注意礼貌受礼、视情拆封和回赠礼品。

　　（1）礼貌受礼。受赠礼品时应当立即起身站立，面带微笑，大方地伸出双手接过礼品，向对方点头致意，或者双手接过礼品后用左手托住礼品（大件礼品可先放下），抽出右手与对方握手，以示感谢。

（2）视情拆封。接受他人礼品后，是否当场拆封应当视具体情况而定。一般而言，中国人在接受礼品时，不会当着赠礼者的面拆封礼品，而是把礼品放在一边留待以后再看，以表示自己看重的是心意而不是礼品本身。但是西方人则习惯于当场拆封礼品，并对礼品加以赞赏。因此，当赠礼者为中国人时，一般不要当场拆封礼品；而当赠礼者为西方人时，则应当场拆封礼品，并赞美礼品的精致或实用。

（3）回赠礼品。中国人讲究礼尚往来，在接受他人的礼品后，一般应准备礼品回赠。回赠礼品时应当注意以下事项：

①选择合适的礼品。回赠的礼品应当避免与对方所送的礼品同种或同样，而应尽量选择价值与对方礼品相当的物品。但回赠的礼品的价值不可明显超过对方礼品的价值，以免给人一种攀比之感。

②选择合适的时机。回赠礼品应当寻找一个合适的时机进行。例如，在节日庆典上受赠礼品时，可以在赠礼者离别时立即回赠；在生日婚庆、晋级升迁时受赠礼品，一般应当在对方有类似情形的时候再回赠。对于以酬谢为目的的馈赠，受赠者可不回赠。

2. 拒绝

一般情况下，不要拒收他人的礼品。但是，当他人赠送的礼品超过了公司规定的限度，或者自认为他人的礼品欠妥时，受赠的商务人员应礼貌地拒绝。礼貌拒绝他人礼品的方式主要包括以下三种：

（1）婉言相告。即用委婉的语言拒绝。例如，拒绝他人赠送的昂贵手机时，可以对他说："谢谢您的好意，但我不习惯用这个品牌"等。

（2）直言缘由。即直截了当地向赠礼者说明拒收礼品的理由。例如，拒绝他人赠送的大额现金或贵重礼品时，可以说"我们有规定，接受现金就是受贿"或者"按照规定，我不能接受您送的这件礼品"等。

（3）事后退还。若在事后拆封时才发现礼品过于贵重，则可以尽快（一般在 24 小时内）将礼品退还给赠礼者。退还时，应向其说明退回礼品的理由，并表示感谢。

五、电话联系礼仪

电话是现代主要的通信工具之一。一般看来，对着话筒同对方交流似乎已经是日常生活的基本技能，尤其对于从事商务工作的人来说，根本不会存在什么问题。其实不然，无论是一般性交往还是商务谈判，双方互通电话，在礼仪上大有讲究。

（一）打电话的注意事项

（1）迅速接听：三响之内便接起电话，最多让来电者稍侯 7 秒钟。根据欧美行为学家的统计，人的耐性是 7 秒钟，7 秒钟之后就很容易烦躁。因此最多只能让来电者稍侯 7 秒钟，否则对方很容易产生挂断电话、以后再打的想法。如果让来电者等待，则需要说："对不起，让您久等了。"

（2）主动问候，报名。例如，"您好，我是××"或"您好，这里是××公司接待处，很高兴为您服务"。此外，还应请教来电者的姓名，这样便于日后的联系和交流，有利于培养固定的客户群。通常来说，请教来电者称呼可以采用类似的语句："请问您尊姓大名？""请问贵公司宝号怎么称呼？"

（3）认真倾听，说话速度恰当，语调抑扬顿挫、流畅。通话过程中要始终注意言谈举止，三思而后言。说话时语速要适当，不可太快，这样不但可以让对方听清楚你所说的每一句话，还有助于自我警醒，避免出现说错话而没及时发现的情况。另外，说话的语调应尽量给人以舒服的感觉。打电话过程中不要大声回答问题，不然容易造成双方的疲劳。勿将电话转接至会议场所。

（4）认真记录通话内容。如果是帮助同事留言时，要注意记录电话内容的重点，应该包括来电者公司、部门、姓名、职称、电话、区域号码、事由、时间等内容。

（5）礼貌结束通话。通常由打电话者先放电话或长者先放电话。如果在通话过程中突然发生意外情况而导致通话中断，那么就应该按照对方的电话号码迅速重新拨打过去，不要让客户以为被故意挂断了电话。电话重新拨通之后，应该立即向客户道歉，并说明断线的原因，从而赢得客户的理解。

（二）电话记录要点

电话记录要点须符合 5W1H 原则。即 When：何时；Who：何人；Where：何地；What：何事；Why：为什么；How：如何进行。

（三）打电话的礼仪

电话沟通，是现代生活中极其普遍的交往方式。但是，电话让人又爱又恨。爱的是可以为公司创造很好的生意契机，恨的是稍有不慎就会引起客户的不满。因此，有许多打电话的礼节需要人们熟练掌握。具体而言，打电话的礼节主要有以下几个部分：

1. 选择恰当的时间打电话

打电话应该以客为尊，让客户产生宾至如归的亲切感觉，那么就应该注意在恰当的时段内打电话。通常，工作日早上 7 点以后；节假日上午 9 点以后；三餐时间不要打电话；晚上 10 点以后不要打电话；办公电话适宜在上班时间 10 分钟以后和下班时间 10 分钟以前拨打。

除此之外，还要注意通话时机和通话长度。最佳的通话时间段主要有两个：一是双方预先约定的时间，二是对方方便的时间。通话应当尽量选择上述的最佳通话时间而避开不适当的时段。例如，某个公司最近发生了重大事情，这时候就不要打电话打扰对方。对通话时长进行控制的基本要求是：以短为佳，宁短勿长。有些公司的通话系统只有一条外线，如果占线时间太久，很可能造成对方所有的对外通信被迫中断，甚至耽误其他重要事情的联络工作。因此，打电话时要遵守"3 分钟原则"，牢记长话短说。

2. 斟酌通话内容

为了节省通话时间并获得良好的沟通效果，打电话之前和打电话时都需要认真斟酌通话的内容，做到"事先准备、简明扼要、适可而止"。在通话之前，应该做好充分的准备，最好把对方的姓名、电话号码、通话要点等通话内容整理好并列出一张清单。这样做可以有效地避免"现说现想、缺少条理、丢三落四"等问题的发生，确保收到良好的通话效果。其次，通话内容一定要简明扼要，逻辑严密，节奏适中，关键的地方要放慢速度，询问对方有没有听清，有没有记下。特别是涉及谈判议程、会议通知、谈判时间、谈判地点和出席人员等方面的内容，更不能马虎，要请对方重复一遍，以确保无误。如果要传达的信息已经说完，就应当果断地终止通话。按照电话礼节，应该由打电话的人终止通话。因此，不要话已讲完，依旧反复铺陈，再三絮叨，否则，会让人觉得做事拖拖拉拉，缺少教养。

3. 控制通话过程

通话过程自始至终都应做到待人以礼和文明大度，尊重自己的通话对象，尤其在通话中要注意语言文明、态度文明和举止文明，绝对不能用粗陋庸俗的用语攻击对方，损害公司的形象。语言文明主要体现为牢记打电话的基本文明用语。在通话之初，应向对方问好，而后自报家门，否则对方接通电话的对象是谁都不清楚，交流就无法达到预期效果；终止通话时，必须先说一声："再见。"文明的态度有益无害。当电话需要通过总机转接时，要对总机话务员问好和道谢，从而使他们感受到尊重；如果要找的人不在，需要接听电话的人代找或代为转告、留言时，态度更要礼貌；通话时电话忽然中断，应立即回拨，并说明通话中断是由于线路故障，不要等对方打来电话；如果拨错电话号码，应对接听者表示歉意。电话沟通虽然不是直接见面，但也应该注意举止文明。例如，打电话时不要把话筒夹在脖子下，也不要趴着、仰着、坐在桌角上，更不要把双腿高架在桌子上；通话时的嗓门不要过高，免得令对方深感"震耳欲聋"；话筒和嘴的最佳距离保持3厘米左右；挂电话时应轻放话筒，不要骂骂咧咧，更不要采用粗暴的举动拿电话撒气。

4. 注重通话细节

在通话过程中，尤其需要注意以下一些细节：

（1）确认通话对象。电话接通之后，确认通话对象是必不可少的步骤。避免由于通话对象不对而闹出笑话或尴尬。很多家庭成员之间的声音非常相似，如果在电话中冒冒失失地将其他人当作通话对象，对方会觉得打电话者缺乏修养。

（2）征询通话者是否方便接听电话。电话接通后，不要忘记先征询通话的人现在是否方便接听电话。如果通话对象正在开会、接待客人或者有急事正要出门，则应该稍后再打过去。否则，对方在繁忙之中也很难心平气和地接电话。

（3）切勿存调皮，勿玩猜谜游戏。在商务电话接听过程中，千万不要调皮，尤其不要和对方玩猜谜性的游戏。很多通话对象一时无法想起打电话者的声音和名字，如果非要让他猜出你的名字来，对方一般会非常尴尬，甚至产生强烈的反感。

（4）不要忘记最后的祝福和感谢。最后的祝福和感谢是电话即将结束时必须有的步骤，用轻柔的声音给予对方简单的祝福，能够给对方留下美好的印象。

本 章 小 结

礼仪作为中华民族文化的基础，有着悠久的发展历史，礼仪的发展史可以分为礼仪的萌芽时期、礼仪的草创时期、礼仪的形成时期、礼仪的发展和变革时期、礼仪的强化时期、礼仪的衰落时期、现代礼仪时期和当代礼仪时期 8 个时期。礼仪是指人们在一定的社会交往场合，为表示相互尊敬、友好而约定俗成的、共同遵循的行为规范和交往程序。礼仪是礼和仪的合一："礼"即礼貌、礼节、礼俗，"仪"即仪容、仪表、仪态和仪式。礼仪由礼仪的主体、客体、媒体以及环境四个最基本的要素构成。依照礼仪构成的四要素，礼仪可以分为政务礼仪、商务礼仪、服务礼仪、社交礼仪、公关礼仪、涉外礼仪、日常礼仪和节庆礼仪等。

商务礼仪是指商务人员在商务交往活动中，用以维护企业和个人形象，对交往的对象表示尊重与友好的行为规范和准则。其基本特点为普遍认同性、形式规范性、时代变化性、地域差异性和文化交融性。商务礼仪是在商务活动中体现相互尊重的行为准则，其原则主要有：平等、遵守、自律、敬人、宽容、真诚、适度和从俗。商务礼仪的作用体现为塑造形象、传递信息、沟通协调、提高效益和促进文明。

商务谈判礼仪包括迎送礼仪；会见礼仪（介绍礼仪、握手礼仪、名片礼仪、致意礼）；宴请礼仪；商务馈赠礼仪；电话联系礼仪。

◎ 思考题

1. 什么是礼仪？什么是商务礼仪？
2. 礼仪的原则是什么？
3. 商务谈判礼仪包括哪些方面？
4. 简述商务谈判中的交际礼仪。

◎ 课后案例

穿衣服别出洋相

记得有一次国外朋友请我去看歌剧。我满心欢喜穿了一套白色的礼服美美地准时赴约。因为有好几个人，我们约定先到他家会合再一起出发。到了他家，我一看，不好！其他人都穿得很随便。我穿着礼服显得格格不入，甚至笨头笨脑。原来这天的歌剧在一个运动场演出。大家都将坐在草地上。可以说是一次正规但轻松的演出，所以不用穿礼服，都怪自己没有问一问朋友，结果出了洋相。

说起"洋相"这个词儿，里面所包含的东西真可谓概括了中国近百年的变迁。出洋相，就是出丑的意思。原来从前我们中国人觉得露出了洋人的样子就是出了丑。明显这个词儿刚出现的时候中国人的审美观是以中国文化为本位，一切不符合中国文化的都是不好的、丑的。但是经过了近百年的起伏变迁，中国人的审美品位有了很大提高。穿不穿洋服我没有什么特别的看法，但是我觉得有些中国人穿西服还是不地道，给人一种穿错了衣服的感觉。就好像我们第一次看见穿唐装的外国人一样，说不出的别扭。

经常听到同胞们说洋人穿衣服随便。可能因为这样的想法，他们穿洋服的时候也就随便了。其实这就大错特错了。洋人穿衣是有很多规范的。一般来讲，场合决定了穿的服装是否合适。正式的场合不能乱穿不说，就是平常的场合也是有约定俗成的一套穿衣规则。譬如洋朋友请吃饭，虽然跟英女王请吃饭的重要性不同，穿牛仔裤还是显得不是很尊重主人家，就是不穿西装也最起码该穿西裤。但是如果是好朋友一起去麦当劳又不一样了。所以那次的歌剧，我虽然穿的是很好的白礼服，但因为场合不对还是出了洋相——穿得过于隆重了。

回国以后，我发觉这问题好像又有不一样的看法了。不少人好像是采取了洋为中用的政策，西服还是照着自己的规矩穿。我家旁边工地上的工人基本上是穿西装上衣和泥的。我提到他们不是我歧视，觉得工人不该穿西装上衣和泥，而是因为我对中国人穿西服要不要自创一套规范还没有想到答案。在国内我还经常看见一些人穿着睡衣在街上跑。最好玩的一次在上海，在南京东路上，看到两夫妻都穿着睡衣在逛街。头发梳得一丝不苟，戴着太阳镜，脚上还穿着皮鞋！在国外睡衣是绝不能在外人面前穿的。很多外国人觉得穿着睡衣跟没穿衣服没什么分别，他宁愿你看到他穿着内衣，也不愿意让你看到他穿着睡衣。这样的偏执实在也有些奇怪，但他们的习惯就是这样。所以大家千万别穿着睡衣就到洋邻居家串门借糖借盐，否则女主人一定会觉得中国男人不文明！

案例来源：杨贺，王继彬，张晓．商务礼仪［M］．北京：北京理工大学出版社，2020.

问题：

1. 读了这篇文章你有何感想？

2. 你对着装的"TPO"原则，即着装要考虑时间（Time）、地点（Place）、场合（Occasion），是怎样理解的？

◎ **课后实训**

实训目的：通过实训，使学生掌握商务谈判中的交际礼仪，并能够将其运用到商务谈判和商务社交中。

实训内容：英国某学院代表来我校交流，双方准备就培养国际竞争力的优秀学生以及如何充分利用各自的教育资源等问题进行洽谈。

实训要求：请各小组根据所给背景，拓展资料，设计一个商务谈判的情况，并进行模拟谈判。

实训步骤：

1. 分组并指定各组负责人，分发资料。

2. 教师介绍本次实训的内容和实训情景。

3. 各组确定实训活动情景角色。

4. 各组进行谈判前的分析讨论并制订方案。

5. 各组模拟实训。

6. 各组围绕谈判结果组织讨论。

7. 教师点评。

第十二章　国际商务谈判

◆ 知识目标

1. 掌握国际商务谈判的含义和特点。

2. 熟悉国际商务谈判中的文化差异。

3. 熟悉世界主要国家商人的不同谈判风格。

◆ 技能目标

1. 形成对国际商务谈判的基本认识，提高自己的国际商务谈判素质。

2. 能够结合不同国家的谈判风格，将其运用到国际商务谈判中。

☑ 核心概念

国际商务谈判（international business negotiation）；文化差异（cultural difference）；谈判风格（negotiation style）；禁忌（taboo）。

📇 案例导入

入乡随俗，赢得订单

中国某公司与沙特阿拉伯某公司谈判出口纺织品的合同。中方给沙方提供了报价条件，沙方说需要研究一下，约定次日早上 9∶30 到某饭店咖啡厅谈判。9∶20，中方小组到了沙方指定的饭店，等到 10 点还未见沙方人影，咖啡已喝了好几杯了。这时有人建议，有人抱怨。组长说："既按约到此，就等下去吧。"一直等到 10∶30，沙方人员才晃晃悠悠到来，一见中方人员就高兴地提手致敬，但未讲一句道歉的话。

在咖啡厅双方谈了一个小时，没有结果，沙方要求中方降价。中方组长让阿语翻译告诉对方："按约定时间来此地，我们已等了一个小时，桌上咖啡杯的数量可以作证，我们诚心与你们做生意，价不虚（尽管留有余地）"对方笑了笑说："我昨天睡得太晚了，谈判条件仍难以接受。"中方建议认真考虑后再谈。沙方代表思考后，提出下午到他家来谈。

下午 3∶30，中方小组准时到了他家，并带了几件高档丝绸衣料作礼品。在对方西式的客厅坐下后，沙方代表招来他的三个妻子与客人见面。中方组长让阿语翻译表示问候，并送上事先准备好的礼物。三位妻子很高兴，见过面后，就退下去了。中方人员借此气氛将新的价格条件告诉沙方代表。于是，他也顺口讲出了自己的条件。中方一听该条件虽与自己的新方案仍有距离，但已进入成交线。

翻译看着组长，组长很自然地说："贵方也很讲信用，研究了新方案，但看起来双方还有差距。怎么办呢？我有个建议，既然来到您的家，我们也不好意思只让您让步，我们一起让步如何？"沙方代表看了中方组长一眼，说："可以考虑，但价格以外的条件呢？"中方组长："我们可以先谈其他条件然后再谈价格。"于是，双方又把合同的产品规格、交货期等过了一遍，加以确认、廓清和订正。沙方代表说："好吧，我们折中让步吧，将刚才贵方的报价与我方的报价进行折中成交。"中方组长说："贵方的折中是个很好的建议，不过该条件对我方还是过高，我建议将我方刚才的报价与贵方同意后的报价进行折中，并以此成交。"沙方代表大笑，说："贵方真能讨价还价，看在贵方早上等我一个小时的诚意上，我们成交吧。"

案例来源：根据网络资料整理。

启示：

随着经济全球化进程的加速，特别是我国加入世界贸易组织以来，广大企业参与国际分工、开展国际贸易的格局在深度和广度上都发生了深刻的变化。国际商务谈判作为商战的序幕，已越来越频繁地出现在经济活动中。国际商务谈判是一个国际商务活动中必不可少的重要环节，其结果直接关系着企业的微观利益和国家的宏观利益。本章在介绍国际商务谈判的概念和特点的基础上，着重考察文化差异对国际商务谈判带来的影响，以及世界主要区域和国家的谈判风格。

第一节　国际商务谈判概述

一、国际商务谈判的概念

国际商务谈判，是指在国际商务活动中，处于不同国家或不同地区的商务活动当事人之间为达成某笔交易，明确相互的权利与义务关系而进行协商，最终达到交易目的的行为过程。

与国内商务谈判相比，国际商务谈判是国际商务活动的重要组成部分，是国际商务理论的主要内容，是国内商务谈判的延伸和发展。国际商务谈判更为复杂和多变，具有跨国性、跨文化性等特殊性。

同时，国际商务的内容十分广泛，它包括国际货物买卖、技术贸易、合资合作经营等一切国际经贸业务。因此，国际商务谈判的难度要大大高于国内商务谈判，也就是说要完成一项国际商务谈判，对参加国际商务谈判的谈判人员提出了更高的要求。不仅要口齿清晰流利，谙熟谈判技巧，还需外语口语流畅，掌握国际市场规则、国际商务谈判的基本程序和决策程序，善于组织国际商务谈判，精通各国文化习俗、谈判风格和谈判思维的方式，能灵活运用国际商务谈判策略与技巧、用语及其他信息，精于制作合同文本，精通

WTO 规则等。

由于谈判过程中相关方立场与追求目标的差异，谈判过程中不可避免地充满了复杂的利害冲突。通过有效地沟通与协调，解决这些矛盾冲突，进行平等对话，达成共识与预期目标，是国际商务谈判的意义所在。

二、国际商务谈判的特点

（一）作为一般商务谈判的特点

国际商务谈判的特征作为一般的商务谈判，它有以下特点：

1. 以经济利益为谈判的目的

人们之所以进行各种谈判是因为需要实现一定的目标和利益。国际商务谈判的目的集中而鲜明地指向经济上的利益，虽然参与商务谈判的双方要受政治、外交因素的制约，但他们考虑的却是如何在现有政治、外交关系的格局下取得更多的经济利益。

2. 以经济利益为谈判的主要评价指标

商务谈判本身就是经济活动的组成部分，或其本身就是一项经济活动，而任何经济活动都要讲究经济利益。不仅要核算从谈判中能获得多少经济利益，还要核算谈判的三项成本，即谈判桌上的成本、谈判过程的成本和谈判的机会成本。

3. 以价格为谈判的核心

虽然商务谈判所涉及的项目和要素不仅仅是价格，价格只是谈判内容的一个部分，谈判者的需要和利益也并不仅表现在价格上，但在几乎所有的商务谈判中价格都是谈判的核心内容。这不仅是因为价格的高低最直接、最集中地表明了谈判双方的利益切割，而且还由于谈判双方在其他条件，诸如质量、数量、付款形式、付款时间等利益要素上的得与失，在很多情况下都可以折算为一定的价格，并通过价格的升降而得到体现或予以补偿。

国际商务谈判既有一般商务谈判的特点，也有国际商务谈判自身的特性。

（二）与国内商务谈判相比，具有的特点

与国内商务谈判相比，国际商务谈判存在着几个明显的特征。

1. 国际性

国际性是国际商务谈判的最大特点，又称为跨国性。其谈判主体属于两个或两个以上的国家。谈判者代表了不同国家或地区的利益，要受国际惯例的约束。国际商务谈判的最终结果往往导致标的与金钱的跨境转移，其中不但涉及国内法律，更涉及与国际贸易、国际结算、国际运输、国际保险等相关的国际商法及国际惯例。例如，从事进出口贸易谈判不但要熟悉国际贸易术语的含义，还要了解对方国家的相关法律，熟悉国际经济组织的各种规定和国际法。

国际商务谈判虽然属于商务谈判的范畴，但它又是相关国家或地区之间整体政治经济关系的一部分，因而常常涉及彼此国家或地区，甚至与其他国家或地区之间的政治与外交关系。例如，谈判对方要求与你合作，将一座大型水电工程建在与其邻国有领土争议的地

方，这不但会给项目完成带来很大风险，还可能引发外交问题。因此，从事国际商务谈判的人员必须对国际政治保持高度的敏感性。这些都需要外贸从业人员在学习和实践中积累经验。

2. 跨文化性

不同国家的谈判代表有着不同的社会、文化、经济、政治背景，谈判各方的价值观、思维方式、行为方式、交往模式、语言和风俗习惯等各不相同。

无论是面对面的语言交流，还是函电书面往来，国际商务谈判最先遇到的一个障碍就是语言差异问题。国际经贸往来使用较多的语言是英语，绝大多数国际贸易惯例与术语也是用英语表述的。如果谈判对方来自非英语国家且不讲英语，那么谈判的语言也许还会用到法语、西班牙语、俄语、日语、阿拉伯语等其他语言。

能说多种外语的人好比拥有开启国际商务谈判大门的钥匙，因此，近年来，越来越多的外贸从业者在掌握英语的同时都在自发学习小语种语言。虽然一些国际商务谈判活动为了节省谈判成本会临时聘请熟悉对方语言的翻译，例如本国移民或留学生，但同时也存在着专业术语不熟练或企业机密泄露等弊端。

各国及地区之间在文化、风俗、宗教、信仰等方面的差异，远远大于本国不同地区之间的差异。这种差异会在国际商务谈判中淋漓尽致地表现出来。如果不能很好地了解这些文化背景的不同，很容易在谈判过程中产生不必要的误会，甚至导致谈判无法正常进行。例如，当一个印度商人以摇头的方式对你描述的商品表示满意时，你也许会以为对方不认可自己所销售的商品而非常烦恼；又例如你以自己所习惯的砍价方式，向你的瑞典谈判方报出一个高价，但对方却根本不习惯这种讨价还价的做法，认为你要么缺乏此商品在国际市场上的价格常识，要么就是根本没有做成这笔贸易的诚意，最终放弃谈判。一个有经验的国际商务人士，必须善于巧妙地回避容易产生误会的文化差异，尽量找出彼此的共同点，以客观及宽容的心态看待文化差异，将文化差异可能产生的冲突或障碍降至最低，或将这种差异转化为有利于谈判的助推器。

3. 复杂性

复杂性是由跨文化性和国际性派生而来的，是指国际商务谈判的参与者所面临的环境比国内商务谈判的参与者所面临的环境更加复杂多变。由于国际商务谈判的谈判者代表了不同国家和地区的利益，有着不同的社会文化和经济政治背景，人们的价值观、思维方式、行为方式、语言及风俗习惯各不相同，从而使影响谈判的因素更加复杂，谈判的难度更大。在实际谈判过程中，对手的情况千变万化，作风各异，不同表现反映了不同谈判者有不同的价值观和不同的思维方式。因此，谈判者必须有广博的知识和高超的谈判技巧，不仅能在谈判桌上因人而异、运用自如，而且要在谈判前注意资料的准备、信息的收集，使谈判按预定的方案顺利地进行。

4. 政策性

由于国际商务谈判常常涉及谈判主体所在国家之间的政治和外交关系，所以在国际商务谈判的过程和谈判结果方面，谈判者必须贯彻执行国家的有关方针政策，特别是对外经济贸易的一系列法律和规章制度。一个敏锐的国际商务谈判者，应该随时了解本国和对方国家最新颁布的与谈判内容相关的政策法律法规，以便及时调整谈判策略。

5. 困难性

在语言、风俗习惯、价值观、法律环境、政治因素等方面，国际商务谈判所涉及的因素与复杂程度远远超过国内商务谈判，操作的难度也更大。此外，国际商务谈判所花费的差旅、会务、考察和接待等方面的成本往往高于国内商务谈判。在国际商务谈判协议签订之后的执行阶段，如果出现纠纷或其他意外，需要协调的关系多，经历的环节多，解决起来相当困难。这就要求谈判者事先估计到某些可能出现的不测事件并进行相应的防范准备。

三、国际商务谈判的作用

随着全球经济一体化的发展与国际市场竞争的加剧，作为国际商务交往与合作的重要形式和手段，国际商务谈判发挥着越来越重要的作用。

1. 促进国际贸易发展

国际商务谈判作为国际商品交换的重要手段，可以较好地反映交换各方的意愿与需求，可以更好地探索合作的空间与方案。良好有效的国际商务谈判可以扩大国际贸易的范围与数量。

2. 促进国际商务合作成功

当今社会，各国企业之间的竞争越来越激烈，如果能够争取到谈判，就可以与对方进行更深入的接触和沟通，更好地让对方接受和认同己方，甚至可以更有效地降低成本，提高谈判效率。国际商务谈判是一个较长时间的双方接触、认识和沟通的过程，从谈判的准备到协议的签订，往往不是一蹴而就的。在这个过程中，不仅是各国企业间的交往过程，更是谈判者之间了解与熟悉的过程，尤其是经过谈判中的充分交流并达成一致，双方由此培养了友谊和信任，建立了互利互惠的关系，有利于双方的长期合作。

3. 促进企业塑造良好形象

在国际商务谈判过程中，谈判者的素质与言行举止是企业形象最直接、最有效的展示。同时，谈判者在谈判过程中的信守承诺、积极履行合同等行为，可以为企业培育和积累信誉，尤其是与强大对手谈判的成功，是企业业绩和实力最有说服力的标志。

四、国际商务谈判成功的基本要求

在国际商务谈判中，谈判人员除了要把握谈判的一般原理和方法外，还应注意以下几个方面：

1. 树立正确的国际商务谈判意识

国际商务谈判意识是促使谈判走向成功的灵魂。谈判人员谈判意识的正确与否，将直接影响到谈判方针的确定、谈判策略的选择，影响到谈判中的行为准则。正确的国际商务谈判意识主要包括：谈判是协商，不是"竞技比赛"；谈判中既存在利益关系，又存在人际关系，良好的人际关系是实现利益的基础和保障；国际商务谈判既要着眼于当前的交易谈判，又要放眼未来，考虑今后的交易往来。

2. 做好开展国际商务谈判的充分准备

国际商务谈判的复杂性要求谈判者在谈判之前要做更为充分的准备。一是充分地分析和了解潜在的谈判对手，明确对方企业和可能的谈判者个人的状况，分析政府介入（有时是双方政府介入）的可能性，及其介入可能带来的问题。二是研究商务活动的环境，包括国际政治、经济、法律和社会环境等，评估各种潜在的风险及其可能产生的影响，拟定各种防范风险的措施。三是合理安排谈判计划，解决好谈判中可能出现的体力疲劳、难以获得必要的信息等问题。

3. 正确对待文化差异

谈判者对文化差异必须要有足够的敏感性，要尊重对方的文化习惯和风俗。西方社会有一句俗语，"在罗马，就要做罗马人"（In Rome，Be Romans），其意思也就是中国的"入乡随俗"。在国际商务谈判中，"把自己的脚放在别人的鞋子里"是不够的，谈判者不仅要善于从对方的角度看问题，而且要善于理解对方看问题的思维方式和逻辑。任何一个国际商务活动中的谈判人员都必须认识到，文化是没有优劣的。必须尽量避免模式化地看待另一种文化的思维习惯。在进行国际商务谈判之前，谈判人员必须熟悉各国文化的差异，认真研究对方谈判人员的文化背景及其特点。考察文化因素对国际商务谈判带来的影响，可从以下几个方面进行：谈判者所在国家的风俗习惯，文化对谈判者的语言及非语言交往模式带来的影响，谈判者对时间价值的理解，谈判者的决策方式，谈判者对人际关系的关注等。

4. 具备良好的外语技能

谈判者能够熟练运用对方语言，至少双方能够使用一种共同语言来进行磋商交流，对提高谈判过程中双方交流的效率，避免沟通中的障碍和误解，有着特别重要的意义。

5. 熟悉国家政策、国际法律和国际惯例

国际商务谈判的政策性特点要求谈判人员必须熟悉国家的政策，尤其是外交政策和对外贸易政策，把国家和民族的利益置于崇高的地位。除此之外，还要了解国际经济法、国际商法，遵循国际商务惯例。

6. 善于运用国际商务谈判的基本原则

在国际商务谈判中，要善于运用国际商务谈判的一些基本原则来解决实际问题，取得谈判效果。在国际商务谈判中，要运用技巧，尽量扩大总体利益，使双方都多受益；善于营造公开、公平和公正的竞争局面，防止暗箱操作；一定要明确谈判目标，学会妥协，争取实质利益。

第二节 国际商务谈判的文化差异

一、文化差异的含义

文化是人类在社会历史发展过程中所创造的物质财富和精神财富的总和，是历史的积淀，同时也是不同地域、不同国家和不同民族特质的一种载体。它包含了一定的思想和理论，是人们对伦理、道德和秩序的认定与遵循，是人们生活的方式方法与准则。虽然在历史的进程中不同文化相互影响和渗透，但是不同国家和民族的文化却依然保持了各自独特的一面。

所谓文化差异，是指不同国家、不同民族间文化的差别，如语言文字、价值观念、风俗习惯、宗教信仰、道德观念、行为准则等方面的差异。不但不同民族、国家之间存在文化差异，即使一个国家之内不同地域之间也会存在文化差异。它既会给贸易谈判带来矛盾和冲突，也会给贸易谈判带来竞争优势。在跨文化谈判中，谈判双方应互相尊重彼此的文化习惯。

商务谈判者要了解不同国家间的文化差异，并要注意区分来自不同背景的人在讨价还价、介绍情况、观点争执和方式方法上所表现出来的文化特征和反映出来的文化风格。

二、东西方文化差异主要表现

（一）语言差异

语言是由语音、词汇、语法构成的符号系统，语言是人类进行交流的工具，是信息传递的媒介。语言是文化的重要载体之一，语言直接反映一个民族的文化特征，也是不同文化间的重要区别，是最难把握的文化要素。在国际商务谈判过程中，中西方谈判者由于各自的语言文化的差异性，双方在语言理解方面很可能产生误差。

语言差异泛指一切语言有别于其他语言的风格特点。文化背景和交流场景的不同，交谈双方选用的交流方式就不相同，这样就产生了语言差异。这些差异中，常见的有书面语和口语的差异、文体的差异、不同学科语言习惯的差异、地域文化及语种的差异等。

由于语言不通，绝大多数不同国家甚至是地区的谈判人员都无法直接交流，而借助翻译，也不可避免地会因为翻译的问题，产生很多不必要的误会。更重要的是，不同国家或地区的语言习惯、语境高低是不一样的。比如说，中国的汉语就是非常典型的高语境语言，在用语言传递信息时，会借助很多的面部表情、肢体语言等间接的方式，所以在汉语表达的意思之外，还会隐藏着很多的背景信息。而且中国人普遍性格温和，注重相互交往的礼仪和礼貌，极少会直接反驳对方的观点，或者是对争论的问题直接给出肯定或否定的答案，但这并不代表中国人对这一问题没有自己明确的态度，只不过是将这一切通过直接的语言表达之外的其他方式进行了传递；而美国人所用的英语本身就是个低语境的语言，英文本身言简意赅，绝大多数的信息都是通过话语或文字的形式直接表达的，所以美国谈判者说话简单直接，清楚明了，基本上不会说出模棱两可的话，他们会运用明确、清晰的方式，直接提出自己的条件，摆明自己的态度。语言差异特别是语言所来自的文化环境，对谈判过程的影响是显而易见的。

在国际商务谈判中，如果谈判者没有敏锐的跨文化交流意识，便会对对方的语言表达感到困惑，甚至产生误解，影响谈判结果。

📖 **趣味阅读**

在曼谷的困惑

简·雷诺兹是新加坡一个重要的贸易协会执行理事，她是一位对人友好热情的美国人，她已在新加坡居住十年，和那里的人们一直相处得很好。有一次被邀请作为曼谷的一个泰国妇女组织的年度会议主席，简·雷诺兹很高兴，尽管雷诺兹女士是一位经验丰富的演讲者和讨论引导者，但对她来说，这是第一次在泰国作为会议主席。在简·雷诺兹向朋友和同事们征求意见时，他们提醒她说，泰国妇女在公众场合有些害羞，她们当众表达观点和看法时可能会有些犹豫。

所以，在那天上午的会议中，当第一位和随后两位泰国妇女平静地发表有意义的评论与建议时，简·雷诺兹感到很高兴。她以特殊的方式表达她的兴奋，扬起眉毛从椅子上站起来，振动着双臂，激动地感谢这三位发言的泰国女士，并称赞她们的表现。雷诺兹女士自信地大声说话，以便让所有与会者都能够听见。

会议继续，但因某些原因整个会场没有回应。实际上，泰国妇女们也不再回答这个会议主席的问题，会议中其他人一直保持沉默。

散会后，有两位在会议中发言的泰国妇女走近简·雷诺兹并含泪问道："为什么会上您对我们这样生气？我们不知道做了什么让您这样心烦。"简·雷诺兹慌忙回答说她根本就没生气，也并不心烦，但这两位泰国妇女还是嘟囔着说了声"再见"，便伤心地离开了。

那天下午，简·雷诺兹回到她住的酒店，因泰国与会者们的反应而感到极其的困惑。她很奇怪为什么会议在那样一个良好开始之后会突然变得糟糕了。

案例来源：宋超英. 商务谈判［M］. 兰州：兰州大学出版社，2005.

（二）价值观

价值观是人们在后天的生活、学习、工作中形成的，来自一定的感知、思考过程之中的具有自己特色的认识、理解、判别和选择，是每一个人认清他人与事物，对所遇到的事做出反应的、固定性的思考方式和行为方法。价值观具有稳定性和持久性、历史性与选择性、主观性的特点。价值观对动机有导向的作用，同时反映人们的认知和需求状况。不同国家、地区的人，其家庭、社会环境各不相同，自然具有不同的价值观。这具体体现在同一民族或地域的人，具有相似的价值观。而不同民族或地域的人，价值观甚至是千差万别的。

在现代国际商务谈判活动中，价值观方面的差异远比其他方面的文化差异隐藏得深，更不易为谈判人员所察觉，所以更应该引起谈判人员的重视。一般来说，人们价值观的差异主要体现在客观性、时间观、竞争和平等性、社会性几个方面。

1. 客观性

客观性即客观实在性，又称实在性，与主观性相对应，是事物的本来面貌和真实存在。商务谈判中的客观性主要是指谈判人员对谈判者和谈判内容的区分程度。在西方，特别是欧美国家，商务人员特别是国际商务谈判人员，思考问题、谈话做事往往具有极强的客观性，如英国人在工作中不徇私情，公事公办；美国人看重的是经济和业绩，对事不对人，根据事实进行决策，公事公办、不徇私。这些事实都反映了西方人的客观性，因此，西方人在国际商务谈判中，自然而然地就将谈判者与谈判内容分离开来，直奔主题，就实质性的问题直接进行讨论。相反，在裙带关系重要的东方或拉丁美洲文化中，认为"把人和事分开"简直是不可思议的，因为在这些经济活动发展历史悠久的国家，经济的发展往往是在家族控制的领域内实现的，经济活动的对象往往是自己的亲戚或朋友，所以即使是谈判、交涉涉及利益的经济问题时，也不可能只就具体问题进行讨论而不顾及人与人间的关系。

2. 时间观

不同的文化背景表现出不同的时间观念。如北美文化的时间观念很强，对美国人来说时间就是金钱；而中东和拉丁美洲文化的时间观念则较弱，在他们看来，时间应当是被享用的。

爱德华·T. 霍尔把时间的利用方式分为两类：单一时间利用方式和多种时间利用方式。单一时间利用方式强调"专时专用"和"速度"。北美人、瑞士人、德国人和斯堪的纳维亚人具有此类特点。单一时间利用方式就是线性地利用时间，仿佛时间是有形的一样。

而多种时间利用方式则强调"一时多用"。中东和拉丁美洲文化具有此类特点。多种时间利用方式涉及关系的建立和对言外之意的揣摩。在多种时间利用方式下，人们有宽松的时刻表，淡薄的准时和迟到概念，意料之中的延期，这就需要谈判者其之间有较深的私交和"静观事态发展"的耐性。

因此，在国际商务谈判中，当两个采用不同的时间利用方式的经营者相遇时，就需要调整，以便建立起和谐的关系，并要学会适应多种时间利用方式的工作方式，这样可以避免由于"本地时间"与"当地时间"不一致所带来的不安和不满。

3. 竞争和平等观

国外有专家借助模拟谈判实验的结果来反映竞争和平等观念差异对国际商务谈判的影响。模拟谈判实验观察了来自不同文化的商人小组参加同样的买卖游戏所得到的"谈判蛋糕"，以此来体现商务谈判的竞争和合作的关系。考察模拟谈判实验的结果可发现，就美国文化和日本文化而言，日本人最善于做大"蛋糕"，而美国人的"蛋糕"大小一般。相反，美国人对利润的划分相对而言较日本人公平，日本人划分蛋糕的方式较为有利于买方。日本人划分利润的理念是对买方相对比较有利，因为日本人认为顾客就是上帝，卖方往往会顺从买方的需要和欲望；美国人对利润的划分相对比较公平，认为买卖双方是平等的，在美国人看来，利润划分的公平性比利润的多少更重要。

目前，我国市场经济体制已初步建立，有不少中国企业经营者的观念意识往往具有西方早期市场经济时期的某些特点，在商务谈判中往往采取单赢策略，涉及经济利益时较多地考虑己方的利益，而不太关注对方的利益。发达国家的市场经济体制则相当成熟，其谈判者更多地采用双赢策略，基本上能考虑双方的实际利益。

4. 社会性

社会性是人作为社会活动的一个个体，所表现出来的融入社会集体、对集体进行有益帮助的特性，表现了个体和整个集体的关系。西方人一直受自由主义思想的影响和熏陶，在处理个人和社会、集体和他人的关系时，一方面承认自己是社会的一分子，人不可能脱离社会而存在；另一方面也更强调个人的价值实现与主观能动性，强调先个体后集体，推崇个人主义，追求个人价值的实现，认为只有个人价值得到了最大化的发展，集体和社会的利益才能有效、持久的发展，并把这看作社会价值实现的最高效的方式。所以在商务谈判活动中，西方人的谈判队伍往往较小，而且每个人各负责其中的一部分内容，既能各司其职，充分发挥自己的聪明才智，又能做到协调合作，互相帮助，谈判效率非常高；而在东方，个人价值的实现往往是被固定在集体利益的大框架内的。更强调个人利益服从集体利益，只有集体利益得到充分保障了，个人利益才不是镜中花、水中月。中国古语中历来有"木秀于林，风必摧之"之说，中国商务谈判人员的队伍往往非常庞大，在决定某个事项或就某一问题与谈判对方进行交涉前，都会进行长时间会议性的讨论，甚至是谈判中都会相互交流，对外给出的信息基本是集体内部探讨、妥协的产物，所以在现代商务活动中所承受的风险较低，但也往往因此错失了很多机会。

（三）思维差异

在进行国际商务谈判时，来自不同文化的谈判人员往往会遭遇思维方式上的冲突。以东方文化和英美文化为例，两者在思维方面的差异有：

（1）东方文化偏好形象思维，英美文化偏好抽象思维。

（2）东方文化偏好综合思维，英美文化偏好分析思维。

综合思维是指在思想上将各个对象的各个部分联合为整体，将它的各种属性、联系等结合起来；分析思维是指在思想上将一个完整的对象分解成各个组成部分，或者将它们的各种属性、联系等区别开来。

（3）东方人注重统一，英美人注重对立。如中国哲学虽不否认对立，但比较强调统一，而西方人注重把一切事物分为两个对立的方面。

基于客观存在的思维差异，不同文化的谈判者呈现出决策上的差异，形成顺序决策方法和通盘决策方法间的冲突。当面临一项复杂的谈判任务时，采用顺序决策方法的西方文化，特别是英美人常常将大任务分解为一系列小任务。将价格、交货、担保和服务合同等问题分次解决，每次解决一个问题，从头至尾都有让步和承诺，最后的协议就是一连串小协议的总和。然而采用通盘决策方法的东方文化则注重对所有问题整体讨论，不存在明显的次序之分，通常要到谈判的最后，才会在所有问题上做出让步和承诺，从而达成一揽子协议。

（四）风俗习惯

风俗习惯指个人或集体的传统风尚、礼节、习性，是特定社会文化区域内历代人们共同遵守的行为模式或规范。主要包括民族风俗、节日习俗、传统礼仪等。风俗对社会成员产生一种强烈的行为制约作用。比如，在有些国家，左手被认为是不洁的，所以在交换名片时不可用左手递出名片；信仰伊斯兰教的沙特阿拉伯商人在斋月不进行商务活动；大多数北美人是不愿意在吃晚饭的时候谈生意的；德国人在绝大多数时候穿礼服，并且无论穿什么样的服装，都不会把手放在口袋里，因为这样做会被认为是粗鲁的；在西方国家主要的社交饮料是咖啡，而在我国主要是茶水。

在国际商务谈判中，了解文化差异并辩证地对待这些差异是极其重要的。只有分析和了解这些影响因素，才能在国际商务谈判实践中跨越文化差异引起的障碍，实现求同存异和双赢。

三、文化差异对国际商务谈判的影响

文化是一个国家、民族特定的观念和价格体系，这些观念构成人们生活、工作中的行为方式。世界各民族由于特定的历史和地域而逐渐形成了自己独特的文化传统和文化模式。

（一）存在谈判双方发生误解的风险

不同国家文化间在语言表达方式、价值观、思维方式、风俗习惯等因素上存在差异，这给国际商务谈判中的沟通制造了误解和障碍。当两种语言都有类似的表达但含义却有很大差别时，以及某种表达只在一种语言中存在时，极易引起沟通上的混淆，并存在发生误解的风险。例如，我国有一款闹钟品牌是"山羊闹钟"，但出口贸易时，外商要求改品牌名称。"山羊"一词，在汉语里没有什么特殊意义，而英文名称 goat 在英语中却表示"色鬼"的意思，那么"山羊牌闹钟"就变成"色鬼牌闹钟"了。再如中国人招待客人时，一般都准备了满桌美味佳肴，不断地劝客人享用，自己还谦虚。"没什么菜，吃顿便饭。薄酒一杯，不成敬意。"行动上多以主人为客人夹菜为礼。西方人会对此迷惑不解，明明这么多菜，却说"没什么菜"，这不是实事求是的行为。而他们请客吃饭，菜肴比较简单，席间一般不劝客，吃喝由客人自便自定。谈判者在进行国际商务谈判时，应提前进行充分的准备，了解这些文化差异，方能避免因文化差异而造成的误解，取得国际商务谈判的成功。

（二）谈判风格的差异使谈判陷入僵局

谈判风格是谈判者在谈判活动中表现出来的气度和作风，它主要体现于谈判者在谈判过程中的行为举止和谈判的方法、手段上，谈判风格对于谈判过程中谈判双方的交往方式、交往关系，甚至谈判结果有着直接的影响。不同的谈判作风及控制谈判进程的不同方法，使国际商务谈判存在议程无法统一的风险。在东方，为维持良好的人际关系，谈判者更愿意采取非对立和非直接冲突的方式来解决问题；而西方的谈判者则力求表明自己的观点，语言表达直接、是非分明，表现出很强的攻击性和好辩性，西方人的这种直白的表达方式会伤害到东方人的自尊心，因为东方人会认为对方不给自己面子。而东方人谈判时委婉的表达方式则会令西方人不适应，因为他无法真实地领会东方人的意思。这些差异将使谈判过程变得艰难，甚至导致谈判陷入僵局。

（三）伦理与法制的差异使谈判破裂

由于历史、政治、教育等的不同，不同国家和地区的人在伦理或法制上也会存在差异。东方人往往着重于从伦理道德上考虑问题，而西方人恰恰相反，他们着重于从法律上考虑问题。比如，日本人不喜欢谈判中有律师参与，他们认为带律师参加谈判，一开始就考虑日后纠纷的处理，是缺乏诚意的表现。当合同双方发生争执时，日本人通常不选择诉诸法律这一途径，而是愿意坐下来重新协商。而西方人则恰恰相反，他们对于纠纷的处理习惯用法律的手段。美国人在进行商务谈判时，特别是在国外进行商务谈判时，一定会带上自己的律师，而他们最常说的一句话是："我要征求律师的意见。"不同的理论和法制，就会产生不同的谈判效应，对待法律不同的态度也会给合同的履行和管理带来困难，并最终可能导致谈判失败。

国际商务谈判就是不同文化的碰撞，文化差异对国际商务谈判产生了巨大的影响，只有了解和接受文化差异，才能避免谈判中的障碍，最终促成国际商务谈判的成功。

第三节　世界主要国家商人的谈判风格

一、美国商人的谈判风格

美国是个移民国家，人口流动大、开放程度高、现代意识强。由于移民们的社会等级变化无常，东方的专制君主制缺乏生存的社会基础，更没有世袭贵族的存在。所以在这块土地上生存的人崇尚自由，不受权威与传统观念的支配。这种社会文化历史背景培养了美国人强烈的创新意识、竞争意识与进取精神。

（一）美国的文化特点

（1）历史文化。美国是一个移民国家，是一个充满现代意识的开放国家。人们崇尚自由，不受权威与传统观念的束缚。拓荒者顽强的毅力加上乐观自信、勇于进取的开拓精神塑造了美国文化。而这种文化注重自我奋斗、竞争观念、个人主义和独立自主。一般美国人的世界观认为一切事物非"黑"即"白"，很少是介于两者之间的"灰"。在美国商人的价值体系中，他们将对物质的占有放在最后，并认为责任感是这些品质和价值观的核心，因此，他们会尽快地做出决策，迅速执行实施，在尽可能短的时间内得到令人满意的结果。

（2）经济文化因素。美国是世界上经济技术最发达的国家之一，美国人对自己的民族具有强烈的自豪感和荣誉感。美国人的性格是外向的，表现出直率、开朗、自信、果断、诙谐幽默、追求物质生活、富有强烈的冒险精神和竞争意识等特点。激烈的竞争势必会引起他们对时间的珍惜。"时间就是金钱"的观念导致美国人做事比较讲究效率，所以，在很多情况下，美国人只要认为产品品质上乘，双方能实现共赢，他们习惯上会爽快地按照对方的要价进行支付，而不是进行没完没了的讨价还价。所以，美国人在谈判过程中是不善砍价的。美国人的谈判风格有其积极的一面，同时也有难以对付的一面，必须分别采取相应的措施。

（二）美国商人的谈判风格

有人曾将美国人的性格特点归纳为：外露坦率、真挚、热情、自信、滔滔不绝、追求物质上的实际利益。这些特点在商务谈判中，也得到了不同程度的印证。

1. 注重利益，决策快捷

美国人从不掩饰自己对物质利益的追求，在商务谈判中也表现出"快人快语"，甚至直奔利益这一实质性问题。他们善于长谈，锋芒毕露，并且不断地发表自己的见解，追求物质上的实际利益。由于自信而善于施展策略，同时又十分欣赏那些精于讨价还价，为取得经济利益而施展手段的人，尤其是当"棋逢对手"时，反而易于洽谈。由于美国的经济实力以及谈判方式的特点，美国人对于"一揽子交易"兴趣十足，并且在气势上咄咄逼人。美国人在谈判中分工具体、职责明确，一旦条件符合即能迅速拍板，因此决策的速度很快。美国人的工作节奏快，在商务谈判过程中常常在短时间内做好一笔大生意。美国人在商务谈判中往往期望值很高，但耐心不足。

2. 重视合同，法律至上

美国是一个法治国家，人们在交往中的法律意识根深蒂固。从文明形态来说，美国属于工商业文明形态，其特点是人口不断流动，不大注重建立稳固持久的人际关系。美国人认为，交易最重要的是经济利益，为了保护自己的利益，只能依靠法律和合同。他们特别看重合同，提出的条款大多由公司法律顾问草拟，讨论合同条款也十分认真，尤其是合同违约的索赔条款，一旦双方在执行合同条款中出现意外，就按事先商定的责任条款处理。美国人重合同，重法律，还体现在他们认为合同是合同，朋友归朋友，两者之间不能混淆起来。因此，美国人对中国人的传统观念：既然是老朋友，就可以理所当然地要对方提供比别人优惠的待遇，出让更大的利益，表示难以理解。

3. 自信心强，不易让步

由于美国实力强大，美元是国际通行货币，加上英语又几乎是国际谈判的通用语言。所有这些都使得美国人对自己的国家深感自豪，这种心理会在他们的贸易活动中充分地体现出来。在谈判中，他们一般会在以下方面表现出强烈自信心：①对本国产品的优越品质、先进技术会加以毫不掩饰地称赞。因为他们认为，如果你有十分能力，就表现出来，千万不要遮掩或谦虚，要让购买你产品的人看到。②习惯批评指责谈判对手。当谈判没有按照他们的意愿进展时，他们常常直率地批评或抱怨。这是因为他们往往认为自己做的一切是合理的，缺少对别人的宽容与理解。美国人已经习惯以自我为中心，喜欢别人按他们的意愿行事，因此经常会让含蓄内敛的东方人对其产生咄咄逼人、傲慢自大的印象。

美国人强烈的自信心还表现在谈判过程中，当自己认为十分有理时，他们不喜欢听到别人否定的回答。他们不仅希望得到别人的同意，而且是应当场表示同意。在进行第一次谈判时，他们甚至就带着合同，随时准备签约。要是他们看出对方对谈判感兴趣，但尚未下决心时，他们会给对方一些甜头。但在正式谈判中，却很少做出诸如减价的让步。他们认为自身的条件就是比对方优越，所以就应该占上风。当然他们也不是坐等别人让步，而是积极施展各种手段，突出自己的优势，从而使对手心甘情愿地接受他们的种种条件，取得谈判的最后成功。

趣味阅读

　　美国福特汽车公司和通用汽车公司最初来上海谈判合作生产小轿车时，正值美国政府要以 30L 条款和特别 30L 条款对中国进行制裁，并提出美国在中国的合资公司不能提出国产化要求的时期。但福特汽车公司的代表在谈判的一开始就提出合作期间可考虑 50% 的国产化方案。接着，通用公司在上海谈判时，又主动提出国产化率可以从 60% 开始。由于他们并未理会其政府的限制，而我方的代表也充满信心地与其谈判，最终使双方达成协议。如果我们能充分利用美国人自信、滔滔不绝的特点，多诱导、鼓励其先发表意见，以从中及时捕捉对我方有价值的内容和信息，探明其虚实与策略，那么将使我们更加有的放矢地决定对策；有时甚至可以利用其自信的特点，运用"激将法"，促使其为了维护自尊向我方靠拢。当然，这样做要注意适度，既要灭其锐气，又要避免其生气。

　　案例来源：陈鹏. 商务谈判与沟通实战指南 ［M］. 北京：化学工业出版社，2019.

4. 热情坦率，干脆利落

美国人属于性格外向的民族，认为直截了当是尊重对方的表现，喜怒哀乐大多通过言谈举止表现出来。在谈判中，他们精力充沛、感情洋溢、头脑灵活、喜欢迅速切入正题，不喜欢拐弯抹角，并总是兴致勃勃，乐于以积极的态度来谋求自己的利益。为追求物质上的实际利益，他们善于使用策略。正因为自身精于此道，所以美国人十分欣赏那些说话直言快语，干脆利落，又精于讨价还价，为取得经济利益而施展策略的人。

在谈判过程中，如果美国人感觉不能接受对方提出的建议，他们也是毫不隐讳地直言相告，甚至唯恐对方误会了。对于中国人在谈判中用微妙的暗示来提出实质性的要求，美国人感到十分不习惯，因此有不少美国商人由于不善于品味中国人的暗示，失去了极好的交易机会。

5. 重视效率，珍惜时间

美国经济发达，工作、生活节奏极快，造就了美国人注重效率，珍惜时间，尊重进度和期限的习惯。在美国人看来，时间就是金钱，如果不慎占用了他们的时间，就等于偷窃了他们的钱财。因此，美国文化有句著名的谚语：不可盗窃时间。所以在谈判过程中，他们连一分钟也舍不得进行无聊的毫无意义的谈话，十分珍惜时间、遵守时间。

美国人认为，最成功的谈判人员是能熟练地把一切事物用最简洁、最令人信服的语言迅速表达出来的人。因此，美国谈判者为自己规定的最后谈判期限往往较短。他们十分重视谈判中的办事效率，习惯开门见山，报价及提出的具体条件也比较客观，并且希望对方也能如此。他们尽量缩短谈判时间，力争每一场谈判都能速战速决，一旦谈判突破其最后期限，则很有可能破裂。所以和美国人谈判一定要有时间观念，只要报价基本合适，就可以考虑抓住时机拍板成交，谈判时间不宜过长。

此外，美国人的时间观念还表现在做事有条不紊，有一定的计划性，不喜欢事先没安排妥当的不速之客来访。因此，与美国人约会，一定要注意提前预约而且准时到达，早到或迟到都是不礼貌的。

从总体上来说，美国人的性格通常是外向的。与美国人做生意，"是"和"否"必须要说清楚，这是一条基本的原则。当无法接受美国谈判者提出的条款时，要明白地告诉他们不能接受，绝对不能含糊其辞，使对方存有希望。

（三）与美国商人的谈判礼仪与禁忌

美国是当今世界有着最大经济影响力的国家，随着中美两国经贸关系日益密切，企业之间的商务活动日渐频繁，如何更好地进行商务谈判是中国企业与美国企业合作是否成功的重要因素。

（1）要有一支过硬的专家型团队组合，特别是法律方面的专家，以应对美国企业团队提出的有关法律方面的问题，否则很容易被他们带偏思路。

（2）要营造良好的谈判气氛。美国谈判者喜欢直入主题，中方谈判者可以先顺应美国习惯，以美国人的爱好、风俗、生活方式等话题展开谈判，为营造良好的谈判氛围作出努力。

（3）要学会倾听。美国谈判者一般会充分准备谈判资料，并且人员在技术方面有很强的专业性。中方谈判人员在谈判过程中可以先保持沉默，通过多听多思，在倾听的过程中获取对方更多的信息。

（4）要作好多种方案的准备，并要掌握谈判节奏。针对美国谈判人员的自信和注重实际利益的特点，在谈判遇到僵局时己方可主动提出就谈判内容进行深入的讨论，可以为谈判提供新的解决问题的思路。实在不行，可以运用拖延策略获得主动权。美国销售商经常使用"逼问"的战术，比如问购买者：买还是不买？此时，中方就要运用忍耐策略，拖延谈判时间来化被动为主动，掌握谈判节奏。这样还可以使美方产生要尽早完成谈判，进行下一环节的心理压迫感，从而促使其尽早签署合约。

（5）要注重合同的内容。美国商人有很强的法律意识，他们会严格按合同履约。在合同履行阶段，一旦出现问题，美方就要按合同办事。所以中方要有专业人员来参加合同内容的审定，将未来合同期内可以预见的多种情况及各自应该承担的责任和义务考虑周全，并写入合同。

（6）与美国商人谈判，切忌指名批评某人。指责客户公司中某人的缺点，或把以前与某人有过摩擦的事作为话题，或把处于竞争关系的公司的缺点拿出来进行贬低等，都是不可以的。这是因为美国人很忌讳对他人说三道四。

（7）美国不同地区的谈判风格也有差异，应灵活识别。东部特别是东北部是美国政治、经济、文化中心，在国际商务谈判中，具有雷厉风行的快节奏、寸利必争和精于讨价还价的技巧。美国中西部的商人，爱好旅游，比较善于交际，与他们交往时，把他们更多地看作朋友会使谈判顺利。美国南部地区商人性格较为保守，同他们建立亲密的商业关系虽不容易，但当他们一旦与你建立了这种关系，就非常珍惜，不会轻易放弃。美国西部太平洋沿岸注重诚意，在这里做生意的外国人要推销产品必须多跑路，多去访问客户，单靠电话联络是不够的。

二、加拿大商人的谈判风格

(一) 加拿大商人的文化特点

加拿大的文明起源于原生的北美土著文化,后来衍生了法、英、北美殖民地文化,联邦政府建立后大约 145 年中,加拿大自身探索着强国富民、公正平等的多元文化新途径。不同种族、不同肤色、不同国家、不同信仰的族裔来到这个幅员辽阔、物产丰富、风景优美的国家,在这里繁衍生息,文化交融,互相学习,取长补短,构成了一幅五彩斑斓的文化拼图。

加拿大是靠移民建设起来的国家,人口主要是英国和法国移民的后裔。在加拿大从事对外贸易的商人也主要来自英语语系和法语语系国家。他们既有英国人的含蓄,又有法国人的开朗。英语语系商人大多集中在多伦多和加拿大的西部地区;法语语系的商人大多集中在魁北克。温哥华是华侨的主要聚居地,温哥华商人中,华人有一定话语权,他们可以为我国与加拿大的商务合作起到桥梁作用。加拿大人随和、友善、讲礼貌而不拘繁礼。他们热情好客,待人诚恳。加拿大人比较讲实惠,与朋友相处和来往不讲究过多的礼仪。

(二) 加拿大商人的谈判风格

加拿大商人大多为英国裔和法国裔,这两种主流的加拿大商人都属于保守型。英裔商人谨慎、保守、注重信誉。喜欢设置关卡,一般不会轻易答应对方提出的条件和要求,因此和他们谈判不能急于求成。他们做生意喜欢稳打稳扎,不喜欢过分进攻、激进的推销方式。一旦达成协议,他们就会严格履约。法裔商人和蔼可亲,平易近人,但涉及谈判的实质性内容时,往往节奏较慢、难以捉摸。他们常常签约容易但具体执行时问题较多,因此合同条款必须订得详细、明了、准确方可签约。加拿大商人反对夸大和贬低产品的宣传,与他们进行商谈,议价时得预留一定的利润空间,但不要留得过多。除此之外,加拿大商人十分讲究工作效率。

(三) 加拿大商人的谈判礼仪与禁忌

(1) 见面或分手时要行握手礼,相互亲吻对手脸颊也是常见的礼节。除密友之外,一般不宜直接称呼小名,对法语是母语的加籍谈判者,要使用印有英、法文的名片。

约会时要事先预约并准时到场,款待一般在饭店或俱乐部进行。就餐时要穿着得体,男士着西服,系领带,女士则穿裙子。进餐时间可长达 2~3 小时。一般祝酒词为 Cheers("祝好",用于英语地区)、Sante("祝你健康",用于法语地区)。在法语区就餐时,双手(不是双肘)要放在桌上。如受邀做私人访问,应随身携带小礼品或鲜花,也可派人给其赠送鲜花。

(2) 加拿大谈判者比美国商人更显得有耐心,更温和,加拿大商人的时间观念很强,所以要严格遵守合同的最后期限。

(3) 与加拿大商人谈判要注重礼节,情绪上要克制,不要操之过急。对英裔商人要有足够的耐心,从开始接触到价格确定这段时间,要不惜多费脑筋,认真地斟酌,多用实际利益和事实来加以引导，稳扎稳打，切不可过多地施加压力。

（4）对法裔谈判者应力求慎重，不弄清对方的意图与要求切不要贸然承诺。另外，不要被对方的催促牵着鼻子走，主要条款与次要条款都要确认清楚，力求详细明了和准确，否则不予签约，以免引起日后的麻烦。签订的合同条款往往是详尽而冗长的，谈判者还需准备法文资料，并将合同译成法文。

（5）加拿大公司的高层管理者对谈判影响较大，应将注意力集中在他们身上，以使谈判能尽快获得成功。

（6）在加拿大，人们忌讳白色的百合花，认为它会给人们带来死亡的气氛，因而百合通常在葬礼上使用。加拿大人酷爱枫叶，并视它为国宝和友谊的象征。

三、拉丁美洲商人的谈判风格

（一）拉丁美洲国家的文化特点

拉丁美洲是指美、墨交界的里约格兰德河以南的国家，信奉天主教，除了巴西说葡萄牙语，海地和法属圭亚那说法语，苏里南说荷兰语，伯利兹和加勒比地区说英语外，其他国家都说同一种语言——西班牙语。拉丁美洲商人大多为男性，最突出的特点是个人人格至上和富于男子气概，性格开朗直爽。拉丁美洲商人不是很注重物质利益，而注重感情。因此，最好先与拉丁美洲商人交朋友，一旦成为他们的知己，他们会优先考虑你作为合作的伙伴。

（二）拉丁美洲各国商人的谈判风格

拉丁美洲各国人具有强烈的民族自尊心，以自己国家悠久的传统和独特的文化而感到自豪。因此，拜访该地区的客户之前，考察一下看是否需要翻译，这是明智的做法。拉美人生活节奏比较慢，性情悠闲开朗，时间观念不太强。他们休假较多，在洽谈中经常会遇到参加谈判的人突然请了假。拉美商人很看重密切而持久的关系，应避免以直接的、冷酷的方式来接触预期的商业伙伴，而应通过例如参加贸易展览加入贸易代表团来接触感兴趣的贸易方，或安排一次由商会、贸易协会、政府机构或银行参加的会议来将自己引荐给拉美公司。在商务谈判过程中他们可能会打断你的话，但他们并不认为这是一种无礼的行为。在订立合同时条款一定要写清楚，以免事后产生纠纷。此外还需注意，拉美商人往往不太遵守付款或交货的日期。

（三）与中南美洲商人的谈判礼仪与禁忌

（1）与拉美人谈判，最好先与拉美商人交朋友，一旦你成为他们的知己后，他们会优先考虑你作为合作的伙伴。

（2）放慢谈判节奏，始终保持理解和宽容的心境，并注意避免工作与娱乐发生冲突。

（3）在进行贸易谈判前，必须深入了解这些保护政策和具体的执行情况，合同条款写清楚，以免事后发生纠纷。

（4）注意各国风俗相异。拉美各国中，巴西人酷爱娱乐，他们不会让生意妨碍其享受闲暇的乐趣。当举世闻名的巴西狂欢节来临之时，千万别去同拉美人谈生意，否则会被视为不受欢迎的人。阿根廷人比较正统，非常欧洲化，他们在同客人一见面时就会不停地握手，阿根廷商人会在商谈中不厌其烦地与对方反复握手。哥伦比亚、智利、巴拉圭人比较保守，他们穿着讲究，谈判时服饰正规，他们也特别欣赏彬彬有礼的客人。厄瓜多尔人和秘鲁人的时间观念相对淡薄，比较随意，但作为谈判另一方，在这点上千万不能"入乡随俗"，而应遵守时间，准时出席。

四、德国商人谈判风格

（一）德国的文化特点

德国是一个高度发达的资本主义国家，在基础科学与应用研究方面十分发达，以理学、工程技术而闻名的科研机构和发达的职业教育支撑了德国的科学技术和经济发展。德国产品以品质精良著称，技术领先，做工细腻，但成本较高。德国出口业务以质量高、服务周到、交货准时而享誉世界。德国民族主义文化具有注重文化淡化政治、强烈的文化自卫、自我矛盾、浪漫主义和抽象模糊等特征。

（二）德国商人的谈判风格

1. 严谨保守

德国商人严谨保守的特点使他们在谈判开始前就准备得十分充分周到。他们会想方设法掌握翔实的第一手资料，他们不仅要调查研究对方要购买或销售的产品，还要仔细研究对方的公司，以确定对方能否成为可靠的商业伙伴。只有在对谈判的议题、日程、标的物的品种价格，以及对方公司的经营、资信情况和谈判中可能出现的问题及对应策略做详尽研究、周密安排之后，他们才会坐到谈判桌前。

2. 讲究效率

德国商人非常讲究效率，并且他们的思维富于系统性和逻辑性。德国人认为那些"研究研究""考虑考虑""过段时间再说"等拖拖拉拉的行为，对一个商人来说简直是耻辱。他们的座右铭是"马上解决"。他们认为判断一个谈判人员是否有能力，只需看其办公桌上的文件是否被快速有效地处理了。如果文件堆积如山，多是"待讨论""待研究"的一拖再拖的事情，那就可以断定该工作人员是不称职的。因此，德国商人在谈判桌上会表现出果断、不拖泥带水的作风。他们喜欢直接表明所希望达成的交易，准确确定交易方式，详细列出谈判议题，提出内容详细的报价表，清楚、坚决地陈述问题。他们善于明确表达思想，准备的方案清晰易懂。如果双方列出讨论问题清单，德国商人一定会要求在问题的排序上应体现各问题的内在逻辑关系，否则就认为逻辑不清，不便讨论。他们认为每场讨论都应明确议题，如果讨论了一上午却不涉及主要议题，他们会抱怨组织无效率。因此，在与德国商人谈判时，进行严密的组织、充分的准备、清晰的论述，并具有明确鲜明的主题，可以促进谈判效率，在时间的利用以及双方误解的减少等方面都可以看到谈判效率的改善。

3. 自信而固执

　　他们对本国产品极有信心，在谈判中常会以本国的产品为衡量标准。德国企业的技术标准相当严格，对于出售或购买的产品他们都对质量要求很高，因此要让德国商人相信你公司的产品能够满足交易规定的高标准，他们才会与你做生意。德国商人的自信与固执还表现在他们不太热衷于在谈判中采取让步的方式。他们考虑问题周到系统，缺乏灵活性和妥协性。他们总是强调自己方案的可行性，千方百计迫使对方让步。常常在签订合同之前的最后时刻还在争取使对方让步。鉴于日耳曼民族这种倔强的个性特点，应尽量避免采取针锋相对的讨论方法，而要"以柔克刚""以理服人"。常言道："有理不在声高"，要以灵活的态度选择攻击点，体现分歧，表明立场，同时始终保持友好和礼貌的态度以扭转其僵硬的态度，不要激起对方的"犟脾气"。大多数德国人虽然固执，但还是很重理性的。只要把握住这一点，本着合理、公正的原则，就能最终动摇其坚定的立场。

　　4. 注重契约

　　德国商人崇尚契约，严守信用，权利与义务的意识很强。在商务谈判中，他们坚持己见将权利与义务划分得清清楚楚，涉及合同的任何条款，他们都非常细心，对所有细节认真推敲，在确认合同中每个字、每句话都准确无误后才同意签约。德国商人对交货期限要求严格，一般会坚持严厉的违约惩罚性条款，外国客商要保证成功地同德国人打交道，就得严格遵守交货日期，而且可能还要同意严格的索赔条款。德国人受宗教、法律等因素影响，比较注意严格遵守各种社会规范和纪律。在商务往来中，他们尊重合同，一旦签约，他们就会努力按合同条款一丝不苟地去执行，不论发生什么问题都不会轻易毁约，而且签约后，他们对于交货期、付款期等条款的更改要求一般都不予理会。他们注重发展长久的贸易伙伴关系，求稳心理强。

（三）与德国商人的谈判礼仪与禁忌

　　（1）德国商人重视礼节。在社交场合中，握手随处可见。

　　（2）与德国商人约会要事先预约，务必准时到场。

　　（3）德国谈判者的个人关系是很严肃的，他们希望你也如此。如果你和德国谈判对手不熟悉，你最好不要和他们称兄道弟，而是称呼其"先生""夫人"或"小姐"。他们极重视自己的头衔，当同他们一次次握手，一次次称呼其头衔时，他们必然格外高兴。

　　（4）穿戴勿轻松随便，有可能的话，在所有场合都穿西装。交谈时不要将双手插入口袋，他们认为这些是不礼貌的举止。如果德国商人坚持要做东道主，可以愉快地接受邀请。应邀去私人住宅用晚餐或聚会，应随带鲜花等礼物。客人要在晚餐或聚餐会临近尾声时，主动提出告辞，不要逗留太久。

五、法国商人的谈判风格

（一）法国的文化特点

　　法国是一个高度发达的资本主义国家，是欧洲四大经济体之一，其国民拥有较高的生活水平和良好的社会保障制度。法国人具有良好的社会风范，他们多受过良好的教育，从小就被培养各种好的文明习惯。这是一个拥有灿烂艺术和旅游资源的文明古国，法国的宗教气氛，法国的绘画、雕塑、音乐和建筑，法国的哲学、文学和美学，法国的葡萄酒、香水和时装，法国的"自由、平等、博爱"以及敢于创新的精神，无一不是其丰富而充满魅力的文化组成部分。

(二) 法国的谈判风格

法国人性格开朗、热情，对事物比较敏感，为人友善，工作态度认真，十分勤劳，善于享受。在法国人看来，商务谈判是进行辩论和阐述哲理的场合，他们总是喜欢围绕某个问题从不同角度进行辩论，其特点如下：

1. 天性开朗，注重人性

法国人天性比较开朗，非常珍惜交易过程中的人际关系。因为他们有着注重人情味的传统。有人说，法国人际关系是用信赖的链条牢固地互相连接着的。通常在尚未互相成为朋友之前，法国人是不会与你做大笔生意的。因此，在和法国人洽谈时，如果只顾谈生意则会被认为"此人太枯燥无味了"。除了最后做决定的阶段可以一本正经地谈生意以外，在这之前的洽谈中，应该多谈一些关于社会新闻和文化艺术方面的话题，以制造出富于情感的气氛，为双方的交易奠定基础。

还有人说，在法国就连杂货店的女老板也会滔滔不绝地谈论政治、文化和艺术。法国人在谈判过程中喜欢先为协议勾画一个轮廓，然后再达成原则协议，最后才确定协议上的各个方面。因此在谈判中喜欢搞各种书面的"纪要"或"备忘录"一类的文件。需要指出的是，这些"纪要"或"备忘录"绝非无用之物。在法国人的习惯中，这些文件实际上是"准谈判"的成果，它为后面的谈判和签署正式的协议奠定了基调和基础，因此，不能对它等闲视之。

2. 作风善变，政经关联

法国人的商业交易作风比较松垮，但又富有顽强精神。在协议的制定与具体的执行过程中常常有一些变更，而这些变更有的是出于习惯，有的则是讨价还价，擅长使用争取到最后一点利益的手段。与法国人的交易谈判常常因政府的介入而使贸易与外交关系连接在一起。政府从外交方面介入企业之间的交易谈判，一方面使问题复杂化，增加了谈判的难度；另一方面又能促使问题的解决，因此在谈判时要注意外交策略与经济策略的配合协调。

法国人大部分注重于依赖自己的力量和资金来从事经营，因此，办事不勉强，不逾越自己所拥有的财力范围。由于不是利用他人的资金从事经营活动，所以在收入支付金钱时，利息观念比较淡薄。

3. 效率弹性，讲究品位

法国人的时间观念不是很强。在公共场合中，如正式宴会，有一种非正式的习俗，即主客的身份越高，其来得越迟。在社会交往中，法国人比较顾全对方的面子。例如，有一次法国某公司的经理招待日本商人到自己家做客。在宴席上，这个日本商人一时疏忽把洗手碗中的水喝掉了。主人看到这个情形，马上就向同座的孩子们递了一个眼神，两个孩子也就一声不响地跟着喝下了洗手碗中的水，顾全了对方的面子。法国人在宴会招待时是比较忌讳谈生意的。因此，不能把法国人宴请或招待你的过程认为是交易的延伸。假如对方发现你有利用这种场合来促使交易能够更为顺利的意图时，他们会马上予以拒绝。

法国的时装引领着世界的潮流。一般法国人很注重衣着。在他们看来，衣着代表一个人的修养、身份与地位。因此在与法国人交往时必须注意自己的服饰。

📖 趣味阅读

一位法国商人到中国某地考察某投资项目，谈判结束后，该公司安排了级别较高的游览观光活动。这位法国商人对于接待他的中国当地政府的办公室主任评价颇高，认为她的服务态度非常好，语言水平也很高，便夸奖该办公室主任说："你的法语讲得太好了！"办公室主任马上回应说："我的法语讲得不好。"法国商人听后非常生气："法语是我的母语，难道我不知道法语该怎么说？"商人生气的原因无疑是该办公室主任忽视了东西方文化的差异。

法国人讲究一是一、二是二，而中国人讲究的是谦虚，凡事不张扬。

案例来源：陈鹏.商务谈判与沟通实战指南［M］.北京：化学工业出版社，2019.

（三）与法国商人的谈判礼仪与禁忌

（1）见面时要握手，且迅速而稍有力。告辞时，应向主人再次握手道别。女士一般不主动向男士伸手，因而男士要主动问候，但不要主动向上级人士伸手。

（2）熟悉的朋友可直呼其名，对年长者和地位高的人士要称呼他们的姓。一般则称呼"先生""夫人""小姐"等，且不必再接姓氏。

（3）商业款待多数在饭店举行，只有关系十分密切的朋友才邀请到家中做客。在餐桌上，除非东道主提及，一般应避免讨论业务。

（4）法国商人讲究饮食礼节，就餐时保持双手（不是双肘）放在桌上，一定要赞赏主人精美的烹饪。法国饭店往往价格昂贵，要避免点菜单上最昂贵的菜肴，商业午餐一般有十几道菜，要避免饮食过量。

（5）吸烟要征得许可，不能在公共场合吸烟。

（6）当主要谈判结束后设宴时，双方谈判代表团负责人通常互相敬酒，共祝双方保持长期的良好合作关系。受到款待后，应在次日打电话或写便条表示谢意。

（7）法国全国在8月都会放假，应注意尽量避免在这段时期与法国人谈生意。

六、英国商人的谈判风格

（一）英国的文化特点

英国是最早的工业化国家，早在17世纪，它的贸易就遍及世界各地。历史上，英国曾经被称"日不落"帝国，这些都使英国国民的大国意识强烈。英国人最显著的性格特征——孤傲，他们不愿意和别人多说话，从来不谈论自己。英国属于温带海洋性气候，降雨量大。常年的阴雨天气给人带来压抑的感觉，同时经常出现雾天，这样的天气或许使人性格沉默。过去的种种荣耀使英国人沉迷于往日的辉煌以及英国人性格中的孤傲，这些造成了英国文化中的怀旧和保守的特性。尽管从事贸易的历史较早，范围广泛，但是贸易洽商特点却不同于其他欧洲国家。

（二）英国商人的谈判风格

1. 冷静而自信

英国人在谈判初期，尤其在初次接触时，常与谈判对手保持一定距离，绝不轻表感情。随着时间的推移，他们才与对手慢慢接近、熟悉起来，并且你会逐渐发现，他们精明灵活，善于应变，长于交际，待人和善，容易相处。他们常常在开场陈述时十分坦率，愿意让对方了解他们的有关立场和观点，同时也常常考虑对方的立场、行动，对于建设性意见反映积极。在商务谈判中，英国人往往表现得沉默、冷静、谨慎、自信而不是激动、冒险、夸夸其谈。英国人生性内向而含蓄，尤其是受过高等教育的人，表现得很自谦。他们把夸夸其谈的人视为缺乏教养，把自吹自擂的人视为低级趣味。在闲谈时很少表现自己，偶尔发表意见时，也往往以"以我看来，似乎是……""如果我没有记错……"等辞令作为开场白。

2. 绅士风度与等级观念

英国人谈吐文明，举止高雅，珍惜社会公德，很有礼让精神。无论是在谈判场内还是在谈判场外，英国谈判手都很注重体现个人修养，尊重谈判业务，有时会追逼对方。同时，他们也很关注对方的修养和风度，如果客商能在谈判中显示出良好的教养和风度，就会很快赢得他们的尊重，为谈判成功打下良好的基础。由于受古老的等级传统影响，英国人的等级观念变得非常严格而深厚。他们颇为看重与自己身份对等的人谈问题，因此洽谈生意时尽量同对话人的等级诸如官衔年龄、文化教育、社会地位等对等，以求平衡，表示出平等和尊重。这对于推进对话、加强讨价还价的力量有一定的作用。

英国人的绅士风度还表现在他们谈判时不易动怒，也不轻易放下架子，喜欢有很强的程序性的谈判，一招一式严守规定，谈判条件既定后不爱大起大落，注意钻研理论并注重逻辑性，善于用逻辑推理表明自己的想法。

3. 缺乏灵活性

在商务活动中，英国人招待客人的时间往往较长。当受到英国人款待后一定要写信表示谢意，否则会被视为不懂礼貌。与英国人约会，若是过去不曾谋面的，一定要先写信告知面谈目的，然后再去约时间。一旦确定约会，就必须按时赴约，因为英国人做生意颇讲信用，凡事要规规矩矩，不懂礼貌或不重诺守约，以后办事就难以顺利进行。

英国人在商务活动中有些明显的缺点，如他们经常不遵守交货时间而造成延迟，据说这一点举世闻名。这使得他们在谈判中比较被动，外国谈判者会利用这点迫使他们接受一些苛刻的交易条件，如索赔条款等。

（三）英国商人的谈判礼仪与禁忌

（1）在见面或告别时要与男士握手；与女士交往，只有等她们先伸出手时再握手。会谈要事先预约，赴约要准时。若请柬上写有"black tie"字样，赴约时，男士应穿礼服，女士应穿长裙。男士忌讳带有条纹的领带，因为带条纹的领带可能被认为是军队或学生校服领带的仿制品；忌讳以皇家的家事为谈话的笑料；不要把英国人笼统称呼为"英国人"，应该具体地称呼其为苏格兰人、英格兰人或爱尔兰人。

（2）多数款待在酒店和餐馆举行，若配偶不在场，可在餐桌上谈论生意。社交场合不宜高声说话或举止过于随便，说话声音以对方能听见为妥。英国人招待客人的时间比较长，先喝果汁苏打，接着换成白葡萄酒、红葡萄酒，然后是雪茄烟，再加上一道白兰地酒，总共大约要用3个小时。英国人的习惯是，约会一旦确定就必须赴约。所以，和英国商人约会不能提前太久进行约定，因为让他过早决定就等于难为他。总之，凡事要规规矩矩，如不懂礼貌或不受约束，办事是难以顺利进行的。

（3）赠送礼品是普通的交往礼节。所送礼品最好标有公司名称，以免留下贿赂对方之嫌。如被邀做私人访问，则应赠送鲜花或巧克力等合适的小礼品。要明显表示出对年长者的礼貌。英国人喜欢谈论其丰富的文化遗产、动物等，足球、网球、板球和橄榄球是很受欢迎的体育运动。

（4）英国人比较保守，对新事物不一定感兴趣，给外国人一种"讲究礼仪""高傲"和"追求风度"的印象。遇到有纠纷时，也不会轻易地道歉，他们自信自己的所作所为是完美的。体谅别人是英国人的特点，英国人会在考虑到对方的立场以后再开始行动，以免给别人造成不舒服的感觉。也就是说，英国人是很规矩的，经常会考虑到别人的意识和行动。就这一点而言，可以认为英国商人善于随机应变，长于社交。由于他们认为"机会主义"或"三心二意"不是贬义词，所以，英国人的变化是正常的。

（5）菊花在任何欧洲国家都只用于万圣节和葬礼，一般不宜送人。白色的百合花在英国象征死亡，也不宜送人。英国人还忌讳交谈时两膝张得过宽和跷二郎腿，站着说话时也不把手插在口袋里，同时不可以在大庭广众前耳语以及拍打肩背。还应当注意，英国人十分回避"厕所"这个词，一般都使用其他暗示的方法。

七、北欧商人的谈判风格

（一）北欧的文化特点

北欧地区包括挪威、瑞典、芬兰、丹麦、冰岛五个国家以及法罗群岛，主要位于斯堪的纳维亚半岛及其附近岛屿，也称斯堪的纳维亚国家。北欧文化在欧洲乃至世界文化史上都占有重要的地位，一方面，古代北欧有着自己神秘色彩的异教文化，如埃塔和萨迦，还有著名的北欧神话传说；另一方面，它又深受西欧基督教文化的影响，这种冲撞对北欧文化产生深远影响，同时造就了诸如安徒生、易卜生、西贝柳斯、伯格曼等这样的世界级大师。

（二）北欧商人的谈判特点

1. 按部就班，不急不躁

正如北欧人的务实型性格所体现的，他们在谈判中的工作计划性很强，凡事按部就班、沉着冷静。在刚开始谈判时，他们往往言语不多，待人彬彬有礼，从容不迫，谈吐坦率，有问必答，乐意帮助谈判对手，他们希望以此使他们也能及时获得有关信息。他们谈判的特点是有条不紊地按议程顺序逐一进行，所以谈判一般进展缓慢。然而，他们的从容和反应机敏并不矛盾，他们的长处正是善于发现和把握达成交易的最佳时机。

2. 开诚布公，不喜还价

北欧人在谈判中态度谦恭，待人温和真诚，善于同外国客商搞好关系。他们的谈判风格坦诚，不隐藏自己的观点，善于提出各种建设性方案。在谈判的探测阶段，他们愿意直率地告诉对方真实的情况，也希望对方坦诚。因此北欧商人不喜欢无休止地讨价还价，他们希望对方提出的建议是坦诚的，是他们所能得到的最好的建议。如果在对方的建议中有明显的漏洞或不合理之处，他们会重新评估对方的职业作风和业务能力，进而转向别处做生意，而不愿与对方争论那些他们认为对方一开始就应该解决的琐碎问题。

3. 倾向保守，重视质量

作为性格保守的代表，北欧人倾向于把精力用于保护他们现有的东西上，尤其是高附加值和高度专业化的出口产品，而不愿致力于开拓新领域。他们重视压缩现有生产线的成本，而不是致力于开发大有前途的新兴产业。在谈判中，便是更多地将注意力放在怎样让步方能达成某项协议，而不是着手准备另一个备选方案，以防止做出最大限度的让步也不能达成协议的情况出现。他们仿佛认识不到，恰恰是后者才能使他们在谈判中立于不败之地，使得签订的合同更加有利、有益。但是，这并非意味着他们只是一味地保守、守旧。如果现代社会的各项新的科学技术能够帮助他们在已经占优势的市场里处于更加有利的地位，他们也绝不会吝啬大笔的投资。

（三）与北欧商人的谈判礼仪与禁忌

（1）北欧国家所处纬度较高，冬季时间长，所以北欧人特别珍惜阳光。夏天和冬天分别有三周和一周的假期。这段时间，几乎所有公司的业务都处于停顿状态，人们都休假去了。因此，做交易应尽量避开这段时间。当然，也可以利用假期将至为由催促对方赶快成交。

（2）在北欧，代理商的地位很高。尤其在瑞典和挪威，没有代理商的介入，许多谈判活动就难以顺利进行。因此，与北欧人做生意，必须时刻牢记这些代理商和中间商。

（3）北欧人较为朴实，工作之余的交际较少。晚间的招待一定在家里进行，不到外面餐馆去用餐。如果白天有聚餐，一般是在大饭店里预订好座位，这种宴会也不铺张浪费；如果是私下聚会则往往只有咖啡和三明治。北欧人力戒铺张，他们把简朴的招待视为对朋友的友好表示，即使对待老主顾也是如此。

八、日本商人的谈判风格

（一）日本的文化特点

日本是个岛国，资源匮乏，人口密集。日本独特的地理条件和悠久的历史，孕育了别具一格的日本文化。樱花、和服、俳句与武士、清酒、神道教构成了传统日本的两个方面——菊与刀。在日本有著名的"三道"，即日本民间的茶道、花道、书道。日本活动的市场有限，外向型发展经济是其国策，十分重视也十分善于吸收和输入。从 7 世纪的

"大化革新"大规模地输入大唐文化，到 19 世纪的"明治维新"大规模地吸收与输入西方文化，都对日本的发展进步起到了巨大的推动作用。在国际市场上，与日商的商务谈判活动中我方想要取得贸易主动权就必须深入了解日商的谈判风格，掌握其谈判技巧。

（二）日本商人的谈判特点

1. 以礼著称，讲究面子

日本是个礼仪社会，待人接物非常讲究礼仪是日本文化之一。日本人所做的一切，都要受严格的礼仪的约束。在交往过程中，失礼对日本人来说往往不是一桩小事，会使他们心里感到不安、不愉快，最终可能影响双方的感情和合作关系，以致谈判难以顺利进行。日本人的许多礼节在西方人看起来有些可笑或做作，但日本人做起来却一丝不苟、认认真真。正因为如此，如果外国人不适应日本人的礼仪或表示出不理解、轻视，那么，他就不大可能在推销和采购业务中引起日本人的重视，不可能获得他们的信任与好感。

2. 具有强烈的群体意识，慎重决策

日本文化所塑造的价值观与精神取向都是集体主义的，以集体为核心。日本人认为压抑自己的个性是一种美德，人们要遵从众意而行。日本的文化教育人们将个人的意愿融于和服从于集体的意愿。所以，日本人认为寻求人们之间的关系和谐是最为重要的，任何聚会和商务谈判，如果是在和谐的氛围下进行，就会进行得很顺利。

集体观念使得日本人不太欣赏个人主义者，其谈判都是率团进行，同时也希望对方率团参加，并且最好人数相当，如果对方忽视了这一点，日本人会觉得是极大的失礼。需要指出的是，日本人作决策费时较长，但一旦决定下来，行动起来却十分迅速。

3. 等级观念重

日本人的等级观念根深蒂固，他们非常重视尊卑秩序。日本企业都有尊老的倾向，一般能担任公司代表的人都是有 15～20 年经历的人。他们讲究资历，不愿与年轻的对手商谈，因为他们不相信对方年轻的代表会有真正的决策权。因此，日本商人非常注重与之交往对象的身份地位以及年龄和性别，要求对方在这些方面与之相适应。

4. 注重谈判中建立和谐的人际关系

日本人很注重做生意的同时建立和谐的人际关系，在商务谈判中，有相当一部分时间和精力是花在建立良好的人际关系中。许多谈判专家都认为，要与日本人进行合作，朋友之间的友情、相互之间的信任是十分重要的。日本人不喜欢直接的纯粹的商务活动，也不愿意对合同讨价还价，他们特别强调能否同外国合伙者建立相互信赖的关系。如果能成功地建立这种相互信赖的关系，几乎可以随便签订合同。因为对于日本人来讲，大的贸易谈判项目有时会延长时间，那常常是为了建立相互信赖的关系，而不是为防止出现问题而制定细则。一旦这种关系得以建立，双方都十分注重长期保持这种关系。这种态度常常意味着放弃用另找买主或卖主获取眼前利益的做法，而在对方处于困境或暂时困难时，则乐意对合同条款采取宽容的态度。

5. 准备充分，考虑周全，谈判时很有耐心

日本人在谈判中的耐心是举世闻名的。日本人的耐心不仅仅表现得过于缓慢，而实际上则表示他们准备充分，考虑周全，商洽有条不紊，决策谨慎小心。为了达成一笔理想的

交易，他们可以毫无怨言地等上两三个月，只要能达到他们预想的目标，或取得更好的结果，时间对于他们来讲不是第一位的。

耐心使日本人在谈判中具有充分的准备，他们往往千方百计地获悉对方的最后期限，将对方磨得精疲力竭以后，突然拍板表态，让对方措手不及。耐心使日本人多次成功地击败那些急于求成的欧美人。所以，面对日本人的顽强精神，如果缺乏耐心，或急于求成，恐怕会输得一塌糊涂。

6. 尽量避免诉诸法律

日本人不喜欢谈判时有律师参与，一般情况下，日方代表团里是不包括律师的，因为他们觉得每一步都要同律师商量的人是不值得信赖的，甚至认为带律师参加谈判，一开始就考虑日后纠纷的处理是缺乏诚意的表现，是不友好的行为。当合同双方发生争议时，日本人通常不选择诉诸法律。他们善于捕捉时机签订含糊其辞的合同，以使将来形势变化可以做出有利于他们的解释。他们通常愿意在合同处理纠纷条款中这样写：如果出现不能令双方满意的地方，双方应本着友好的原则重新协商。

（三） 与日本商人的谈判礼仪与禁忌

日本人十分精明，和日本商人谈判，并想获得成功绝非易事，这需要我们对隐藏在日方商务谈判背后的文化特征进行分析，掌握其谈判风格，从而在商务谈判中获得主动权。

（1） 获取信任。与从未打过交道的日本企业洽商时，必须在谈判前就获得日方的信任。公认的最好办法是取得日方认为可靠的、另一个信誉甚佳的企业的支援，即找一个信誉较好的中间人，这对于谈判成功大有益处。中间人在促进双方沟通，加强彼此联系，建立信任与友谊上都有着不可估量的作用。所以，在与日方洽商时，我们要千方百计地寻找中间人牵线搭桥。中间人既可以是企业、社团组织、皇族成员、知名人士，也可以是银行、为企业提供服务的咨询组织等。

（2） 理解其文化。尊重并理解日本人的礼仪，并能很好地适应，并不是要求学会像日本人那样鞠躬，喜欢喝日本人的味噌汤。而是在了解日本文化背景的基础上，理解并尊重他们的行为。首先，日本人最重视人的身份地位。在日本社会中，人人都对身份地位有明确的概念。而且在公司中，即使在同一管理层次中，职位也是不同的。与日本人谈判，要充分发挥名片的作用。换名片是一项绝不可少的仪式，所以，谈判之前，把名片准备充足是十分必要的。

（3） 言辞委婉。在同日本人的谈判过程中言行一定要谨慎，语气要尽量平和委婉，切忌轻易下最后通牒。在谈判过程中，日本人的大量交流并非全都是通过语言进行的，无声胜有声，学会怎样"用眼睛去听"是跟日本人谈判成功的秘诀。谈判中的一段沉默并不表明对方无兴趣或处于困境，日本人把沉默视为思考问题的机会，当谈判出现沉默时，不要像平时那样找话题打破沉默，应该利用这一段时间静静地去观察，同时推敲并组织对策。另外，日本人谈话时习惯频繁地随声附和或点头称是，但是，值得注意的是，这并非全都意味着对他们对己方的观点表示同意，有时只不过是说明他听明白了或表明他确实在听着对方的讲话而已。

九、韩国商人的谈判风格

（一）韩国的文化特点

朝鲜战争后，朝鲜半岛的南北对峙导致了双方现代社会化的差异，但双方传统文化却一脉相承。韩国现代社会文化由朝鲜民族传统文化与现代社会流行文化相结合衍生而来，自 1948 年朝鲜半岛南北对峙以来，朝韩两国的现代文化出现不同的发展。韩国现代社会文化是朝鲜民族文化现代化的产物。随着韩国经济和社会的发展，韩国人的衣食住行等生活方式也发生了变化，从而构筑了韩国现代文化。韩国文化在亚洲和世界的流行被称为韩流。韩国以贸易立国，在长期的贸易实践中，韩国商人常在不利于己的商务谈判中占上风，被西方国家称为"谈判强手"。

（二）韩国商人的谈判特点

1. 准备充分，考虑周全

"知己知彼，百战不殆"，韩国商人深谙此道。他们非常重视商务谈判的准备工作。在谈判前，他们会千方百计地对对方的情况进行咨询，一般是通过海内外的有关咨询机构了解对方情况，如经营项目、生产规模、企业资金、经营作风以及有关商品的市场行情等。了解并掌握有关信息是他们坐到谈判桌前的前提条件。一旦韩国商人愿意坐下来谈判就可以肯定他们早已对这项谈判进行了周密准备，胸有成竹了。

2. 条理清楚，注重技巧

韩国商人逻辑性强，做事条理清楚，注重技巧。在谈判时，他们往往先将主要议题提出来讨论。按谈判阶段的不同，主要议题一般分为五个方面：阐明各自意图、报价、讨价还价、协商、签订合同。对于大型谈判，他们更乐于开门见山、直奔主题。韩国商人能灵活地使用谈判的两种手法——横向谈判与纵向谈判。前者是先为协议勾画出大体框架，达成原则协议后再逐项确定谈判各方面的具体内容；后者是对双方共同提出的条款逐项磋商逐条讨论，最后签订一个完整的谈判协议。在谈判过程中，韩国商人会针对不同的谈判对象，采取"声东击西""疲劳战术""先苦后甜"等策略，不断地讨价还价，并且显得十分顽强。有的韩国商人直到谈判的最后一刻还会提出"价格再降一点"的要求。但是，韩国商人在谈判时远比日本商人爽快，他们往往在不利的形势下以退为进，稍作让步以战胜对手。在签约时，韩国商人喜欢用三种具有同等法律效力的文字作为合同的使用文字，即对方国家的语言、韩语和英语。

3. 注重礼仪

韩国人很讲礼仪，谈判地点的选择、出席人员的配备、谈判计划的安排都要做到位，包括座位的布置都很讲究。要注意的是主客关系的处理也十分重要，如果到己方来，则己方要尽地主之谊，一切都必须主动安排；如果去他们那儿，韩国人做东，己方就必须表现出客人的状态，"客随主便"。谈判的气氛是和谐的、友好的，但这不等于问题容易解决。

（三）与韩国商人的谈判礼仪与禁忌

（1）拜访时间。在韩国，商务活动、拜访必须预约。前往韩国进行商务活动的最适宜时间是2—6月、9月、11月和12月上旬，尽量避开节日多的10月以及7月到8月中旬、12月中下旬。会谈时间最好安排在上午10点或11点、下午2点或3点。

（2）见面礼仪。按照韩国的商务礼俗，宜穿着保守式样的西装。韩国商人在与谈判对手见面时，习惯以鞠躬并握手为礼。握手时，或用双手，或用右手，在与长辈握手时，要再以左手轻置于其右手之上，而女人一般不与男人握手，只是鞠躬致意。首次会晤时，宜准备好名片，中文、英文或韩文均可。韩国姓氏很少，金、李、朴姓居民占半数以上，极易混淆，故韩国商人在自我介绍或在商务名片上一般总会把姓附在后面，在称呼他人时爱用尊称和敬语称呼对方头衔以示区分。

（3）交谈礼仪。韩国人以其悠久的文化为荣，交谈话题的选择，宜少谈当地政治，勿对当地的事物指手画脚，而以韩国的文化艺术为重，如11世纪的灰绿色陶瓷器，13世纪的活动铁模及大邱保存的珍贵全套大藏经桃木原版，等等。交谈时，尽可能使用冷静、有条理的言辞，并和对方进行眼光接触，以引起对方的注意，展现个人的诚意，否则将会被视为一个不存在的人。

（4）宴会礼仪。韩国人崇尚儒教，尊重长老。宴请时，身份、地位和年龄都高的人应安排在上座，其他人就在低层的地方斜着坐下。韩国仍有着男尊女卑的观念，男女同坐的时候，一定是男士居上，女士居下。

十、阿拉伯商人的谈判风格

（一）阿拉伯国家的文化特点

阿拉伯帝国是一个幅员辽阔、多民族的集合体，除阿拉伯人外，还有波斯人、埃及人、印度人、塔吉克人、突厥人、西班牙人、叙利亚人等。各族通过互相接触、相互影响，逐渐融合渗透，在长期的生产斗争和阶级斗争中共同创造了阿拉伯文化。阿拉伯国家有统一的语言——阿拉伯语，有统一的文化和风俗习惯，绝大部分人信奉伊斯兰教。阿拉伯国家工业化发展较慢，经济结构普遍比较单一。阿拉伯人在征服埃及、叙利亚、波斯等地区后，不仅接受了当地民族文化的影响，而且又吸收希腊、印度文化的许多优秀成果，创造了新的阿拉伯文化，为人类文明作出了重要贡献。

（二）阿拉伯商人谈判特点

1. 谈判节奏缓慢，重视开端阶段

阿拉伯人认为，一见面就谈生意是不礼貌的行为，因此往往会在开局阶段（广义上的制造气氛和寒暄阶段）花费很多时间。他们希望能花点时间同谈判对手讨论社会问题和其他问题，一般要占去15分钟或更多的时间。另外，他们还会借此机会进行试探摸底，间接涉及谈判主题。因此谈判者最好把何时开始谈生意的主动权交给阿拉伯人，并且在此过程中保持清醒头脑。经过长时间的、广泛的、友好的交谈来增进彼此的感情，也许会达成令双方都接受的交易。于是，有可能在一般的社交场合，一笔生意就可以自然而然地洽谈成功。

2. 家族主义严重，十分热情好客

在大多数阿拉伯国家，商业活动一般由扩大了的家族来指挥。在这些国家中，人们以宗教划派，以部落为群，喜欢结成紧密和稳定的部落集团，十分看重对家庭和朋友所承担的义务，相互提供帮助和救济，家族关系在社会经济生活中占有重要地位。

经常去阿拉伯国家谈判的人有时会遇到这种令人不知所措的事情，就是当你和阿拉伯人谈判很紧张的时候，对方的亲朋好友突然来到谈判现场。此时，他们会把外国谈判者冷在一边，只顾自己去招待客人，喝茶聊天。只有在客人离开后，阿拉伯人才会回到谈判桌前重谈刚才的话题。没有经验的谈判人员，可能会因为失去谈判的好时机或被冷落而气恼。但在阿拉伯人看来，这不是失礼。相反，如果因为看重经济利益而冷落了自己的阿拉伯兄弟，那才是最大的不敬。

3. 习惯讨价还价，擅长巧妙拒绝

阿拉伯人在谈判中喜欢讨价还价。他们认为没有讨价还价的谈判不是真正的谈判。在他们看来，评价一场谈判不仅要看通过谈判争取到什么利益，同时还要看是如何争取的，只有经过艰苦努力争取来的利益才是最有意义和价值的。更有甚者认为，不还价就买走东西的人不受卖主的尊重，他们认为精于讨价还价者是行家，并以能胜于行家而骄傲，否则会采取不屑一顾的态度。因此，为适应阿拉伯人善于讨价还价的习惯，外商应建立起见价即讨的意识：凡有交易条件，必须准备讨与还的方案；凡想成交的谈判，必定把讨价还价做得轰轰烈烈。高明的讨价还价要显示出智慧，即找准理由，把理说得令人信服，做到形式上重习俗、实质上求实利。

4. 缺乏时间观念，不愿谈论政治

美国人称中东人是"远离钟表的人们"，阿拉伯人的确不太讲究时间观念，随意中断或拖延谈判，决策过程也较长。但阿拉伯人拖延决策时间，不能归结于他们拖拉和无效率。这种拖延也可能表明他们对你的建议有不满之处，而且尽管他们暗示了哪些地方令他们不满，你却没有捕捉到这些信号，也没有做出积极的反应。这时，他们并不当着你的面说"不"字，而是根本不做任何决定。他们希望时间能帮助他们达到目的，否则就让谈判的事在置之不理中自然地告吹。

需要指出的是，中东是一个敏感的政治冲突地区，在谈生意时要尽量避免涉及政治问题，更要远离女性话题，在任何场合都要得体地表示你对当地宗教的尊重与理解。

5. 习惯通过代理进行谈判

几乎所有的阿拉伯国家，都坚持让外国公司通过阿拉伯代理商来开展业务。不管他们的生意伙伴是个人还是政府部门，从而为阿拉伯国民开了一条财路。此举在一定程度上也为外国公司提供了便利。比如，一个好的代理商可以帮助雇主同政府部门搞好关系以争取早日获得政府的支持；可以保证货款回收、劳务使用、运输、仓储等环节的正常。多年来有许多阿拉伯人不仅成功地充当了外国公司的代理，而且在谈判中也积累了大量的经验。

比如在谈佣金时，他们首先会列举出他们从事代理工作的成绩和经验，然后详述一旦被雇用，他们将在哪些方面为雇主提供良好的服务，最后提出他们期望的佣金标准，同时

说明相比之下，他们的要求不算高（一般为每笔成功业务利润的 4% ~ 9%）。为使雇主放心，他们甚至主动建议将代理谈判的内容记录下来，明确双方责、权、利，并到公证机关进行公证，双方各执一份，以备后用，以此来消除对方的疑虑。

(三) 与阿拉伯人谈判的礼仪与禁忌

(1) 尊重阿拉伯人的宗教习惯。在阿拉伯国家，宗教影响着国家的政治、经济和日常生活，因此，想要与阿拉伯人打交道，就必须对宗教有所了解。如妇女一般是不能在公开场合抛头露面的。因此，应该尽量避免派女性去阿拉伯国家谈生意，如果谈判小组中有妇女，也应将其安排在从属地位，以示尊重他们的风俗。在谈话中尽量不涉及妇女问题。

(2) 放慢谈判节奏。在谈判中，阿拉伯人看了某项建议后，会将它交给手下的技术专家证实是否有利可图并且切实可行，如果感兴趣，他们会在自认为适当的时候安排由专家主持的下一次会谈，以缓慢的节奏推动谈判的进展。请注意，同阿拉伯人打交道往往是欲速则不达的，因为他们喜欢用悄无声息的、合乎情理的方式来开展自己的业务，而不喜欢那种咄咄逼人的强行推销方式。因此，不管实际情况如何，都要显得耐心、镇静，倘若原定计划不能实现，也应在表面上显得从容不迫。

(3) 在谈判中采取数字、图形文字相结合的方式。许多阿拉伯人不习惯花钱买原始知识和统计数据，他们不欣赏不能实际摸到的产品。因此，在与阿拉伯人谈判时应采取多种形式，将抽象服务项目变成看得见、摸得着的有形事物，并采取数字、图形、文字相结合的方式加以说明，增强说服力，这样会收到较好的效果。另外，如果附属材料中有图片，那么应当注意一下图片的内容是否适用，顺序是否正确。

十一、东南亚各国的谈判风格

东南亚包括许多国家，主要有新加坡、印度尼西亚、泰国、马来西亚等。这些国家与我国的贸易往来频繁、互补性强，是我国发展对外经济贸易的重点地区之一。并且多数与我国文化传统有着共性，商务谈判的总体风格是重视人际关系和感情、面子的作用。

(一) 东南亚各国的谈判风格

1. 新加坡商人的谈判风格

新加坡是"亚洲四小龙"之一，经济发达，在其种族构成中，华人占 75% 以上，是名副其实的华裔国家。所以，在贸易谈判中，参与者以华侨居多。新加坡华裔有着浓厚的乡土观念，同甘共苦的合作精神非常强烈，他们吃苦耐劳、充满智慧，一般都很愿意和中国进行商贸合作。同时，华侨极讲"面子"。对老一代华侨而言，"面子"在商业洽谈中具有决定性的意义。而年轻的华侨受了西方的影响，则较偏重于西方型。他们重信义、讲面子，在商业交往中十分看重对方的身份、地位和彼此的关系。

在交易中，如果遇到重要决定，新加坡华侨商人往往不喜欢做成书面字据，一旦签约，他们绝不违约，而是千方百计地履行契约，充分体现了华侨商人注重信义、珍惜朋友之间友谊的商业道德。

2. 泰国商人的谈判风格

泰国是亚太地区新兴的发展中国家。泰国商人崇尚艰苦奋斗、勤奋节俭，不愿过分依附别人，他们的生意也大多由家族控制，不依赖外人。同业之间会互相帮助，但不会形成一个稳定的组织来共担风险。在泰国进行谈判时，直率与坦白非但不能被欣赏，还会产生适得其反的结果。泰国的商界人士有华侨、傣族人、老挝商人。华侨的人数虽不多，但在商界中占重要地位，他们非常谨慎诚实，往往需要较长时间建立友情，当然这种关系一旦建立，他们就会非常信任你，当你遇到困难时，他们也会给予积极的支持。泰国商人喜欢的是诚实、善良、富有人情味的合作伙伴，而不仅仅是精明强干的商人。

3. 印度尼西亚商人的谈判风格

印度尼西亚是信奉伊斯兰教的国家，其 90% 的人信奉伊斯兰教。印尼人很有礼貌，从不讲别人的坏话。需要注意的是，与印度尼西亚的商人进行商务洽谈时，表面上的友好亲密不代表内心就真正赞同或接受。只有与他们建立起良好的信任关系才可能听到他们的真心话。如果说建立了推心置腹的交情，那么，就会成为可靠的合作伙伴。

印尼人的宗教信仰十分牢固，所以与之进行商务活动必须特别注意他们的宗教信仰。印尼人与北欧人有相反的特点，那就是印尼人特别喜欢家中有客人来访，而且无论什么时候访问都很受欢迎。因此在印度尼西亚，随时都可以敲门拜访谈判对象以加深友谊，使谈判顺利进行。

（二）谈判过程中的礼仪与禁忌

由于东南亚国家各有自己的语言差异、风俗习惯、价值观等，因此在商务谈判过程中需要注意的礼仪和禁忌不同，这里以泰国为例，介绍与泰国商人谈判时需要注意的礼仪和禁忌。

（1）与泰国人见面时不握手，而是双手合十放在胸前。初到泰国，要注意当地人所行的合掌见面礼，外人也可以照样行礼，双手抬得越高，越表示对客人的尊重，但双手的高度不能超过双眼。

（2）泰国人不是按姓来称呼对方，如"陈先生""李先生""张女士"，而是以名，如称"建国先生""章达先生""秀兰女士"。到泰国人家做客，进屋时应先脱鞋。在和泰国商人的交往中，可以送些小的纪念品，送的礼物事先应包装好，送鲜花也很合适。商务活动最好选择在 11 月至次年 3 月，此时气候宜人。

（3）和泰国商人相处，不要夸耀自己国家的经济，也不要盘问对方有几个太太。

十二、中国商人的谈判风格

中国是四大文明古国之一，现有 14.12 亿人口，政治上实行社会主义制度，国内政治经济稳定。自从改革开放之后，中国经济飞跃发展，中国已成为全球货物贸易排名第一的经济体。在思想上较受儒家文化和马克思主义学说的影响。他们性格温和、稳健、老成而又不乏幽默。中国人接待客人非常殷勤和慷慨，几乎每一个来中国访问的人都能有温暖的感觉。中国商人的谈判风格主要体现在以下几个方面：

1. 注重建立关系

中国人重视人事关系，人与事两者相比较他们更看重人的关系。一般情况下，只要有了强有力的人际关系，事就容易商量了，所以谈判的早期总是从建立良好的人际关系出发，而不急于谈具体问题。因此，许多国外商人到中国来寻求合作时，也开始重视与有关方面拉关系，建立关系网络。在开始谈判前，充分了解你的对手，一起进餐喝酒是建立关系的好方法。中国人保守而正式，更多依靠面对面的谈判会见。

2. 注重面子。

中国人很看重"面子"，"面子"这个词没有确切的定义。它常常与威信和尊严联系在一起。如果你对中国合作者表达你强烈的不同意会使他们尴尬，当众批评他们或者表现出对他们的不尊重这些都可以让他们丢失面子。让对方严重地丢面子可以彻底地破坏一个本来很有希望的商业谈判。在商务谈判中，中国人常给对方面子，他们很少直截了当地拒绝对方的建议。同时，他们也需要对方给自己面子。因此，在谈判中当你强迫对方做出让步时千万注意不要使他在让步中感到丢面子。例如，当他处于一个非常为难的谈判位置时，给他一个合适的台阶下。可以说，如果你能帮助中国人得到面子，你就可以得到许多东西；反之，任何当众侮辱或轻蔑，尽管是无意的，仍会对你造成很大的损失。

3. 富有耐心。

中国人是富有耐心的。在中国谈判通常是个长期的、耗时的过程，需要耐心，在和政府机构或者公共部门的人员打交道时，尤其会这样，作出决策需要一定的时间。中国人的耐心在商务谈判中可以说表现得淋漓尽致。在做东道主时，他们并不急于谈判，而是耐心地认识和熟悉对方并尽可能地建立起一种长久而牢固的关系。在洽谈人员的组成上，中国人往往派为数众多的洽谈人员，他们之中有谈判能手、技术专家、法律专家等。由于人数多，必然延长洽谈的时间。在谈判中，如果对方提出的问题超过自己做决定的权限，或自己难以回答，他们常常把这些问题带回去向上级请示，或者大家再进行讨论直到对这些问题有确切的把握以能避免所有可能出现的错误。

4. 坚定原则

中国人在原则上寸步不让，表现得非常坚定。在谈判中，如果发现达成的一般原则框架中的某条原则受到了挑战或谈判内容不符合长期目标，或者提出的建议与目前的计划不适合，中国人的态度就严肃起来，表示出在这方面不折不挠的决心。同时，在具体的事务上中国人表现出极大的灵活性。

5. 不怕吃苦，但时间观念差

中国人不怕吃苦，但对时间并不十分敏感。大多数人喜欢有条不紊、按部就班。在商务交往中，对时机的判断直接影响到交易行为。谈判安排可以很紧凑，接连不断地讨论、协商，如果当天谈不完还可以继续，直到解决为止。改变谈判计划是常有的事，但有时却因决策过程过于漫长而影响了谈判实效的体现。

本 章 小 结

国际商务谈判，是指在国际商务活动中，处于不同国家或不同地区的商务活动当事人之间为达成某笔交易，明确相互的权利与义务关系而进行协商，最终达到交易目的行为过程。国际商务谈判的特征作为一般的商务谈判，它有以下特点：以经济利益为谈判的目的；以经济利益为谈判的主要评价指标；以价格为谈判的核心。与国内商务谈判相比，国际商务谈判存在着几个明显的特征：国际性、跨文化性、复杂性、政策性、困难性。

国际商务谈判的作用有促进国际贸易发展；促进国际商务合作成功；促进企业塑造良好形象。国际商务谈判成功的基本要求：树立正确的国际商务谈判意识；做好开展国际商务谈判的充分准备；正确对待文化差异；具备良好的外语技能；熟悉国家政策、国际法律和国际惯例；善于运用国际商务谈判的基本原则。

所谓文化差异，是指不同国家、不同民族间文化的差别，如语言文字、价值观念、风俗习惯、宗教信仰、道德观念、行为准则等方面的差异。东西方文化差异主要表现在语言差异、价值观、思维差异和风俗习惯方面。

由于各个国家文化的差异使得不同国家的商人有不同的谈判风格。了解谈判风格对从事国际商务谈判具有十分重要的指导意义。

◎ **思考题**

1. 国际商务谈判的含义与特点是什么？
2. 试分析一下美国商人的谈判风格，并说明应当怎样和他们进行谈判？
3. 在日本人的谈判风格中，哪些特点是其民族性的体现？
4. 请收集资料分析课本之外任一国家的谈判风格。

◎ **课后案例**

中国某公司代表到法国和法国某公司进行谈判。一天紧张的谈判过后，法国商人邀请中国商人到家中共进晚餐，显然，对方已经把中国商人当作朋友。

中国商人带着精心挑选的礼物，准时赴约。法国商人及其家人热情地迎接他，并为其准备了一顿丰盛的法国大餐，中国商人非常高兴。席间，看到这样友好的气氛，中国商人想到了谈判时没有解决的问题，觉得在这样的场合和气氛聊一聊，一定有助于解决，便在与法国商人交谈时提了出来。没想到对方没有作答，而是转而又聊别的话题，这使他非常不解，认为是法国商人在解决这个问题上还有其他的要求。做客结束后，回到宾馆，他想了各种明天谈判对方可能提出的要求，并做了应对准备。

第二天，谈判开始，法方首先将昨天没有解决的问题提出，并拿出了建议解决的方案，让中方意外的是，对方并没有提出什么过分的要求。谈判结束后与法国朋友闲聊时，这位中国商人提出了这个疑问，法国朋友笑了笑，告诉他，法国人和中国人不一样，他们不愿意在饭桌上谈论生意上的事。中国商人这才明白，其实，那天在法国商人家中的做法是不妥当的。

案例来源：根据网络资料整理。

思考题：

1. 请结合本案例分析中国人与法国人的谈判风格有哪些不同？
2. 你认为与外国商人谈判时，应该采取什么样的态度？

◎ **课后实训**

实训目的：通过本次实训，使学生了解不同国家的文化差异和谈判风格，并能够灵活运用所学的知识进行涉外接待方案的设计。

实训内容：某国某公司总经理率代表团一行 6 人，来华参加你方公司的贸易洽谈会，经过本公司研究决定，由你所在的团队全权负责本次接待工作并拟定接待方案。

实训要求：

1. 选定来华公司所在的国家，并确定公司经营范围。

2. 接待方案中要体现出中国与其他国家的文化差异及谈判风格的不同。

3. 结合接待礼仪进行模拟接待，可加上简单的开局仪式。

4. 方案的具体内容及其他方面需发挥大家的想象力和聪明才智，突出本组的亮点和创新点。

实训步骤：

1. 分组并指定各组负责人，分发资料。

2. 教师介绍本次实训的内容和实训情景。

3. 各组确定实训活动情景角色，根据所选定的国家，自拟双方公司的名称及业务范围。

4. 各组查询相关国家的文化风俗及谈判风格，并制订接待方案。

5. 各组模拟接待。

6. 教师点评。

成果评价：

1. 接待方案。

2. 模拟接待。

参 考 文 献

[1] ［美］罗伊.J.列韦奇等.谈判学（第8版）［M］.北京：中国人民大学出版社，2020.

[2] ［美］利.L.汤普森.商务谈判（第5版）［M］.北京：中国人民大学出版社，2013.

[3] ［美］卡里.国际谈判：影印版［M］.上海：上海外语教育出版社，2004.

[4] ［美］罗伊.J.列韦奇等.谈判学［M］.北京：中国人民大学出版社，2007.

[5] ［美］基蒂O.洛克等.商务与管理沟通［M］.北京：机械工业出版社，2013.

[6] 樊建廷，干勤.商务谈判［M］.大连：东北财经大学出版社，2020.

[7] 张国良.商务谈判与沟通［M］.北京：机械工业出版社，2016.

[8] 林望道.张嘴就来［M］.长春：北方妇女儿童出版社，2016.

[9] 郭鑫.商务谈判［M］.成都：西南财经大学出版社，2017.

[10] 李昆益.商务谈判技巧［M］.北京：对外经济贸易大学出版社，2007.

[11] 刘必荣.完美谈判［M］.北京：北京大学出版社，2007.

[12] 刘向丽.国际商务谈判［M］.北京：机械工业出版社，2007.

[13] 张正忠，陈蕾.三国智谋应用500例［M］.长春：长春出版社，1999.

[14] 陈峥嵘.跟周恩来学谈判技巧［M］.北京：红旗出版社，2010.

[15] 杜海玲，徐彩霞，杨娜等.商务谈判实务（第3版）［M］.北京：清华大学出版社，2019.

[16] 陈鹏.商务谈判与沟通实战指南［M］.北京：化学工业出版社，2019.

[17] 杨毅玲，何秀兰.商务谈判实务（第3版）［M］.北京：中国劳动社会保障出版社，2019.

[18] 崔叶竹，杨尧.商务谈判与礼仪［M］.北京：清华大学出版社，2020.

[19] 杨剑英，常英.商务谈判理论与实务［M］.南京：南京大学出版社，2020.

[20] 杨晶.商务谈判［M］.北京：清华大学出版社，2005.

[21] 袁其刚.国际商务谈判［M］.北京：高等教育出版社，2007.

[22] 张弘，蒋三庚.商务谈判［M］.北京：高等教育出版社，2018.

[23] 陈枫.水煮商人［M］.北京：中央编译局，2004.

[24] 张翠英.商务谈判理论与实训［M］.北京：首都经济贸易大学出版社，2008.

[25] 丁建忠.商业谈判战法九战45策［M］.北京：中信出版社，2002.

[26] 冯光明，冯靖雯，余锋.商务谈判——理论、实务与技巧［M］.北京：清华大学出版社，2015.

[27] 孔东梅.改变世界的日子——与王海容谈毛泽东外交往事［M］.北京：中央文献出

版社，2006.

[28] 杨贺，王继彬，张晓．商务礼仪［M］．北京：北京理工大学出版社，2020.

[29] 李晶．商务谈判［M］．苏州：苏州大学出版社，2019.

[30] 袁庆武．商务谈判［M］．大连：东北财经大学出版社，2008.

[31] 宋超英．商务谈判［M］．兰州：兰州大学出版社，2005.